女性肌肉力量训练图解

LA METHODE DELAVIER DE MUSCULATION

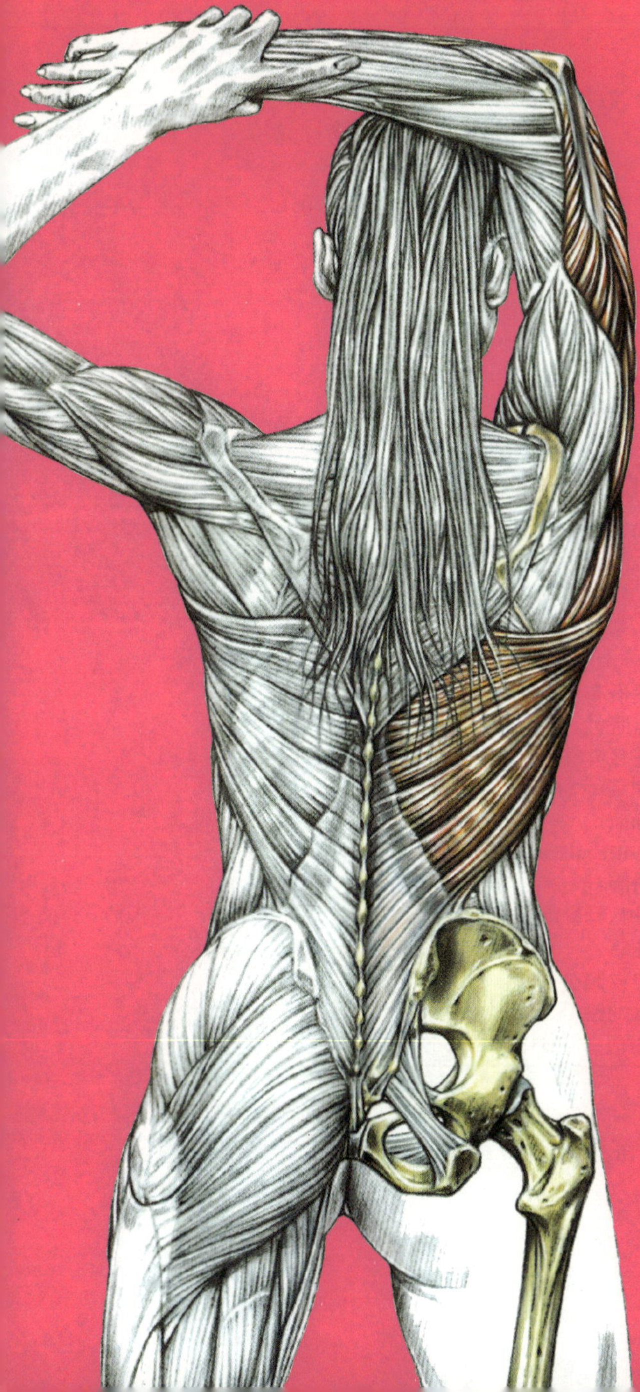

[法] 弗雷德里克·德拉威尔 著
李斯吟 译

山东科学技术出版社
·济南·

图书在版编目（CIP）数据

女性肌肉力量训练图解 /（法）弗雷德里克·德拉威尔著 ; 李斯吟译. -- 济南 : 山东科学技术出版社, 2025. 1.（2025.11 重印）-- ISBN 978-7-5723-2420-8

Ⅰ. G808.14-64

中国国家版本馆 CIP 数据核字第 2024H1N051 号

女性肌肉力量训练图解

NVXING JIROU LILIANG XUNLIAN TUJIE

责任编辑：张丽炜
装帧设计：孙　佳

主管单位：山东出版传媒股份有限公司
出 版 者：山东科学技术出版社
地址：济南市市中区舜耕路 517 号
邮编：250003　电话：（0531）82098088
网址：www.lkj.com.cn
电子邮件：sdkj@sdcbcm.com
发 行 者：山东科学技术出版社
地址：济南市市中区舜耕路 517 号
邮编：250003　电话：（0531）82098067
印 刷 者：济南新先锋彩印有限公司
地址：济南市工业北路 188-6 号
邮编：250101　电话：（0531）88615699

规格：16 开（170mm × 240mm）
印张：11.5　　**字数**：322 千
版次：2025 年 1 月第 1 版　　**印次**：2025 年 11 月第 2 次印刷
定价：69.00 元

导 言

了解形体结构，训练更为有效

主导体格

为了更好锻炼，掌握一些基本概念对了解自己的身体很有帮助。

人类的胚胎起始于受精卵形态。在胚胎发育的第二周末期，已经分化出三个原始层：最外层称为外胚层；中间层称为中胚层；最内侧称为内胚层。每一层都孕育着人体的特定部分：

• 外胚层将形成表皮和感觉器官，以及中枢神经系统和外周神经。

• 中胚层主要形成骨骼、肌肉、泌尿生殖器官、心血管系统和血液。

• 内胚层形成肠黏膜和消化腺。

在生长过程中，这三个胚层中哪种发育占主导，就会使个体具有该种胚层特定的体格类型。

外胚层形成的器官

• 表皮，表皮性组织（头发、汗毛、指甲）
• 皮肤腺
• 口腔、鼻腔、阴道和肛门的黏膜
• 神经组织
• 感觉器官
• 牙釉质
• 晶状体
• 垂体
• 肾上腺

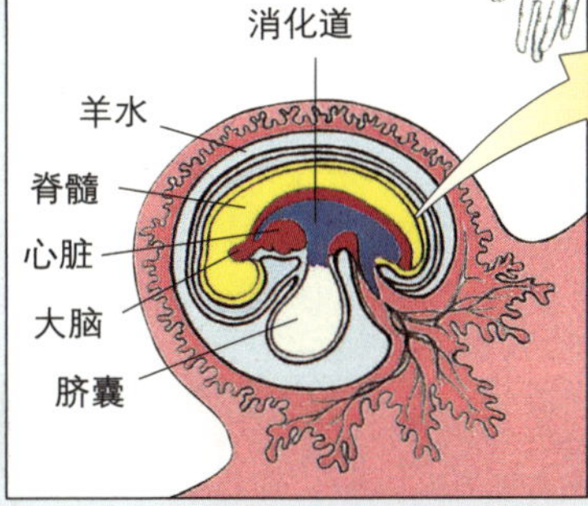

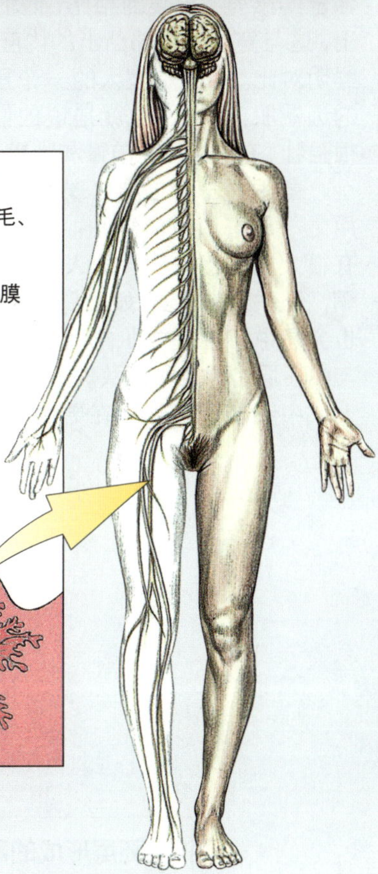

形体类型范例

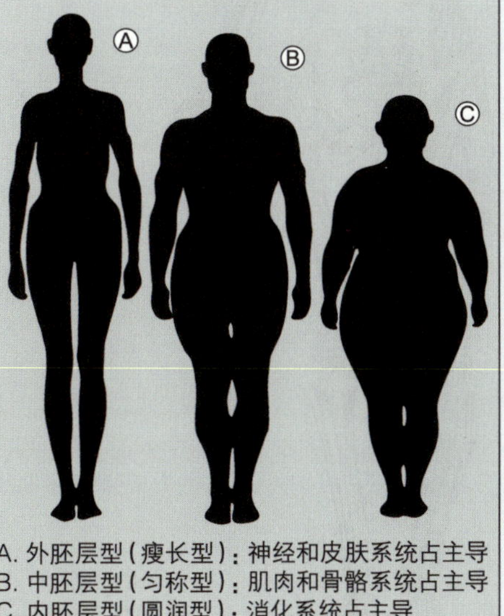

A. 外胚层型（瘦长型）：神经和皮肤系统占主导
B. 中胚层型（匀称型）：肌肉和骨骼系统占主导
C. 内胚层型（圆润型）：消化系统占主导

外胚层发育占主导（外胚层型）

外胚层型的人看起来纤细且脆弱：他们身材颀长，肩膀狭窄。虽然瘦，但骨骼突出，几乎完全没有脂肪。这使得他们肌肉组织的所有纤维都很明显，不过肌肉通常不怎么发达。他们的甲状腺通常非常活跃，加快了新陈代谢速度，如果想增重，就必须大量进食。许多想要增重的外胚层型人每周都可以连续进行大量训练，因为他们的身体再生快，恢复也快。另一方面，他们需要摄入大量且均衡的食物，且膳食需富含蛋白质。要想增重，他们摄入的热量需要比消耗量大，这可不是一件容易的事。外胚层型人通常肌肉缺乏张力。他们中因竖脊肌和腹肌缺乏力量患有脊椎病变（后凸、前凸、侧凸等）而弯腰驼背的情况并不少见。此外，腰腹肌肉无力通常还会导致下腹部因不再能固定脏器而下垂。因此，他们需要通过强健肌肉来矫正体态。

中胚层发育占主导（中胚层型）

中胚层型的人肌肉发达，骨架结实，关节粗大。宽阔的锁骨和肌肉发达的肩膀给人身形强健的感觉。与腰围相比，他们的胸廓较为突出，这与宽腰、腹部凸出的内胚层型体型形成鲜明对比。中胚层型人的一个显著特点是四肢的远端肌肉发达，也就是说他们的小腿和前臂很强壮。有的人可能前臂和上臂一样粗。

睾酮是一种主要由睾丸分泌的激素，其作用之一是增加肌肉体积。因此，男性中天然会有很大比例的中胚层型人。肾上腺也会分泌睾酮，不过数量较少。如果肾上腺较为活跃，女性也会是中胚层型或肌肉型，但其发展情况难以与中胚层型男性相匹敌。

中胚层型之所以在男性中更为常见，是因为只有最强壮的男性才会在人类的进化历程中留存下来，也就是那些能够狩猎、保护女性及其后代免受外部危险，并顺便赢得了同类尊重和女性青睐的男性。为了适应这种情况，这些男性的身体必须专注于能量消耗（强有力的肌肉和骨骼结构、发达的心脏和动脉），以应对他们为生存和繁衍后代必须承受的高强度活动。当然，如今人类的生活发生了巨大的变化，但我们不可能一夜之间就抹去进化历程的影响。

中胚层型的人需要经常运动，但其自身较大的肌肉量不利于他们在如长跑等耐力运动中的表现。中胚层型人很少会出现体重问题，除非他们暴饮暴食。只需适度锻炼，他们就能保持健美的体型。

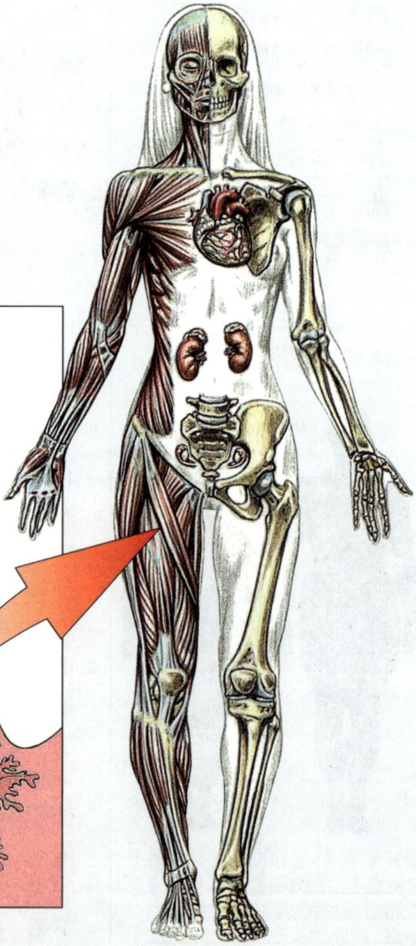

中胚层形成的器官

- 平滑肌
- 骨骼肌
- 心肌
- 结缔组织
- 真皮
- 血管上皮组织
- 肾和输尿管
- 内生殖器
- 肾上腺皮质

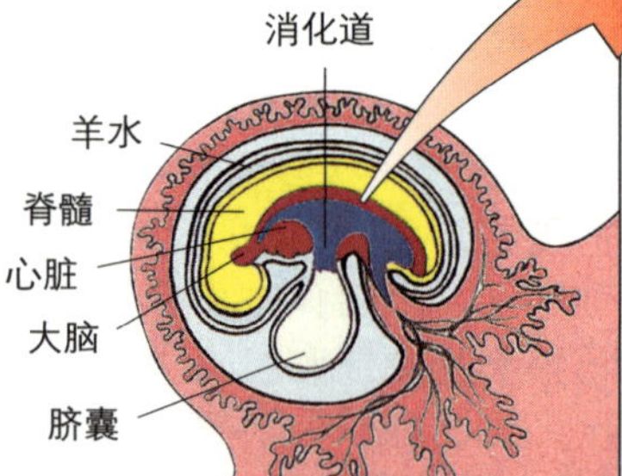

内胚层发育占主导（内胚层型）

撇开病理性肥胖的情况，内胚层型的人线条圆润。发达的脂肪层遮盖了肌肉线条，让他们看起来身形柔和。他们的骨节并不明显，四肢具有肉感，末端较细，相对来说大腿比小腿更粗壮，大臂比小臂更粗壮。尽管内胚层型的人骨架不如外胚层型的人那般纤细，但也不像中胚层型人那般粗大。

发达的消化系统使他们腰部粗壮，有时甚至鼓胀凸出，仿佛协调全部身体机能来吸收一样。内胚层体型更常见于女性，而且女性的消化系统更发达，在卵巢分泌的某些女性激素影响下脂肪也更丰富。

女性之所以脂肪更多，是因为她们需要孕育和喂养孩子。因此，女性需要以脂肪的形式储备能量，以备怀孕之需。

不同于外胚层型人，内胚层型人的甲状腺不太活跃：他们的新陈代谢缓慢，恢复速度也比其他体型的人慢。另一方面，他们不需要吃很多东西，这在食物短缺的年代是一大优势。但为了减少储备脂肪，达到一定的美学标准，他们必须遵守非常严苛的饮食规范。长此以往，这类饮食方式往往会导致营养缺乏，不利于健康。

内胚层型的人很少会有背部问题，他们的脊柱被大体积的躯干包裹着，通过减少部分弧度而适应了需要支撑的重量，呈柱状。但另一方面，他们的膝盖常常受到影响。在生长期结束前，骨骼仍具有一定的柔韧性，在这期间增长的巨大体积会使得腿骨变形，通常呈“X”形（膝外翻），这可能会导致各种问题。

为了保持体形并尽量限制脂肪堆积程度，内胚层型人需要将规律训练与严格饮食结合起来，同时要注意避免陷入过度训练的陷阱，并避免因过于严格的饮食而造成营养缺乏。

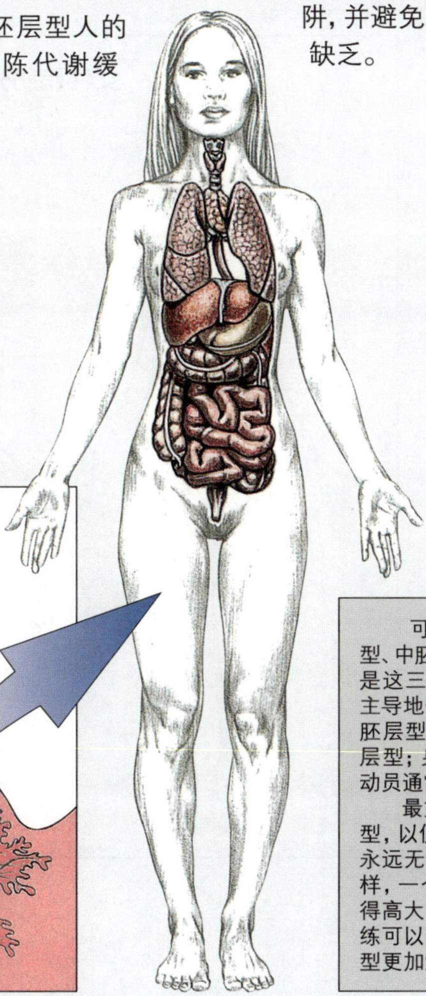

内胚层形成的器官

- 咽部、外耳道、扁桃体、甲状腺、甲状旁腺、胸腺、喉部、气管动脉和肺部的上皮
- 膀胱和尿道、阴道
- 肝脏和胰腺
- 消化道

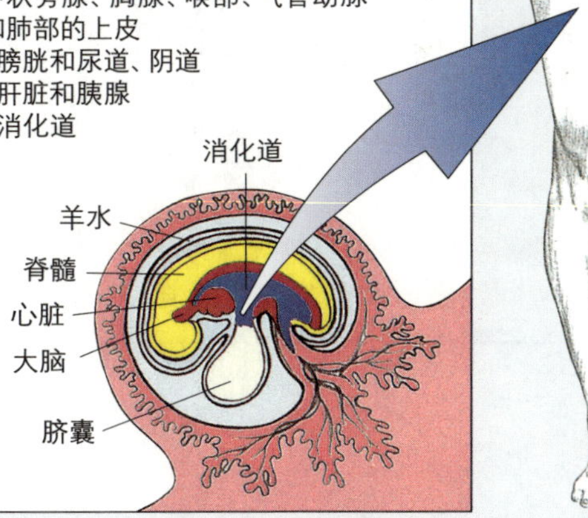

可以说，不存在100%绝对的外胚层型、中胚层型、内胚层型。每个个体的体型是这三种体型的综合，其中一种或两种占主导地位。短跑运动员通常是中胚层—外胚层型；铅球运动员通常是中胚层—内胚层型；身形修长纤细的T台模特和长跑运动员通常是外胚层型。

最重要的是要知道组成自身体型的类型，以便更好地制订训练计划。正如我们永远无法将一种体型转化为另一种体型一样，一个身材矮小、丰满的人永远不会变得高大、瘦长，反之亦然。但是，恰当的训练可以通过限制脂肪的增长，使前者的体型更加结实，使后者的肌肉更加健美。

女性的脂肪

脂肪是男性和女性在形态上的主要区别之一。女性的身体脂肪含量较高，这柔化了女性的肌肉轮廓，或多或少地削减了骨头的凸出程度，并且使其外表看起来较为圆润，在某些地方形成特有的凹凸曲线。

女性的脂肪通常占体重的18%~25%，而男性的脂肪通常占体重的10%~15%。之所以存在这种差异，是因为女性在人生的某一阶段可能需要孕育胎儿，随后还要喂养婴儿。为了做好妊娠准备（尤其是在妊娠的最后六个月里），女性需要以脂肪的形式储备能量。

由于种种原因，大自然在女性身上选择了不同的脂肪分布方式，不管是分布在哪里，其首要功能都是为了物种的生存，因为这能使女性及其后代得以在面临饥荒时存活下来。

需要指出，所有健康的人都一定要有脂肪储备，这对身体的良好运转来说必不可少。不应该因为过度恐惧肥胖或是追求一些异化的美学标准而试图让脂肪完全消失。事实上，脂肪接近完全消失会导致严重的内分泌问题，造成月经暂停（闭经）、排卵暂停等，从而造成暂时性不育。

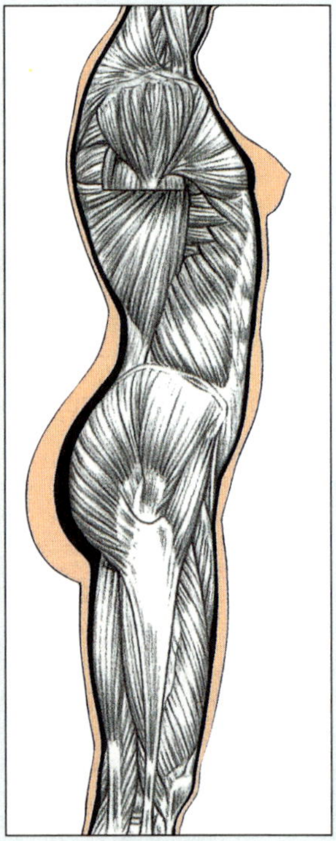

男性和女性脂肪分布的差异

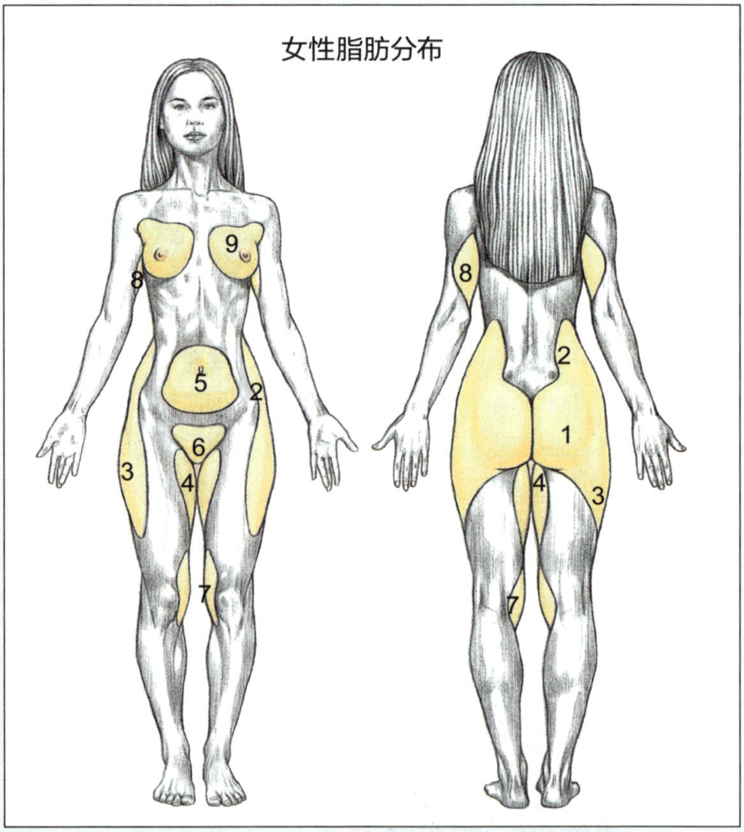

脂肪主要分布区域

囤积的脂肪聚集在身体的特定部位，为了不妨碍运动，通常会避开关节周围的屈曲部位。

女性和男性脂肪分布的位置通常是相同的，主要区别在于女性体内部分位置的脂肪体积要更大。

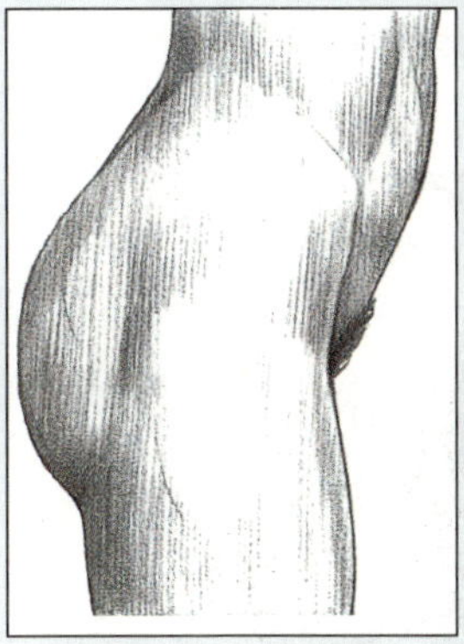

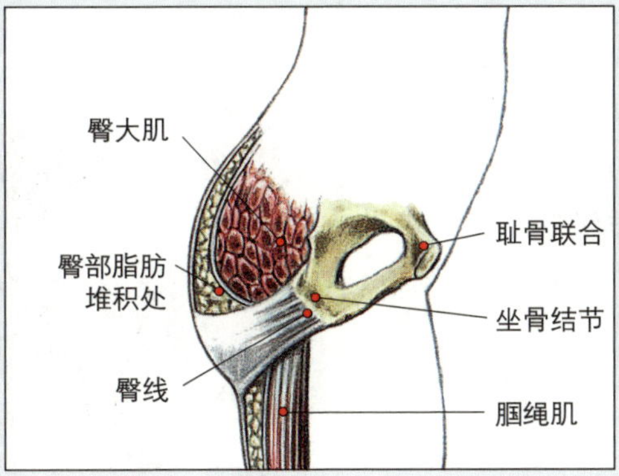

臀线

实心纤维束将臀部下方皮肤表面和坐骨连接在一起，形成臀线。臀线的主要作用是让脂肪处于一种袋状结构中，防止其向大腿后侧滑落，同时增加臀部的体积。

随着年龄增长，有些人的臀部脂肪会流失，脂肪袋变空，下臀部变得干瘪。只有对臀部进行适当的训练，才能弥补臀部脂肪的流失，同时避免因内部肌肉不够发达导致臀肌失去张力。

1. 臀部

以臀线为下方边界，女性的臀部可以非常丰满，这主要是由脂肪导致的。除了储备能量外，该处脂肪还有保护肛门区域的作用，并且能通过避免骨骼（坐骨结节）与地面或支撑面直接接触，使坐姿更加舒适。

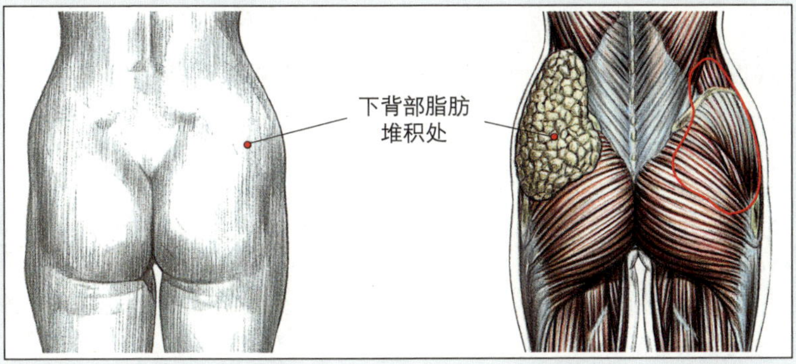

2. 下背部

下背部是脂肪体积第二大的区域，该处的脂肪与臀部脂肪相融合，因此增加了臀部高度，让臀部看起来几乎延伸到腰部。

3. 股骨大转子下（也称“马裤部位”）

该处脂肪位于大腿上方外侧，就在股骨大转子凹陷处的下方，它与大腿前侧的脂肪组织融合，后面则与臀部的脂肪组织相融合。当这个部位有丰富的脂肪时，通常能观察到该区域的皮肤表面有多处深浅不一的凹陷，即所谓的“橘皮”组织。这是因为有无伸展性的纤维束像小电缆一样将凹陷处的皮肤深处与包裹肌肉的肌腱相连，脂肪组织则从纤维束的间隙中凸出来(这种现象让人联想到填充原理）。

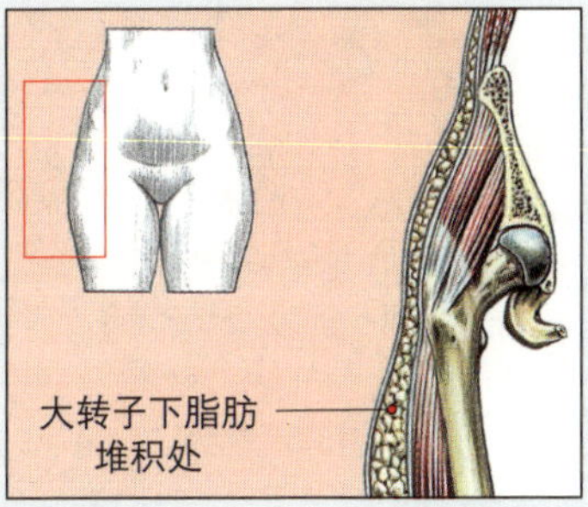

4. 大腿内侧

该分布位置在女性中相对常见，对腿型美观有重要作用，因为女性大腿间的空隙通常比男性更为明显，而该处脂肪可以填补这一空隙。

5. 肚脐四周

和股骨大转子下方一样，脐周也是少见的瘦削女性也会有脂肪堆积的区域。

6. 耻骨

该三角区域通常被称为“维纳斯之丘”，它保护耻骨联结，避免该部位受到撞击。

7. 膝部

女性的膝关节内侧通常有一块较大的脂肪团。

8. 大臂内后侧

女性该区域的脂肪尤为发达，除了储存能量外，它还能保护大臂内侧和上部的神经和动脉。

9. 乳房

乳房由乳腺以及包裹着乳腺的脂肪组成，这两部分由网状结缔组织固定在一起，位于胸大肌上。需要注意的是，男性也有乳腺（退化的）和脂肪组织。

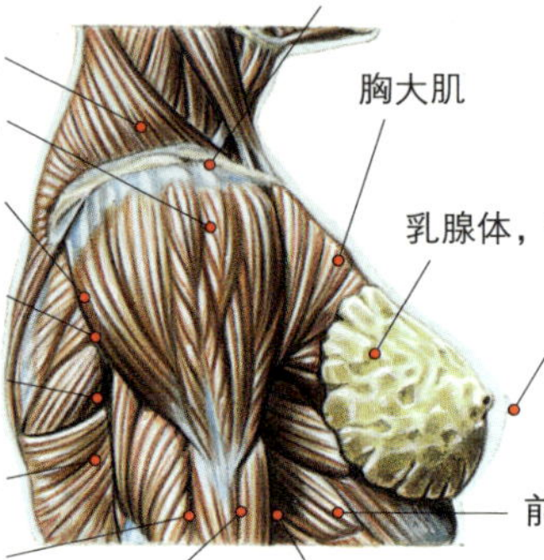

疏松结缔组织（橘皮组织）

脂肪由脂肪细胞组成，其主要功能是储存能量。这些细胞以脂类的形式积累能量，并在身体需要时释放出来。脂肪细胞呈小块状，由纤维结缔组织分隔。这些脂肪“小节”堆叠在真皮层（构成皮肤深层的组织）和肌肉之间。当脂肪细胞积聚的能量超过其释放的能量时，它们的体积就会明显增大，脂肪就开始了入侵。

女性的臀部和髋部皮肤表面通常会有多个深浅不一的凹陷，人们一般称之为“橘皮”。这是因为有无伸展性的纤维束像小电缆一样将凹陷处的皮肤深处与包裹肌肉的肌腱相连，脂肪组织则从纤维束的间隙中凸出来（这种现象类似于填充原理）。

这一特性对女性有重要影响：当身体消耗的热量少于吸收的热量时，脂肪储备就会增加。网状纤维结缔组织分隔了“蜂窝状”的皮下脂肪。因此，脂肪受到了挤压，同时也挤压了穿过它的淋巴管和血管，从而减缓了器官交流，在脂肪堆积区血液流动困难，努力带走储存的脂肪酸。所以也就不难理解为什么身体难以调动这些地方的脂肪，而且哪怕是高强度的锻炼也很难让它们完全消失。例如，经常可以看到一些女性通过严格节食瘦了，减掉了胸部，但保留了臀部脂肪。

激素也是导致橘皮组织出现或增长的重要因素。对于女性来说，激素的变化，尤其是月经周期或怀孕期间雌激素的过度增加，会促进皮下水分潴留。这样的水分潴留与脂肪相结合，会压迫淋巴和血管，减缓循环，使皮下的能量储备更加难以被身体调动。

目 录

01 臀部训练

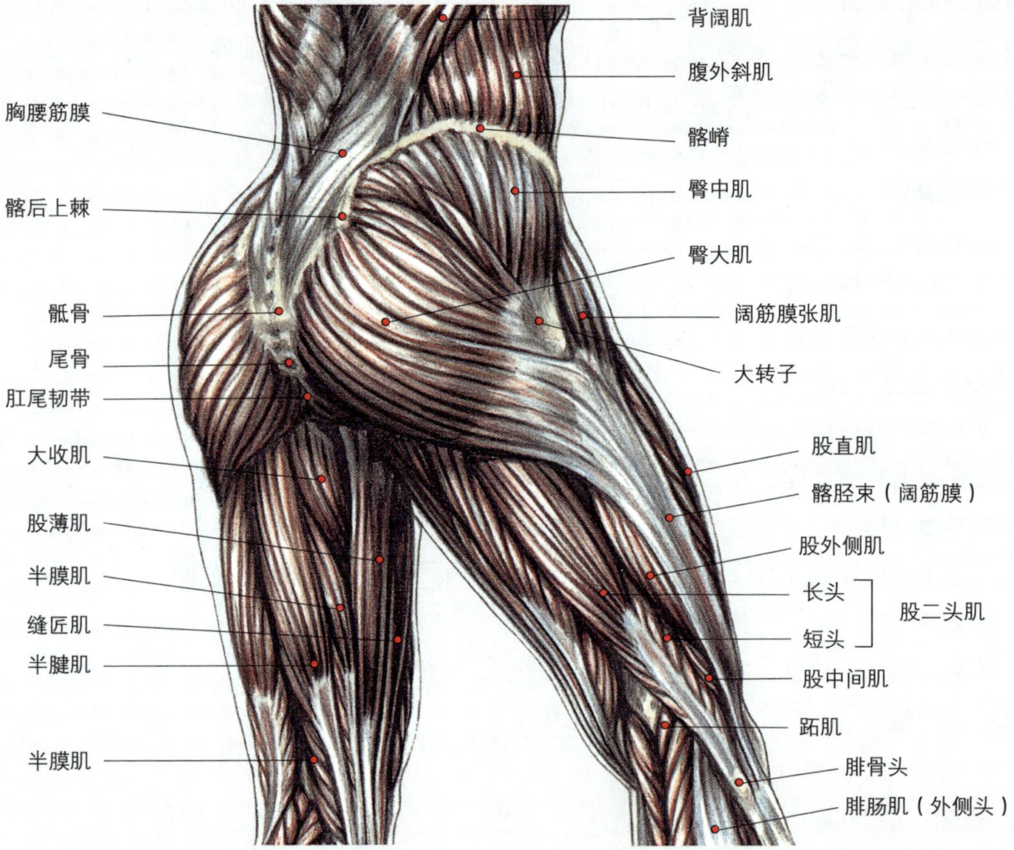
背阔肌
腹外斜肌
胸腰筋膜
髂嵴
臀中肌
髂后上棘
臀大肌
骶骨
阔筋膜张肌
尾骨
大转子
肛尾韧带
股直肌
大收肌
髂胫束（阔筋膜）
股薄肌
股外侧肌
半膜肌
长头
股二头肌
短头
缝匠肌
半腱肌
股中间肌
跖肌
半膜肌
腓骨头
腓肠肌（外侧头）

臀部三角肌

肩部三角肌和臀部三角肌都具有在空间的多个面上移动肢体的功能。

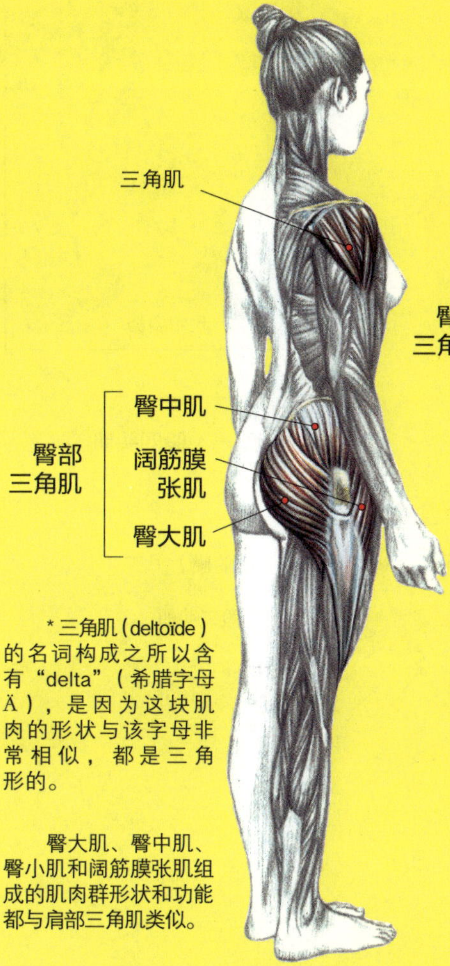

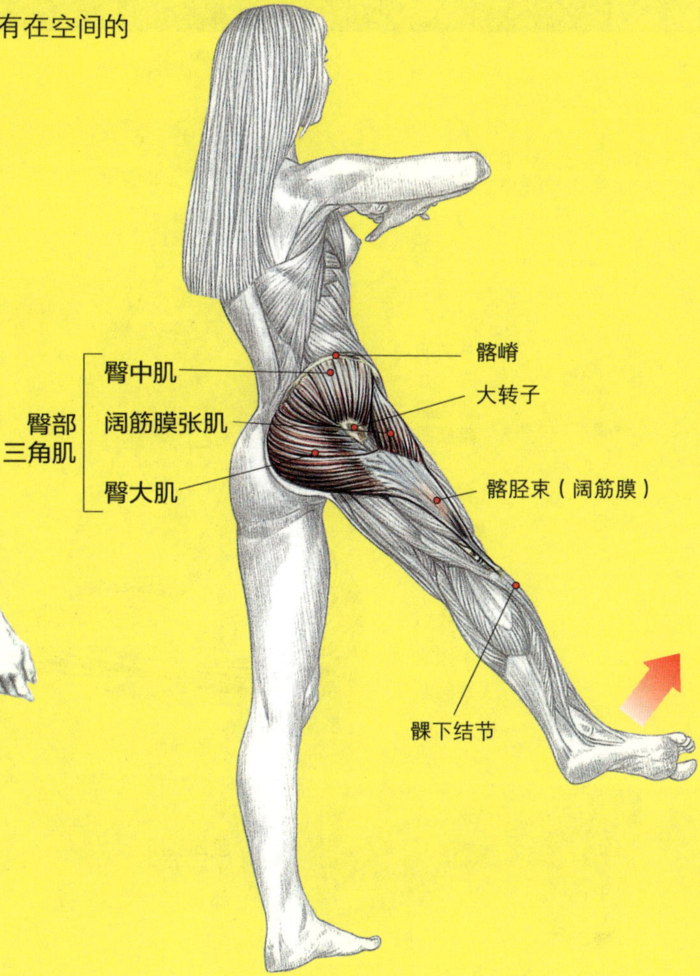

*三角肌（deltoïde）的名词构成之所以含有“delta”（希腊字母Ä），是因为这块肌肉的形状与该字母非常相似，都是三角形的。

臀大肌、臀中肌、臀小肌和阔筋膜张肌组成的肌肉群形状和功能都与肩部三角肌类似。

臀部三角肌（臀中肌、臀小肌、臀大肌）是附着在股骨上的一组肌肉，其浅层位于阔筋膜或髂胫束（臀大肌和阔筋膜张肌的浅层部分）上。当臀部三角肌的所有肌肉协同作用时，髋部外展。与肩部三角肌的功能相似，臀部三角肌也能在空间的多个面上移动肢体。

*大腿的阔筋膜或髂胫束是筋膜增厚的部分，包裹着大腿肌肉。这个增厚部分的下部附着在胫骨的髌下结节处。

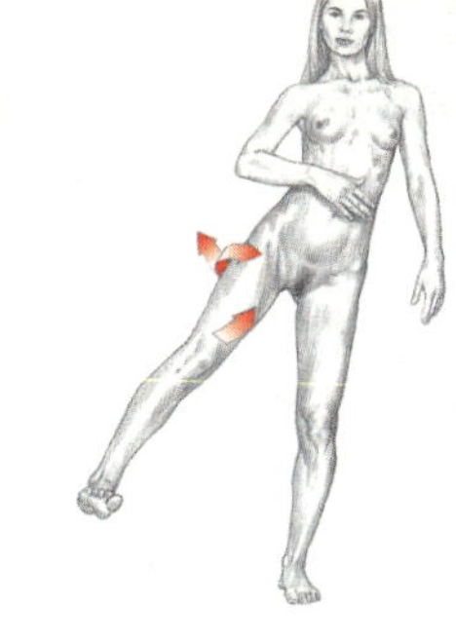

臀小肌和臀中肌前部的肌肉纤维使得股骨弯曲内旋和外展。

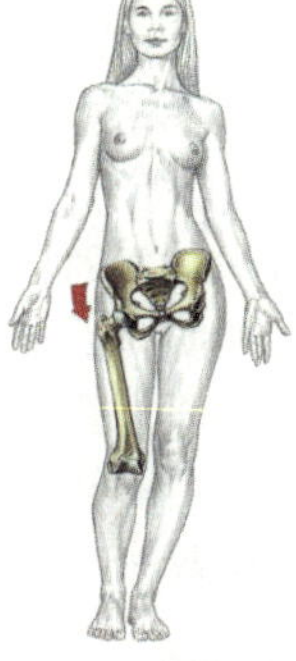

当股骨固定时，臀部三角肌使骨盆向外侧倾斜。

01 静态箭步蹲

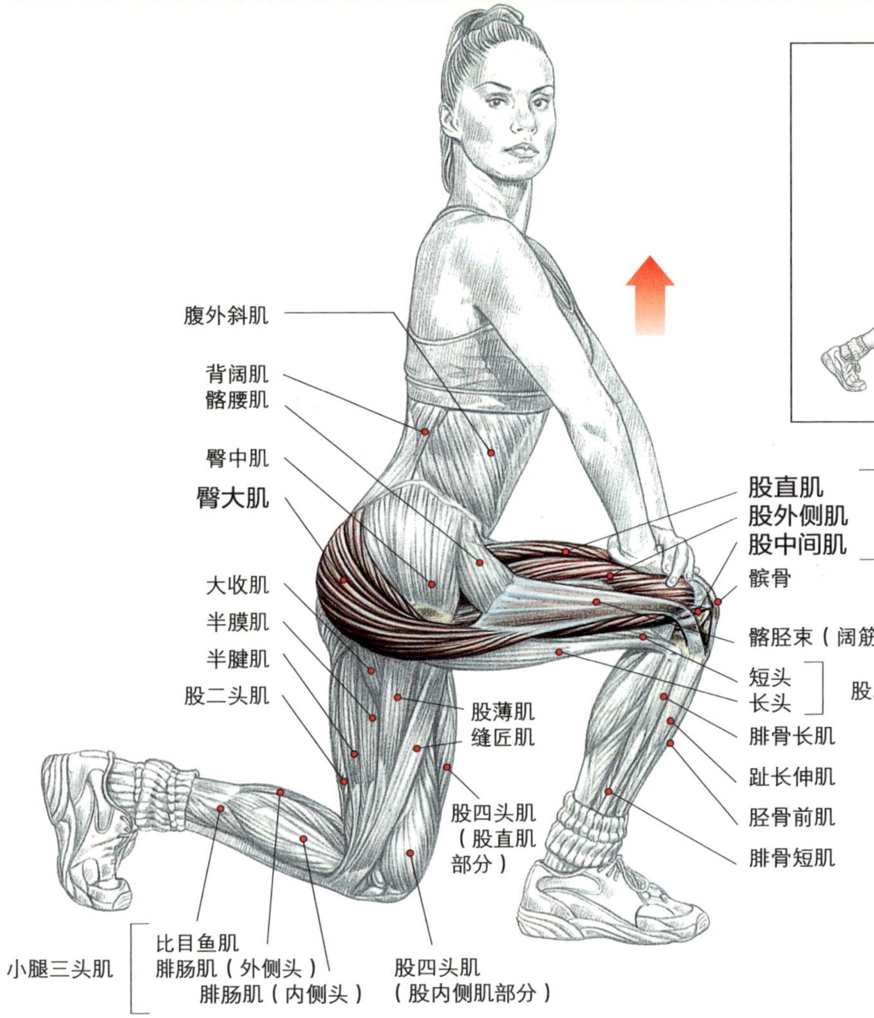

站姿，膝盖微屈，一脚在前，两脚之间的距离比步距稍宽，双手放在前面的大腿上，保持背部挺直，挺胸：

• 吸气，弯曲最前面的大腿，使其与地面平行。伸展大腿，回到起始位置；

• 动作结束时呼气。

前后两脚间距越大，越能锻炼臀大肌。

前后两脚间距越小，越能锻炼股四头肌。

为了达到最佳效果，应该先做单边高组数动作练习，然后再交换做另一边。关键是要有刺激肌肉的感觉。

注意事项

与所有箭步蹲练习一样，要拉伸后腿的股直肌和髂腰肌。将双手放在大腿上能保证练习时身体更加稳定。

变化动作 宽步距练习

该变化动作能更好锻炼臀大肌。

杠铃杆箭步蹲 02

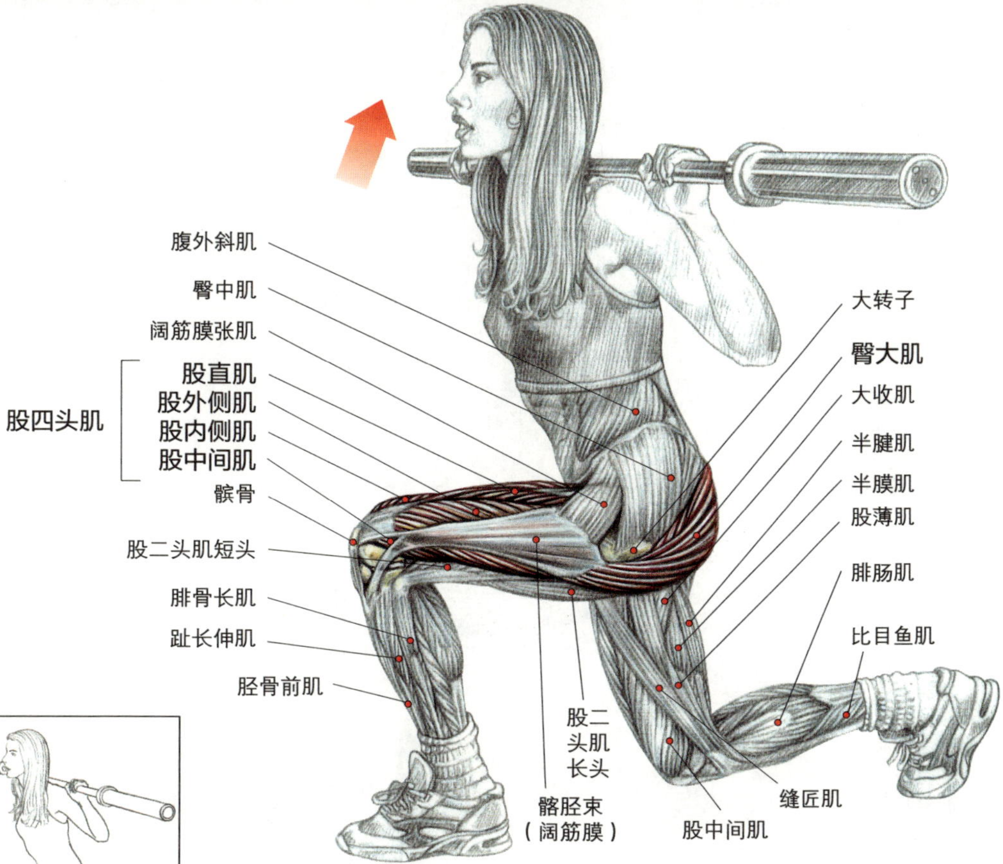

变化动作
窄步距练习

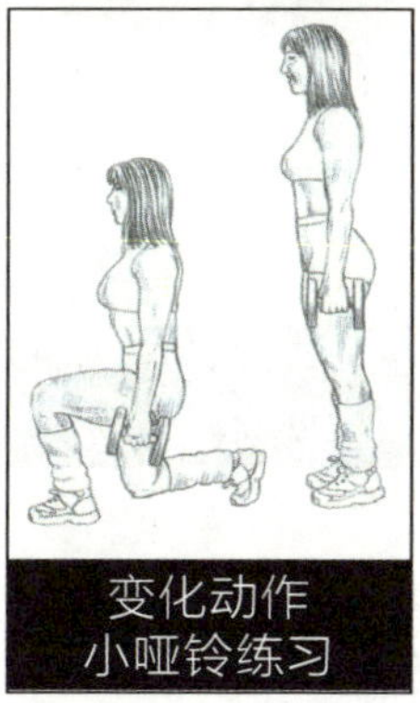

变化动作
小哑铃练习

双脚开立，将杠铃杆置于颈后斜方肌上：

- 吸气并向前跨一大步，尽量保持躯干挺直。下蹲时，前腿的大腿保持在水平位置，或略高于水平位置；
- 回到起始姿势并呼气。

该练习能有效训练臀大肌，有两种不同的锻炼方式：一种是窄步距练习，着重锻炼股四头肌；一种是宽步距练习，加强对胭绳肌和臀大肌的锻炼，同时后腿的股直肌和髂腰肌被拉伸。

注意事项

在箭步蹲时，身体重量几乎都集中在前腿，需要有很好的平衡感，因此建议开始时先用小负荷练习。

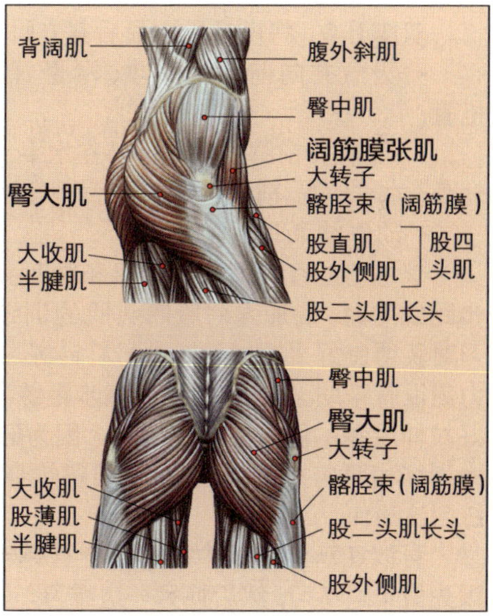

03 横杆箭步蹲

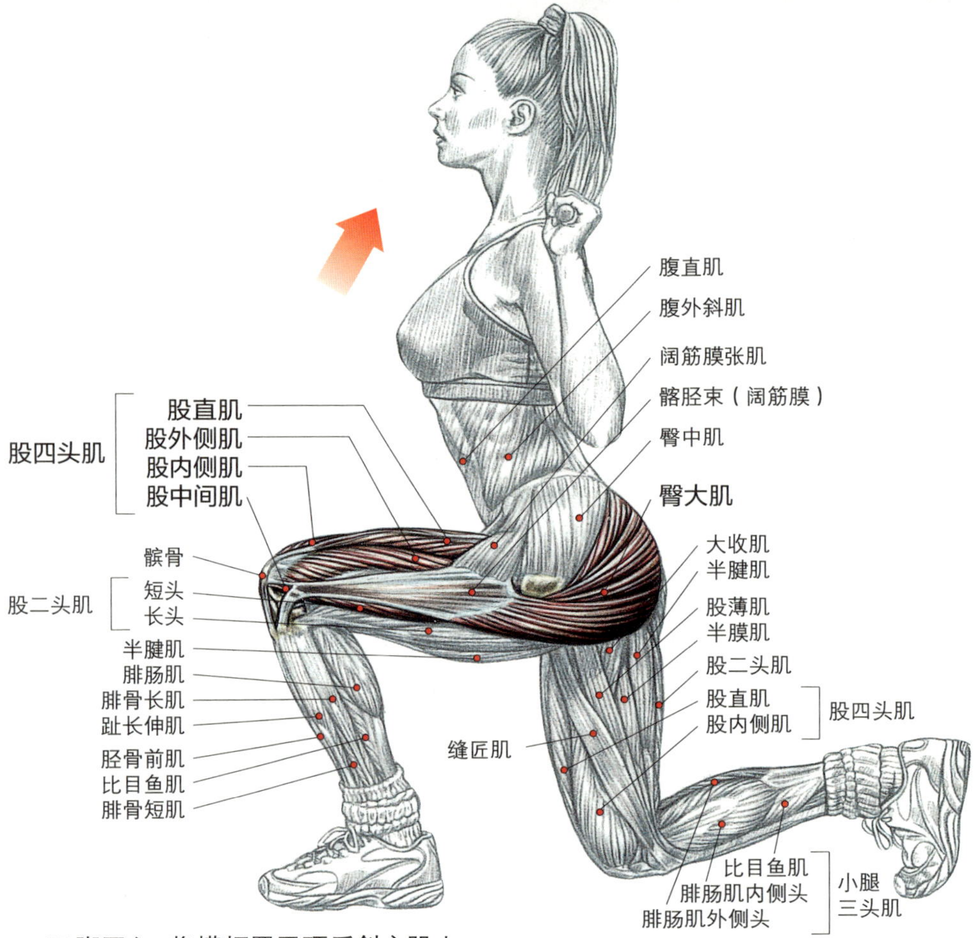

双脚开立，将横杆置于颈后斜方肌上：

- 吸气并向前跨一大步，尽量保持躯干挺直；
- 下蹲时，前腿的大腿保持在水平位置，或略高于水平位置，前腿用力伸展，回到起始姿势；
- 动作结束时呼气。

该练习能有效训练臀大肌和股四头肌。窄步距练习时，能加强对股四头肌的训练。该练习对获得良好平衡以及在进行杠铃练习前增加力量很有帮助。此外，如果用宽步距练习，能很好拉伸后腿的髂腰肌和股直肌。因为融合了肌肉训练和肌肉拉伸，许多运动员在热身时都会练习该动作。

可以在一组训练中左右腿交替练习，也可以先做单边练习，然后换另一边练习。

窄步距练习
着重锻炼股四头肌

宽步距练习
着重锻炼臀大肌

注意事项

身体的大部分重量都由单腿支撑，因此建议膝盖脆弱的人要谨慎地练习箭步蹲。

哑铃箭步蹲 04

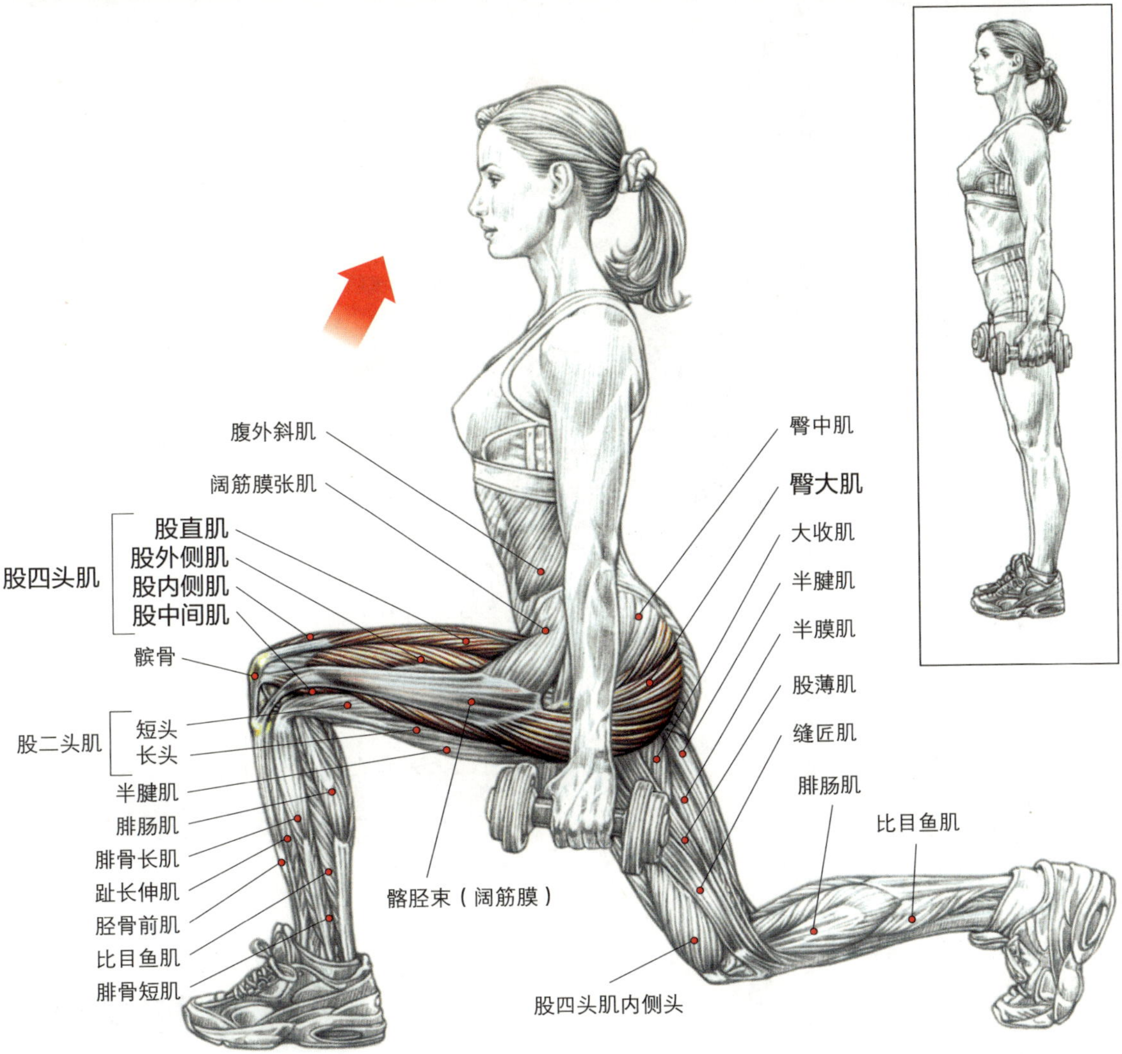

双脚开立，双手各持一个哑铃：

• 吸气并向前跨一大步，尽量保持躯干挺直。当前腿的大腿下降到水平位置，或略高于水平位置时，前腿用力伸展，回到起始姿势；

• 动作结束时呼气。

该动作主要锻炼臀大肌和股四头肌。

注意事项

因为有一瞬间身体全部重量都压在前腿上，且该动作需要很好的平衡感来保护膝盖，建议开始时使用非常轻的负荷练习。

变化动作

• 步距越大，越能锻炼前腿的臀大肌，越能拉伸后腿的髂腰肌和股直肌。

• 步距越小，越能锻炼前腿的股四头肌。

可以先完整地进行单边练习，随后换边，也可以在同一组训练中左右腿交替练习。

05 台阶蹬凳

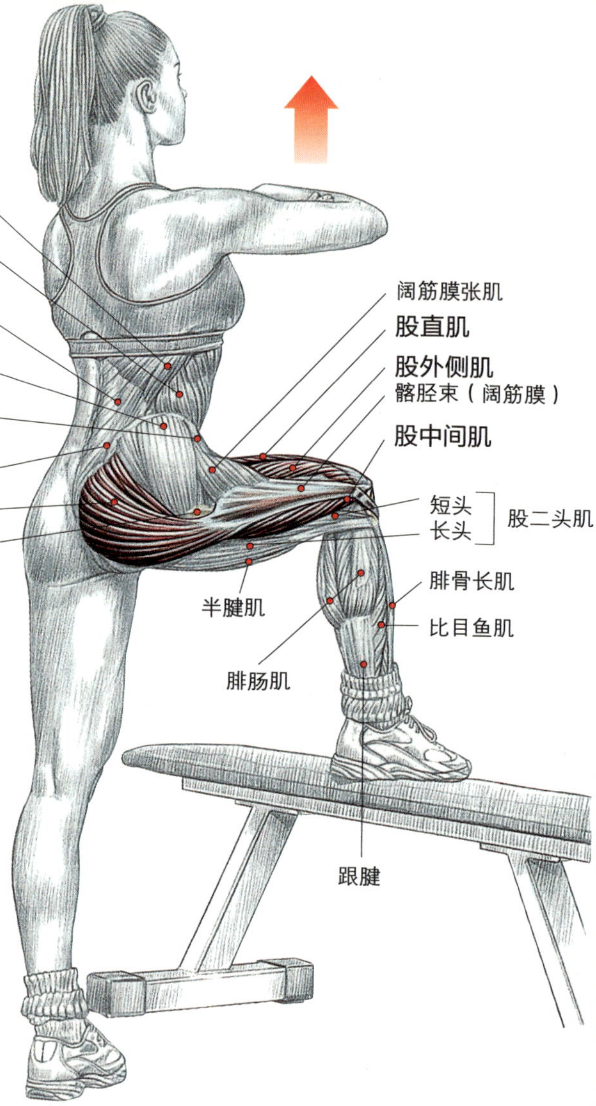

结束姿势

木棍练习

杠铃杆练习

站姿，一只脚放在长凳上，背部挺直，挺胸：

• 吸气；站上长凳，单腿保持平衡；

• 结束发力时呼气。有控制地下降，回到初始位置，重复动作。

该练习主要锻炼臀大肌和股四头肌。

与所有单腿支撑的单侧运动一样，练习时应注意避免任何横向移动，以免伤害膝关节。

变化动作

• 练习该动作时，可以在同组训练中左右脚交替蹬凳。

• 可以进行高组数的强力训练。

• 在蹬凳时，若站在地上的腿不发力支持，能加强锻炼臀大肌。

• 将木棍置于肩上练习，可以避免甩手，加强腿部锻炼。

• 将杠铃杆置于肩上，是短跑运动员钟爱的练习方式。

尽管这一变化动作对锻炼臀肌、股四头肌和身体平衡性非常有效，但在进行练习时（尤其是在返回地面时）需要格外小心，注意保护膝关节和腰部。所以，背部和膝部存在问题的人不能用这种方式练习。

站姿髋外展 06

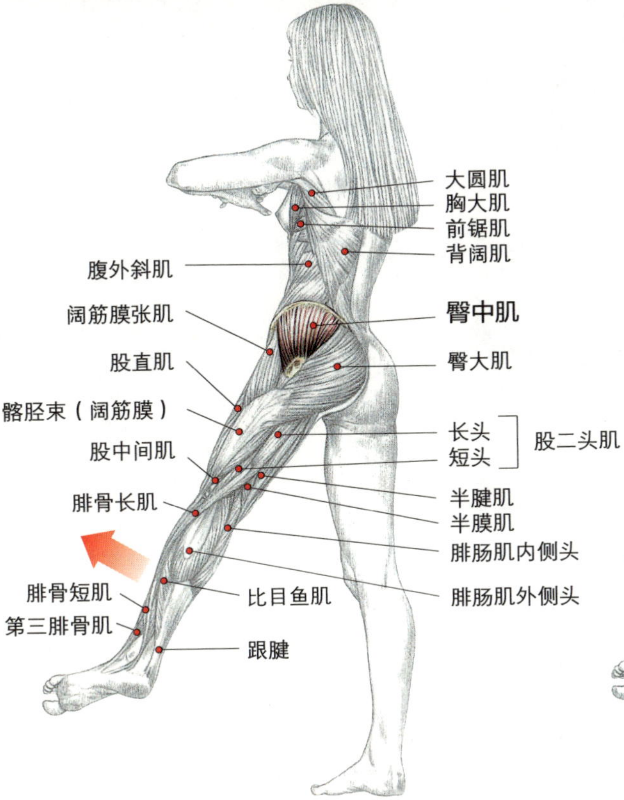

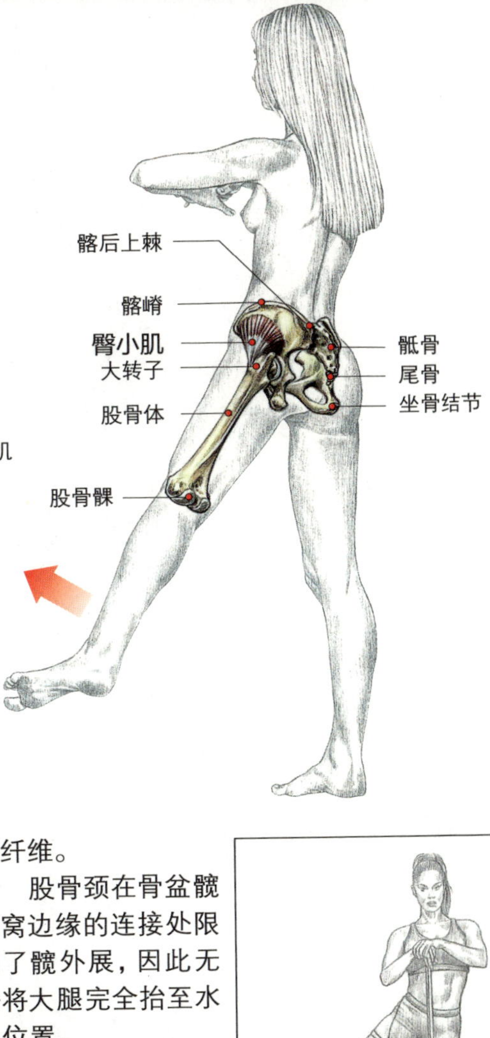

变化动作
弹力带练习

单腿站立，双臂交叉放在身前，或者为了更好保持身体稳定，可以将一只手放在稳定的支撑物上：

- 侧抬腿，腿尽量抬高。缓慢下落回到起始姿势，重复动作。

该练习刺激了臀部三角肌，主要锻炼了臀中肌以及深层的臀小肌。

注意事项

- 稍微向前抬腿，能更好刺激阔筋膜张肌。
- 稍微向后抬腿，能更好刺激臀大肌的上部纤维。

股骨颈在骨盆髋臼窝边缘的连接处限制了髋外展，因此无法将大腿完全抬至水平位置。

与所有不增加额外负荷的练习一样，进行高组数练习直到产生灼热感，这时训练效果最佳。

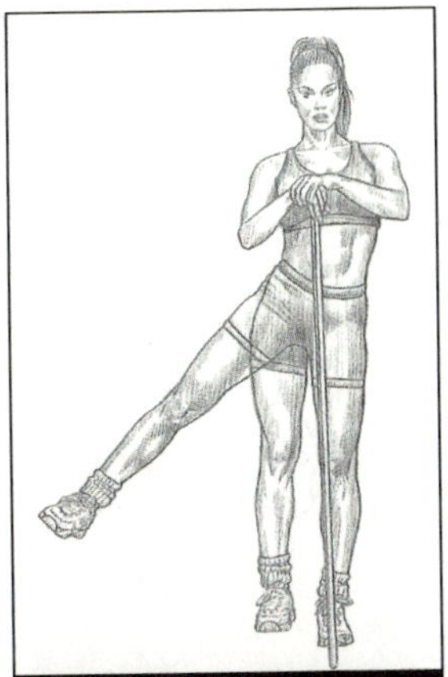
变化动作
棍子支撑练习

变化动作

- 想增加训练强度，可以在踝部负重或使用弹力带。
- 为了增加稳定性，可以用棍子作为支撑来练习。

07 站姿弹力带髋外展

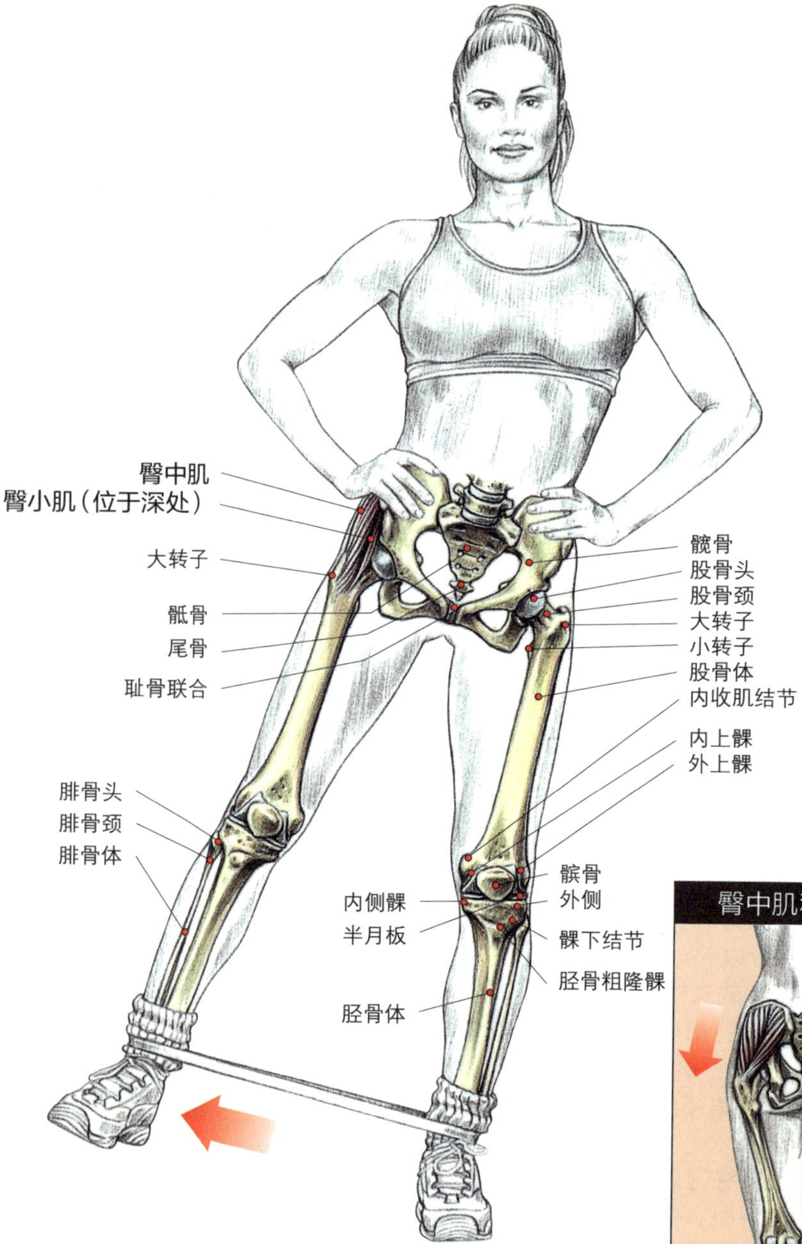

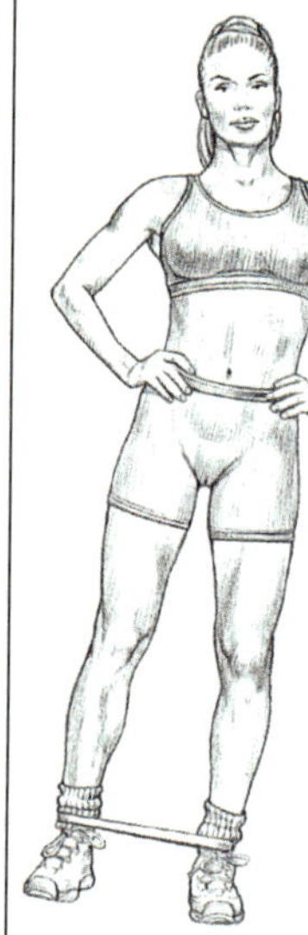
起始姿势

单腿站立，将弹力带绑在脚踝处：

• 做小幅度的髋外展。与所有使用弹力带的练习一样，只有进行高组数练习才会产生好效果。使用弹力带可以增加发力强度，但会缩小运动幅度。

该练习可以锻炼臀中肌及臀中肌下方处于深层的臀小肌。

臀中肌和臀小肌在走路时作用

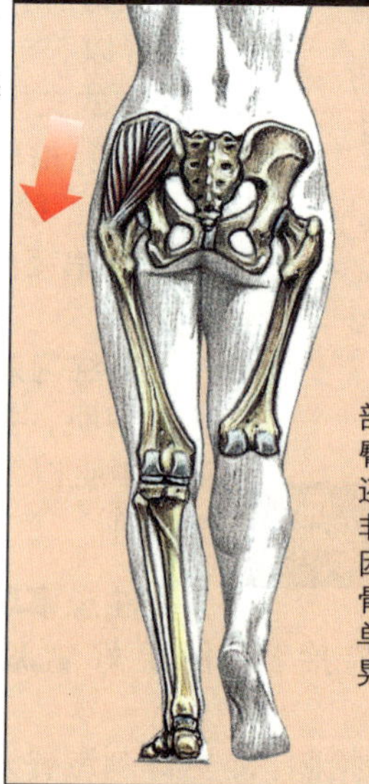

除了具有使髋部外展的功能外，臀中肌和臀小肌还在走路时发挥非常重要的作用，因为它们能稳定骨盆，防止骨盆在单腿支撑时横向晃动。

站姿拉力器髋外展 08

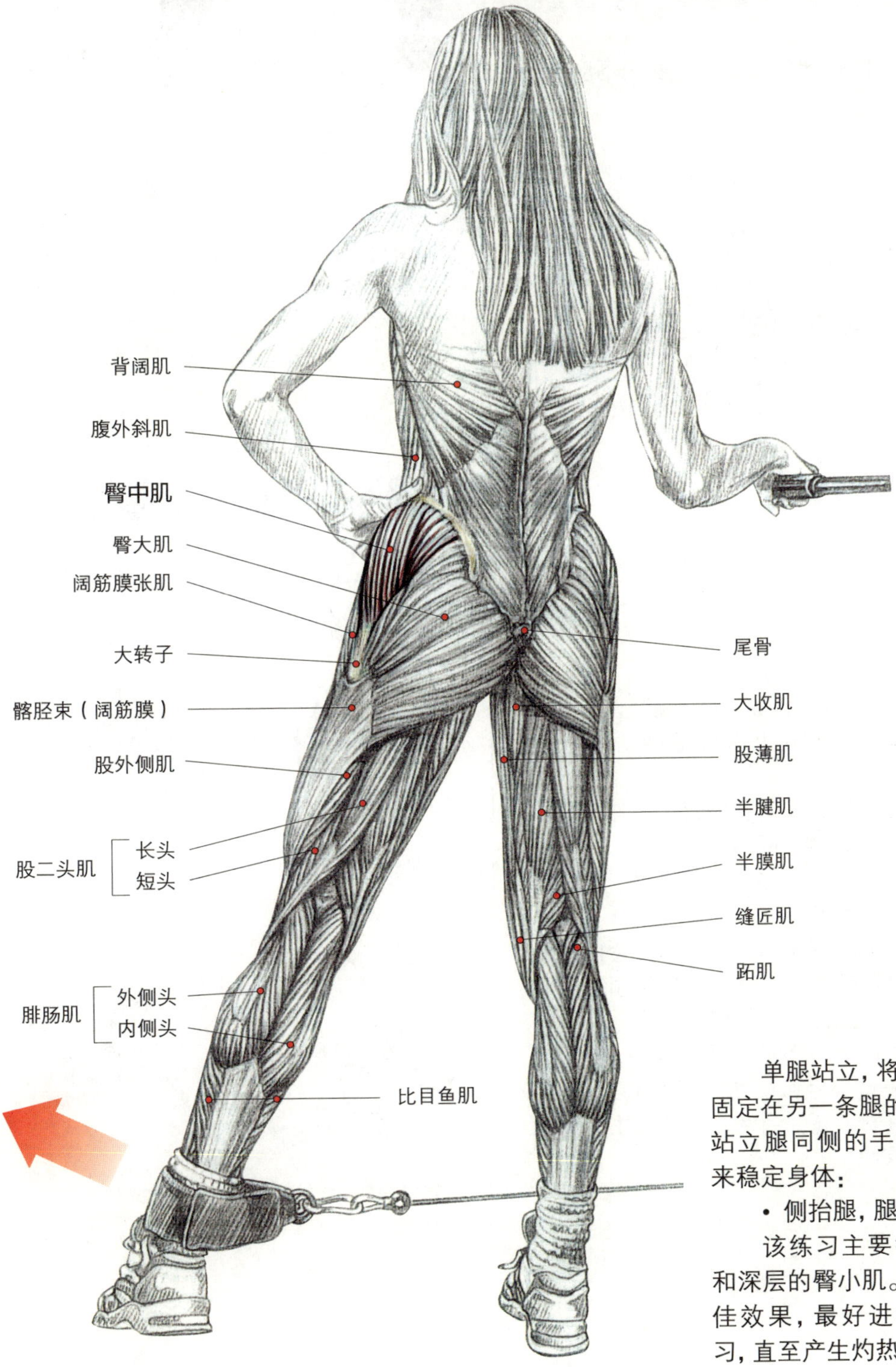

单腿站立，将低位拉力器固定在另一条腿的脚踝部。与站立腿同侧的手扶着支撑物来稳定身体：

- 侧抬腿，腿尽量抬高。

该练习主要锻炼臀中肌和深层的臀小肌。为了达到最佳效果，最好进行高组数练习，直至产生灼热感。

个体髋部灵活性的差异

除了肌肉弹性和韧带松弛度的个体差异外，导致髋部活动差异的最重要因素是髋关节的骨骼形状。

髋关节骨骼形状会影响髋外展的幅度。

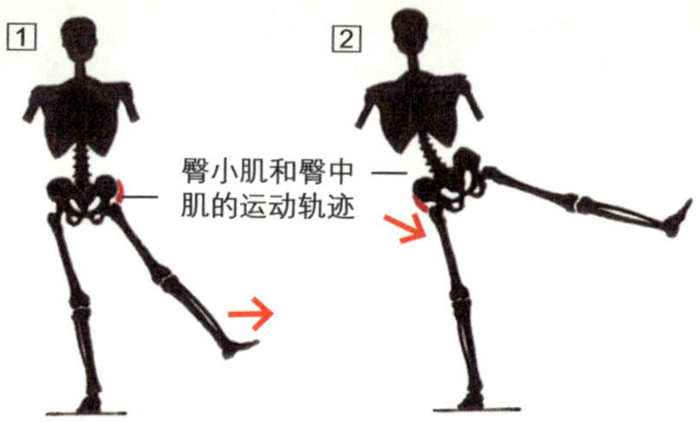

1 髋外展（受到股骨颈与髋臼窝连接处的限制）
2 髋部下压的外展（站立侧骨盆在股骨颈上转动）

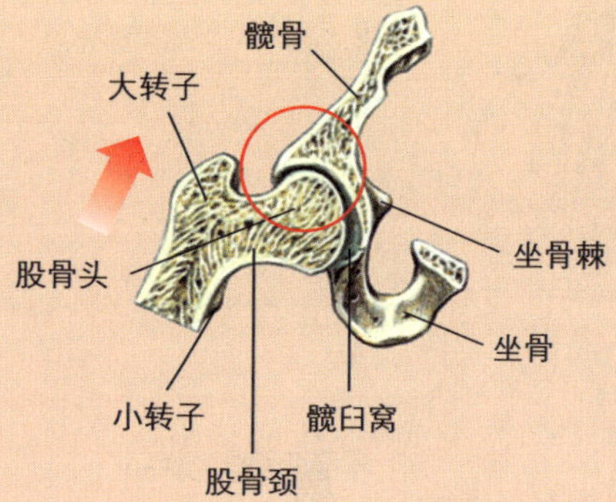

外展受到股骨颈和髋臼窝边缘连接处的限制。

• 几乎水平的股骨颈（髋内翻），与相对宽且覆盖面大的髋臼窝上缘相连，会限制外展动作。

• 几乎垂直的股骨颈（髋外翻），与相对窄的髋臼窝上缘相连，使外展变得更容易。

因此，如果本身骨骼形态不合适，就没有必要把腿抬得特别高。

如果强迫髋关节外展，股骨颈就会顶到髋臼窝边缘，然后通过将另一侧的骨盆倾斜至股骨头作为补偿来提升侧抬腿高度。

此外，强迫进行多组髋外展练习，长此以往可能会使一些人轻微受伤，导致髋臼窝上缘过度发育，限制了髋部的活动幅度，并有可能引起发炎和疼痛。

髋部的不同骨骼形态

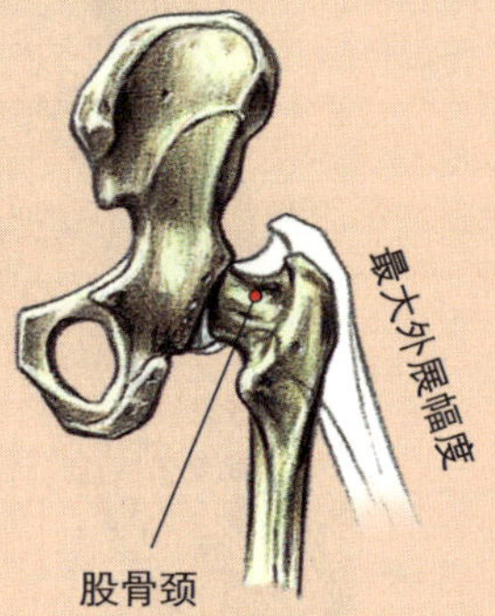

股骨颈接近水平的身体形态被称为髋内翻。因为股骨颈会很快撞上髋臼窝的上缘，所以会限制外展。

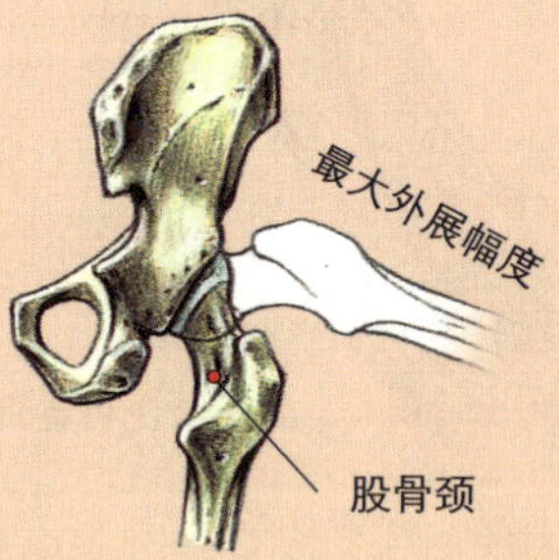

股骨颈接近垂直的身体形态被称为髋外翻。这种形态的股骨颈有利于更大幅度地外展。

站姿器械髋外展 09

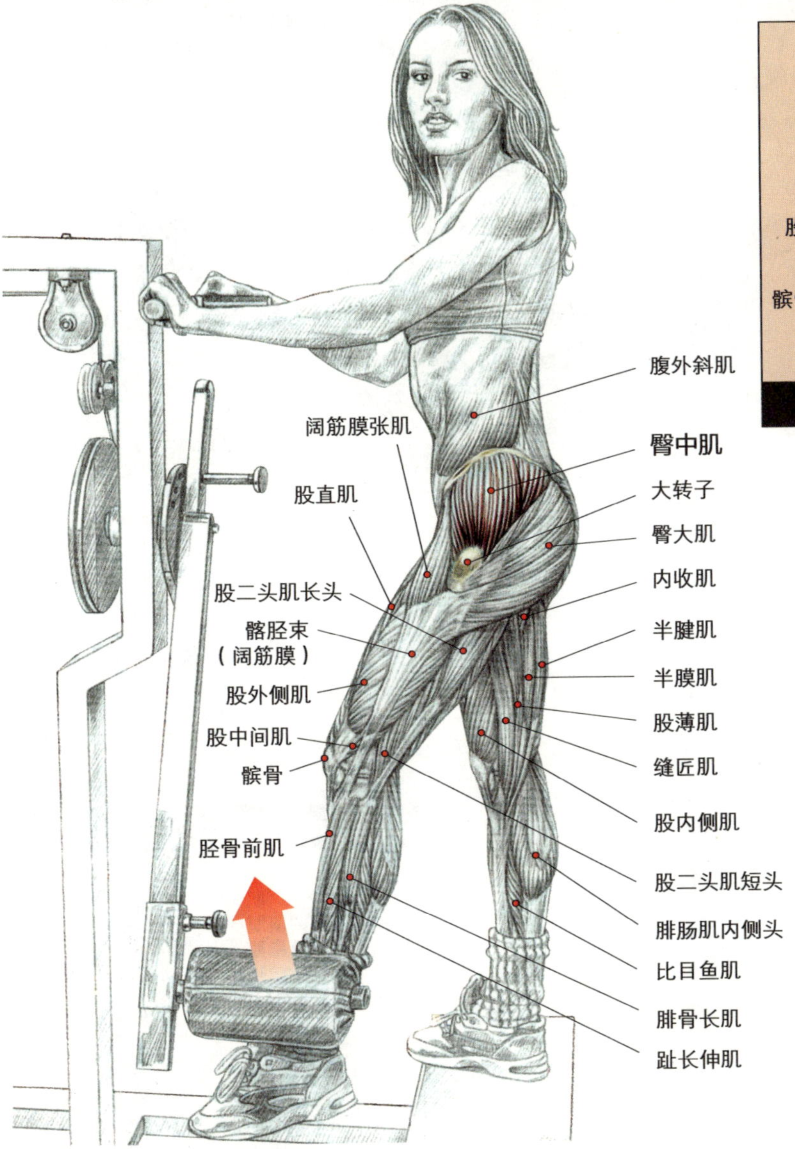

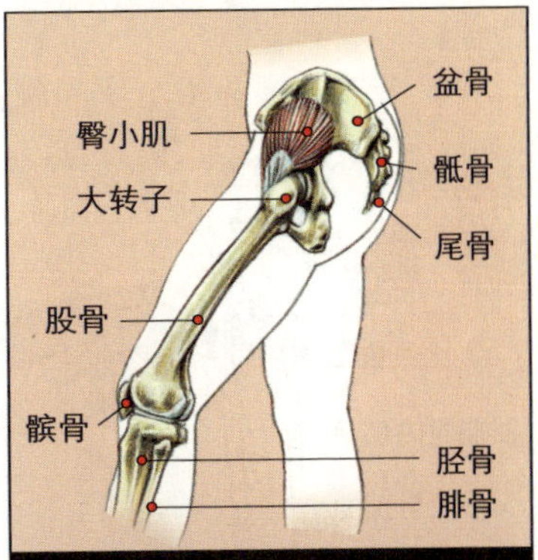

臀小肌

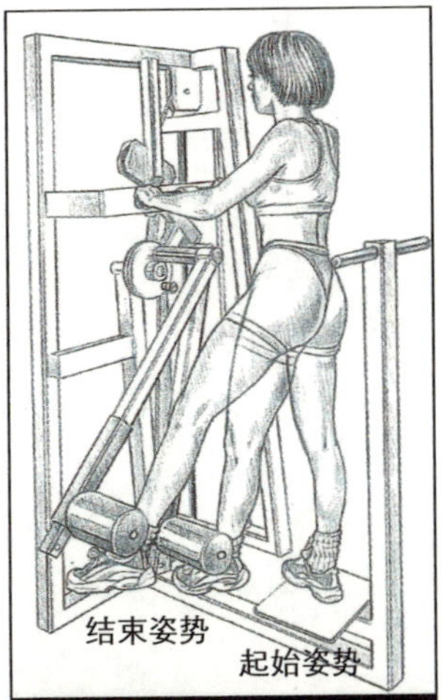

动作示意图

面向器械单腿站立，泡沫轴抵在另一条腿的踝关节外部上侧：

- 侧抬腿，腿尽量抬高；
- 缓慢回到起始姿势。需要注意髋关节外展时，股骨颈很快会碰到髋臼窝边缘，从而限制外展。

该练习能很好锻炼臀中肌和位于深层的臀小肌。臀小肌的作用与臀中肌前侧的纤维束相同。为了达到更好的锻炼效果，建议进行高组数练习。

10 侧卧弹力带髋外展

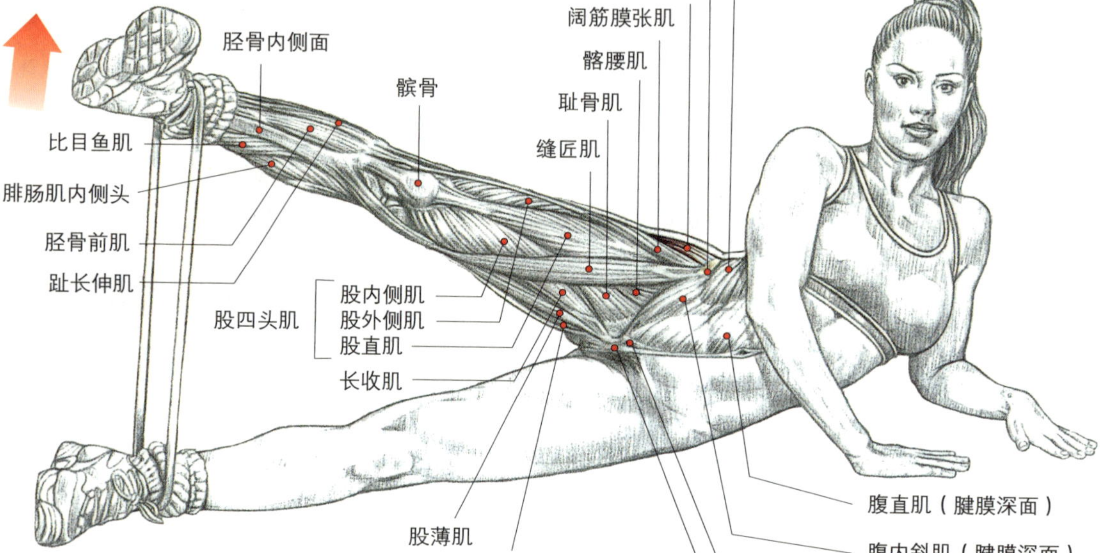

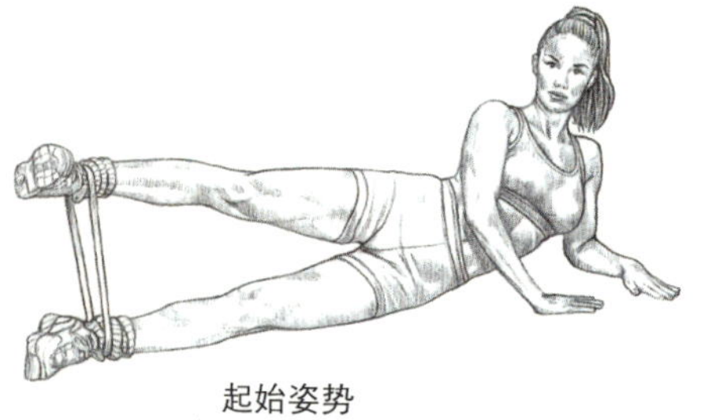
起始姿势

女性髋部断面图（臀中肌和臀小肌交叠）

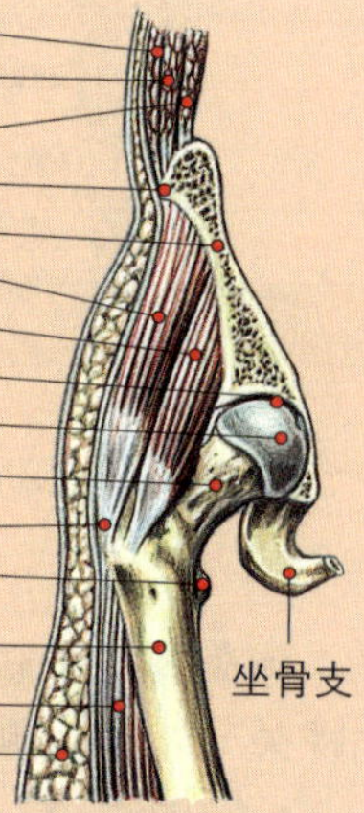

侧卧，一只手支撑头部，用一根弹力带套住双腿脚踝部位：

• 保持膝盖伸直，向上侧抬腿；

• 回到起始姿势，但弹力带不要完全放松，重复动作。

该练习可以锻炼臀中肌和位于深层的臀小肌。这两块肌肉主要构成了髋部侧面的线条。

高组数练习效果更佳。

注意事项

为了增加锻炼强度，可以用两根弹力带套住脚踝练习。

侧卧髋外展 11

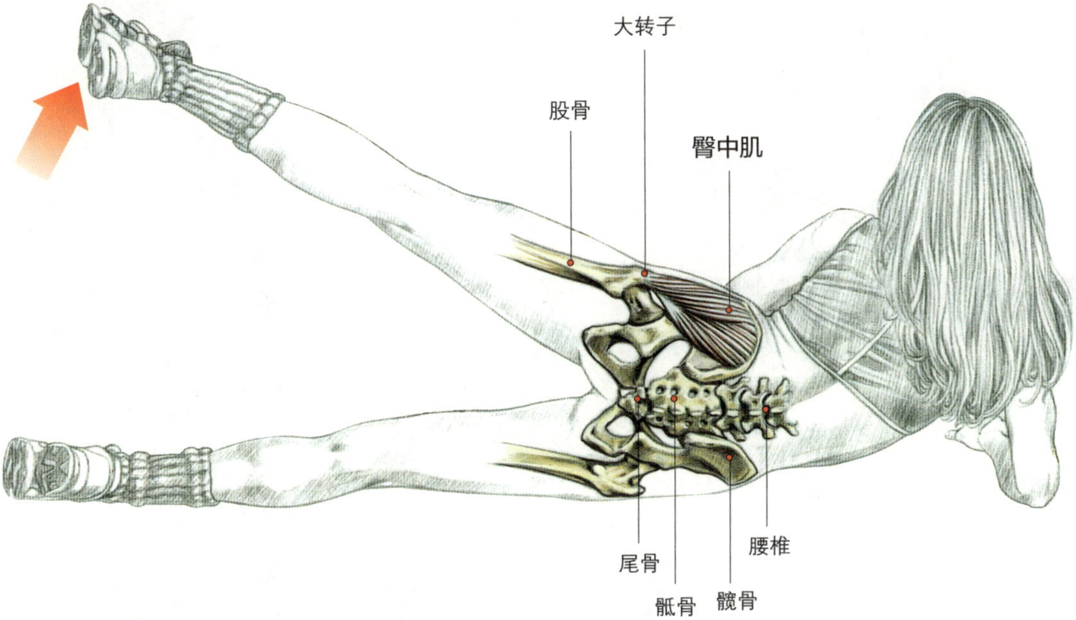

动作示意图

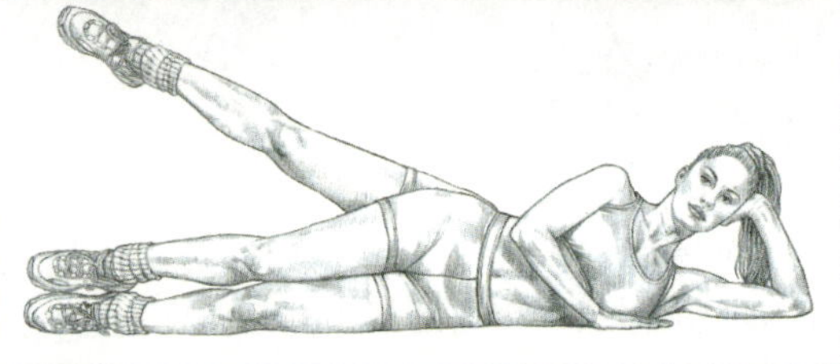

侧卧，一只手支撑头部：

• 保持膝盖伸直，向上侧抬腿，髋部外展角度不要超过70°。

该练习可以锻炼臀中肌和臀小肌。在外展结束后可以保持两秒的等长收缩。

腿可以稍向前、稍向后或垂直上抬。

想加强锻炼效果，可以在踝部负重，最终可以使用弹力带或低位拉力器练习。

三种抬腿方式

锻炼的区域

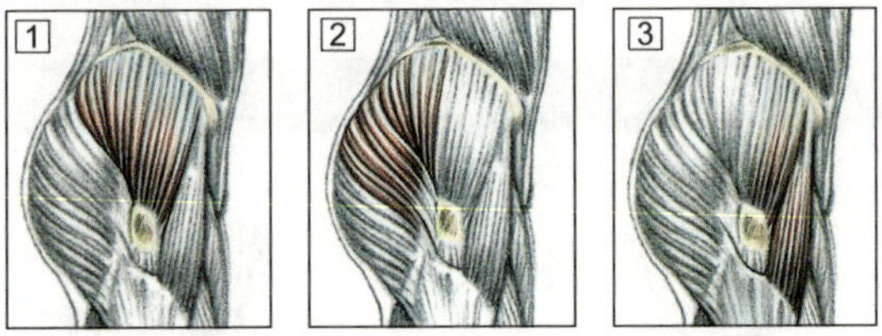

1 腿垂直上抬
2 腿稍向后抬起
3 腿稍向前抬起

12 坐姿器械外展训练

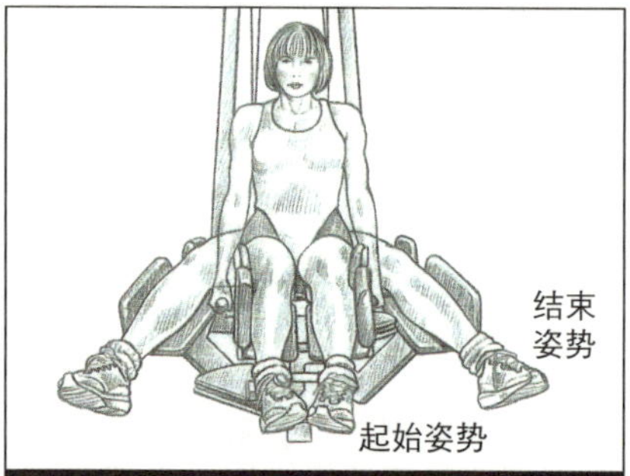

动作示意图

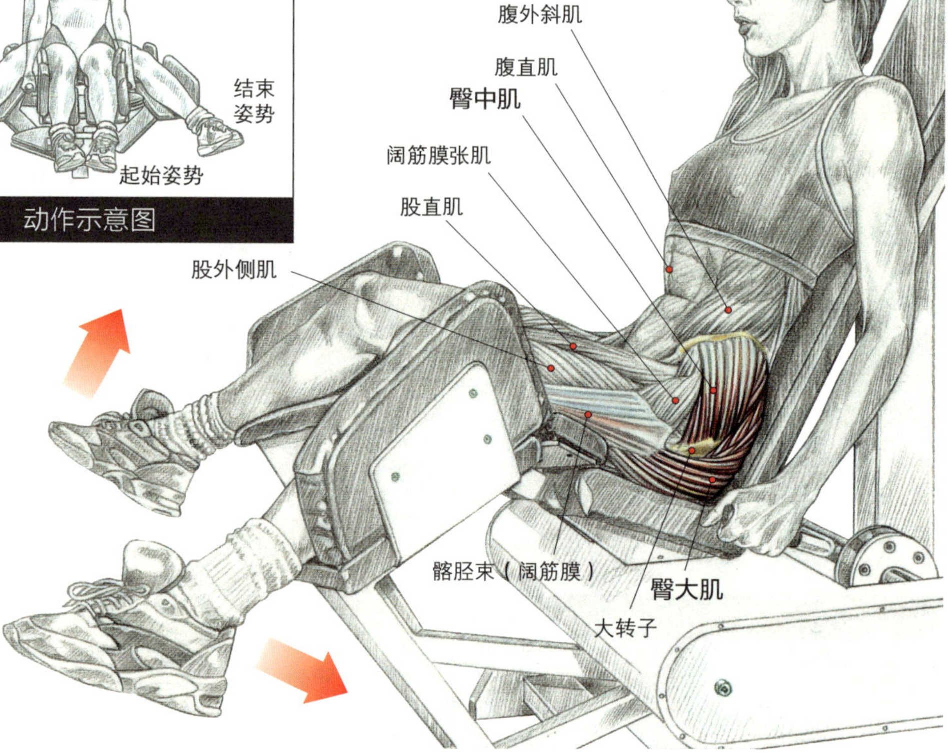

坐在外展训练机上：

• 双腿用力向外分开。

座椅靠背斜度大，能锻炼臀中肌；座椅靠背斜度小或靠背垂直于坐垫，能锻炼臀大肌上部。

在同组训练中可以改变靠背倾斜角度，同时改变身体前倾程度。可以背部紧贴座椅靠背，重复10次动作，随后躯干前倾，再重复10次动作。

该动作很适合女性，可以使髋部上侧更挺实并塑造线条，从而使腰部显得更加纤细。

躯干靠着椅背时锻炼的臀肌

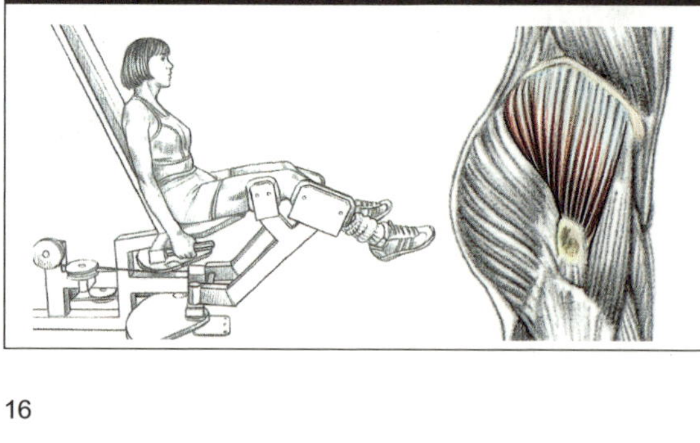

躯干前倾时锻炼的臀肌

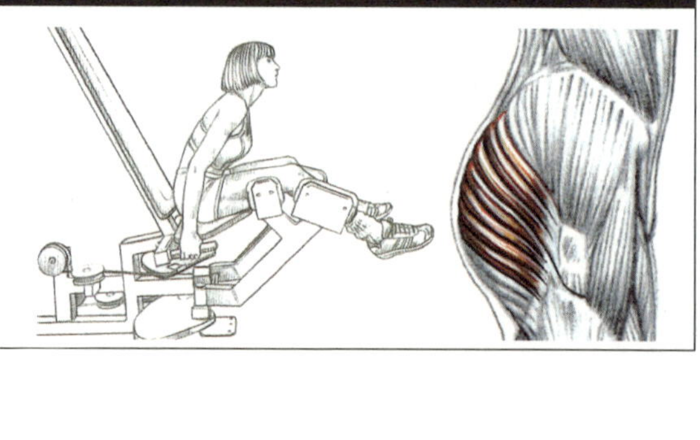

跪姿侧抬腿 13

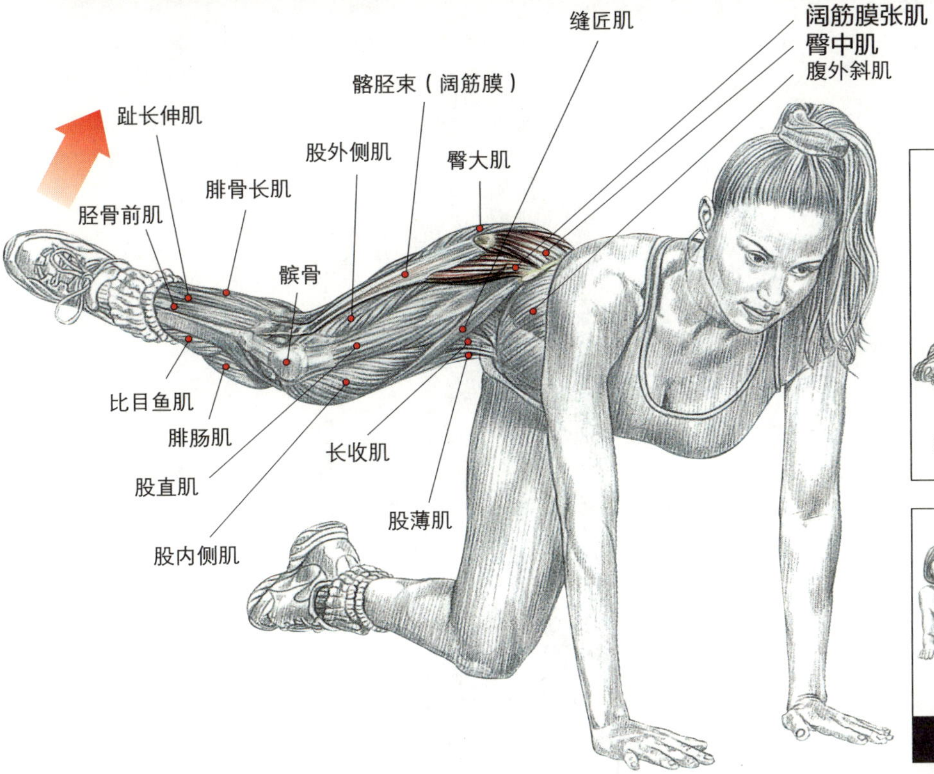

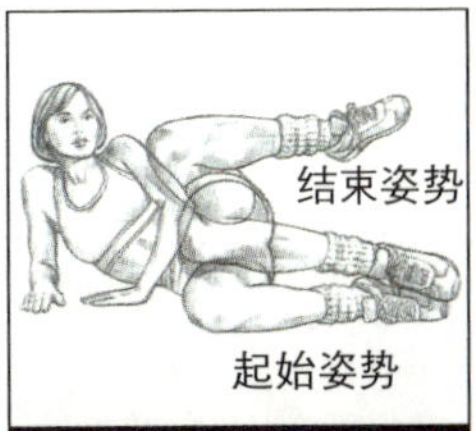

侧卧练习

单腿跪地，双手撑地，手臂伸直：

• 侧抬腿（或髋外展），保持1秒，回到起始姿势，重复动作。

该练习主要锻炼臀中肌、臀小肌、阔筋膜张肌，以及位于深层的所有髋部外旋肌肉。

侧抬腿时，腿可以伸直也可以微屈。可以在外展肌训练的最后进行小幅度练习。为了锻炼整个臀部三角肌，在同组练习中可以将该动作与跪姿地面髋屈伸动作相结合。

与所有无额外负荷的动作一样，高组数练习直到产生灼热感时，效果最佳。

锻炼的肌肉

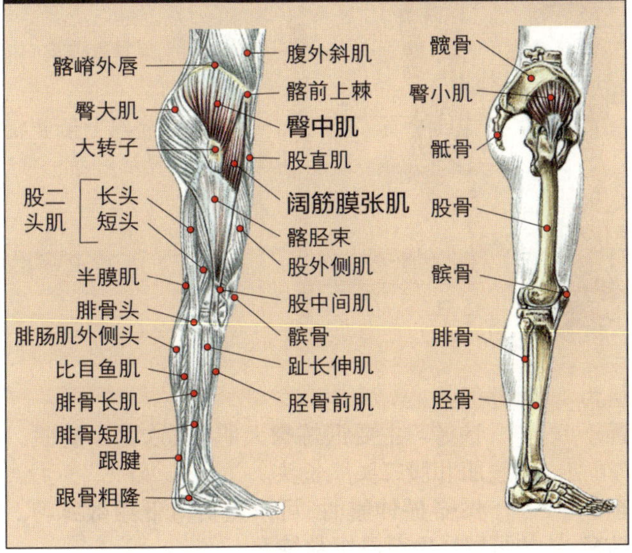

注意事项

髋关节外展在生理上受到股骨颈与髋臼窝边缘连接处的限制，因此没有必要迫使大腿抬至水平线以上。

14 器械伸髋

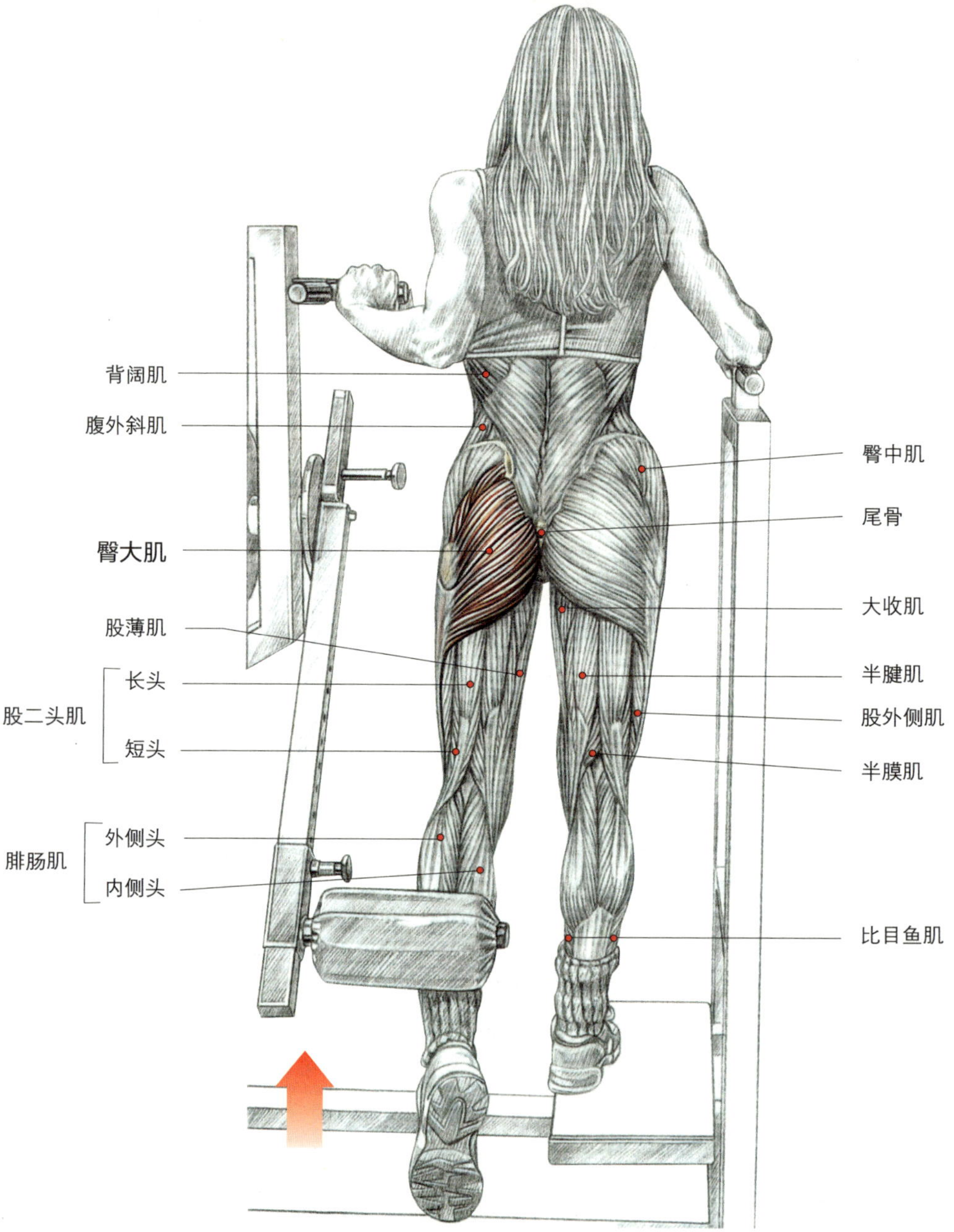

上半身稍向前倾，两手抓握手柄，单腿为支撑站立。另一条腿略向前移，将泡沫轴置于膝关节和踝关节中间的位置：

• 吸气，大腿后抬使髋部达到过伸状态。保持2秒的等长收缩，回到起始姿势。外展结束时呼气。

该练习主要锻炼臀大肌，其次是半腱肌、半膜肌和股二头肌长头。

做器械伸髋时，可以重负荷低组数练习，也可以轻负荷高组数练习。

站姿伸髋 15

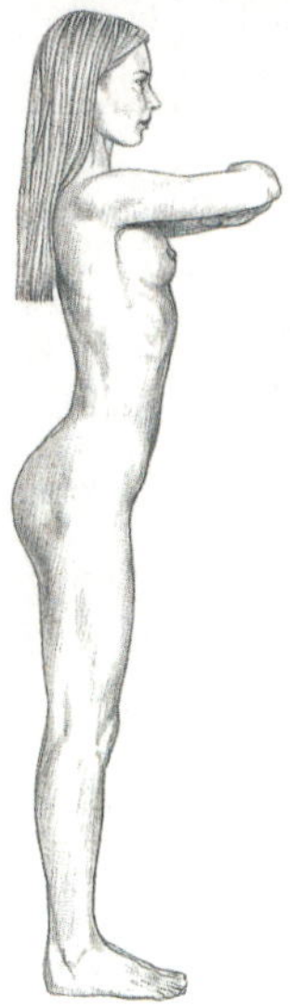

起始姿势

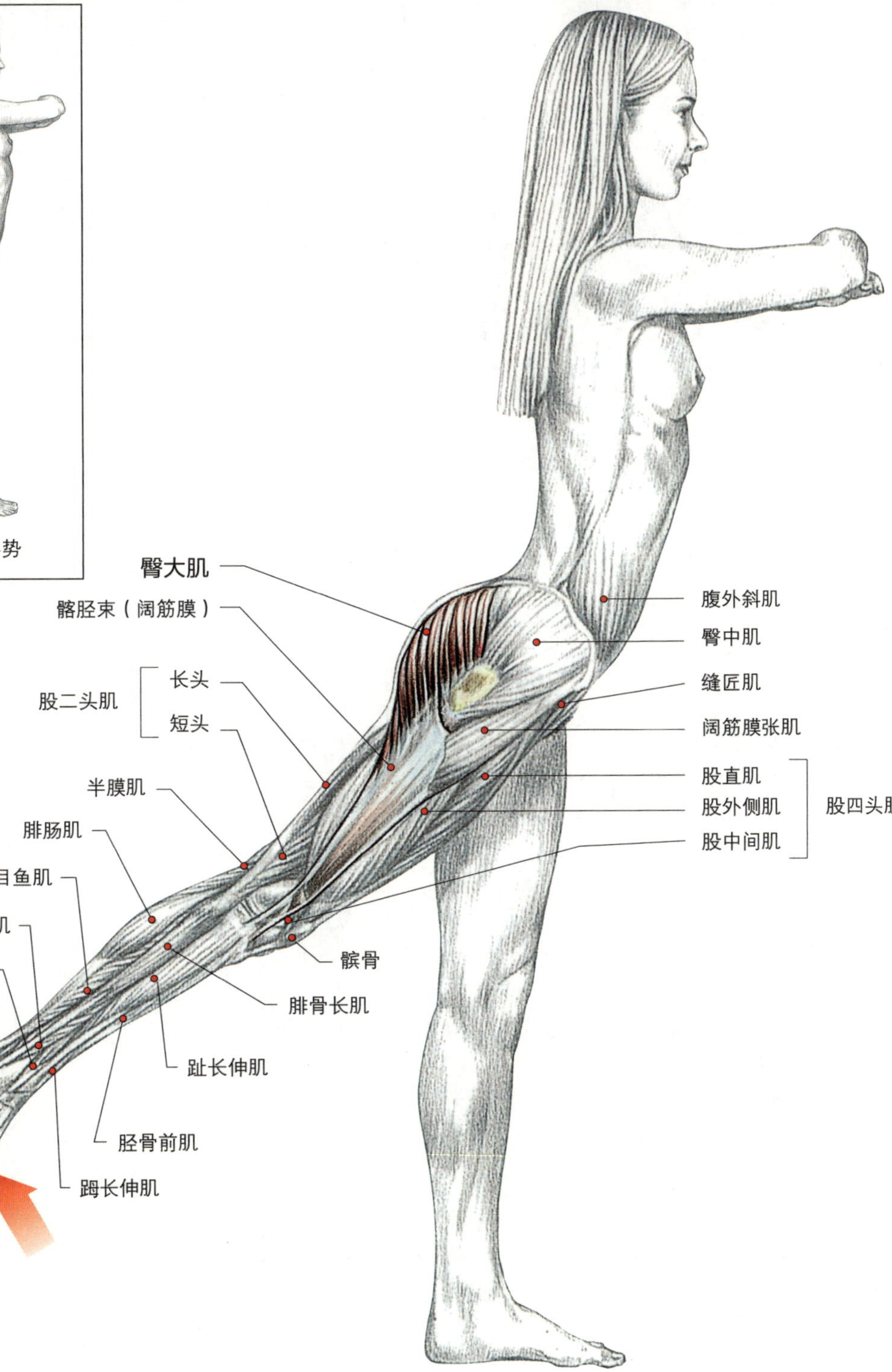
臀大肌
髂胫束（阔筋膜）
股二头肌
长头
短头
半膜肌
腓肠肌
比目鱼肌
腓骨短肌
第三腓骨肌
髌骨
腓骨长肌
趾长伸肌
胫骨前肌
踇长伸肌
腹外斜肌
臀中肌
缝匠肌
阔筋膜张肌
股直肌
股外侧肌
股中间肌
股四头肌

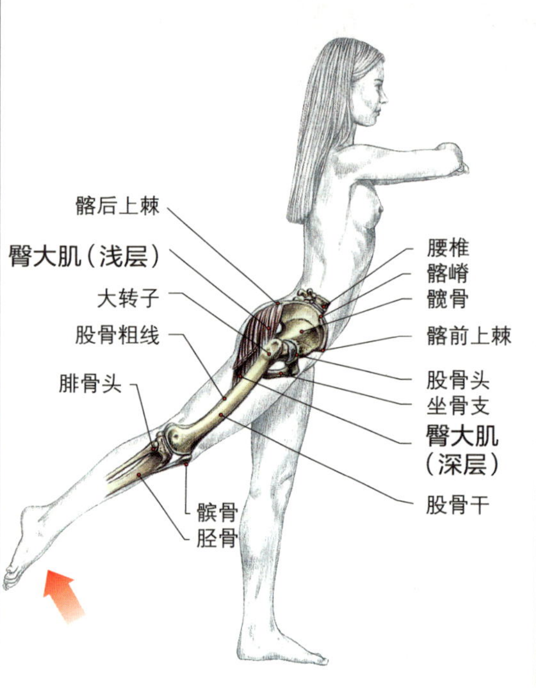

在深面上，臀大肌的止点在股骨粗线上。

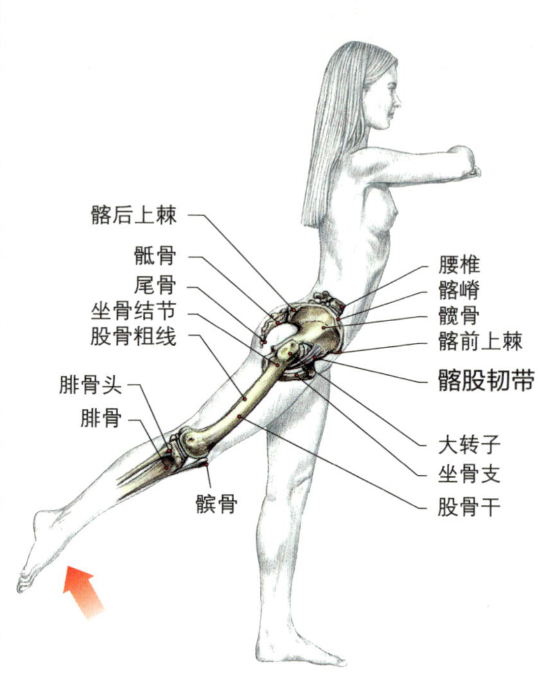

髂股韧带伸展时会限制髋部伸展。

单腿站立，骨盆略微前倾，双臂在身前交叉：

- 伸展髋部；
- 缓慢回到起始姿势，重复动作。

需要注意，髋关节的伸展受到髂股韧带张力的限制。

该练习主要锻炼臀大肌，其次是所有腿部肌肉，股二头肌的短小部分除外。

与所有无额外负荷的动作一样，高组数练习直到产生灼热感，效果最佳。

为了增加训练强度，可以脚踝负重，用弹力带或低位拉力器练习。

为了增强稳定性，可以倚靠在一根棍子上进行锻炼。

起始姿势　结束姿势

跪姿髋屈伸 16

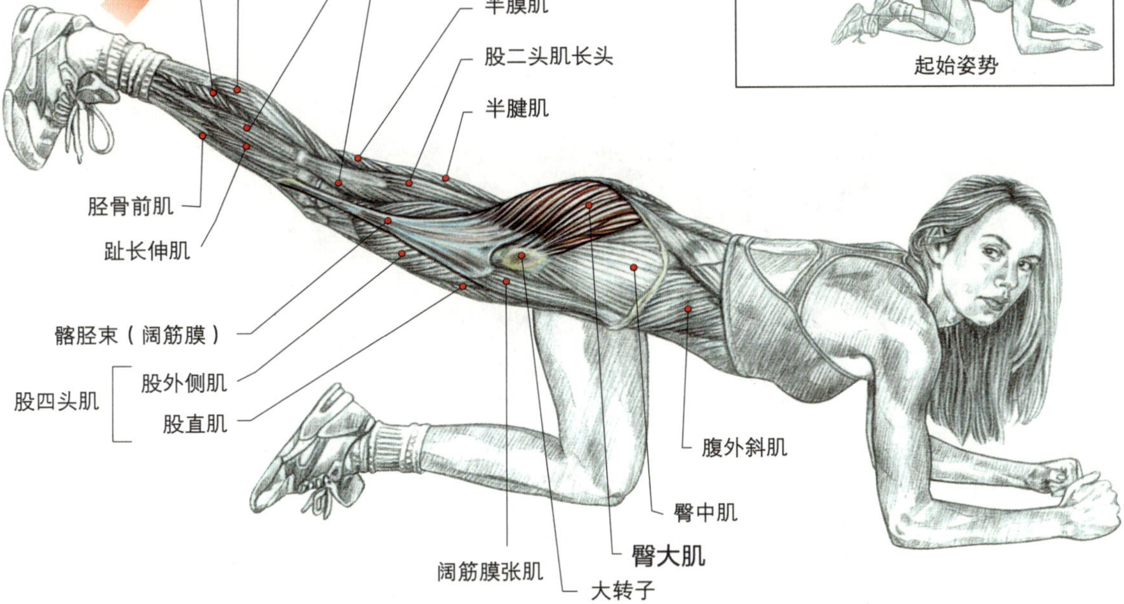

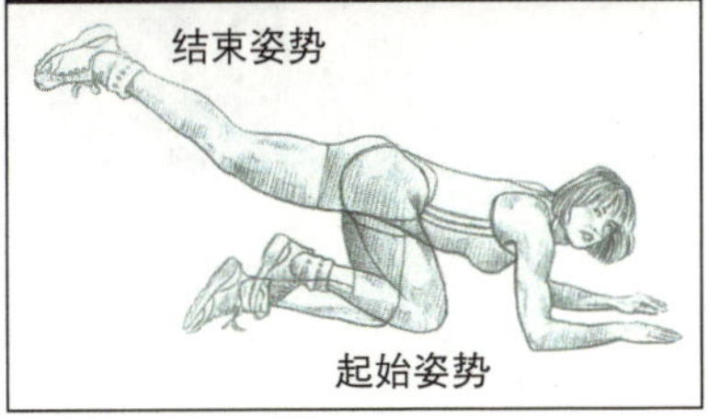

单腿跪地，将另一条腿收至胸下，以双肘或双手为支撑：

• 将胸下弯曲的腿向后伸，直至髋部完全伸展。

在该练习中，腿伸直时能锻炼腘绳肌和臀大肌，腿弯曲时，只锻炼臀大肌，且强度比伸直状态下小。

可以做大幅度练习，也可以在拉伸的最后做小幅度练习。动作结束时可保持1~2秒的等长收缩。可以在踝部负重来增加运动强度。该动作简单易行，效果显著，因此非常受欢迎，经常在团体课程中使用。

变化动作 屈膝伸髋

变化动作 臀桥

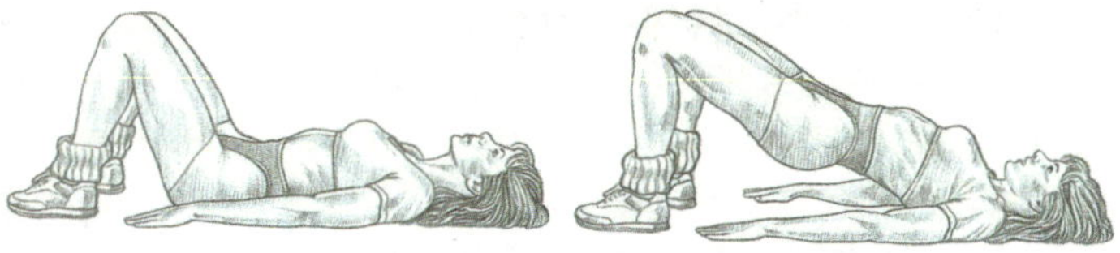

臀桥实际上也是一种髋屈伸运动，主要锻炼臀大肌。和跪姿地面髋屈伸一样，该练习不需要任何器械，在任何地方都可以进行。

17 臂屈伸器械辅助髋屈伸

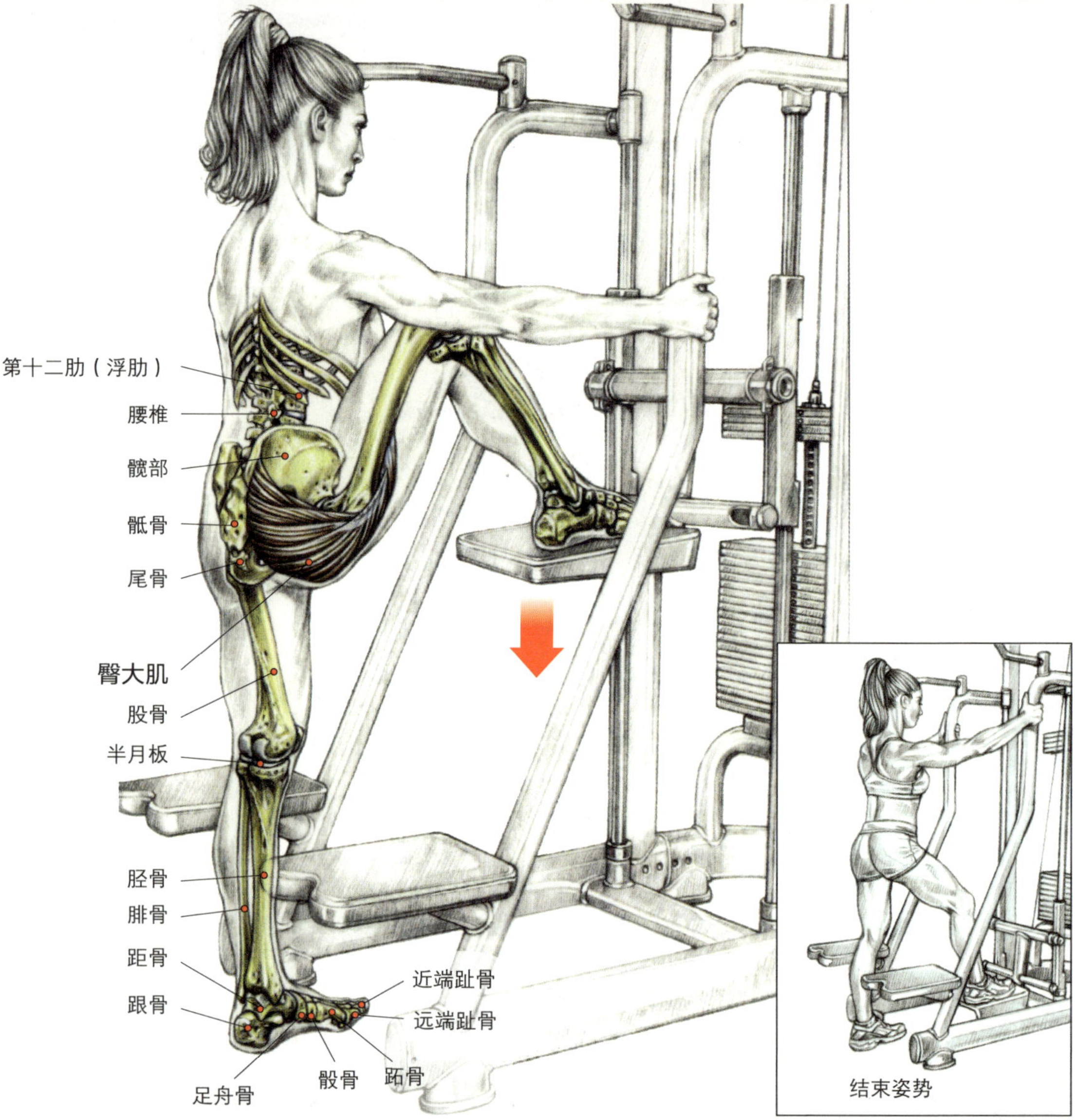

尽管臂屈伸器械的初始功能并非如此，但可以使用该械辅助进行髋屈伸练习。

站姿，一只脚踩地，一只脚屈膝放在器械踏板上，抓紧器械：

- 吸气，屏住呼吸并伸直腿；
- 动作结束时呼气，有控制地回到起始姿势。

该练习主要锻炼臀大肌，其次是股四头肌，并拉伸大收肌。

在该练习中，当大腿弯曲时能有效拉伸臀大肌，从而能更好感受到肌肉发力，并找到发力位置。

每组重复10~20次动作效果最佳。

注意事项

为了保持身体平衡，当负荷越重时，越要将躯干向前倾斜，同时越要抓牢器械。

俯卧器械髋屈伸 18

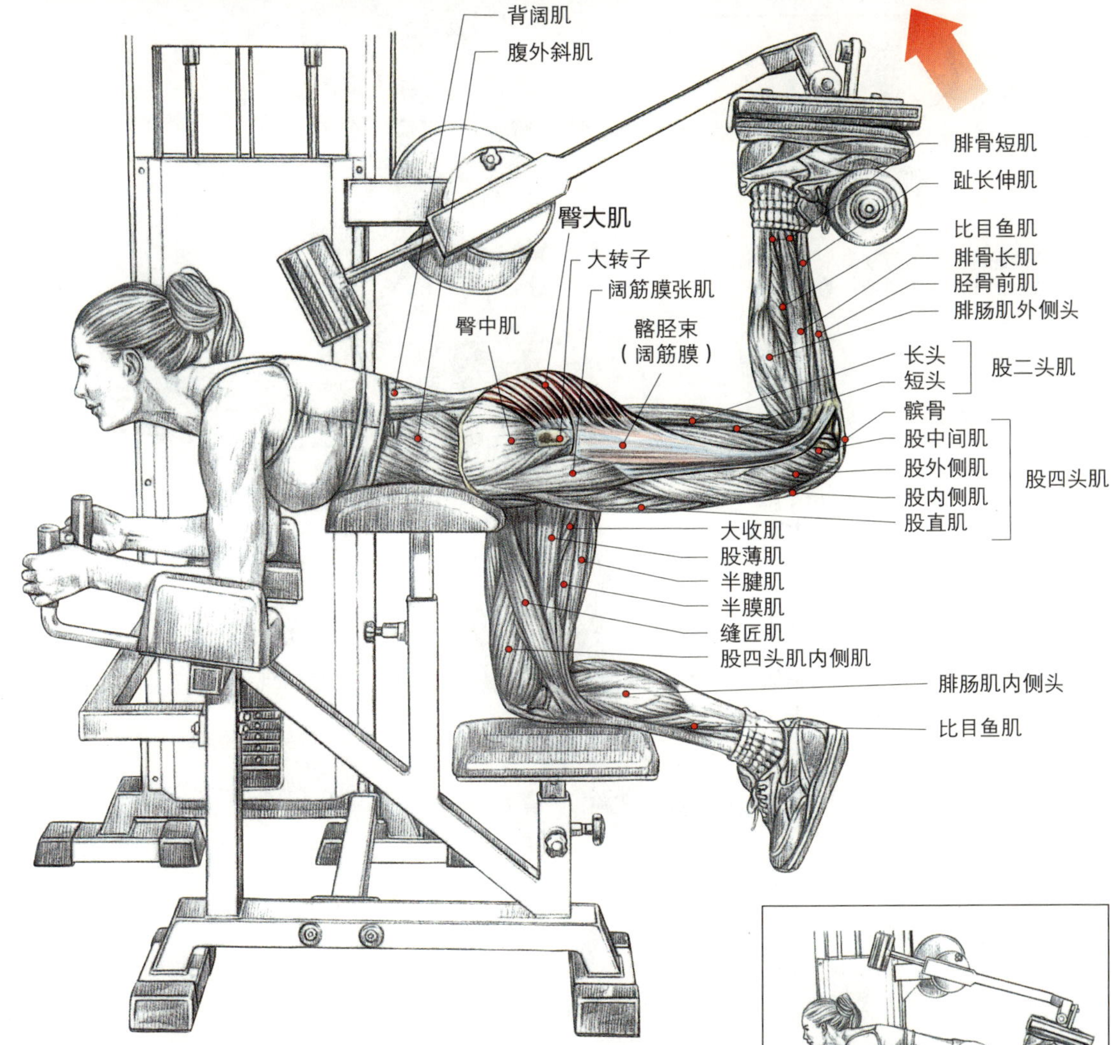

起始姿势

俯卧在器械上，双手抓住扶手，单膝跪在椅子上，另一条腿膝盖弯曲踩在踏板上：

• 吸气，腿垂直上抬，直至髋部完全伸展，保持1~2秒的等长收缩，呼气；

• 回到起始姿势，重复动作。

该练习主要锻炼臀大肌，需要注意屈膝的动作使腘绳肌松弛，因此在髋屈伸练习中，不太锻炼得到腘绳肌。一组重复10~20次动作能有很好的锻炼效果。如果想加强力量，可以增加负重，减少动作重复次数。

注意事项

卧姿器械髋屈伸模拟了在团体课程中很受欢迎的跪姿髋屈伸（详见第21页）动作和姿势。

19 拉力器伸髋

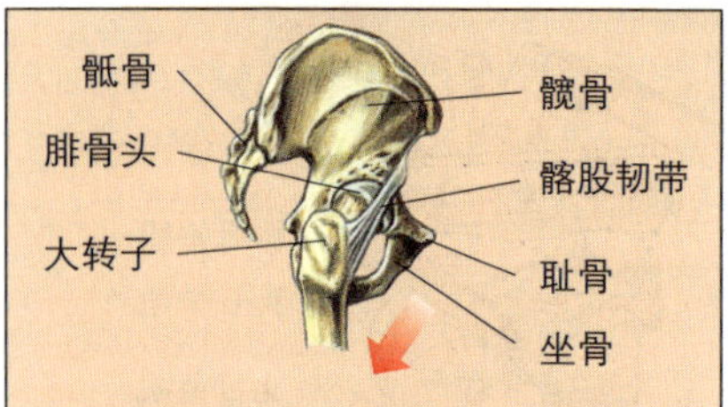

髋关节的屈伸受到髂股韧带张力的限制，髂股韧带是关节囊增粗的部分。

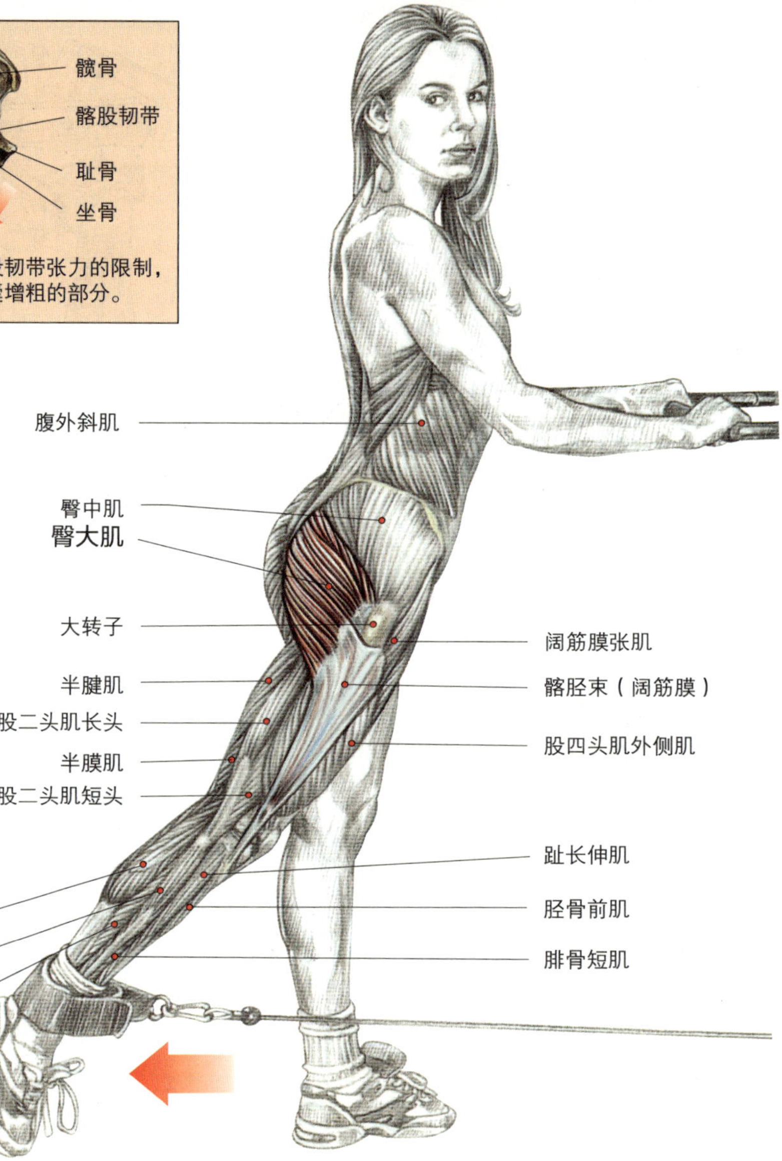

面向拉力器单腿站立，将低位拉力器固定在另一条腿的脚踝部位，骨盆前倾，双手抓握拉力器手柄：

• 伸展髋部，向后抬腿。需要注意髋关节后伸受到髂股韧带张力限制。

该练习主要锻炼臀大肌，其次是腘绳肌（股二头肌短头除外）。

该练习可以使臀部更加紧实并有利于塑造臀部线条。

人类臀肌的特点

尽管某些猿类偶尔可以两腿“行走”，但人类是唯一可以完全两腿行走的灵长类动物。

与这种运动方式直接相关的一大形态特征是发达的臀大肌。它是人体中最大、最有力的肌肉。而发达的臀大肌确实是人类才有的特征，相比之下，四足动物的臀大肌并不发达，而马的屁股（有人认为马的屁股相当于人类的臀部）实际上是由腘绳肌（相当于人类大腿的后侧）组成的。

人类的臀大肌虽然是髋部伸肌，但并没有在步行中发挥重要作用。使骨盆挺直（也就是伸髋）的主要是腘绳肌。只要在走路时将手放在臀部，就能发现臀部肌肉收缩并不明显。

但是随着发力增大，如爬山、快走或跑步时，臀大肌就发挥作用，使髋部有力伸展并挺直躯干。

了解这些生物力学原理有助于我们更好认识到，在进行专门锻炼臀大肌和腘绳肌的练习中，如早安式深蹲（详见第73页）和直腿硬拉（详见第142页）时，如果采用大负荷训练，我们更多锻炼臀大肌，更少锻炼腘绳肌。

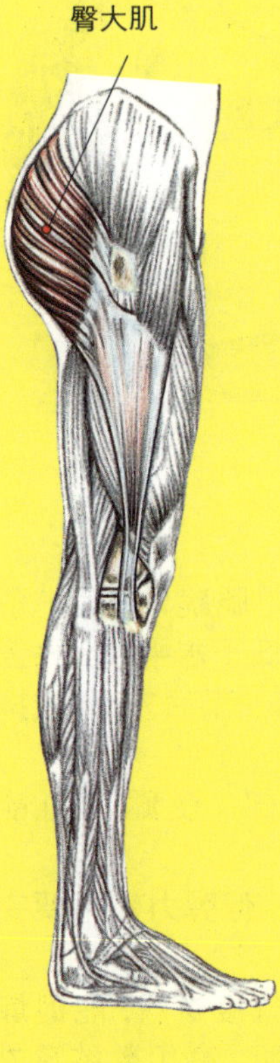

人类

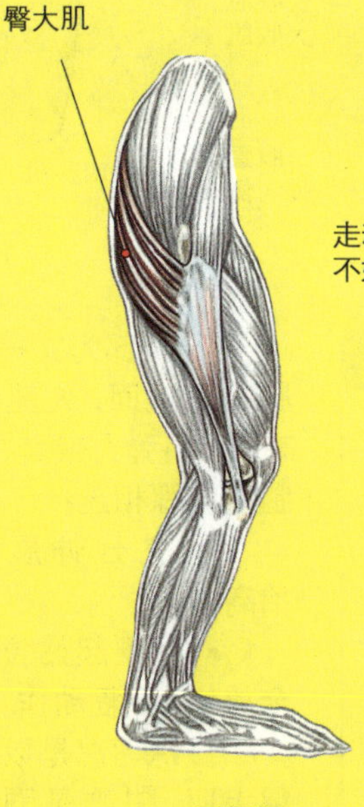

黑猩猩

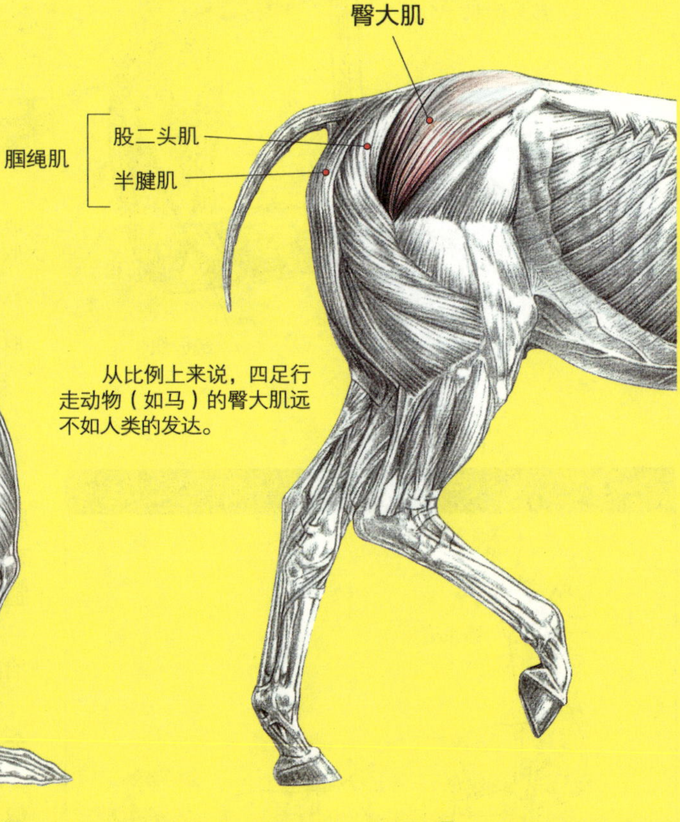

马

20 弹力带伸髋

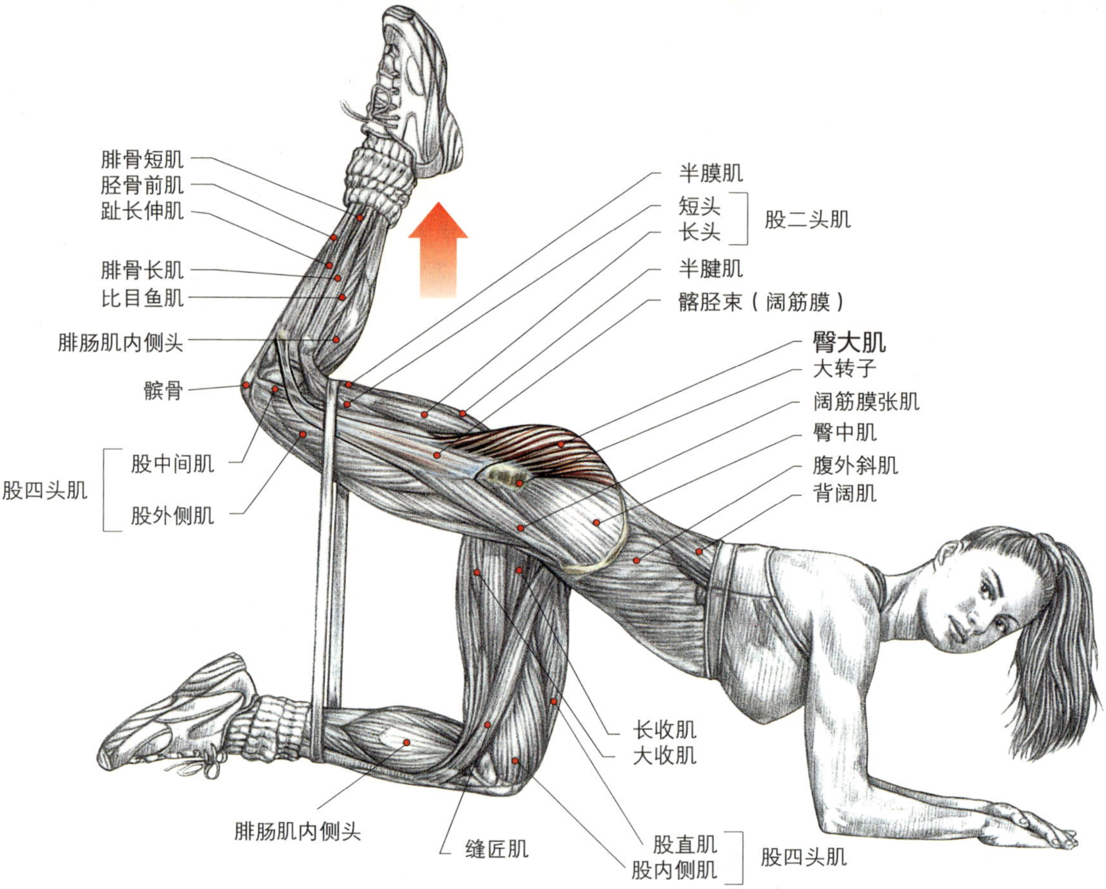

动作示意图

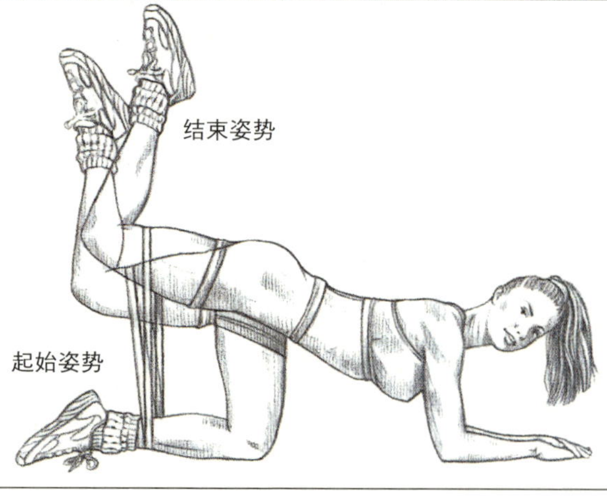

以肘部为支撑，单腿跪地，另一条腿抬离地面，大腿略低于水平线，膝盖弯曲。将弹力带套在膝关节后方，与支撑腿的脚踝相连：

• 充分伸展臀部，使腿尽可能抬高；

• 回到起始位置，但弹力带不要完全放松，重复动作。

该练习总是以小幅度进行，能锻炼臀大肌，其次是腘绳肌。高组数练习效果最佳。

哑铃凳髋屈伸 21

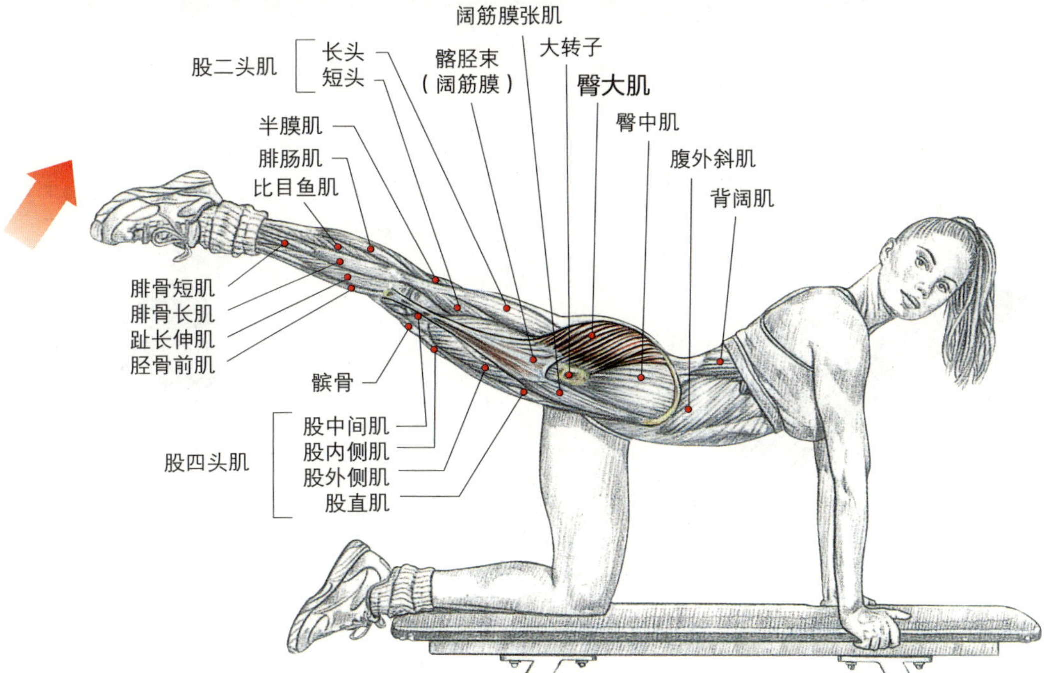

起始姿势

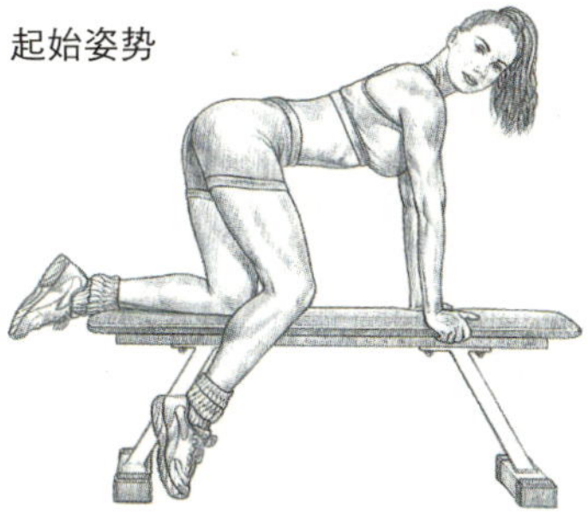

变化动作

结束伸髋后弯曲膝盖

单腿屈膝跪在凳面上，另一只脚触地。以双手为支撑，手臂伸直，保持背部挺直或略微后弓：

- 将触地的腿向后抬起，使得髋部完全展开；
- 回到起始位置，但脚不要触地，然后重复动作。

练习时要保持腿部伸直，该练习锻炼腘绳肌（股二头肌除短头外的部分、半膜肌、半腱肌）以及臀大肌。在结束伸髋时弯曲膝盖，可以限制腘绳肌的作用。

与跪姿髋屈伸相比，该动作能在开始时更好让人感受到臀大肌的作用。

可以在结束伸髋时保持1~2秒的等长收缩。想增加训练强度，可以增加踝部负重。做高组数练习，直至产生灼热感，锻炼效果最佳。

22 俯卧伸髋

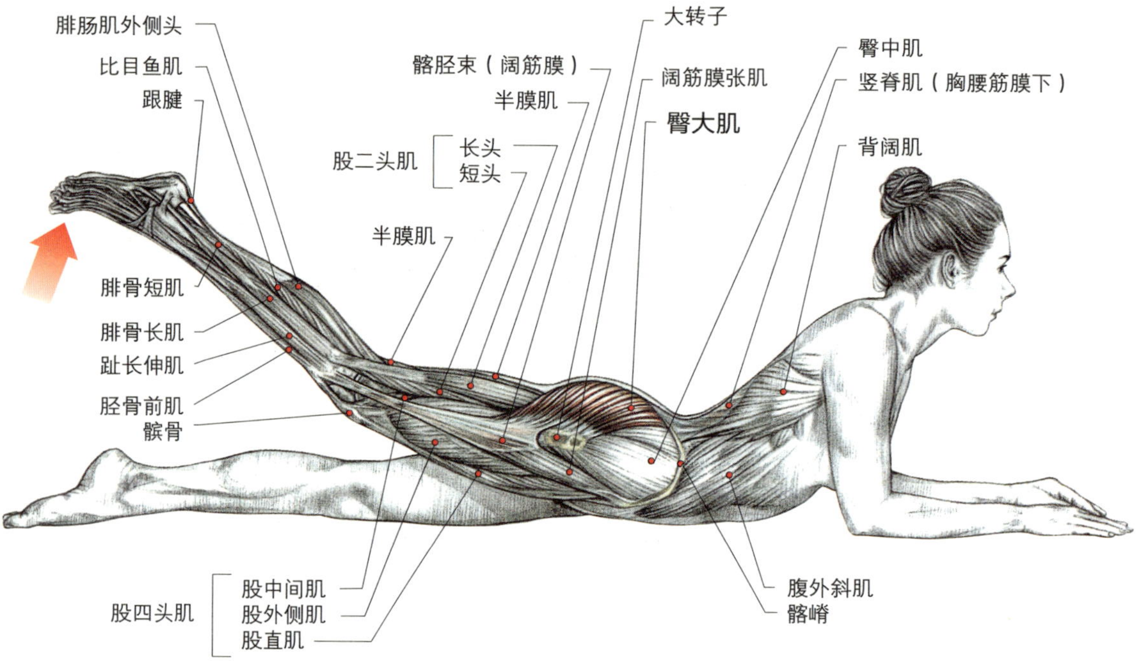

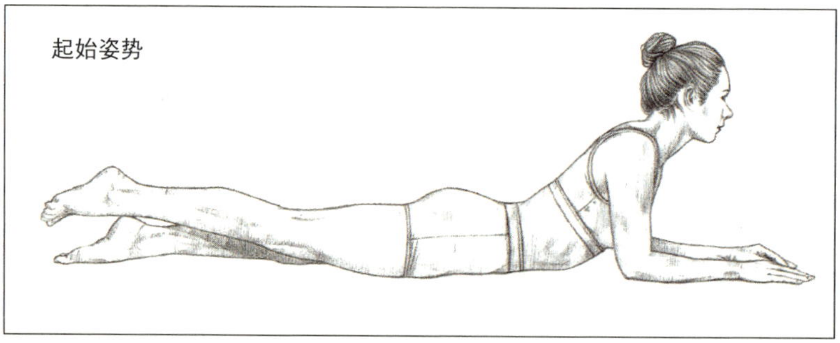

俯卧，以前臂为支撑，肩膀与手肘在同一条垂直线上，背部略微后弓，一条腿稍稍抬离地面：

• 将离地的腿尽可能抬高，然后回到起始姿势，注意脚不要触地，重复动作。

该练习总是以高组数进行，主要锻炼臀大肌，其次是腘绳肌和下腰部的竖脊肌中的骶腰肌群。

变化动作

在每次抬腿时，可以保持2~3秒的等长收缩。

站姿弹力带伸髋 23

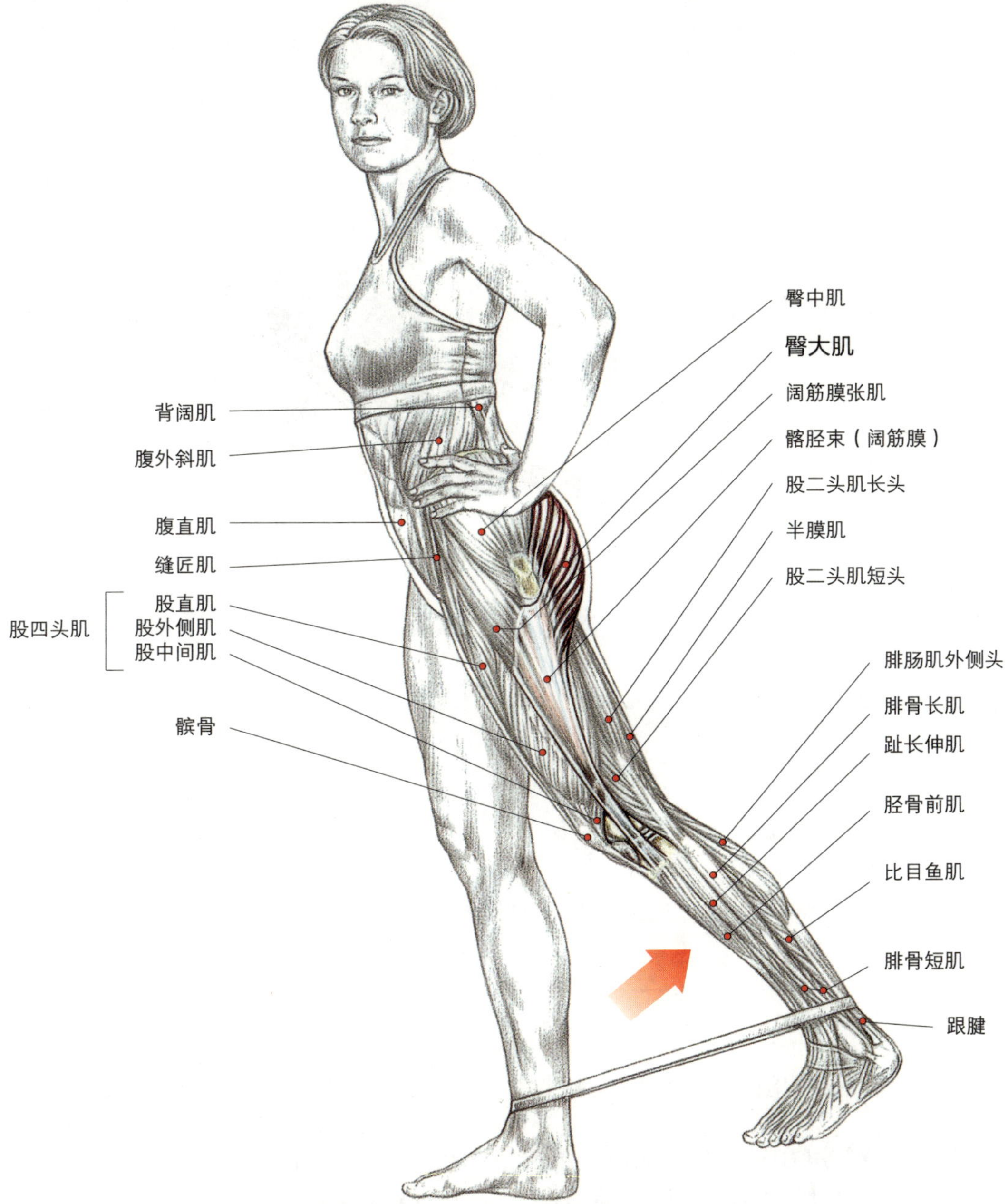

站姿，双手放在髋部，单腿支撑，弹力带在踝部张开：

• 做伸髋动作，回到起始姿势，但弹力带不要完全放松，重复动作。与所有使用弹力带的动作一样，进行高组数练习，直至产生灼热感效果最佳。

该练习主要锻炼臀大肌，其次是整个腘绳肌（股二头肌短头除外，因为该肌肉是腿部的专属屈肌，不参与伸髋动作）。

24 臀桥

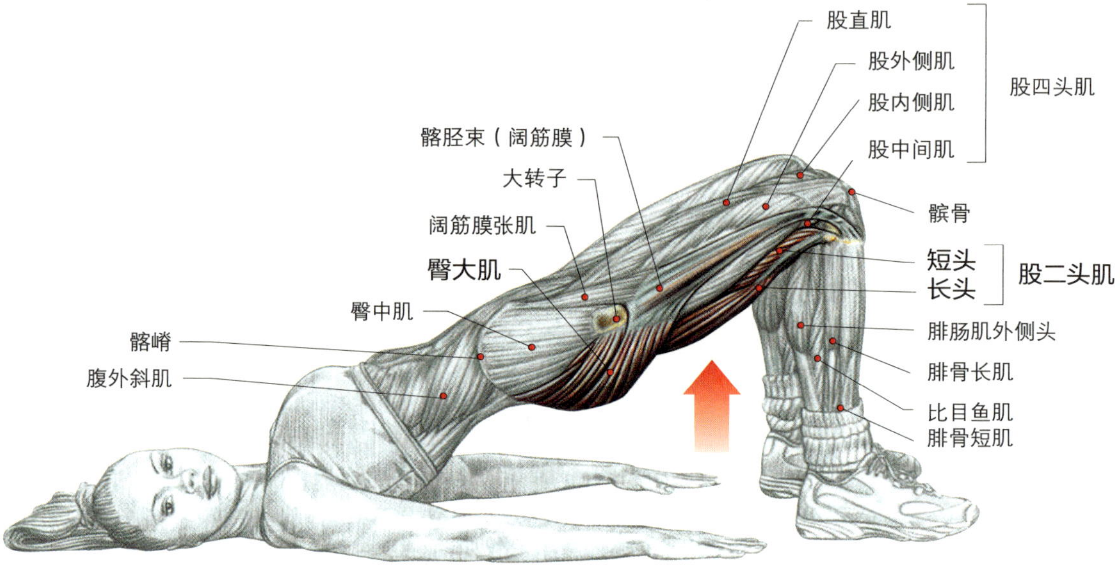

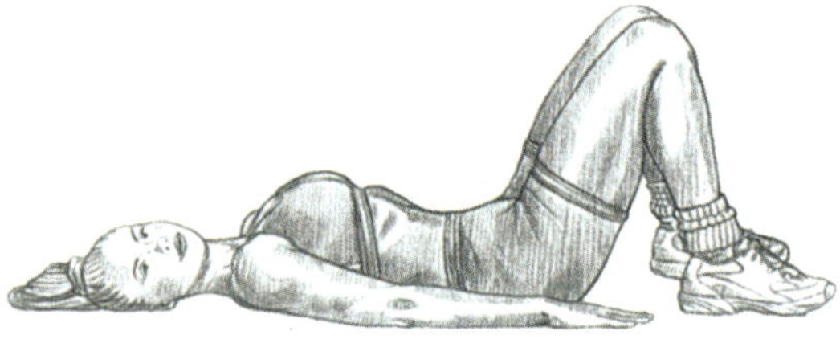

起始姿势

仰卧，双手平放在地板上，手臂贴在身侧，膝盖弯曲：

• 吸气，双脚用力向下踩，将臀部抬离地面，保持这个姿势2秒，然后再次将骨盆放低，臀部不要着地；

• 呼气，重复动作。

该练习主要锻炼腘绳肌和臀大肌。

以高组数进行该练习，重点在于感受骨盆抬起后肌肉的收缩。

注意事项

因为臀桥又简单又有效，所以在大部分健身房团体课程中都会有这项练习。

单腿臀桥 25

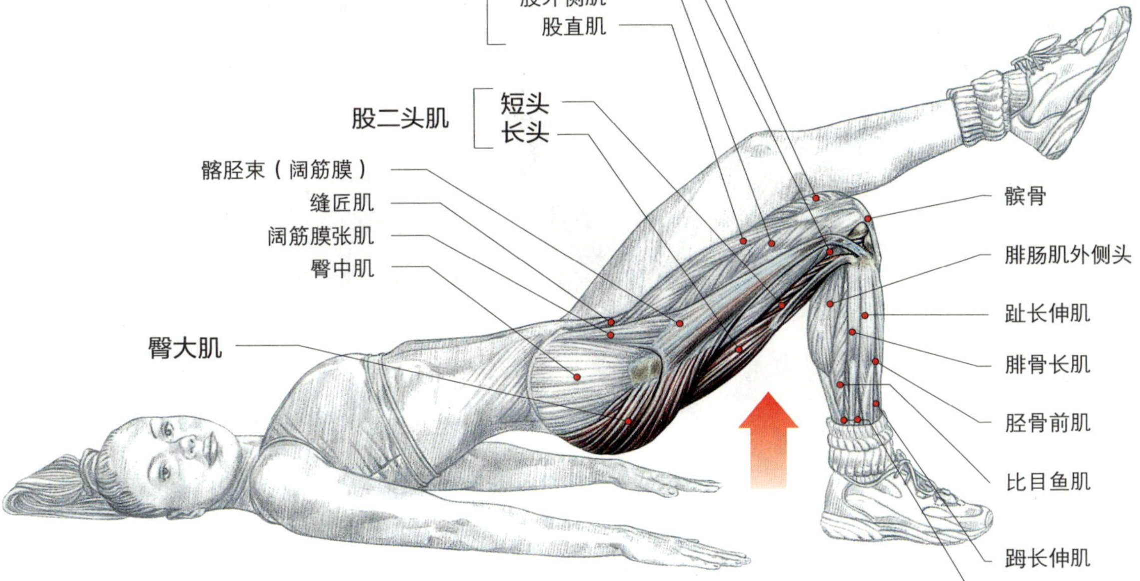

起始姿势

仰卧，双手平放在地板上，手臂贴在身侧，一条腿膝盖弯曲脚踩地，另一条腿向前伸直，脚不触地：

• 吸气，在地上的脚向下踩将臀部尽可能抬离地面，保持这个姿势2秒，然后再次将骨盆放低，臀部不要着地；

• 呼气，重复动作。

该练习主要锻炼腘绳肌（半腱肌、半膜肌、股二头肌）以及臀大肌。

以高组数进行该练习，重点在于感受骨盆抬起后肌肉的收缩。

注意事项

可以先完成单边练习随后换边，或者在同组练习中左右腿交替为支撑腿做单腿臀桥，每次重复动作时要注意背部贴地。

26 高位臀桥

起始姿势

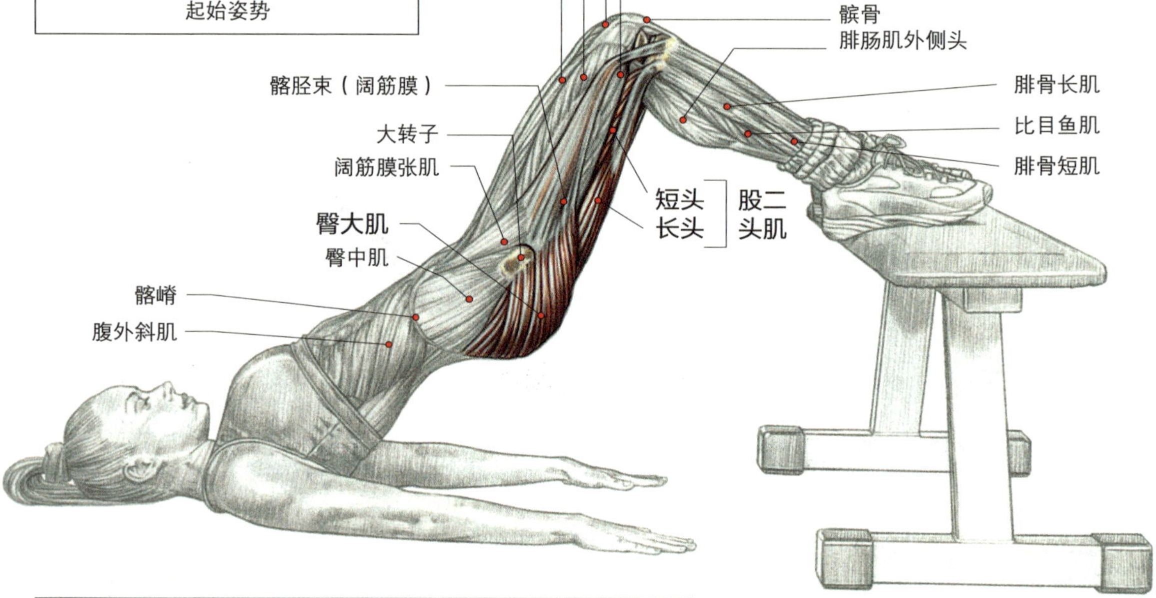

变化动作 将小腿置于训练凳上

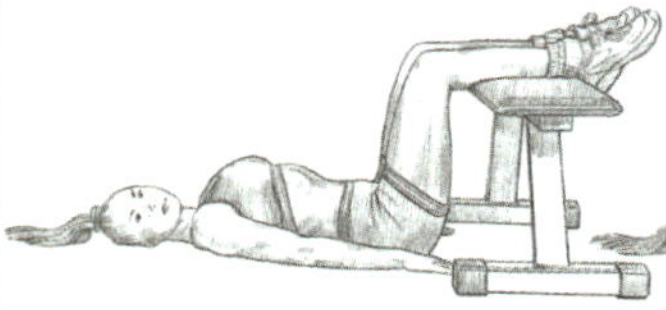

起始姿势

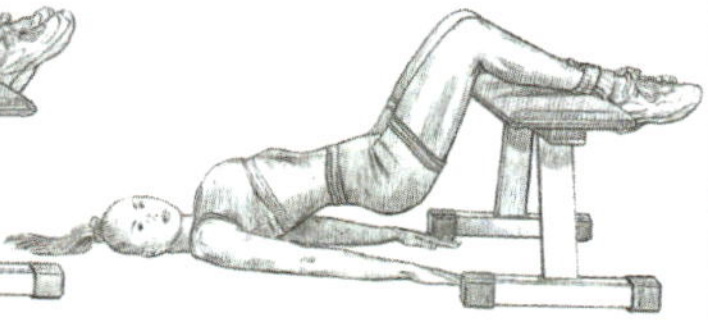

结束姿势

仰卧，双手平放在地板上，手臂贴在身侧，大腿垂直于地面，双脚放在训练凳上：

• 吸气，将臀部抬离地面，保持该姿势2秒，随后降低臀部，但臀部不着地；

• 呼气，重复动作。

该练习锻炼臀大肌，尤其能锻炼整个腘绳肌。在该动作中，腘绳肌受到的锻炼比常规的地面臀桥（详见第30页）大得多。

练习时缓慢抬起臀部，重点在于充分感受肌肉的收缩。一组重复10~15次动作效果最佳。

注意事项

需要注意臀桥实际上是一种髋屈伸练习。

变化动作

• 可以小幅度进行练习，骨盆不用降低太多，重点在于寻找肌肉的灼热感。

• 做高位臀桥时，小腿放在凳子上，这样能使腓肠肌发挥重要作用，且与腘绳肌相联系，能以更大强度锻炼腘绳肌。

臀部拉伸

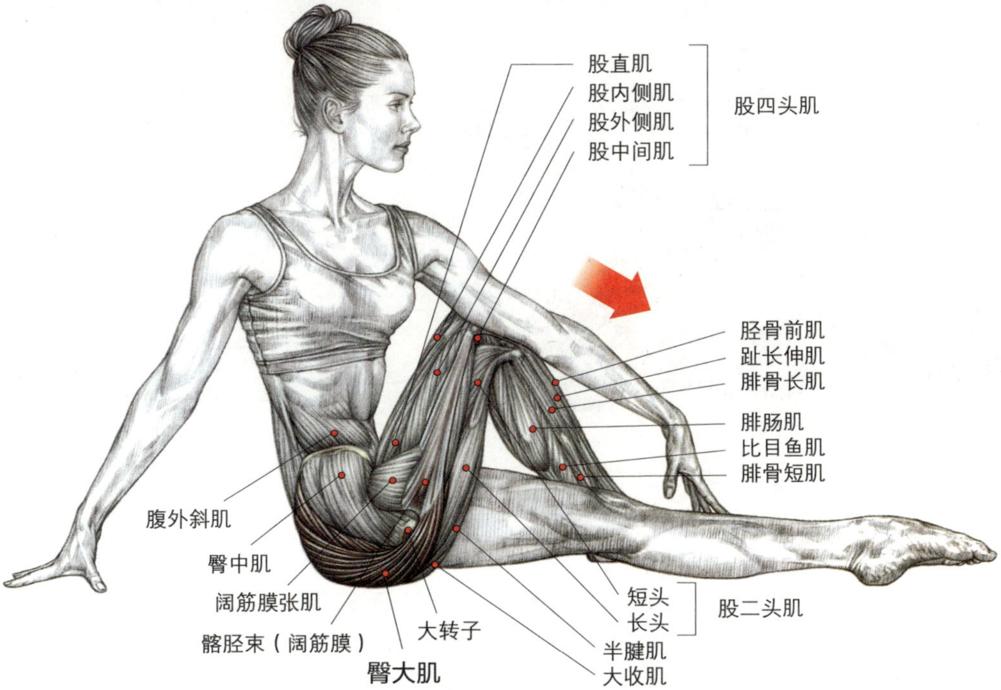

坐在地上，一条腿伸直，另一条腿弯曲，脚跨过伸直的腿踩地。用伸直腿同侧的手肘给弯曲腿的膝盖外侧施加一个向内的压力。

该练习主要拉伸臀大肌以及深层的肌群。

变化动作

可以用双手而不是手肘给膝盖施加压力。

变化动作 加强对腰部的拉伸

上半身向后转，使肩膀朝后。

该变化动作可以拉伸与放在地上的腿同侧的腹内斜肌、竖脊肌和头夹肌。

可以拉伸与弯曲的腿同侧的腹外斜肌、颈部旋转肌和多裂肌，以及胸锁乳突肌。

拉伸的肌肉

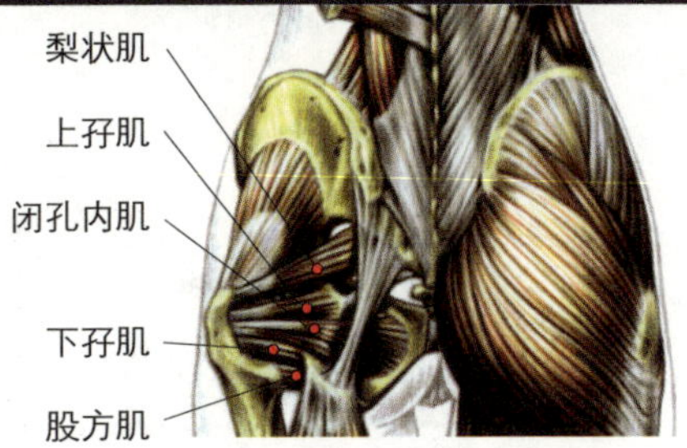

该练习拉伸了髋部深层的短外旋肌。

臀大肌和腘绳肌拉伸

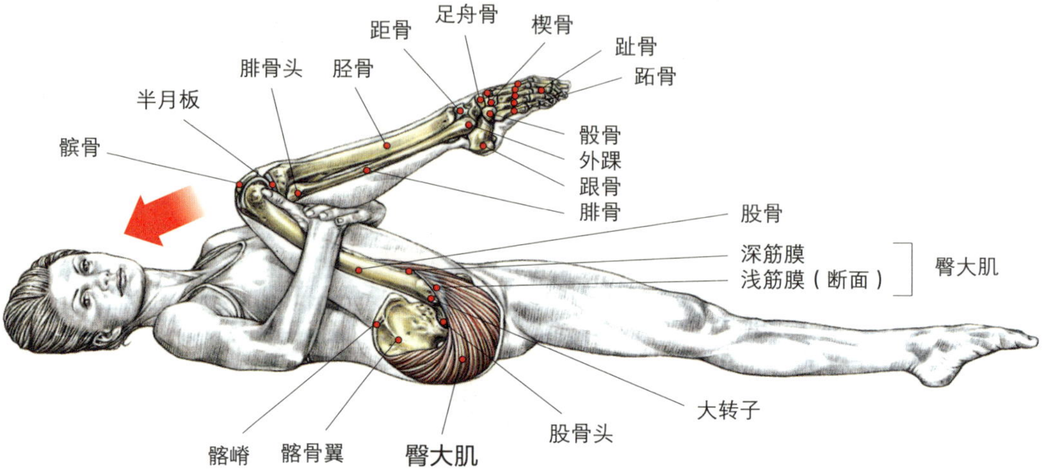

平躺在地上，腿伸直放在地面上：

• 一条腿屈膝，在双手帮助下使腿尽量靠近胸部（从而放松腘绳肌）；

• 保持动作，缓慢地呼吸，尝试感受臀大肌的拉伸；

• 回到起始位置，随后换腿练习。

变化动作

练习该动作时，也可以伸直膝盖将腿靠近胸部。这样能以更高强度拉伸腘绳肌，减少对臀大肌的拉伸。需要注意的是，对于部分人群来说，腘绳肌处于伸展状态时会大幅度限制屈髋。

变化动作 膝盖伸直

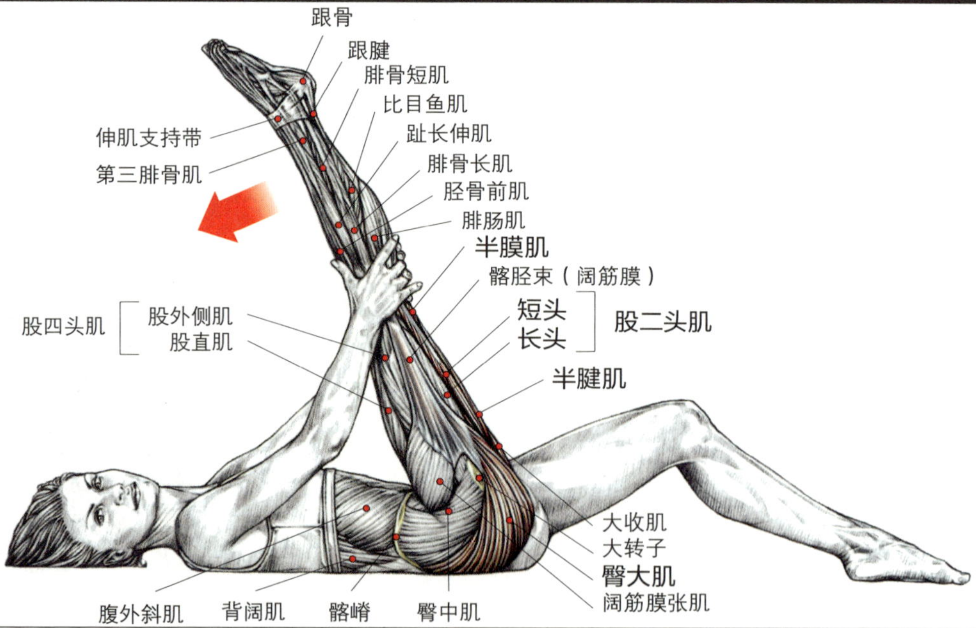

站姿收臀 27

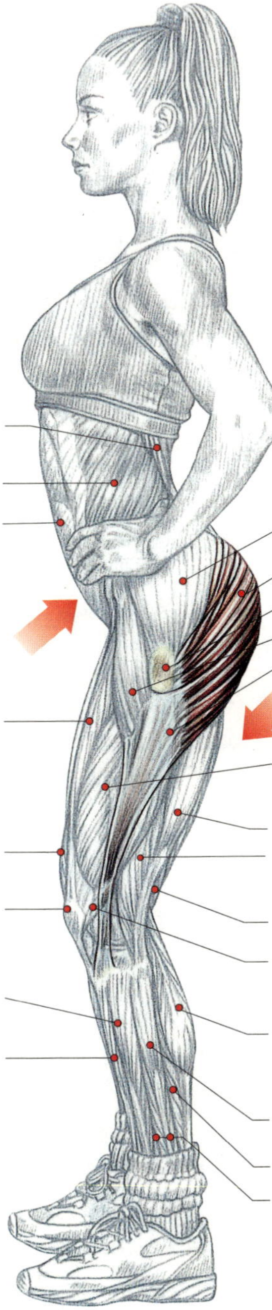

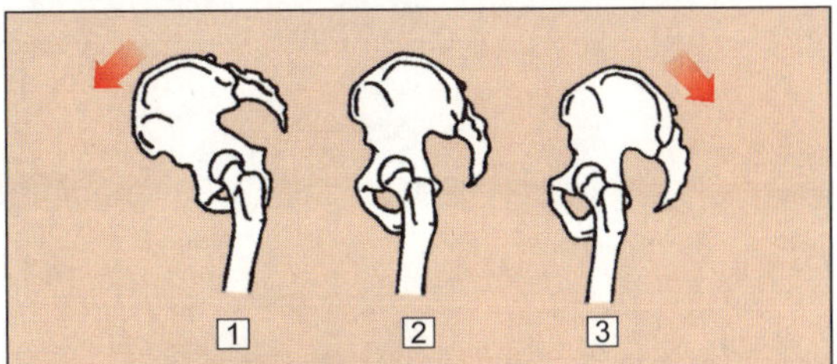

结束姿势

双脚开立，双手放在髋部，膝盖微屈，背部后弓，骨盆前倾，即臀部向外凸出：

- 后倾骨盆，即最大限度地收缩臀部，持续2~3秒；
- 回到起始姿势并重复动作。

该练习主要锻炼臀大肌以及深层的肌群（梨状肌、股方肌、闭孔内肌、上孖肌和下孖肌，但闭孔外肌除外）。

站姿收臀练习的效果不如那些使用额外负重的练习，只有进行高组数练习才能起效。该动作非常有助于初学者认识臀大肌的作用。为了达到最佳效果，建议在制订训练计划时，将该动作放在一个使用额外负重的练习之后。

28 小八字步半蹲

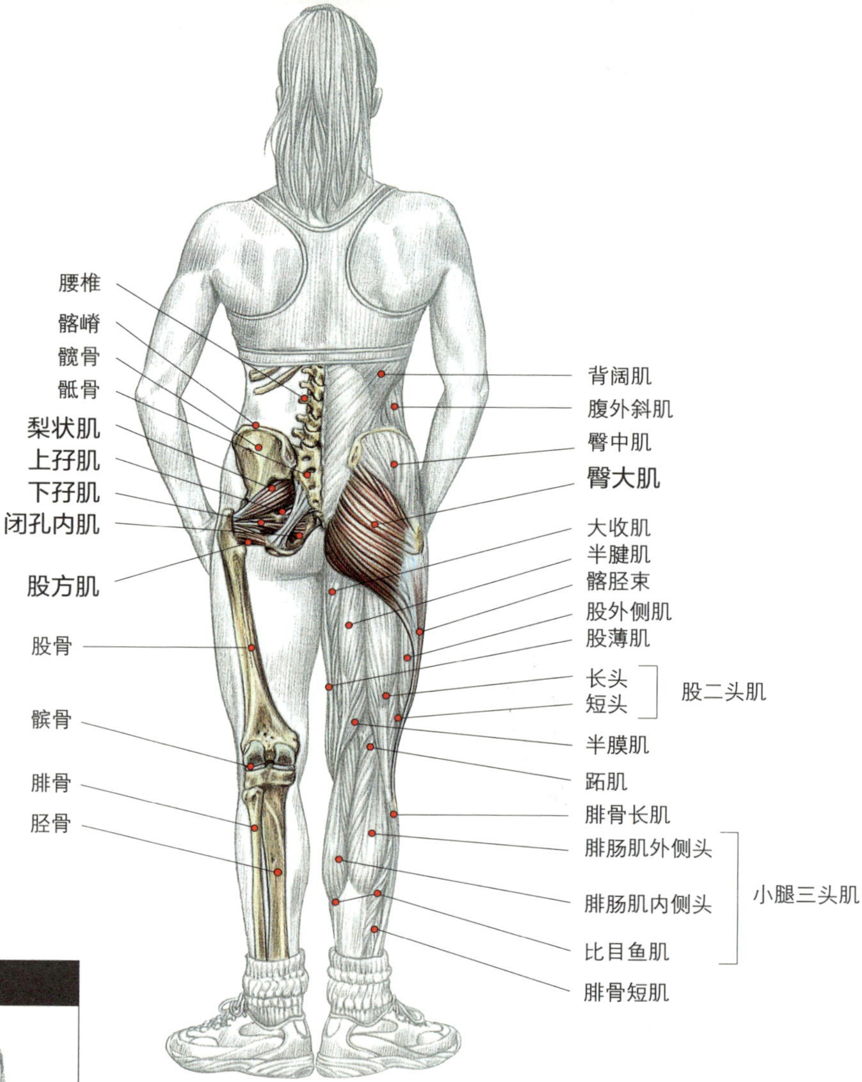

动作示意图

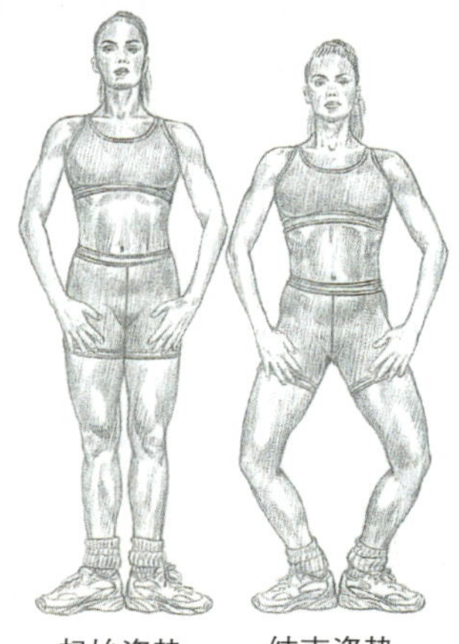

站姿，双手放在大腿上，背部挺直。脚尖朝外，脚跟相贴，脚尖方向与膝盖方向一致（双脚打开程度和髋部柔韧性因人而异。如果柔韧性不允许，就不必尝试将脚完全朝外打开）：

- 下蹲至深蹲动作约三分之一的位置，然后回到起始姿势，尽量收紧臀部，持续3~4秒。

该练习主要锻炼的肌肉是臀大肌以及位于深层的大腿短外旋肌（梨状肌、股方肌、闭孔内肌、上孖肌和下孖肌）。

练习时动作要缓慢，尝试将注意力集中在肌肉感觉上。和大多数自重练习一样，只有高组数练习才能真正产生效果。为了更好感受臀大肌的作用，在一组动作后，可以通过等长收缩用力收紧臀部并持续约20秒。

02 腿部训练

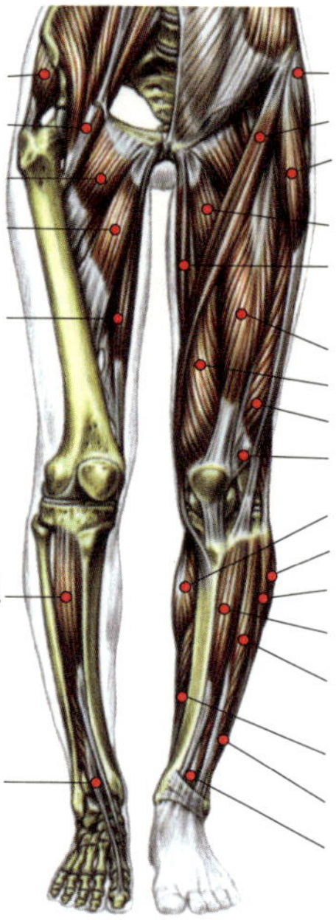
臀小肌
髂腰肌
耻骨肌
长收肌
大收肌
胫骨前肌
踇长伸肌
臀中肌
缝匠肌
阔筋膜张肌
长收肌
股薄肌
股直肌
股内侧肌
股外侧肌
股中间肌
股四头肌
腓肠肌内侧头
腓肠肌外侧头
腓骨长肌
胫骨前肌
趾长伸肌
比目鱼肌
腓骨短肌
踇长伸肌

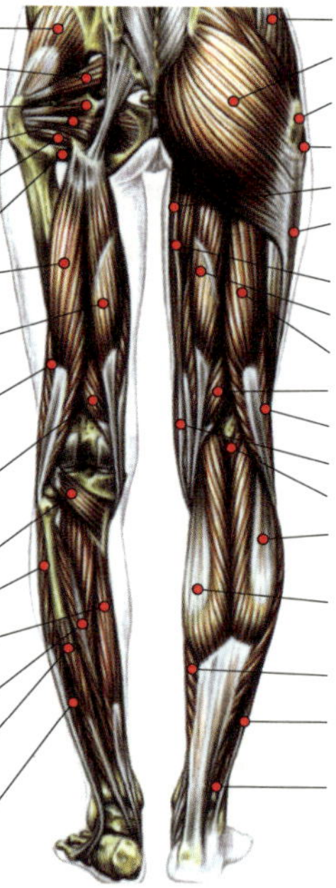
臀小肌
梨状肌
上孖肌
闭孔内肌
下孖肌
股方肌
股二头肌长头
半腱肌
股二头肌短头
半膜肌
腘肌
腓骨长肌
趾长屈肌
胫骨后肌
踇长屈肌
腓骨短肌
臀中肌
臀大肌
大转子
阔筋膜张肌
大转子
髂胫束（阔筋膜）
股薄肌
半腱肌
股二头肌长头
半膜肌
股二头肌短头
缝匠肌
跖肌
腓肠肌外侧头
腓肠肌内侧头
比目鱼肌
腓骨长肌
腓骨短肌

女性与男性的身体形态差异

女性和男性的形态特征是由相似解剖元素的体积和比例差异造成的。

一般来说，女性的骨骼体积要比男性小，表面更平滑，轮廓更细腻，肌肉附着或肌腱穿过的凹凸痕迹不太明显（男性的肌肉组织更发达，所以在骨骼上留下的痕迹更明显）。

此外，女性胸廓的曲度比男性的大，且体积要小些。从比例上来说，女性的肩宽与男性相当，但因为男性肩部肌肉更为发达，所以显得肩膀更宽。

女性的腰椎曲度更加明显，骨盆较为前倾，从而使得这段脊柱腰曲更为突出，这通常是女性身材的特征。

女性的腰部之所以更长更纤细，是因为她的胸廓底部更为“收紧”且骨盆通常较低。

骨盆是男性和女性骨骼区别最大的地方。女性的骨盆结构符合妊娠的需要，比男性的更低、更宽。女性的骶骨更宽，骨盆环更大、更圆，方便新生儿通过。

由于骨盆环更宽，髋臼窝（股骨头所在的空腔）之间的距离更远，这就增加了大转子之间的距离，使髋部更宽。

男性与女性骨盆比较图（体现骨骼对外在形态的影响）

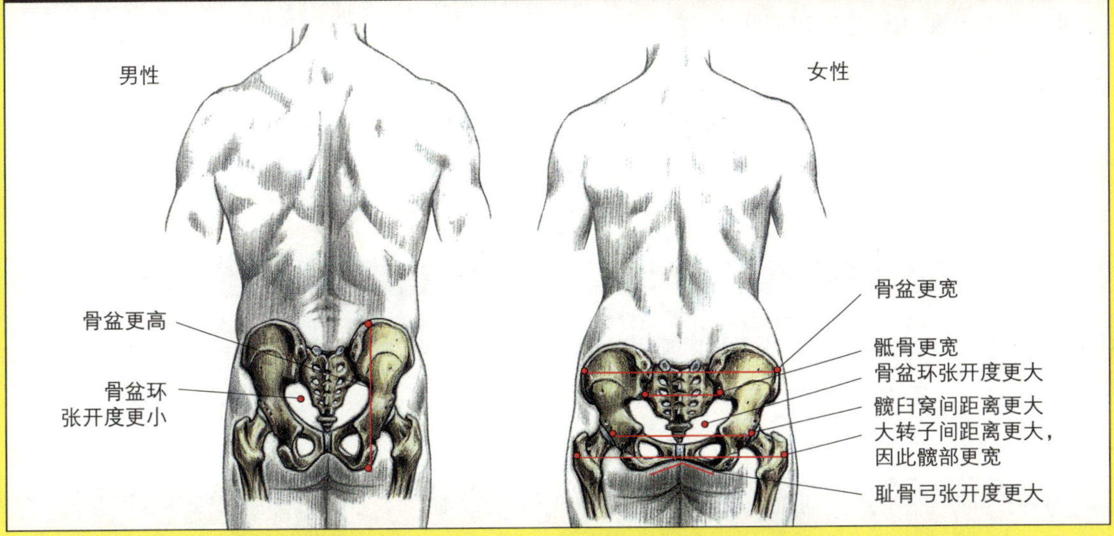

男性与女性骨盆下口比较图

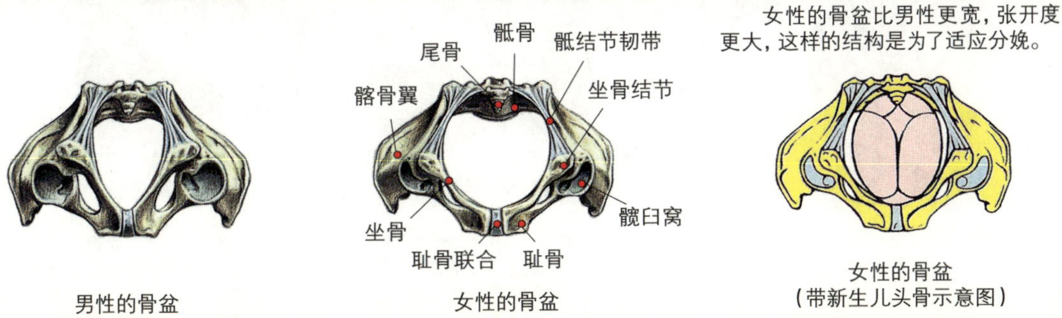

男性的骨盆　女性的骨盆　女性的骨盆（带新生儿头骨示意图）

而女性骨盆较宽的特点又直接影响了股骨的位置，女性的股骨往往比男性更倾斜，使腿部看起来稍有些像X形。

宽骨盆和倾斜度大的股骨可能导致膝外翻，而女性特有的膝关节韧带过度松弛则会进一步加重这种情况。所以腿型呈现出典型的X型：膝关节受到过度刺激，内侧副韧带过度拉伸，半月板外侧以及股骨外侧髁和胫骨外侧结节的软骨覆盖面承受过大负荷，从而可能导致关节过早受损。

病态的膝外翻有时会伴随踝关节内侧下陷和足弓消失（扁平足），这会使得足底某些肌肉过度拉伸，从而引起疼痛。

考虑个体形态非常重要，要记住女性更容易出现与膝外翻相关的病症，而男性则更容易出现弓形腿（膝内翻）问题。膝外翻非常明显的人群在锻炼时需要非常谨慎，避免进行大负荷训练，并经常检查动作的执行情况，从而避免对膝关节和踝关节造成冲击，加重关节本身问题。

女性下肢骨骼特点（训练时应注意的要素）

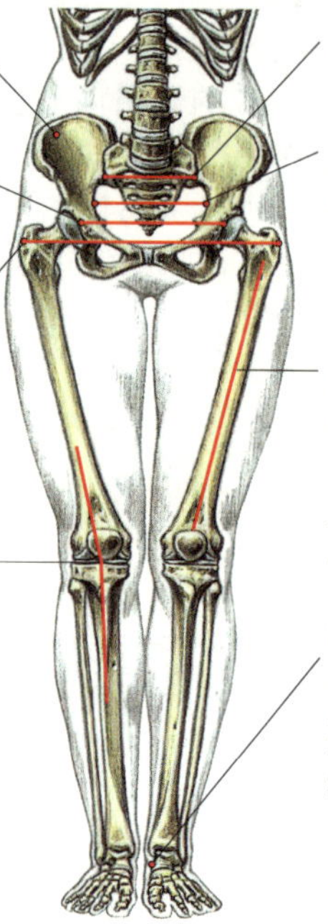

耻骨联合脱位

怀孕期间某些激素的分泌会增加，尤其是松弛素。松弛素能使女性的肌肉放松，尤其能增加韧带的柔韧性。这样暂时性的韧带过度放松在骨盆关节处体现得尤为明显，而通常情况下骨盆关节活动度不大。

在分娩过程中，连接机制的作用减弱，耻骨联合胀大，使骨盆环增大，有利于胎儿通过。因此，分娩过后，需要让骨盆韧带恢复到最初的状态，再慎重恢复训练，并且避免做深蹲或硬拉等大负荷动作、蹬凳等落地相对剧烈的动作，以及阶梯训练等。如果过早恢复训练，或是训练强度过大，可能会因韧带松弛导致耻骨联合脱位。这样，该关节就会变得过于灵活且产生疼痛。耻骨联合脱位在分娩时也可能发生，会严重影响活动能力。

骨盆（四分之三视角）

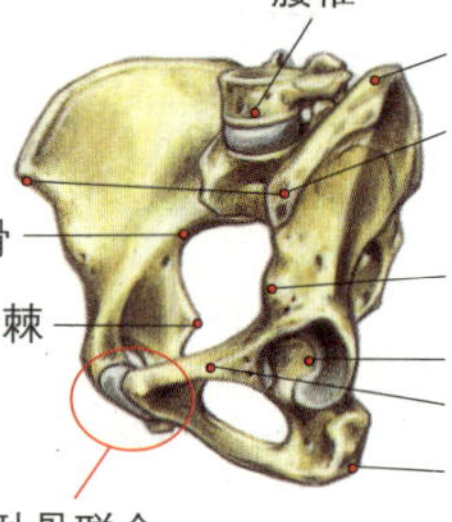

耻骨联合

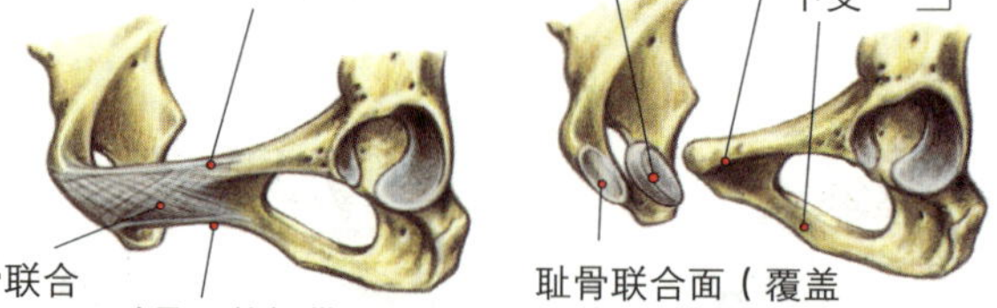

交叉纤维膜固定，纤维膜由韧带加固，其中最坚韧的是耻骨下韧带（即耻骨弓状韧带）。

在两块耻骨之间，透明软骨覆盖着的关节面上，有着由纤维软骨组成的耻骨间盘。其功能是缓冲运动过程中受的冲击力，并使耻骨联合可以进行小幅度滑动、压缩和扭转。

杠铃深蹲 01

深蹲时，为了保护膝关节，需要注意膝关节不向内扣。

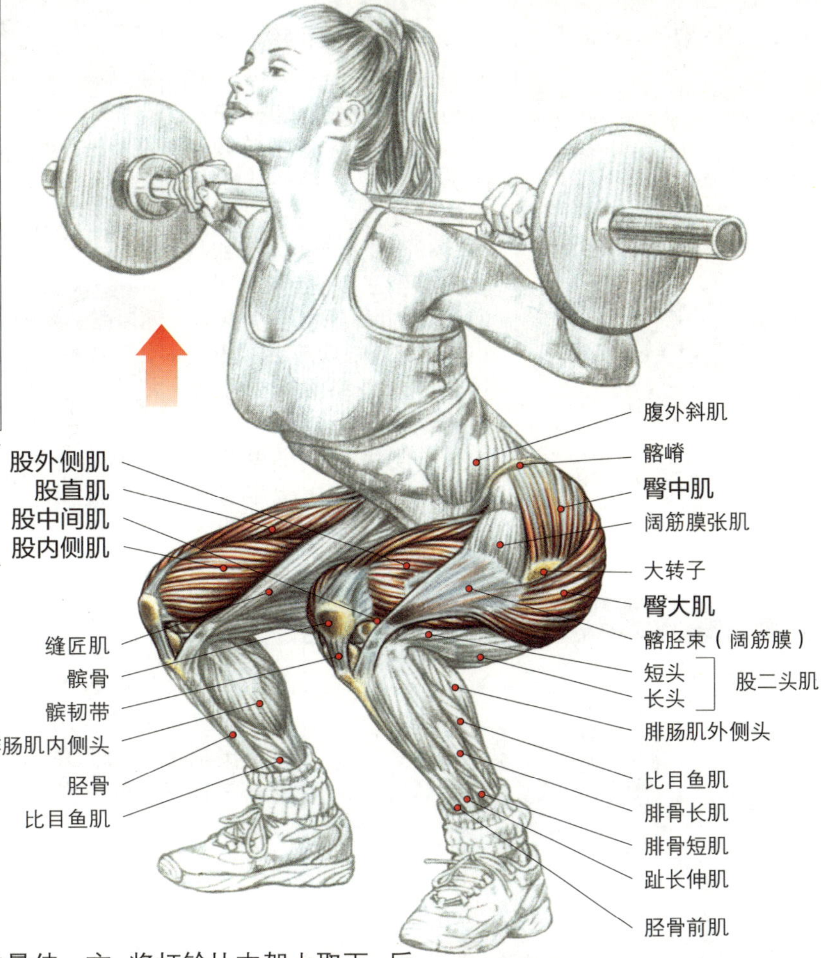

深蹲是体能训练的最佳动作之一，可以锻炼全身大部分肌肉，对锻炼心血管系统也很有好处。它还可以扩大胸腔，提升肺活量。

将杠铃放在支架上，蹲于杠铃下将其放在略高于三角肌后束的斜方肌上。双手紧紧握杠，根据自身身体形态调整握距，肘部向后：

• 深深吸气（从而保持胸膜腔内压，防止躯干前倾），稍稍弓背使骨盆前倾，收缩腹部核心肌群，直视前方，将杠铃从支架上取下。后退一两步，两脚平行（或脚尖稍向外），间距尽量与肩同宽。背部向前倾斜（以髋关节为弯曲轴），有控制地下蹲。注意不能弯曲脊椎以免造成损伤。

• 当股骨下蹲至水平位置时，抬起上半身蹬直双腿，回到起始姿势。

深蹲主要锻炼股四头肌、臀肌、内收肌群、竖脊肌、腹肌和腘绳肌。

两种持杠铃的方式

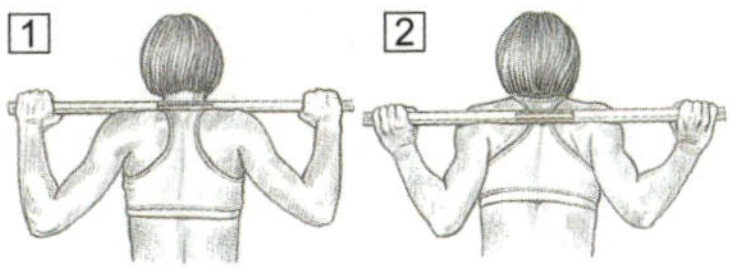

1 置于斜方肌上
2 置于三角肌和斜方肌上，以力量举的方式握杆。

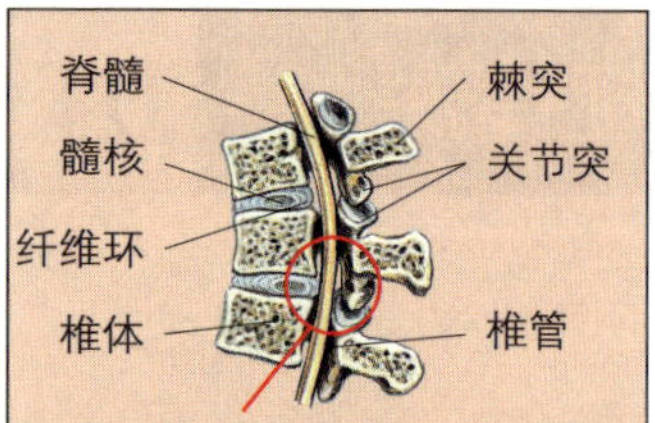

脊柱弯曲时，椎间盘会向前钩和向后豁开。胶冻状的髓核就会向后脱出，可能压迫神经，导致坐骨神经痛。

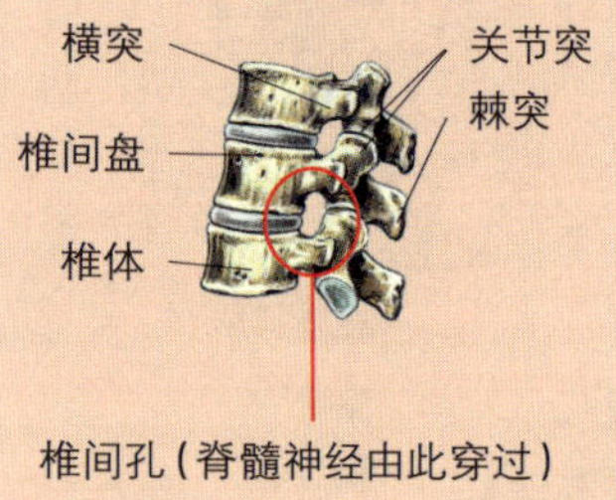

注意事项

深蹲是塑造臀部曲线的最佳运动。

变化动作

• 踝关节不够灵活或股骨长的人，在进行锻炼时可以在脚跟下加一块垫板以防上半身过度前倾。此方法可以让股四头肌承担部分发力。

• 改变杠铃位置，即将杠铃降到三角肌后部，可以通过增加背部杠杆力量减小悬空部分，从而举起更大重量。这是举重运动员常用的基本方法。

• 使用支架辅助杠铃深蹲，可以防止上半身前倾，并集中锻炼股四头肌。

椎间盘突出

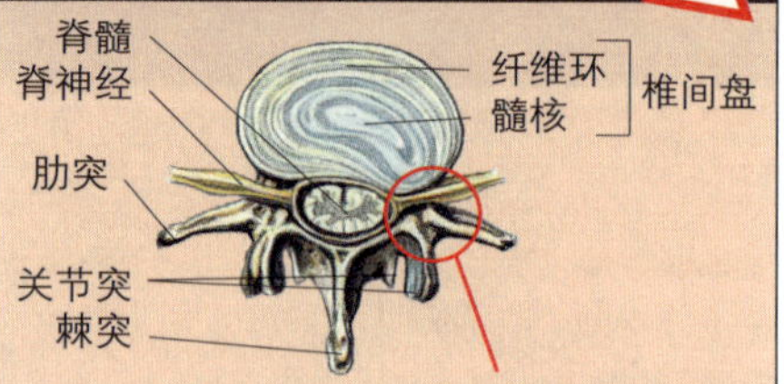

在负重状态下，脊柱弯曲可能导致椎间盘突出，通常发生在腰椎位置。在深蹲和硬拉动作中，由于技巧不足，姿势错误，往往容易造成椎间盘突出。

深蹲时双脚如何摆放？

在进行常规深蹲时，两脚间距基本与肩同宽，还需要注意脚的朝向。通常两脚平行或脚尖稍向外。任何情况下都必须根据个人身体形态进行调整，使双脚和膝关节在同一直线上。

例如：如果走路时自然呈外八字，在进行深蹲训练时也应该脚尖向外。

传统水平位置深蹲　全蹲

1 2 3被动阶段。为了更好感受臀肌的作用，需要让大腿弯曲至水平位置。

4大腿到达水平位置后继续下蹲，可以更好感受臀肌的作用。不过这种动作只适合踝关节灵活或股骨短的人。另外，全蹲训练时需要非常谨慎，避免拱起下背部，否则可能导致严重损伤。

1 正确姿势

在进行深蹲时，背部必须尽量挺直。考虑到身体形态的个体差异（双腿长度和脚踝灵活度不同）以及锻炼方法差异（两脚间距、是否使用垫板和杠铃位置高低），上半身前倾幅度也可以有所不同。需要从髋关节开始弯曲。

2 错误姿势

在进行深蹲时一定不能拱起背部。这种错误姿势是造成大多数腰部损伤，特别是椎间盘突出的主要原因。

无论进行哪种负重训练，都必须“锁定”身体。

深深吸气隆起胸廓屏住呼吸，使肺部像气球一样充盈，这样做能支撑起胸廓，避免躯干上部前倾。

收缩腹肌，可以通过增加腹内压挺直腹部，从而避免上半身向前倾斜。

最后，通过收缩腰部肌肉挺起下背部，伸展脊柱底部。

同时做这三个动作，即所谓“锁定”身体，可以避免拱起背部或弯曲脊柱，从而防止大负荷训练时出现椎间盘突出。

木棍深蹲 02

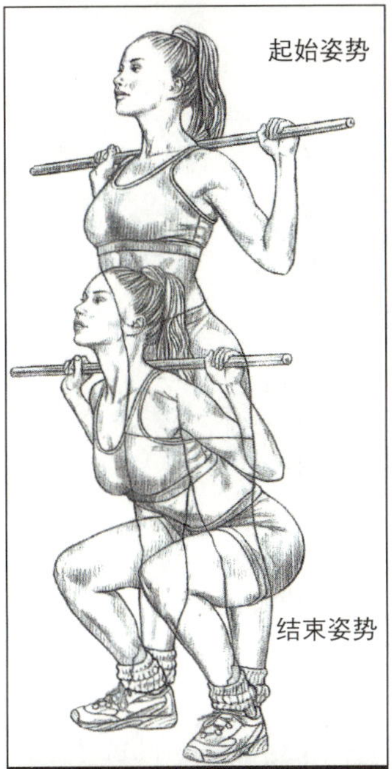

动作示意图

练习深蹲时，不管是用木棍还是用杠铃，为了避免腰部有任何受伤风险，都需注意不要弓起背部。

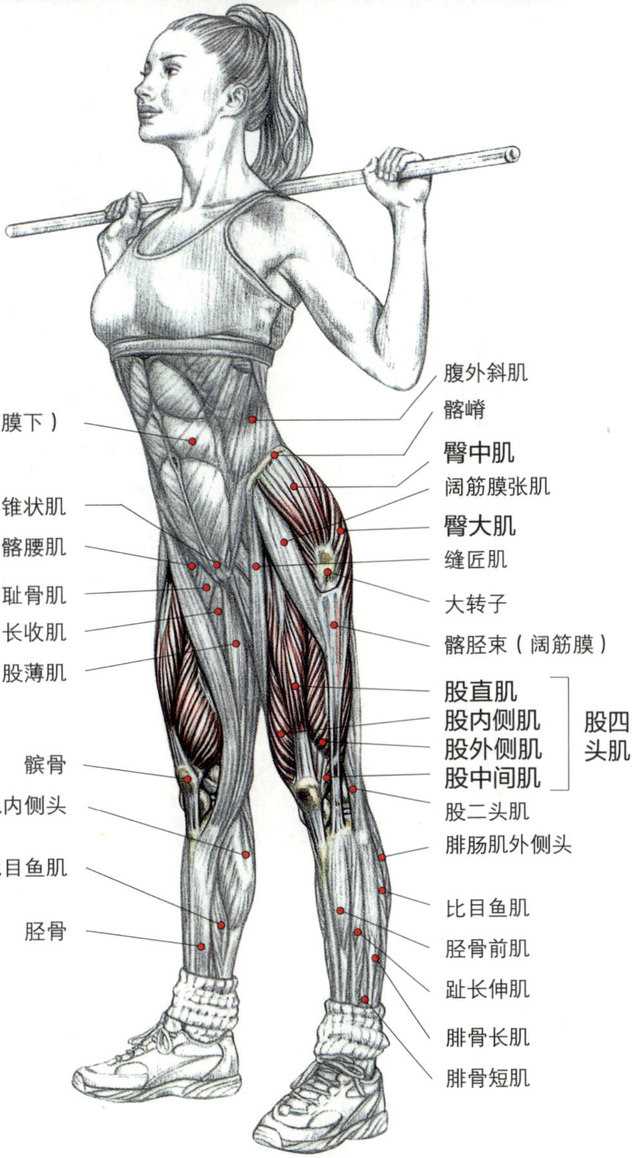

双脚开立，与肩同宽，挺胸，背部略微后弓，将棍子放在略高于三角肌后束的斜方肌上：

• 吸气，收缩腹部肌群，然后下蹲，背部不要拱起，脚跟也不要离地。当大腿蹲至水平位置时，伸直双腿回到起始位置；

• 动作结束时呼气。

和杠铃深蹲一样，该动作主要锻炼股四头肌和臀大肌。这是一个很好的热身动作，也可以作为教学练习，随后再使用额外负重练习深蹲。有控制地练习动作，每组重复10~20次，能取得很好地效果。

变化动作

为了增加练习强度，当大腿蹲至水平位置以后，可以保持2~5秒停顿。

03 宽距深蹲

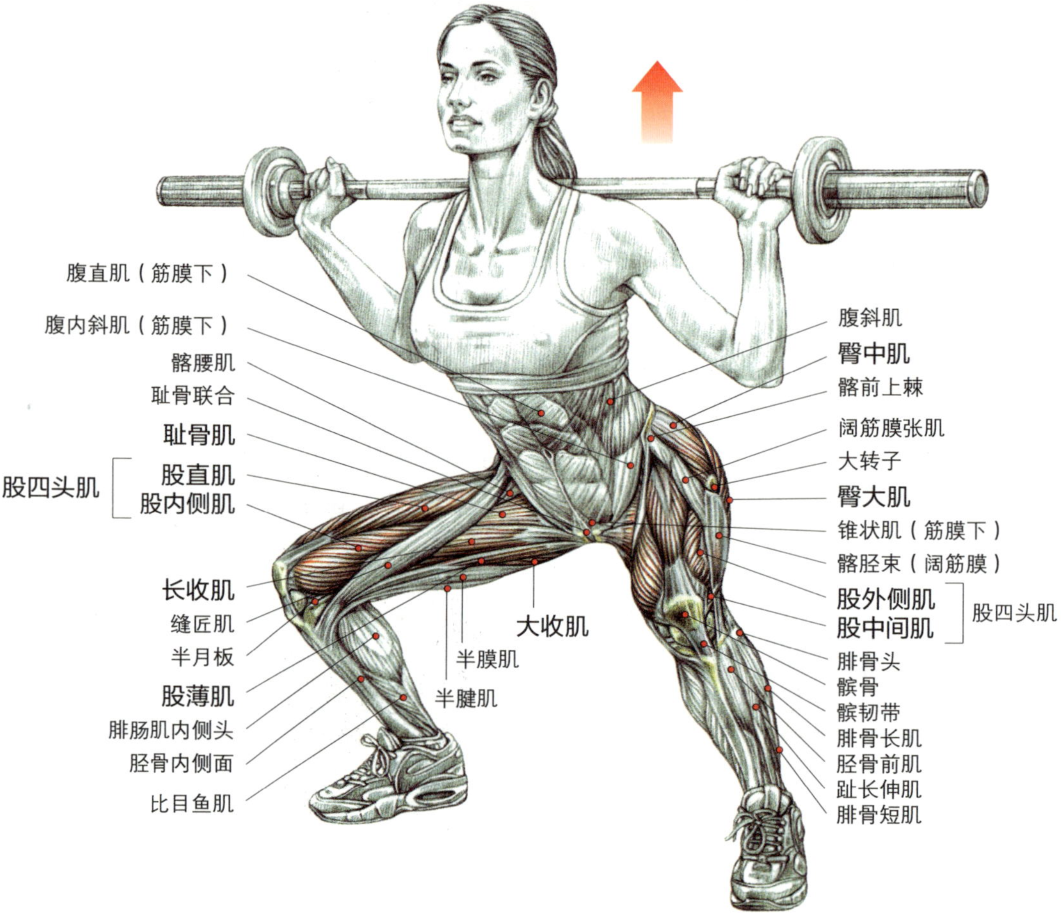

该动作与常规深蹲相似，但两腿间距离更大，脚尖朝外，能以更大强度锻炼大腿内侧肌肉。

该动作锻炼的肌肉有股四头肌、大腿内收肌群（大收肌、长收肌、短收肌、小收肌、耻骨肌和股薄肌）、臀肌、腘绳肌、腹肌、腰骶部肌群、

注意事项

需要注意大腿越倾斜，背部越挺直。

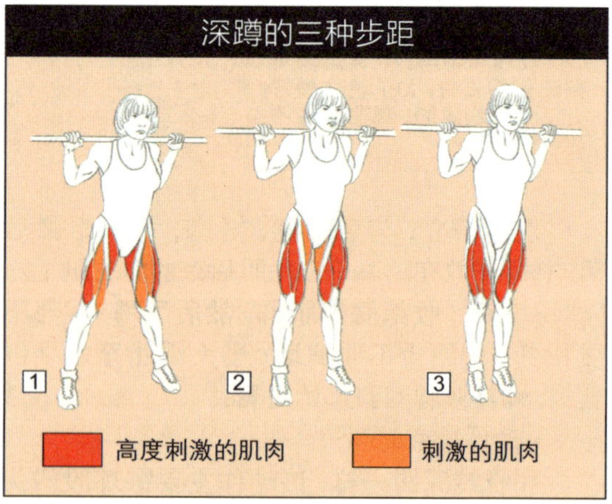

颈前深蹲 04

结束姿势

大腿弯曲至水平位置，肘部上抬，上半身尽量挺直。

正确姿势	错误姿势
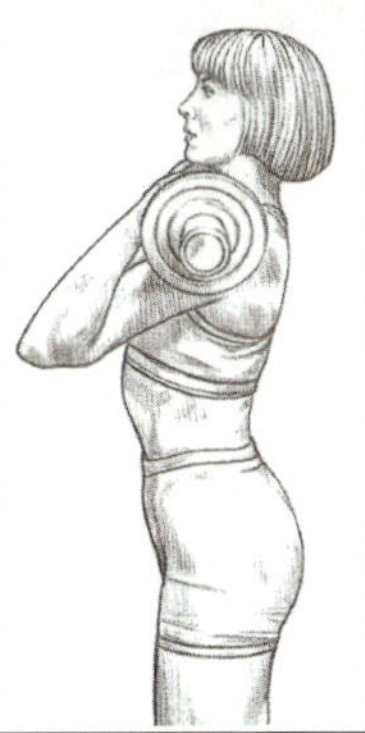	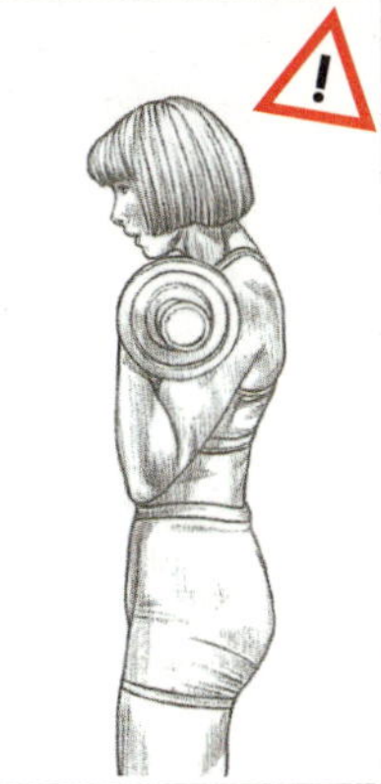

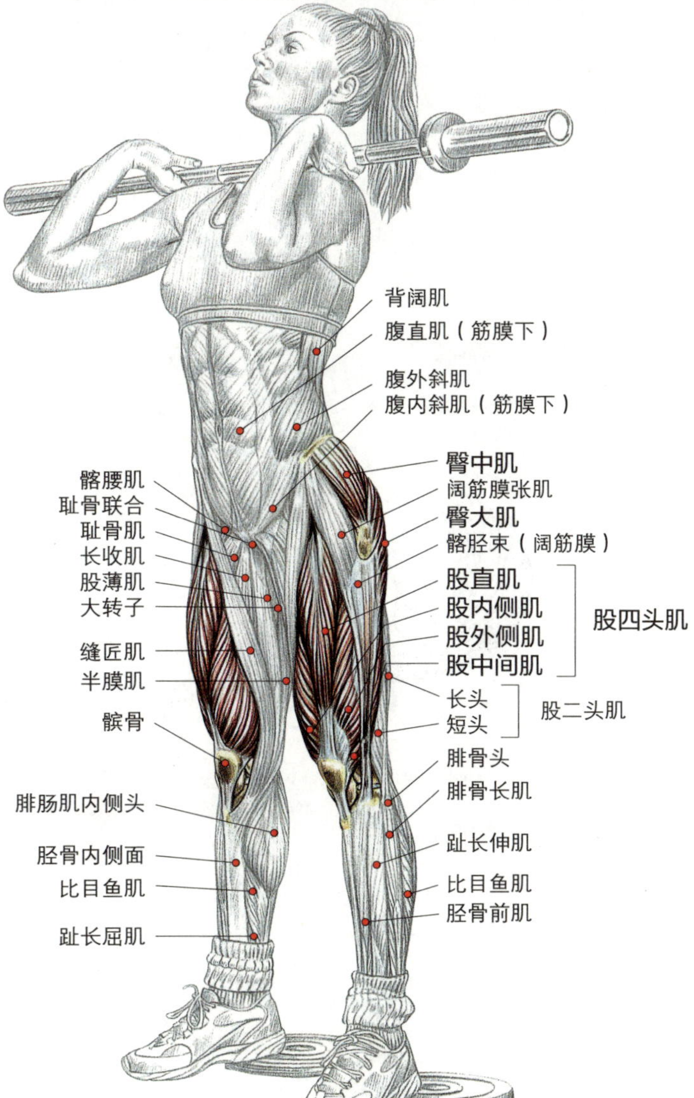

双脚开立，与肩同宽，正手抓握杠铃，置于胸大肌上部和三角肌前束上。为了避免杠铃向前滑动，需要注意挺胸且肘部尽量抬高：

• 深深吸气保持胸腔内压，从而避免躯干向前塌陷；背部略后弓，收缩腹部核心肌群，弯曲大腿至水平位置；

• 回到起始姿势，动作结束时呼气。

杠铃前置能防止躯干前倾，使背部始终保持挺直。在脚跟下放上垫板可以使动作更容易些。

颈前深蹲练习主要锻炼股四头肌，比常规深蹲练习强度小。如果全蹲，该练习也能锻炼臀肌、腘绳肌、腹部核心肌和竖脊肌。

注意事项

为了避免前冲或向前摔倒，在进行颈前深蹲时，必须尽量抬高肘部，挺胸并略后弓背部。

05 弹力带深蹲

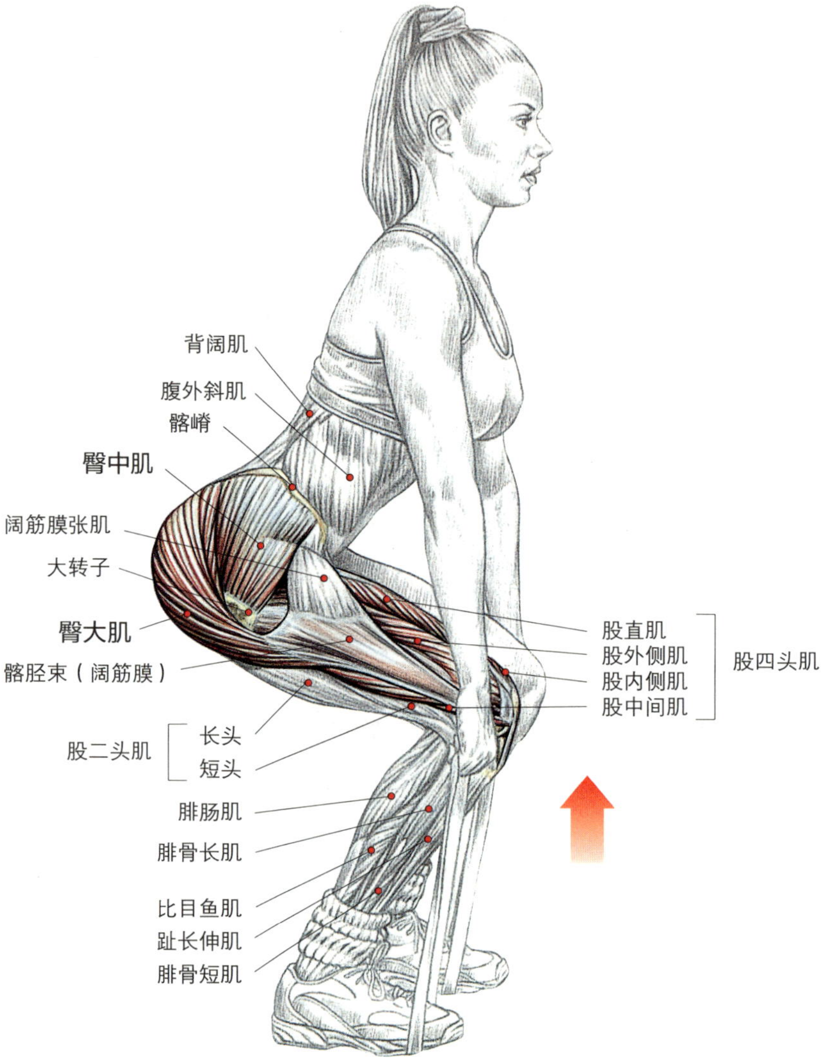

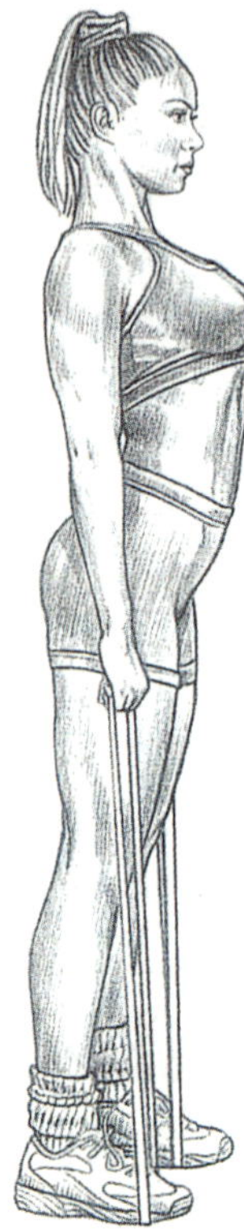

结束姿势

两脚开立，与肩同宽，背部固定且稍后弓：

• 双腿弯曲，大腿差不多下蹲至水平位置。双脚均踩住弹力带，正手抓住弹力带，手臂伸直；吸气，屏住呼吸，收缩腹部核心肌群和腰部，伸直双腿，保持直立姿势；

• 动作结束时呼气，回到曲腿姿势，一定不能拱起背部，重复动作。

该练习主要锻炼股四头肌和臀肌，其次是背部竖脊肌。根据弹力带的张力，每组重复1~2次可以达到良好效果。

注意事项

其他大腿屈伸动作最难的阶段是在腿部伸展的起始阶段，而弹力带深蹲有所不同，最难的阶段是在腿部伸展的最后，此时弹力带的张力最大。

变化动作

为了锻炼斜方肌上束，可以在动作最后躯干挺直时耸肩。

横杆颈前深蹲 06

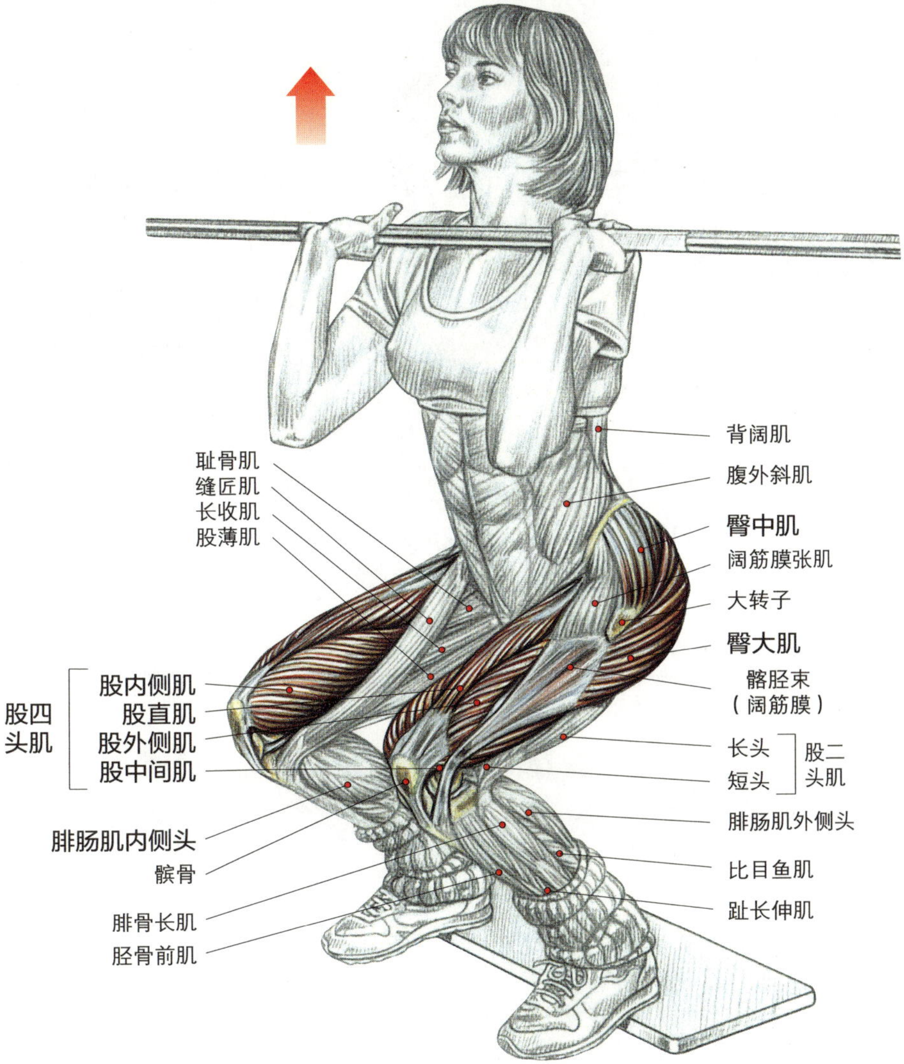

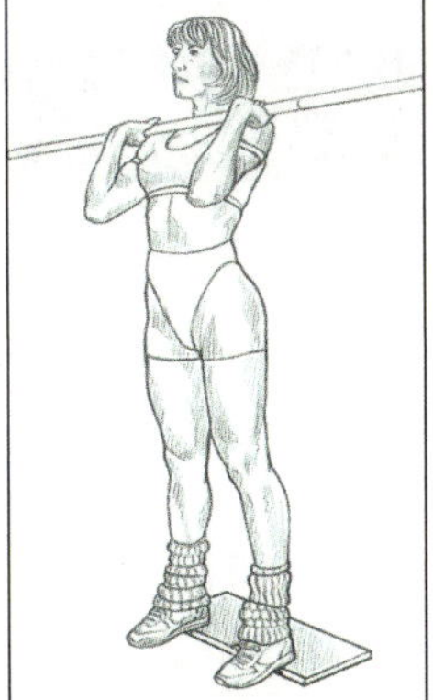

起始姿势

变化动作

与杠铃颈前深蹲一样，使用特定器械为支撑练习深蹲时，主要锻炼的是股四头肌。

两脚开立，与肩同宽，正手抓握横杆，置于胸大肌上部和三角肌前束上：

• 挺胸，背部稍稍后弓，吸气并深蹲；

• 当大腿弯曲至水平位置时，回到起始姿势；腿伸直后呼气。

为了完美地完成练习，要记得抬起手肘。想要更好保持平衡，避免抬起脚跟，可以在脚跟下放一块垫板。

该动作主要锻炼股四头肌，其次是臀大肌。

变化动作

横杆颈前深蹲是很好的教学动作，可以使练习者习惯深蹲动作，熟悉之后可以采用杠铃练习。

07 史密斯架辅助深蹲

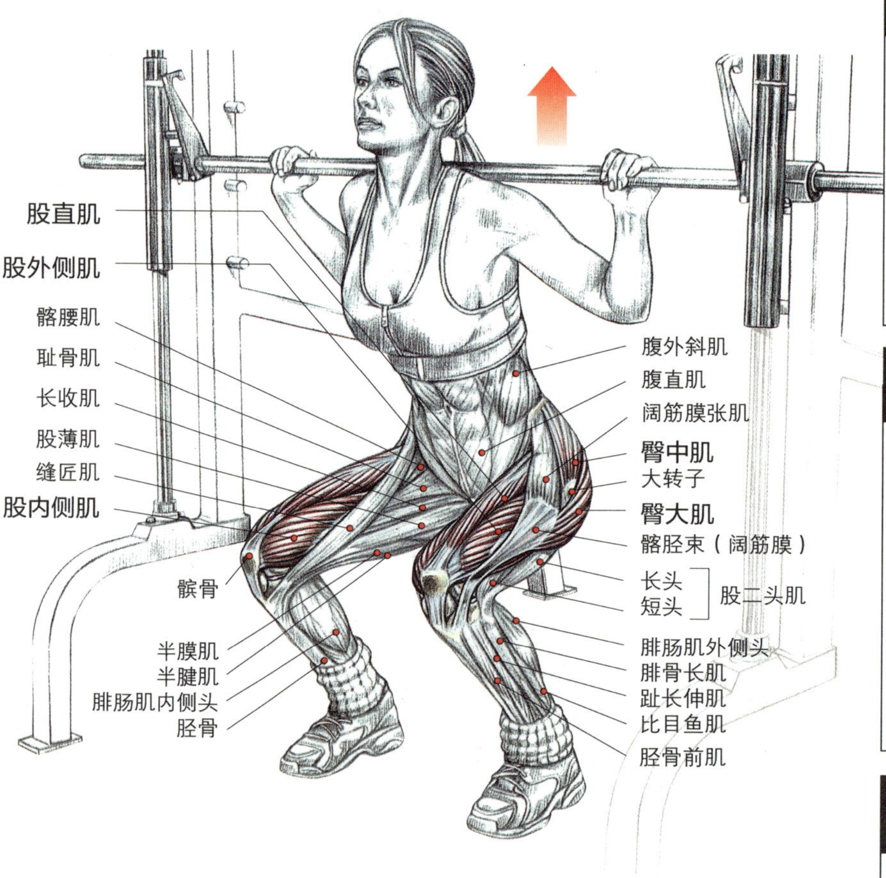

动作示意图

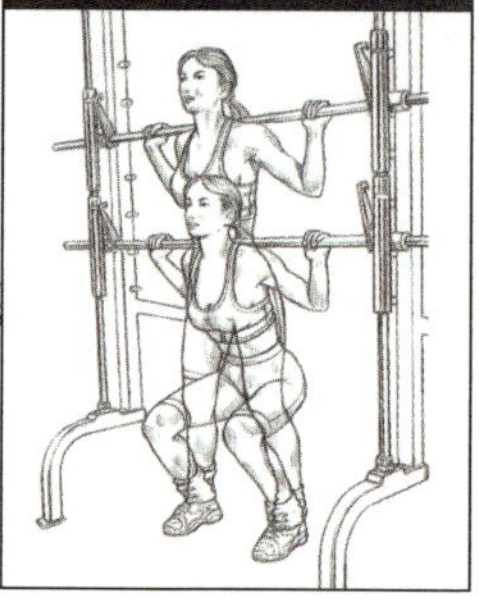

史密斯架辅助常规深蹲

脚在杠铃下，锻炼股四头肌和臀肌。

史密斯架辅助靠墙深蹲（脚在前）

脚在杠铃前，可以加强对股四头肌的锻炼。

将杠铃放在支架上，蹲于杠铃下将其放在略高于三角肌后束的斜方肌上：

• 双手紧紧握杠，双脚位于杠铃下方，略宽于肩距。肘部向后，深深吸气（从而保持胸腔内压力，防止胸部向前塌），背部稍稍后弓，使骨盆前倾，收缩腹部核心肌肉。目视前方，将杠铃抬起，注意不要忘记抬起侧面的安全锁；

• 有控制地下蹲，切勿拱起背部，避免受伤。当大腿下蹲至水平位置时，伸直双腿回到起始姿势。动作结束时呼气。

变化动作

• 动作开始时，脚位于杠铃下，主要锻炼股四头肌和臀大肌。

• 脚位于杠铃前，可以限制下蹲时髋部的弯曲，从而较少躯干前倾。这样能限制臀大肌作用，使股四头肌更多发力。

• 以史密斯架辅助练习宽距深蹲，能以更大强度锻炼大腿收肌和股外侧肌。

注意事项

不论以何种方式练习史密斯架辅助深蹲，都要避免过度弯曲躯干，从而减少因动作控制不佳而受伤的风险。

罗马椅深蹲 08

起始姿势

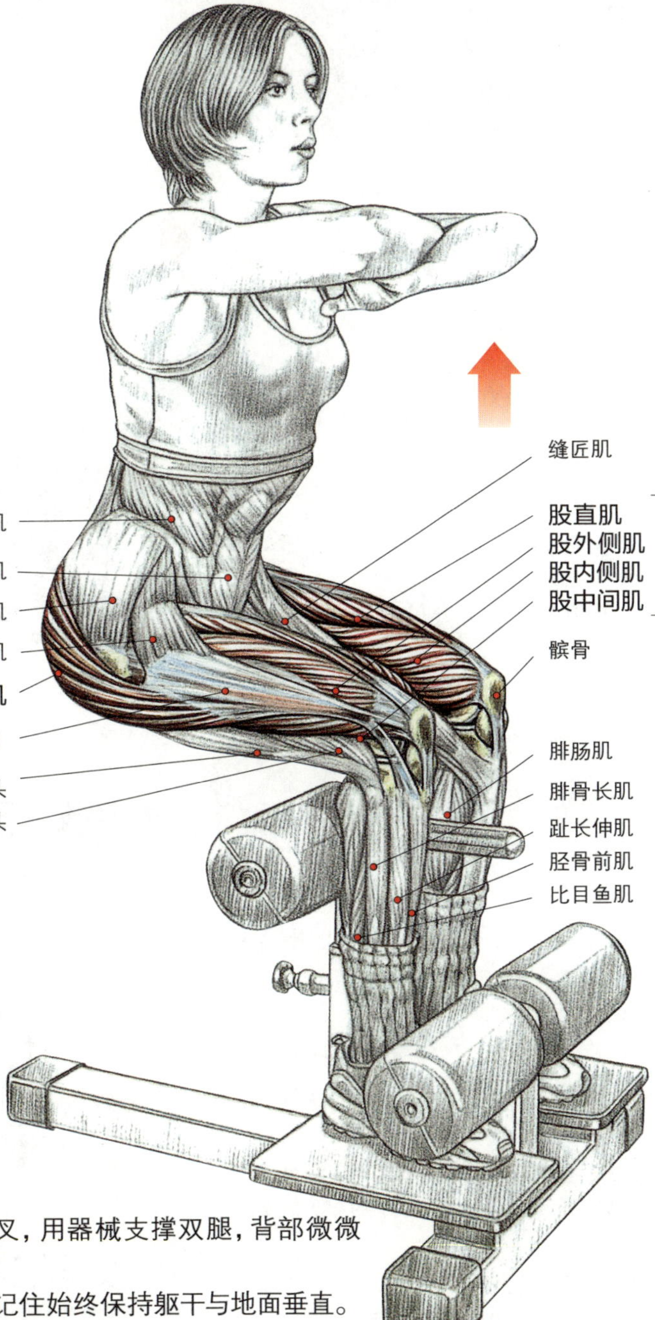

呈站姿，双臂于身前交叉，用器械支撑双腿，背部微微后弓：

• 吸气，慢慢弯曲大腿，记住始终保持躯干与地面垂直。当股骨下蹲至水平位置时，伸直腿回到起始姿势；

• 动作结束时呼气。

使用罗马椅练习深蹲可以减少躯干弯曲，从而减少臀大肌的作用，并让股四头肌，尤其是股四头肌下端更多发力。

09 哑铃深蹲

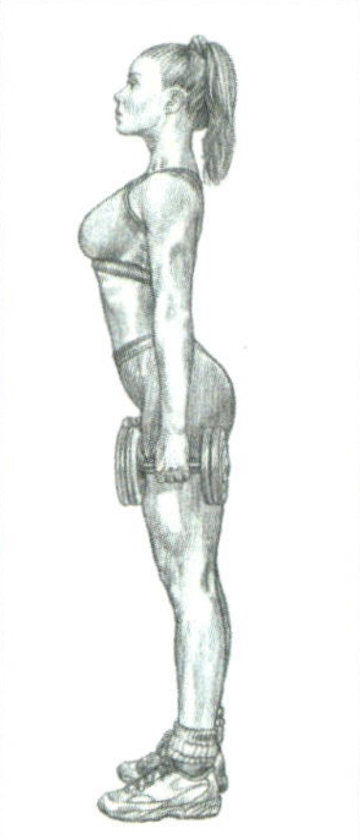

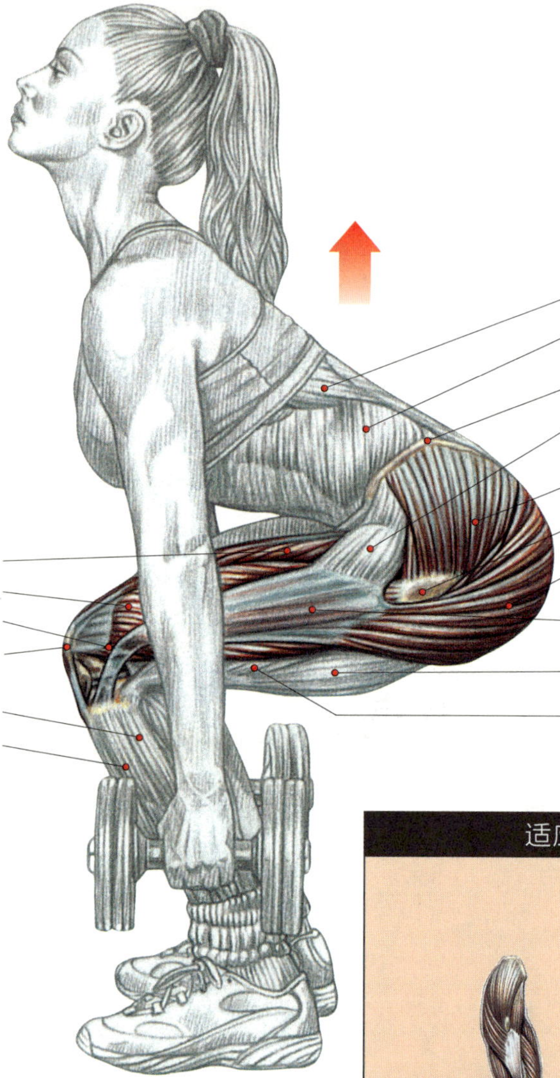

站姿，两腿略分开，手臂放松，两手各握一哑铃：

• 直视前方，吸气，背部略微后弓，弯曲大腿。当股骨下蹲至水平位置时，伸直腿部，回到起始姿势；

• 动作结束时呼气。

该动作主要锻炼股四头肌和臀肌。

注意事项

不需要采用重负荷练习，使用轻负荷，每组重复10~15次动作锻炼效果最佳。

适应双足行走

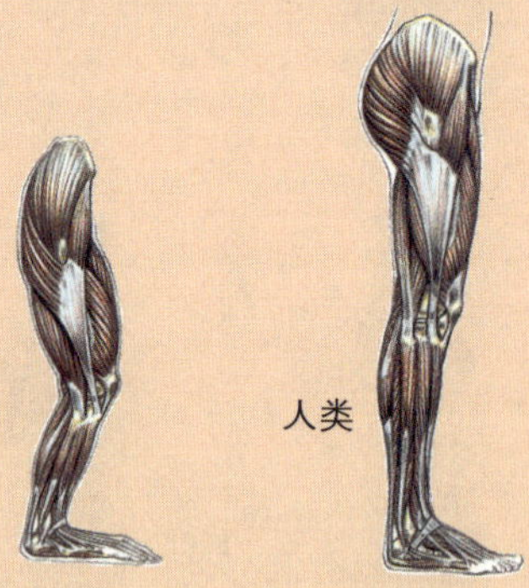

作为人类的近亲，大猩猩的躯干体积较为庞大，但臀大肌不太发达，因此很难保持躯干直立，双足行走时比较笨拙。人类是唯一完全适应双足行走的灵长类动物。除了发达的臀大肌之外，人类的身体结构也更适应双足行走。如躯干体积较小，使人更容易挺直躯干。与大猩猩和黑猩猩不同，人类可以在腿部伸直时锁住膝关节，这样保持站立姿势时不容易疲劳。

单哑铃深蹲 10

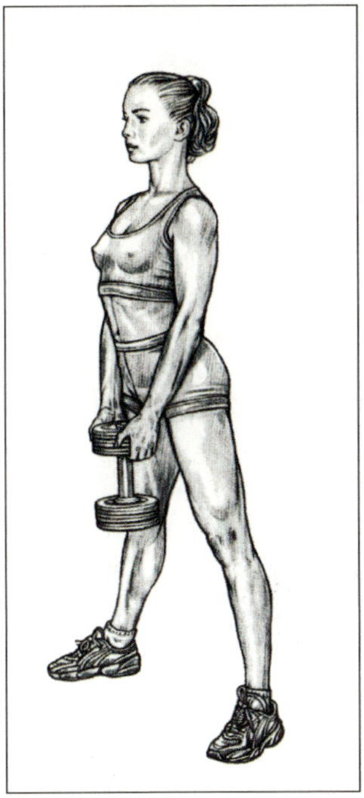

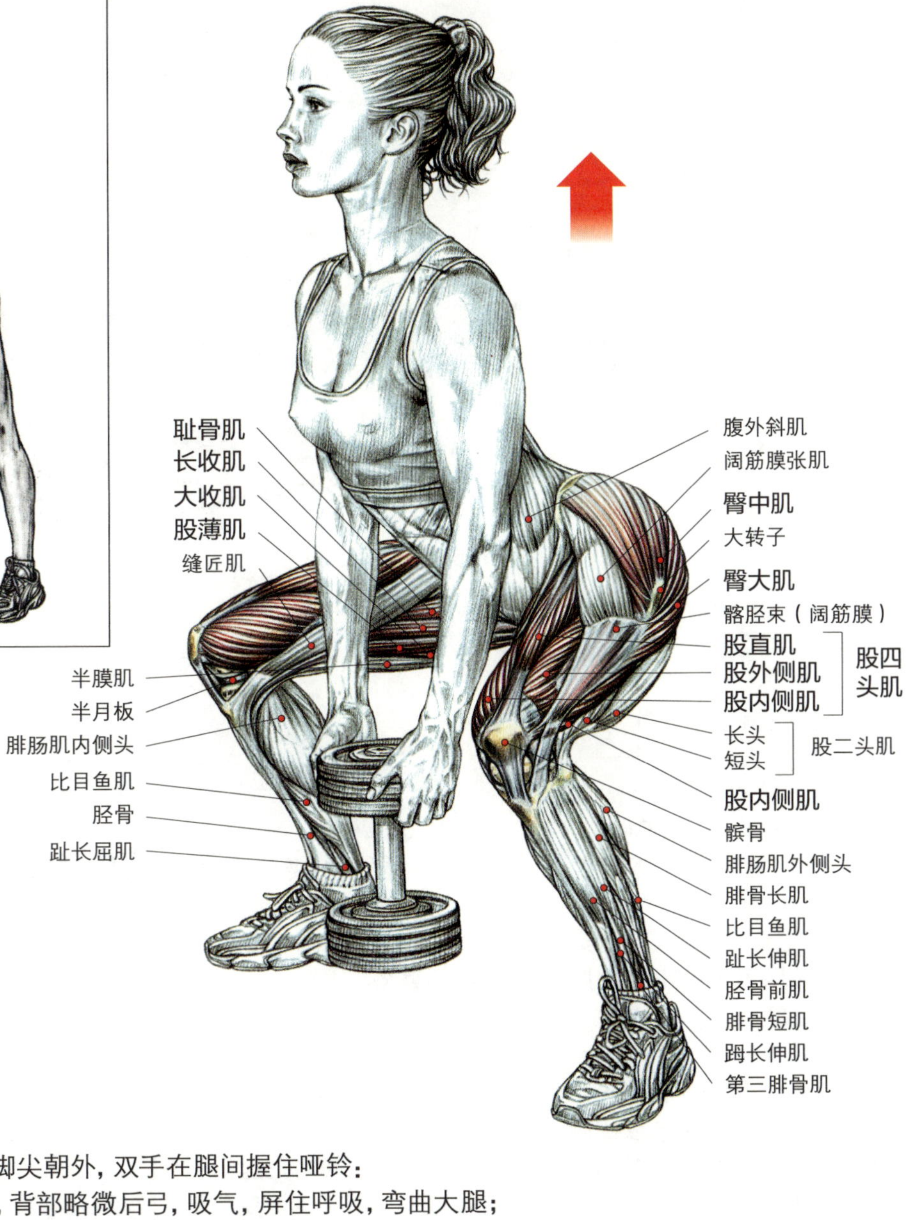

两脚开立，脚尖朝外，双手在腿间握住哑铃：

- 直视前方，背部略微后弓，吸气，屏住呼吸，弯曲大腿；
- 当股骨下蹲至水平位置时，伸直双腿，回到起始姿势；
- 动作结束时呼气。

该练习可以锻炼股四头肌和臀肌。

注意事项

需要注意，采用分开大腿的姿势有利于锻炼收肌。

11 徒手深蹲

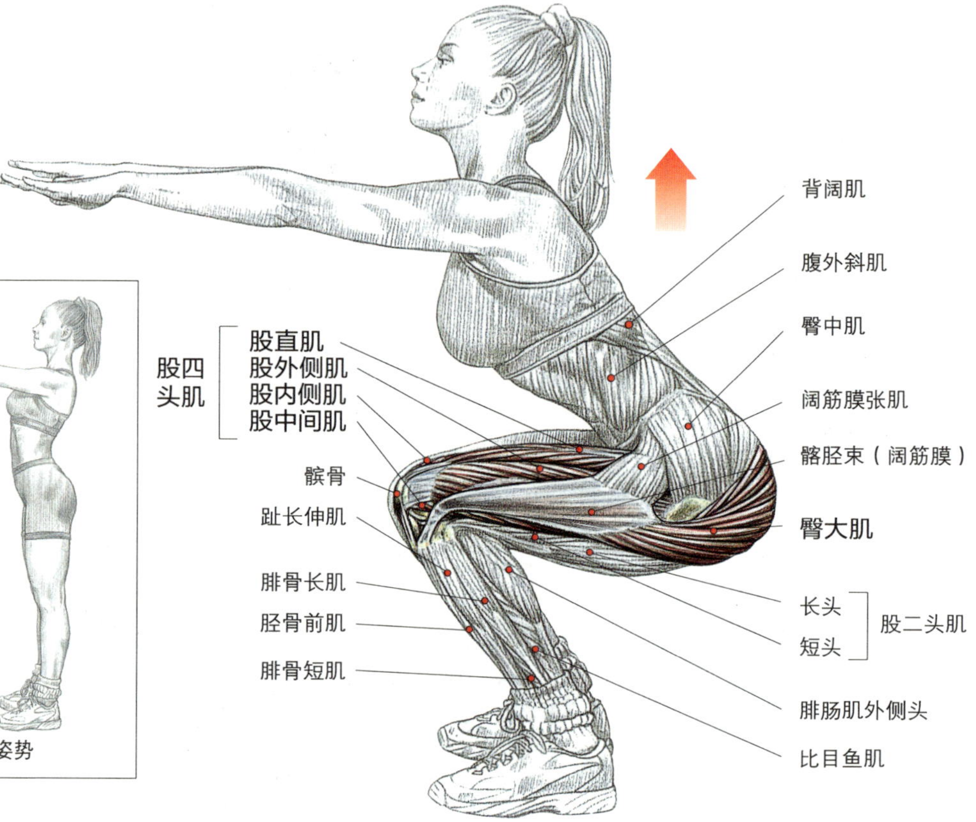

起始姿势

双脚开立，手臂伸直，头部挺直，挺胸，背部略微后弓：

• 吸气，下蹲；当大腿到达水平位置时，挺直躯干带动腿伸直，回到起始位置；

• 动作结束时呼气。

该练习主要锻炼股四头肌和臀肌。练习时需要注意控制下蹲速度，不要利用惯性一下子完成动作。在任何情况下，都应保持背部挺直，脚跟不能离地。

与所有无额外负荷的动作一样，高组数练习，每组重复15~20次，效果最佳。

变化动作

• 当大腿处于水平位置时，可以保持几秒的等长收缩。

• 徒手深蹲时，手臂可以采用不同姿势：

– 双手在身前交叠。

– 手臂垂于体侧。

• 脚踝较为僵硬或股骨较长的人可以在脚跟下放一个垫块进行练习，从而防止躯干过于前倾或向前冲。这一变化动作使股四头肌得到更多锻炼，很适合作为下半身的热身动作。也非常适合初学者的练习，有助于在练习哑铃深蹲之前熟悉大腿的动作。

变化动作

双手交叠　　手臂垂于体侧

相扑深蹲 12

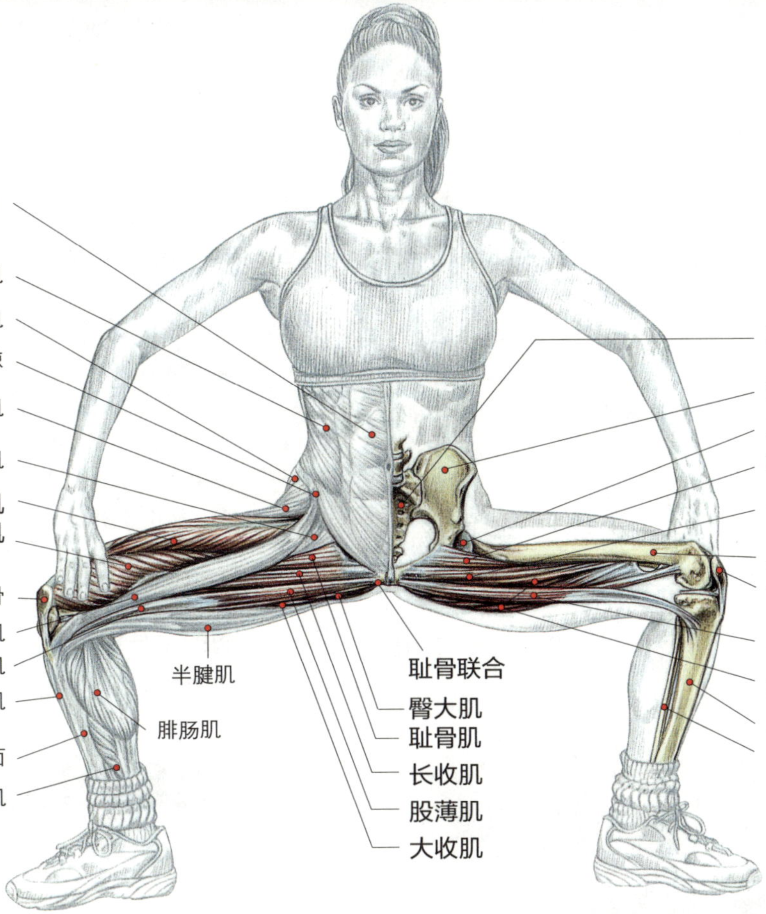

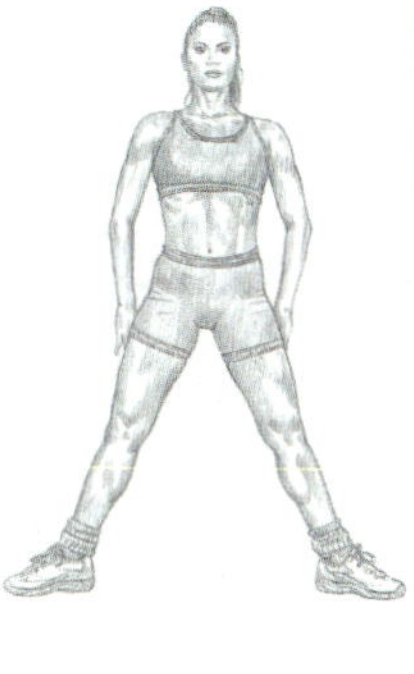

起始姿势

站姿，双腿分开，脚尖朝外，背部挺直：

- 吸气，大腿弯曲，下蹲至水平位置；
- 回到起始姿势，动作结束时呼气。

做该练习时动作要缓慢，尝试专注于肌肉的感觉，在站起来后好好收紧臀部。下蹲至水平位置后，可以保持几秒钟的等长收缩。与所有的自重练习一样，只有进行高组数练习才能真正取得效果。建议每次做多组练习，每组至少重复20次动作。

该动作锻炼的肌肉有股四头肌，尤其是外侧肌肉；整个内收肌群（大收肌、长收肌、短收肌、耻骨肌和股薄肌）；臀肌（臀小肌、臀中肌和臀大肌）以及位于臀肌深层的大腿短外旋肌。

变化动作

做该动作时，可以在肩上放一根棍子，从而保持背部挺直；也可以让棍子在身前顺着小腿和大腿上下移动。这两种变化动作都可以限制上半身的活动，从而集中锻炼下半身。

13 交替侧向箭步蹲

站姿，双腿稍稍分开，脚尖朝外：

• 吸气，屏住呼吸，做侧向箭步蹲；

• 当大腿弯曲至水平位置时，伸直腿回到起始姿势；

• 动作结束时呼气。

该练习锻炼股四头肌下部和侧面，臀大肌也能得到很强的锻炼。

为了保持良好平衡并简化动作，支撑腿可以弯曲。该练习中，身体的大部分重量由一条腿支撑，因此建议每组练习交替重复不超过20次，即右腿10次，左腿10次。需要确保动作标准，从而保护膝关节。

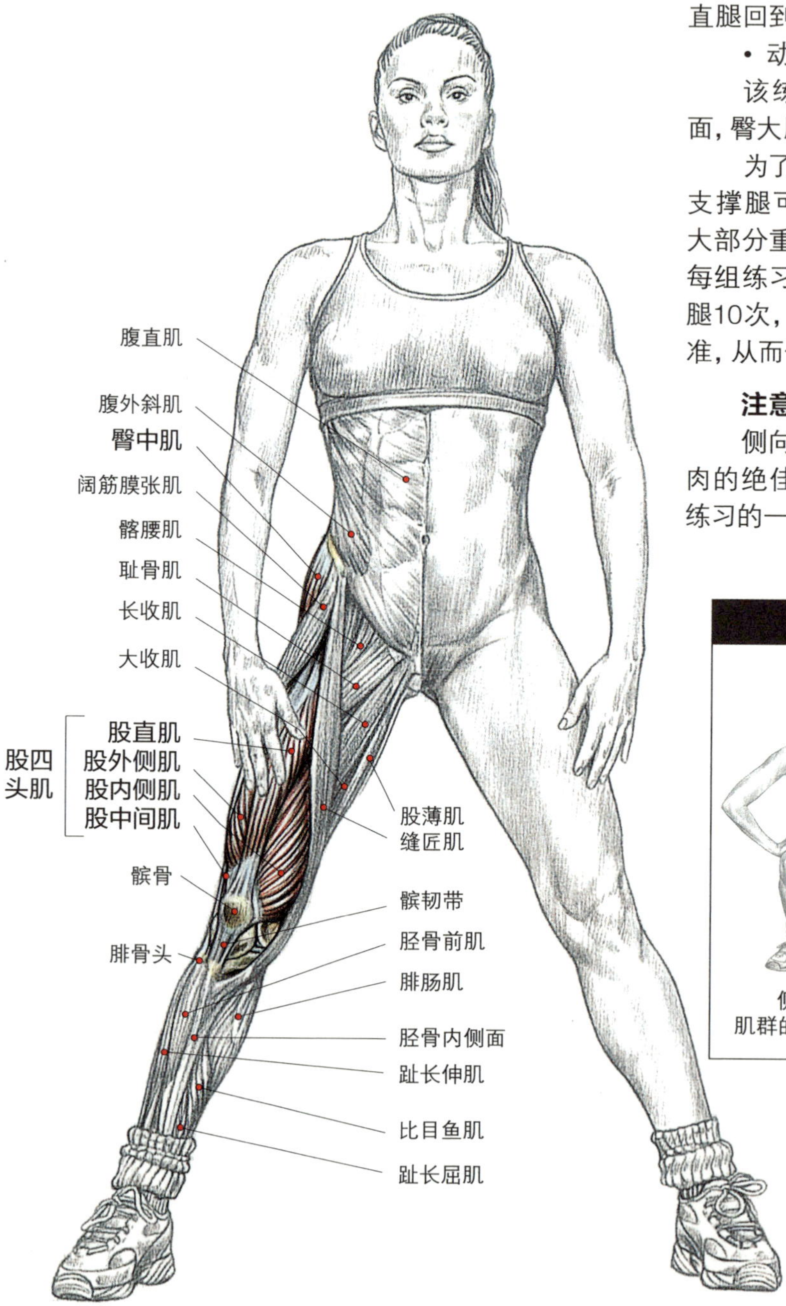

注意事项

侧向箭步蹲也是拉伸大腿内侧肌肉的绝佳练习，因此也可以作为拉伸练习的一个环节。

拉伸的肌肉

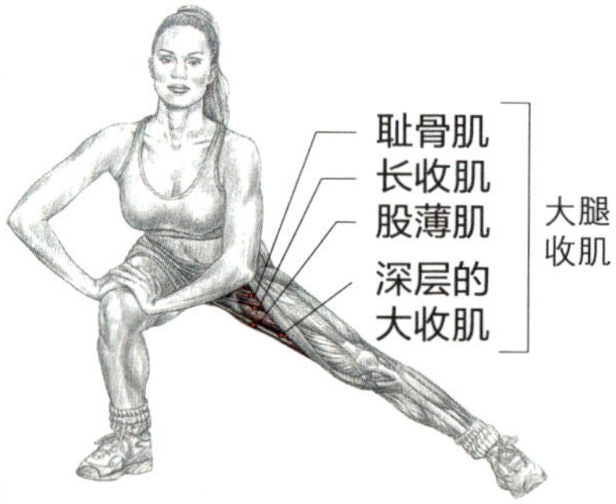

侧向箭步蹲是拉伸整个大腿内收肌群的绝佳练习。

单腿下蹲 14

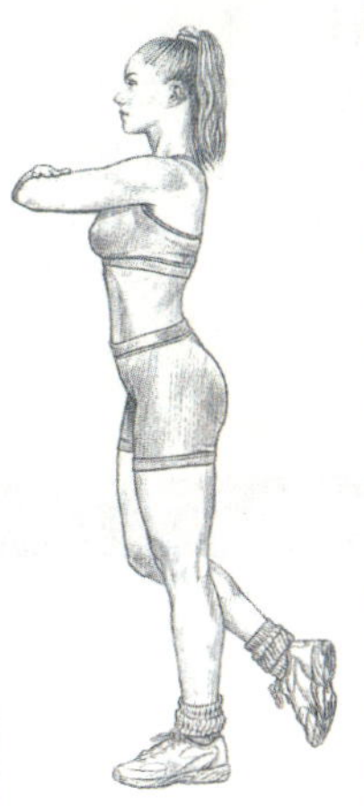

起始姿势

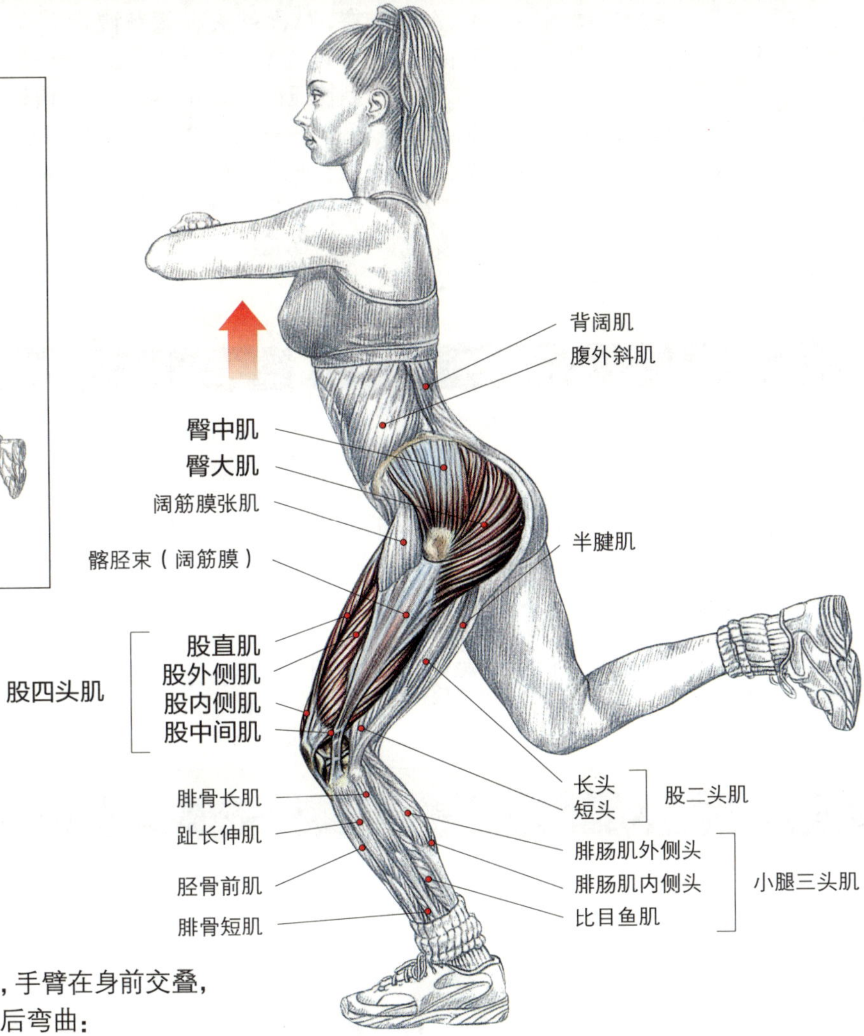

单腿站立，手臂在身前交叠，另一条腿稍向后弯曲：

- 吸气，大腿微微下蹲，然后回到起始姿势；
- 动作结束时呼气。

需要缓慢练习该动作，做完一侧的高组数练习后再换另一侧。

该动作主要锻炼股四头肌和臀大肌，练习时需要一定的平衡力。由于身体所有重量几乎都由一条腿支撑，且在半弯曲姿势下膝关节相对不稳定，所以不能过度弯曲膝关节，以免破坏它的完整性。膝关节不适的人不适合做单腿下蹲练习。

变化动作

- 为了更好感受股四头肌的发力，建议每次重复动作时，不要回到腿伸直的姿势，而是保持膝盖稍稍弯曲。
- 可以将非支撑腿前伸来练习此动作。
- 为了更好保持平衡，可以扶着支柱练习。

变化动作 腿前伸

膝盖不稳定

膝关节伸直时，外侧和内侧副韧带伸展，从而阻止了关节旋转。单腿支撑时膝关节固定在伸直位置，所以不需要肌肉的作用来稳定关节。

膝关节弯曲时，外侧和内侧副韧带变得松弛。在该姿势中，关节的稳定仅由肌肉发力来维持。

当膝关节弯曲旋转时，半月板会向旋转侧的前方移动。如果随后伸展关节时没有很好控制动作，半月板可能无法很快回到原本的位置，从而被夹在膝盖髁骨之间，可能导致或轻或重的半月板损伤。如果有一小块半月板在受到挤压时被切下，可能需要通过手术移除。

在进行单侧练习，如单腿下蹲（详见第55页）或箭步蹲（详见第4-7页）时，必须控制动作的速度并保持直线运动，从而避免膝盖受到任何伤害。

膝盖伸展　　膝盖弯曲

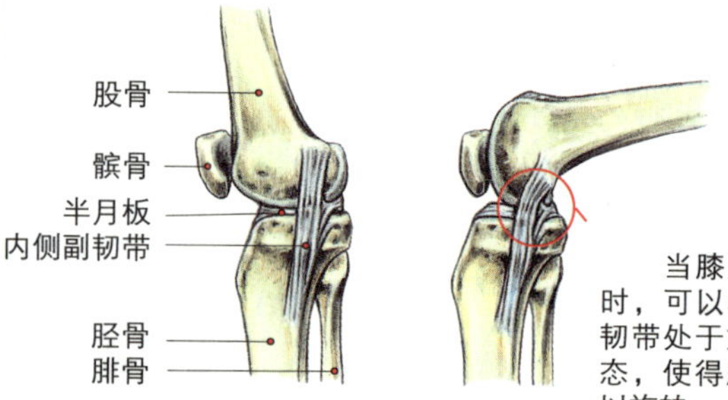

当膝盖弯曲时，可以看到副韧带处于放松状态，使得膝盖可以旋转。

半月板

半月板的主要功能之一是分担膝关节的压力。通过增加股骨在胫骨上的支撑面积，避免关节面过早磨损。

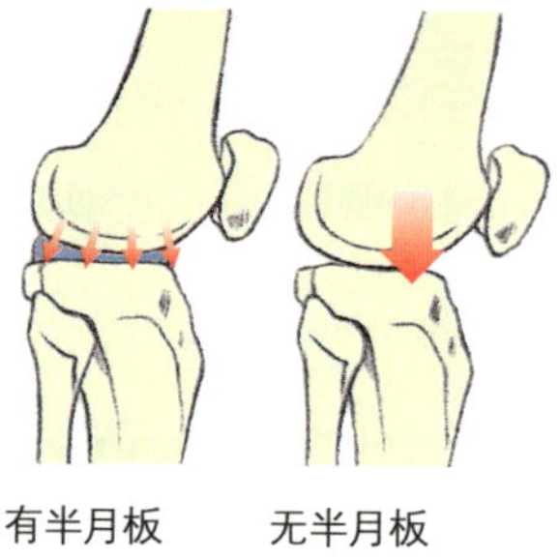

半月板与膝部韧带示意图

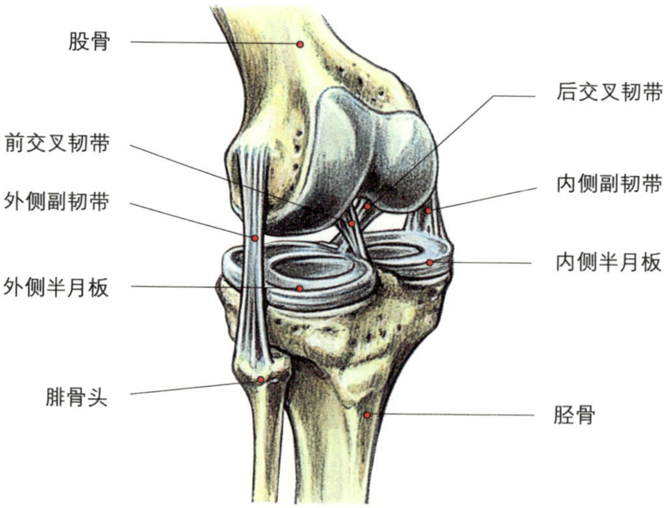

哈克深蹲 15

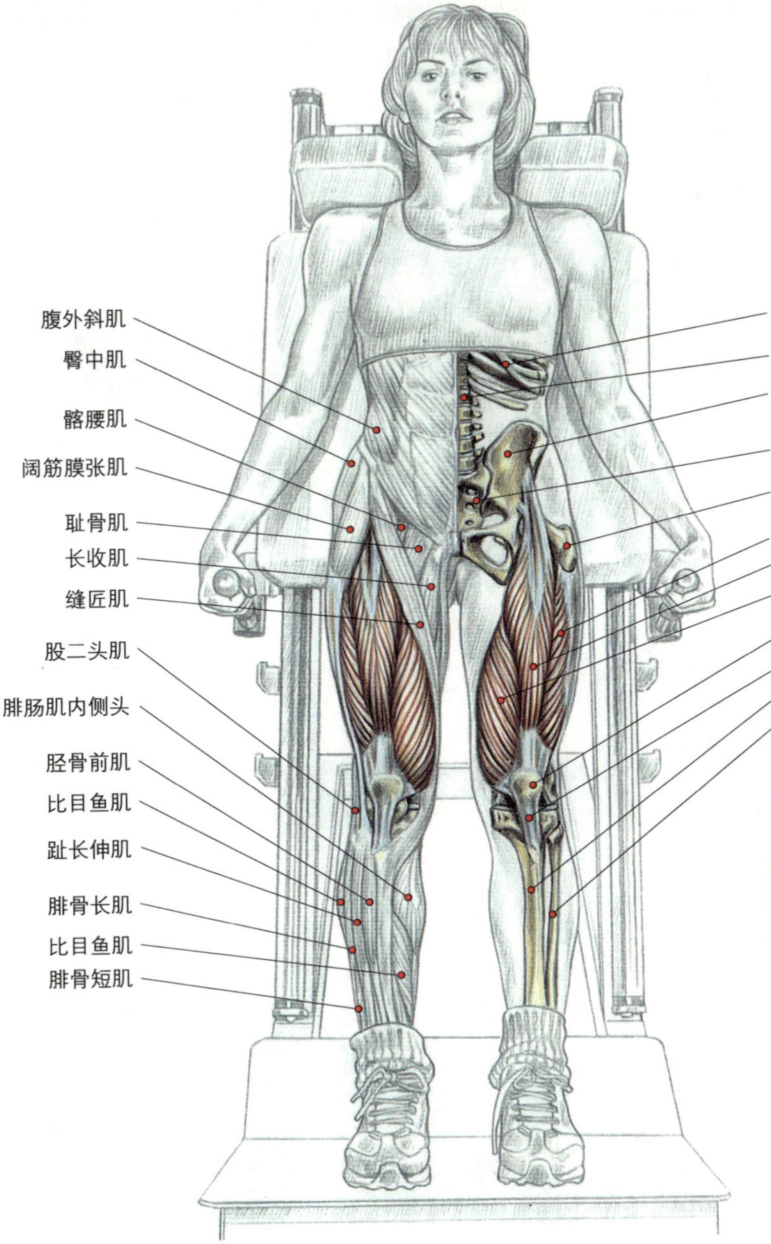

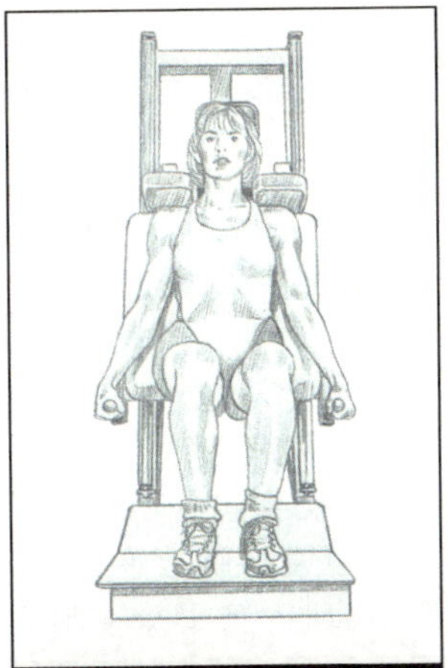

动作示意图

双腿伸直，背靠椅垫，双肩抵在哈克机的肩垫上，两脚适度分开：

- 吸气，松开安全杆，屈腿下蹲；
- 回到起始姿势，动作结束时呼气。

该动作可以集中锻炼股四头肌；双脚越向前，就越能锻炼臀肌；双脚分得越开，就越能锻炼收肌。为了保护背部，需要注意收紧腹部核心肌群，从而避免骨盆和脊柱左右晃动。

16 腿举

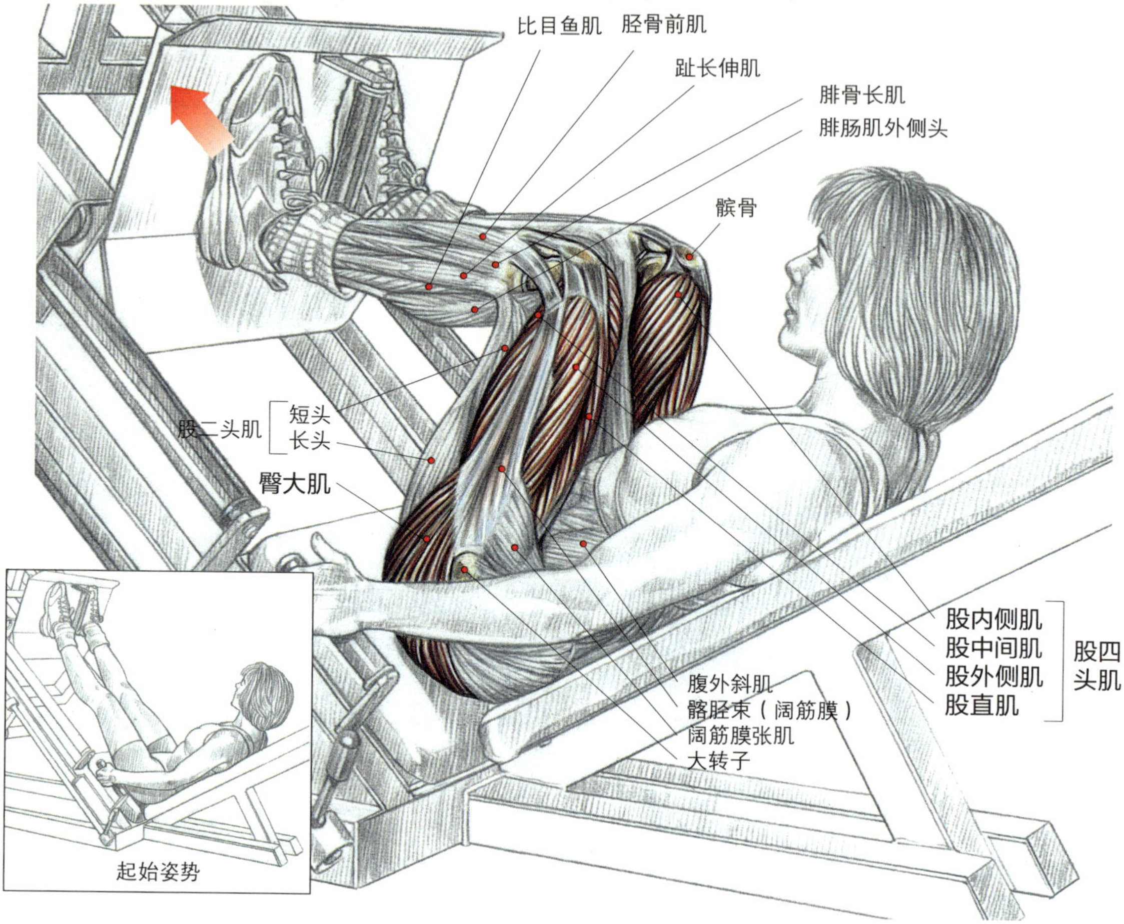

坐在训练器上，背部紧贴椅背，两脚适度分开：

• 吸气，松开安全杆，最大程度屈膝使大腿靠近胸廓两侧；

• 回到起始姿势，动作结束时呼气。

如果将脚放在踏板下部，可以着重锻炼股四头肌；如果放在踏板上部，可以更多锻炼臀肌和腘绳肌。如果两脚分开，可以更多锻炼收肌。

注意事项

背部不适，无法练习深蹲的人群可以用该动作训练，不过要注意臀部绝不能离开垫子。

使用大负荷训练腿举可能会使部分人的骶髂连接处发生位移，从而引发极为疼痛的肌肉痉挛。

脚放在踏板上部	脚放在踏板下部	两脚分开	两脚靠拢
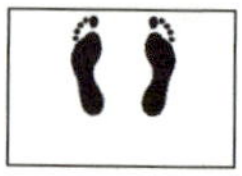	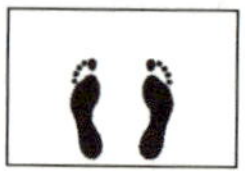		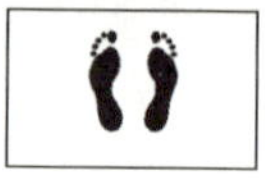
强烈刺激臀肌和腘绳肌	强烈刺激股四头肌	强烈刺激收肌	强烈刺激股四头肌

坐姿器械腿屈伸 17

动作示意图

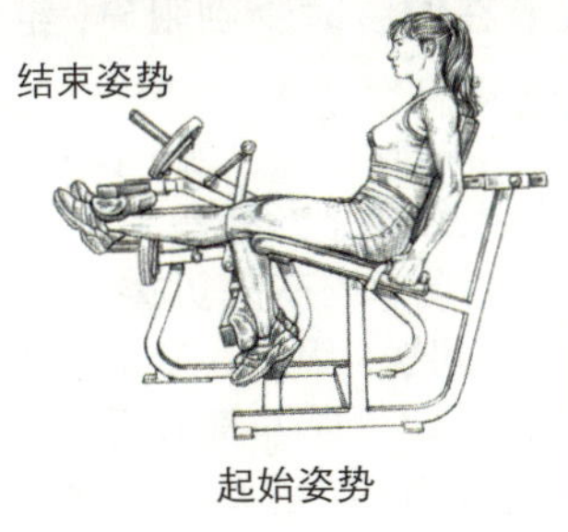

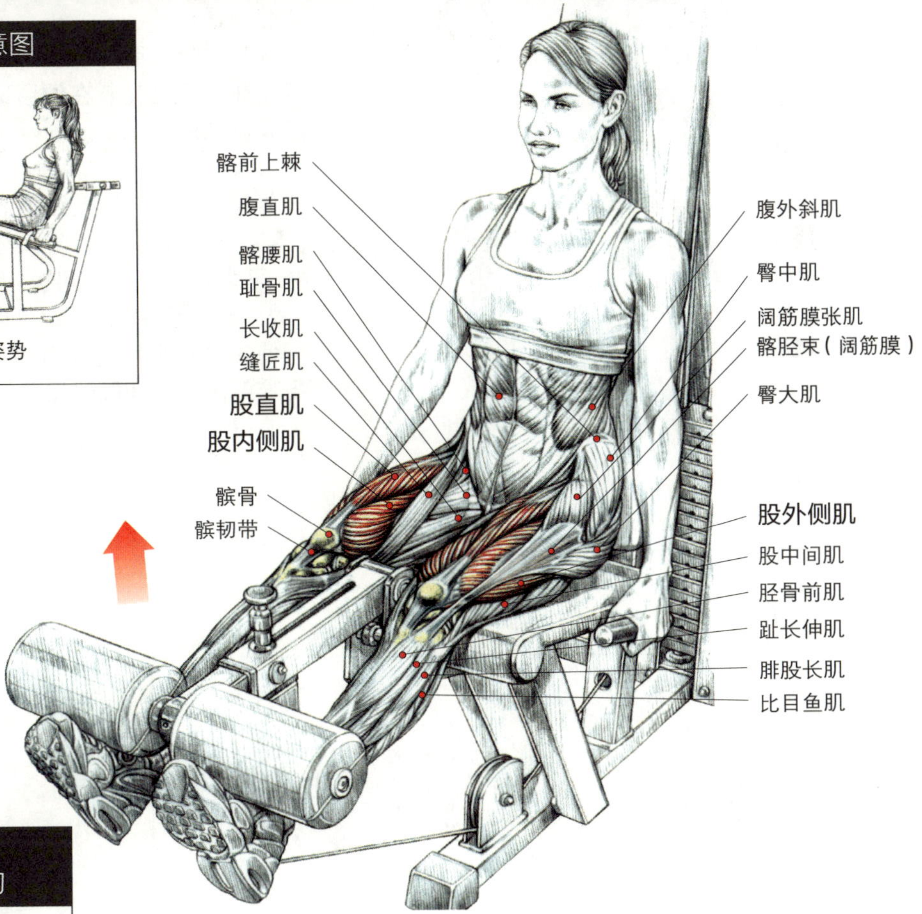

变化动作
无器械练习

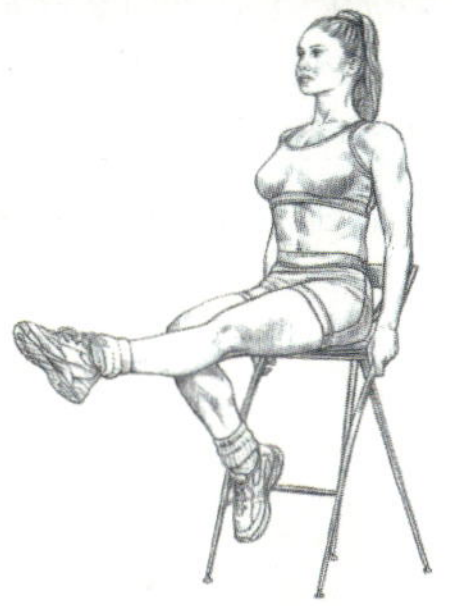

如果没有器械，也可以坐在椅子上练习腿屈伸。在这种情况下，需要缓慢进行动作，单侧练习后换边，并注意腿部结束伸展后肌肉的收缩。身体越向后倾斜，股直肌受到的刺激越大。

坐在训练器上，双手抓握两侧手柄或放在凳面上，保持身体稳定。屈膝，脚踝放在滚轴下：

- 吸气，腿抬至水平位；
- 动作结束时呼气。

这是孤立训练股四头肌的最佳方式。

需要注意椅背越向后倾斜，骨盆也越后倾。位于股四头肌双关节中间的股直肌得到拉伸，在腿伸展时这部分肌肉得到的锻炼更强。

推荐初学者通过此训练增加肌肉力量，为之后进行技巧更加复杂的训练作准备。

股四头肌

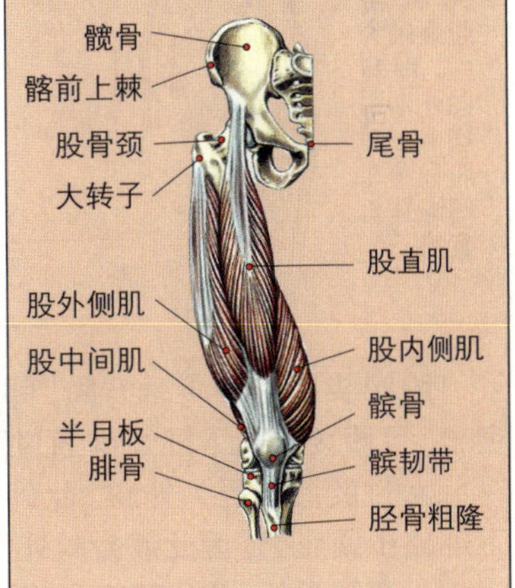

韧带过度松弛

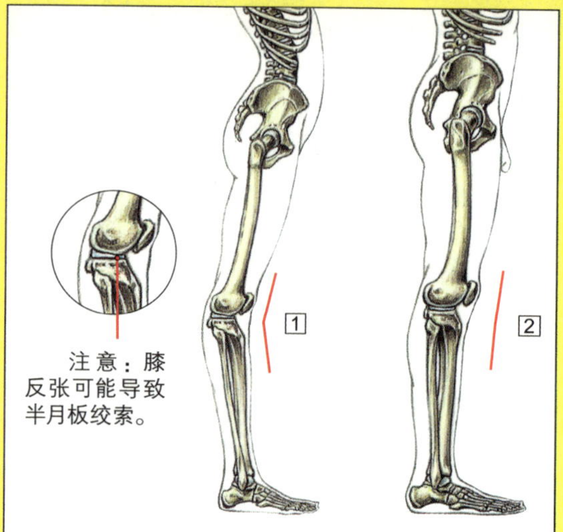

1 女性典型腿型，膝反张。
2 男性典型腿型，关节像圆柱的组成部分堆叠在一起。

对于女性来说，出于生殖需要，她们的韧带常常过度松弛，使得灵活度低的骨盆关节（骶髂关节和耻骨）可以小幅活动，这有利于分娩时让胎儿通过。

韧带过度松弛可能会导致一些体态特征，如膝反张，即膝关节在伸展时受到阻碍，给人腿部微微弯曲的错觉。

膝反张很少引起病理问题，但仍可能导致某些并发症，如半月板绞索。当膝关节快速伸展，半月板来不及滑动时，或在大负重大腿练习中，可能会发生此种问题。因此，在团体课程中，教练通常会建议不要完全伸直膝盖，且在进行使用额外负重的练习，如腿举和深蹲时，也要避免在腿部伸展时锁住膝盖。

值得注意的是，这些慎重建议只适用于有病理性膝反张的人群。大多数人在锁定处于伸展状态的膝关节时没有风险，因为关节会像圆柱的组成部分一样堆叠在一起。

髌骨脱臼

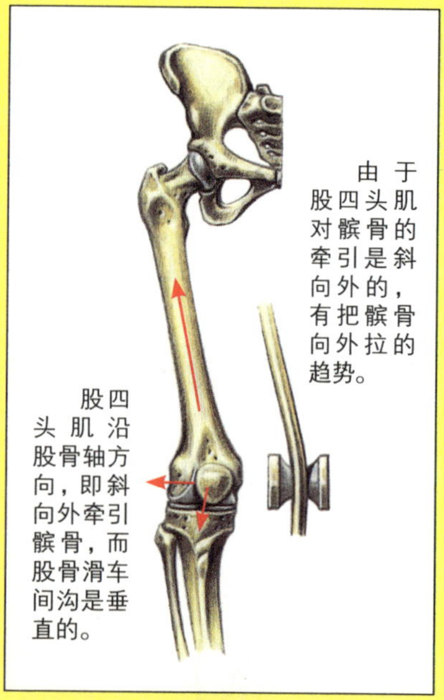

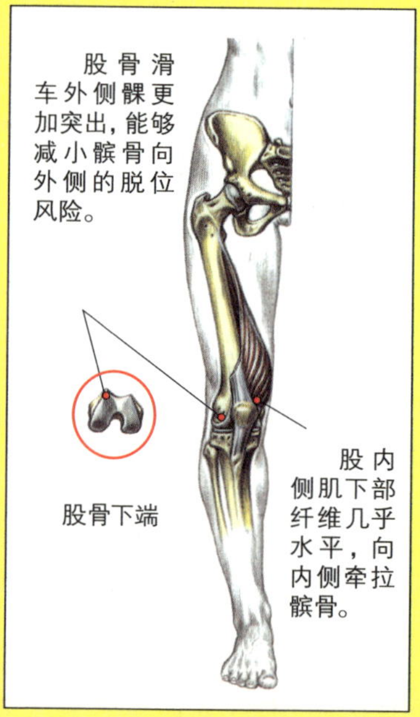

注意事项

女性韧带柔韧性会根据月经周期有所变化，在排卵期达到最大程度。因此这也是膝关节受伤风险最高的时期。

股四头肌沿股骨轴方向，即斜向外牵拉髌骨。髌骨可能向外侧脱位，但因为股骨外侧髁更为突出，且股内侧肌下部纤维通过牵引力将它向内侧牵拉，从而防止髌骨向外脱位。

女性的股骨更为外斜，此外外侧髁不够突出，同时韧带更为柔韧，有时股外侧肌和股内侧肌下部缺少紧张力，因此髌骨向外侧脱位更为常见。

坐姿腿屈伸（详见第59页）可以通过加强股四头肌下部，尤其是股内侧肌预防此类股骨脱位。

高抬腿 18

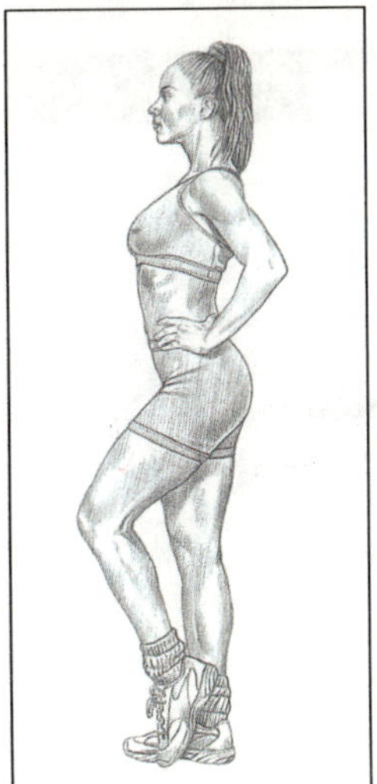

起始姿势

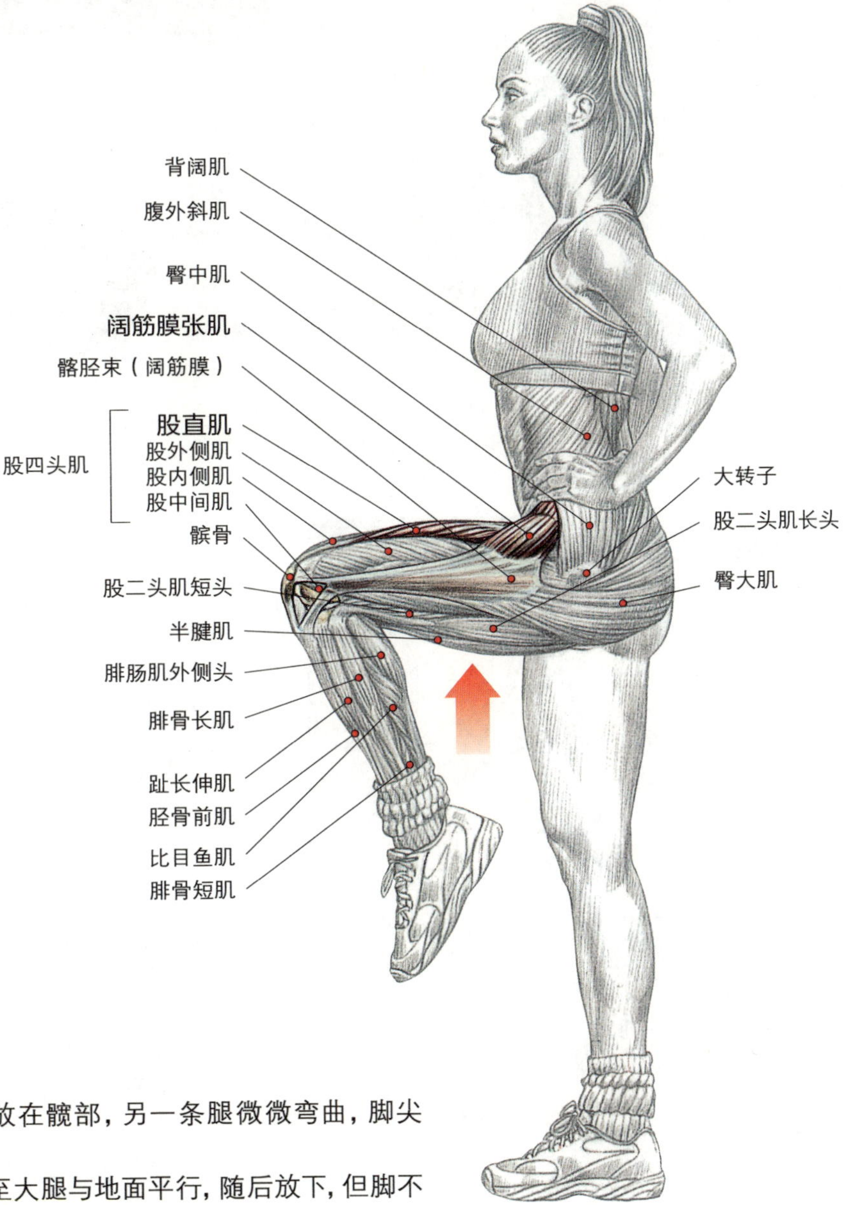

单腿直立，双手放在髋部，另一条腿微微弯曲，脚尖触地：

- 将弯曲侧腿抬至大腿与地面平行，随后放下，但脚不触地，重复动作。

该动作主要锻炼股直肌和阔筋膜张肌，也一定程度上锻炼了其他髋部屈肌，即髂腰肌、缝匠肌和耻骨肌。

为了达到更好的效果，建议抬起大腿时肌肉收紧发力，尽快抬起，缓缓放下。

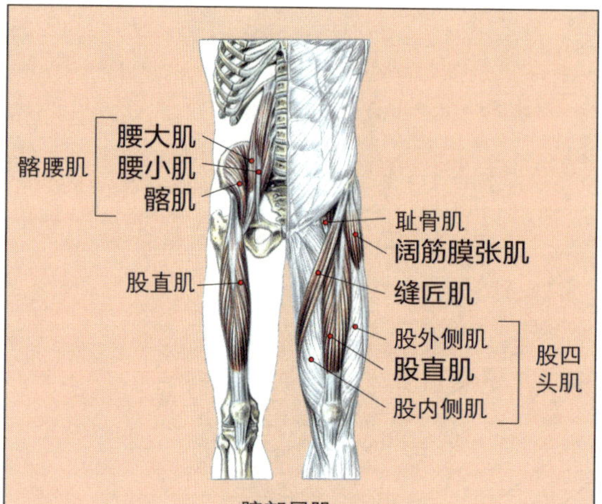

髋部屈肌

股直肌运动

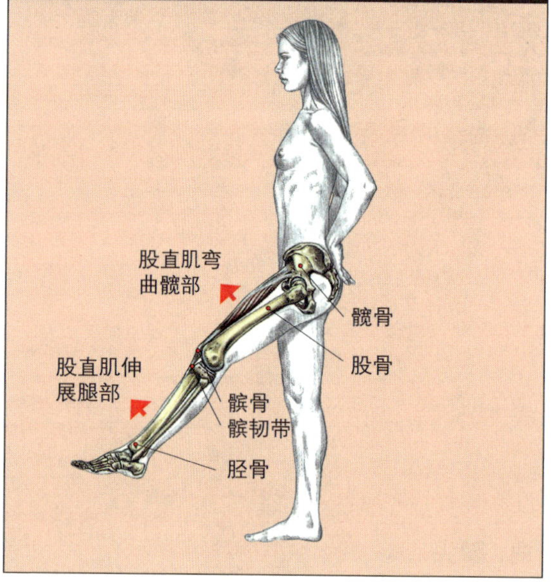

股直肌示意图

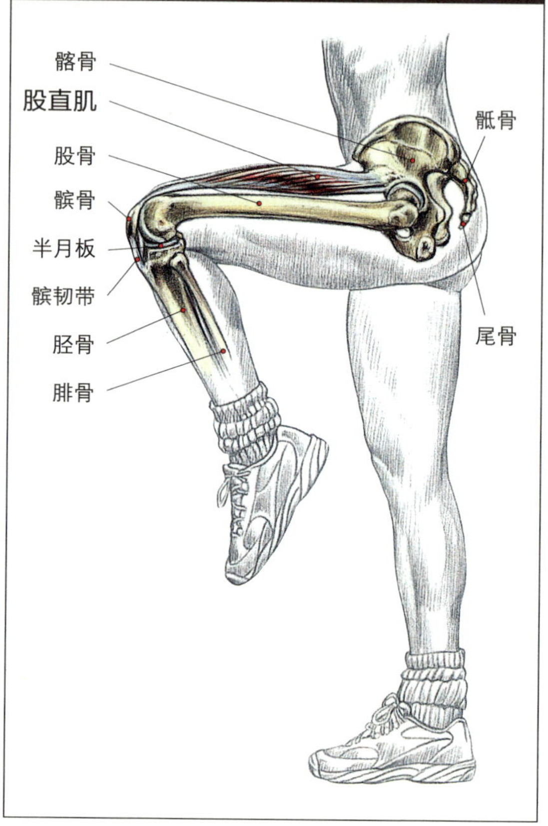

双关节肌会跨过两个关节。股直肌是股四头肌中唯一的双关节肌束，跨过膝关节和髋关节。

因此，股直肌是小腿在大腿上的有力伸肌，同时也是有力的髋部屈肌。在高抬腿动作中，我们主要关注的是其屈肌作用。

负重高抬腿 19

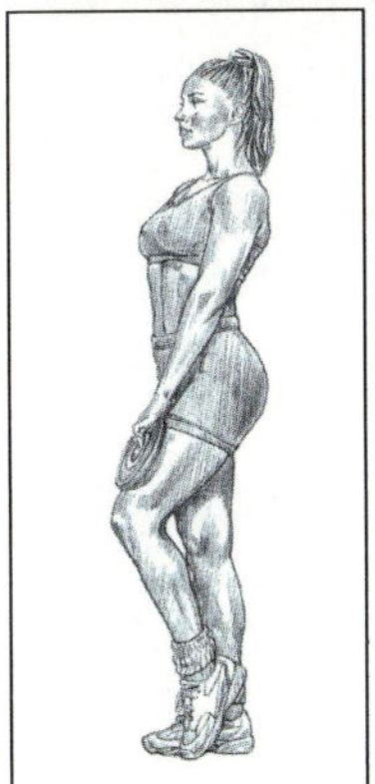

起始姿势

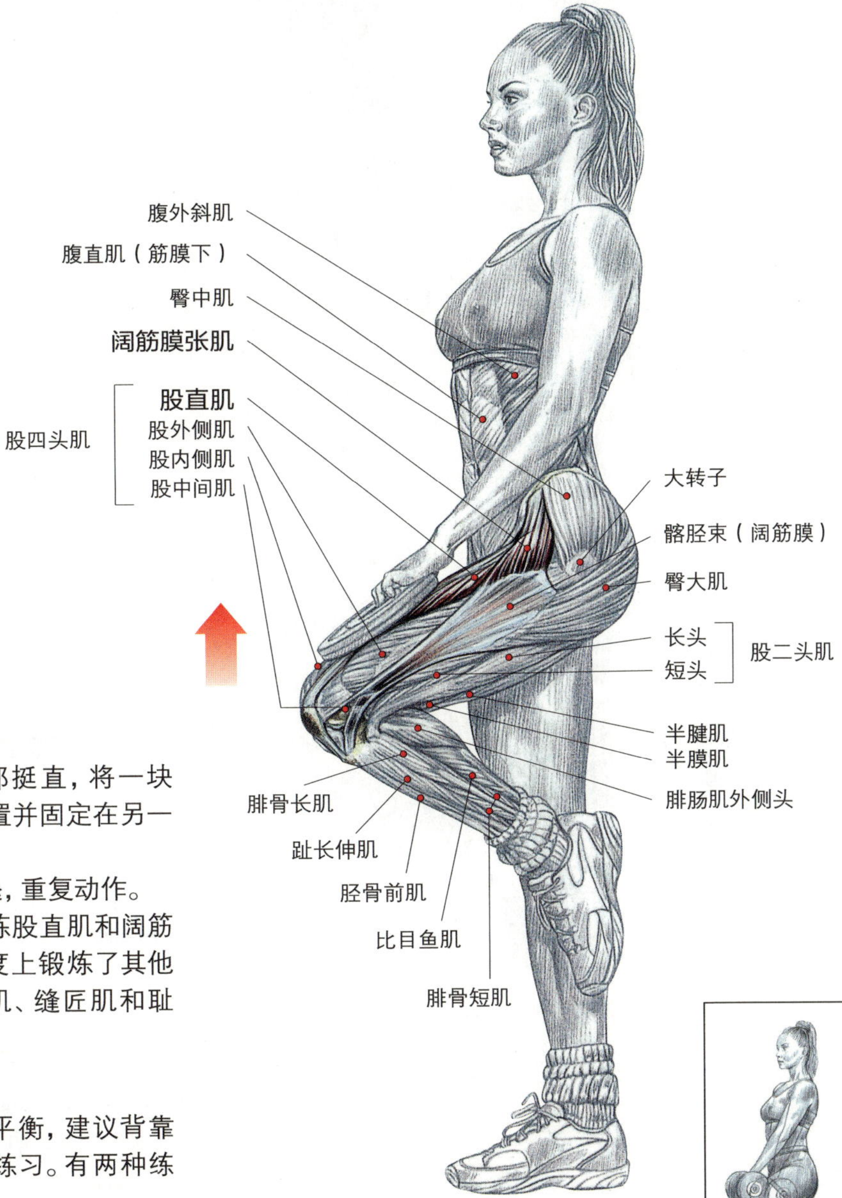

单腿站立，背部挺直，将一块铁片或一个哑铃放置并固定在另一条大腿上：

- 尽量抬高大腿，重复动作。

该动作主要锻炼股直肌和阔筋膜张肌。也一定程度上锻炼了其他髋部屈肌，即髂腰肌、缝匠肌和耻骨肌。

注意事项

为了更好维持平衡，建议背靠墙或者扶着支撑物练习。有两种练习方式：

- 一种是使用大负重（大于10kg）练习，缓慢弯曲髋部。这种方法主要用于增加肌肉体积。
- 另一种是使用小负重（小于10kg），尽可能快地屈腿，以高组数练习，每组动作重复15次以上。

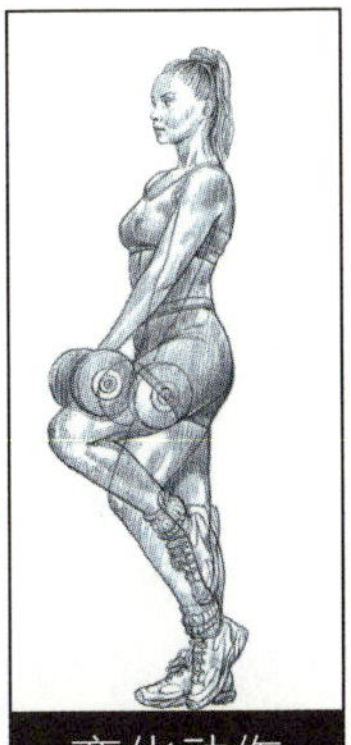

变化动作
哑铃练习

股四头肌拉伸

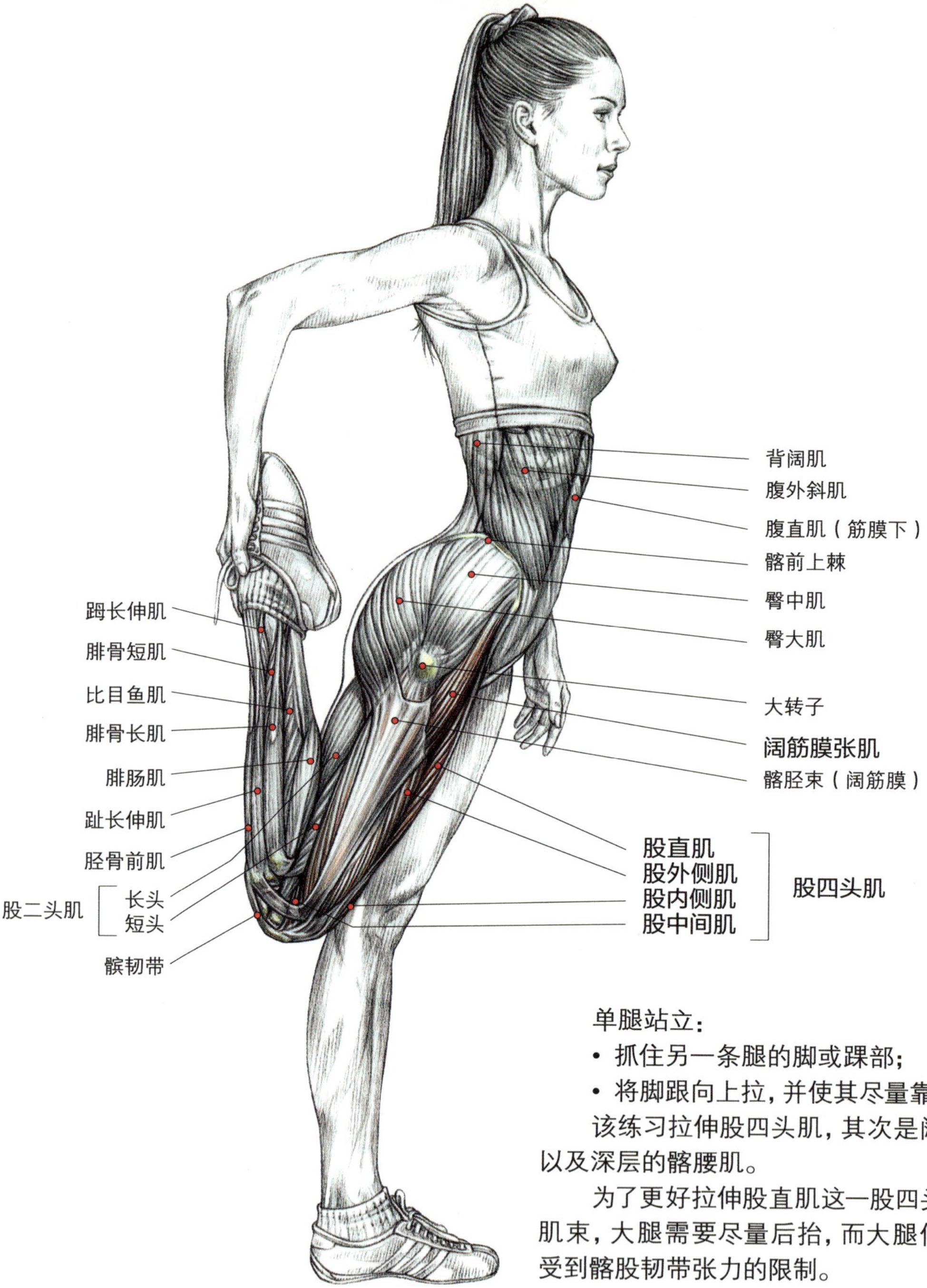

单腿站立：

- 抓住另一条腿的脚或踝部；
- 将脚跟向上拉，并使其尽量靠近臀部。

该练习拉伸股四头肌，其次是阔筋膜张肌以及深层的髂腰肌。

为了更好拉伸股直肌这一股四头肌双关节肌束，大腿需要尽量后抬，而大腿伸展自然会受到髂股韧带张力的限制。

注意事项

为了保持平衡，可以用另一只手扶墙或其他稳定支撑物。

侧卧腿内收 20

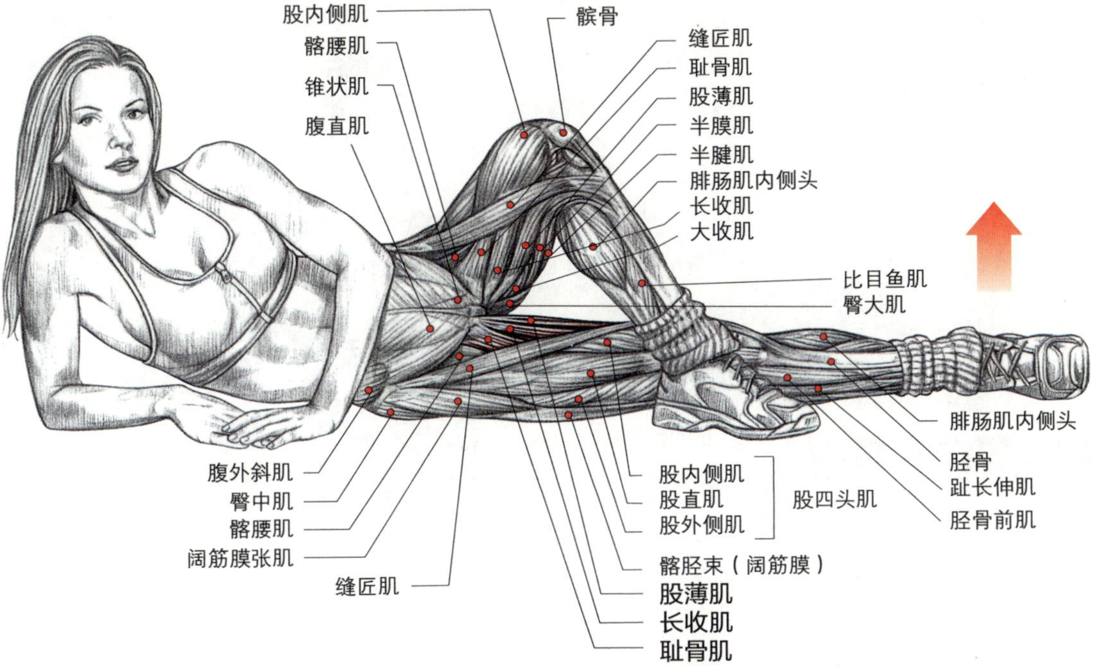

以肘部为支撑侧卧，放在地面上的腿伸直；另一条腿膝盖弯曲，脚平放在地面侧腿的膝盖前：

- 将地面侧的腿尽量抬高，保持2~3秒的收缩，重复动作。

虽然动作幅度很小，该练习仍然可以很好锻炼耻骨肌、短收肌、小收肌和长收肌，主要由大收肌和股薄肌发力。

每组重复10~20次，慢慢进行动作能取得良好效果。

为了增加变化，重复动作前，可以通过等长收缩，保持十几秒抬腿姿势。

动作示意图

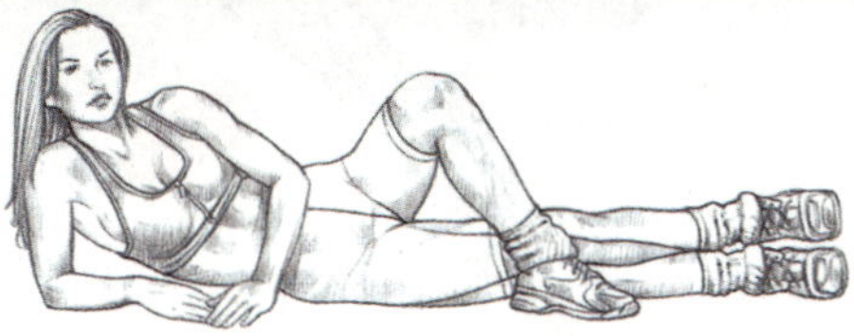

变化动作 侧卧练习

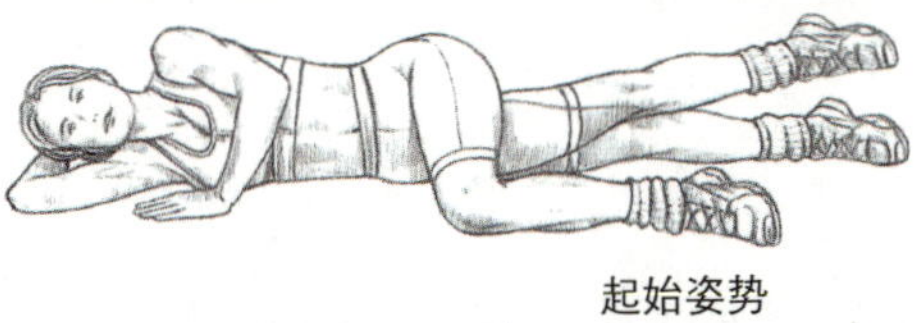

该动作可以采取完全侧卧姿势，起始阶段双膝都放在地上。但该变化动作需要在足够厚的垫子上进行，以免大转子受到过度摩擦。

21 低位拉力器腿内收

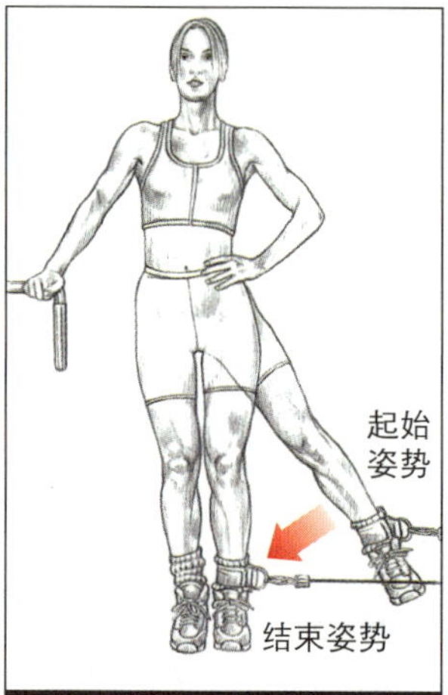

动作示意图

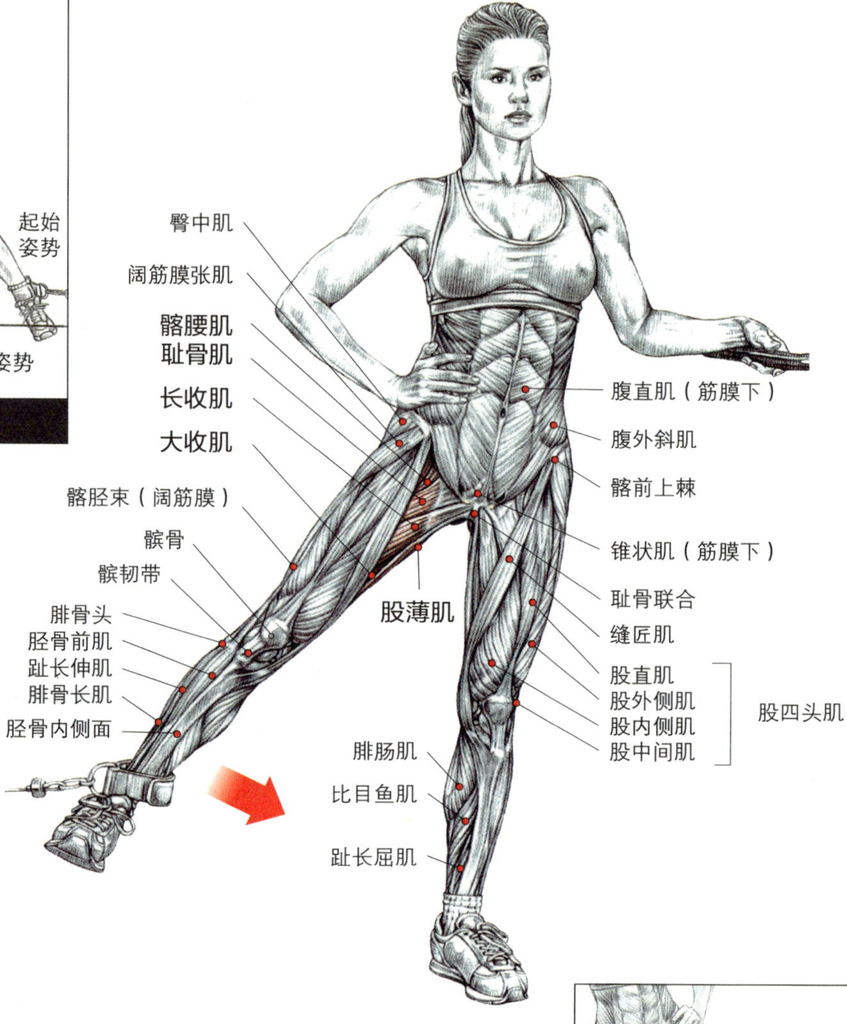

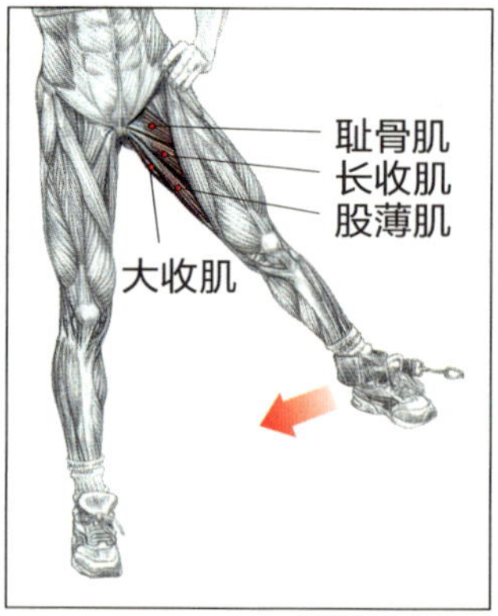

单腿站立，将低位拉力器固定在另一条腿的踝部。支撑腿侧的手握住器械架或其他支撑物：

• 练习侧腿内收，与支撑腿并拢。

该练习锻炼整个内收肌群（耻骨肌、短收肌、小收肌、长收肌、大收肌和股薄肌）。进行高组数练习，对刻画大腿内侧非常有效。

器械腿内收 22

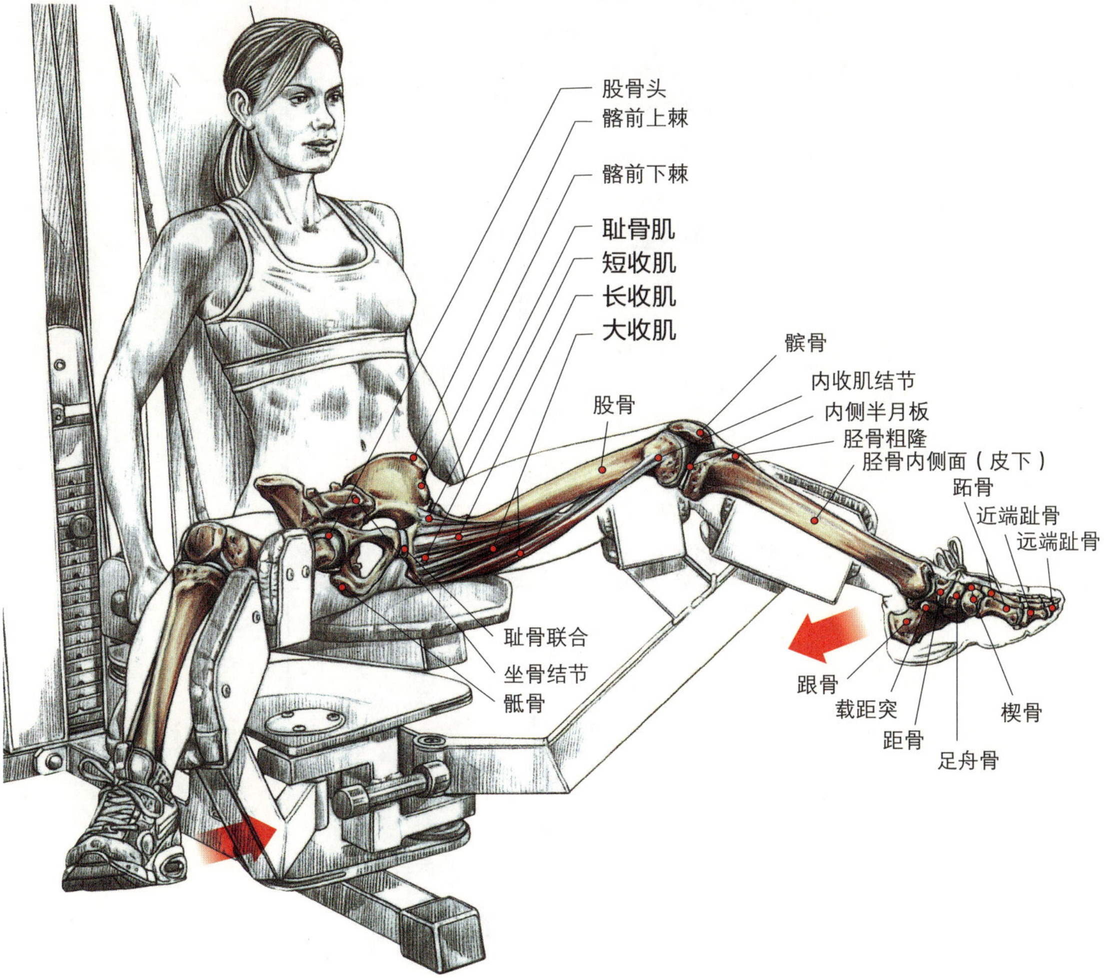

坐在器械上，双腿打开：

• 收紧大腿，有控制地回到起始姿势。

该动作可以锻炼整个大腿内收肌群（包括耻骨肌、小收肌、大收肌、长收肌、短收肌和股直肌内侧）。相较于拉力器腿内收，可以使用更重的负荷练习该动作，不过动作幅度会较小。

进行高组数练习，直至产生灼热感，效果最佳。

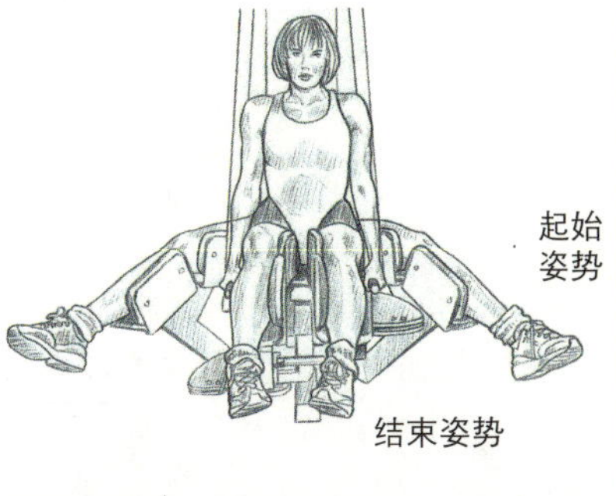

动作示意图

注意事项

该动作有助于加强内收肌群。该肌群在剧烈运动中往往容易受伤，因此建议在高强度训练时逐步增加负荷，并在训练结束后进行收肌的专项肌肉放松拉伸。

腿部肌肉

内收肌

大腿收肌

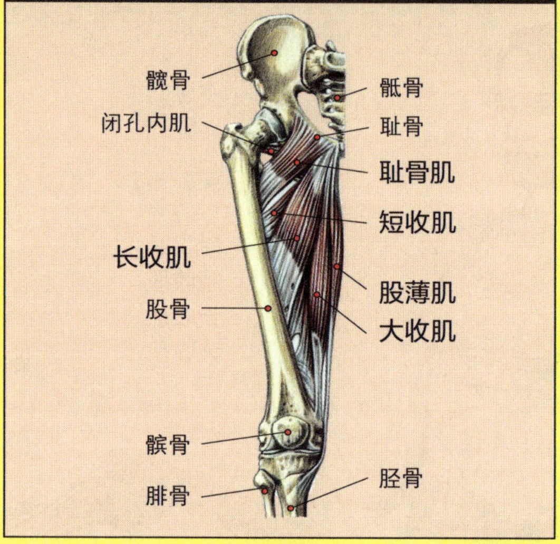

小收肌和大收肌（背面图）

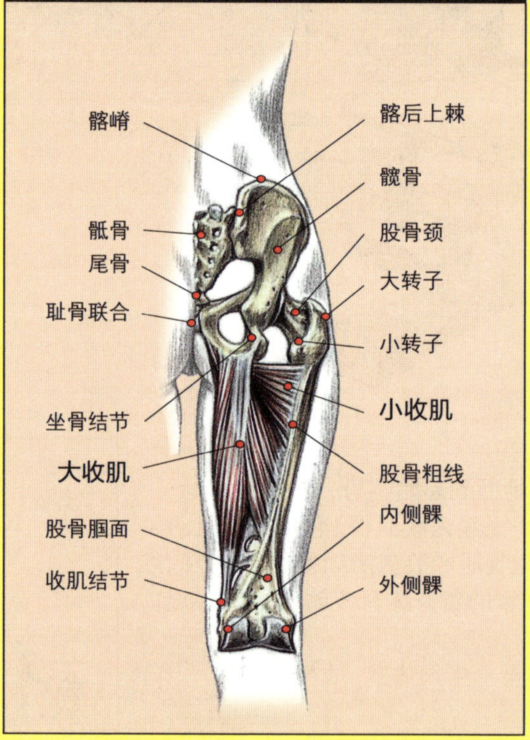

股二头肌短头

在所有的腘绳肌屈肌中，只有股二头肌短头是单关节肌。该肌束专门负责屈腿。

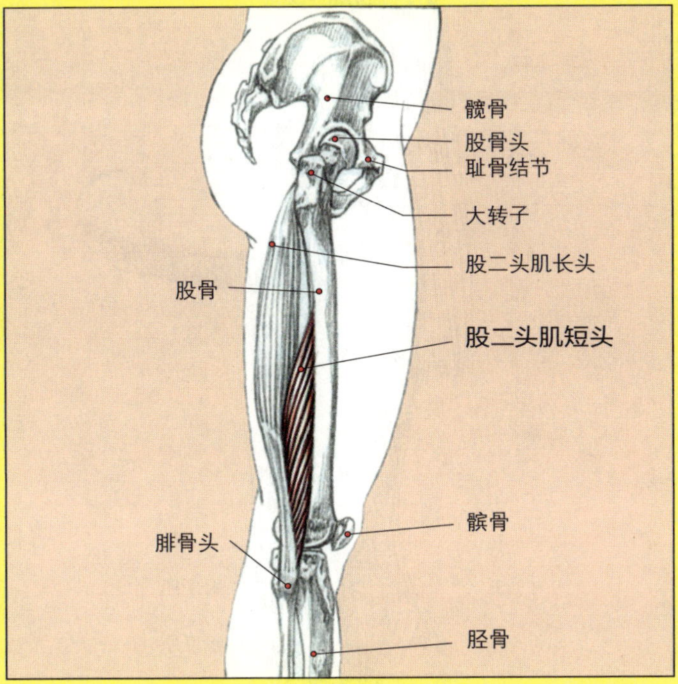

腘肌

腘肌位于小腿后侧的深层，与膝关节位于同一高度，腘肌与腘绳肌和腓肠肌共同完成小腿向大腿弯曲的动作。

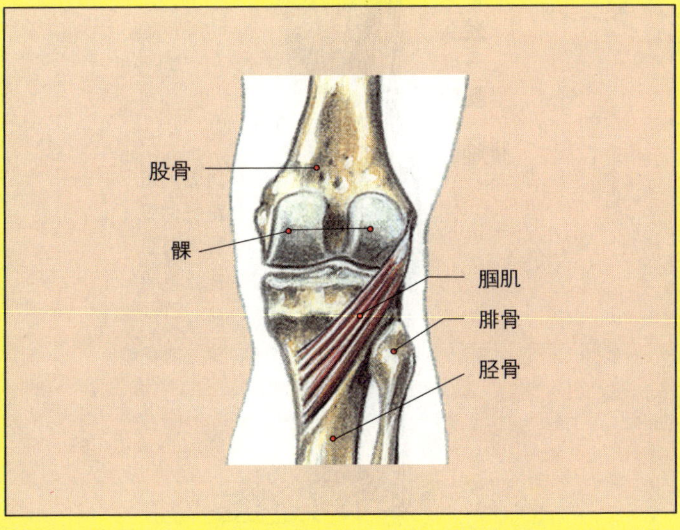

大腿后侧肌群

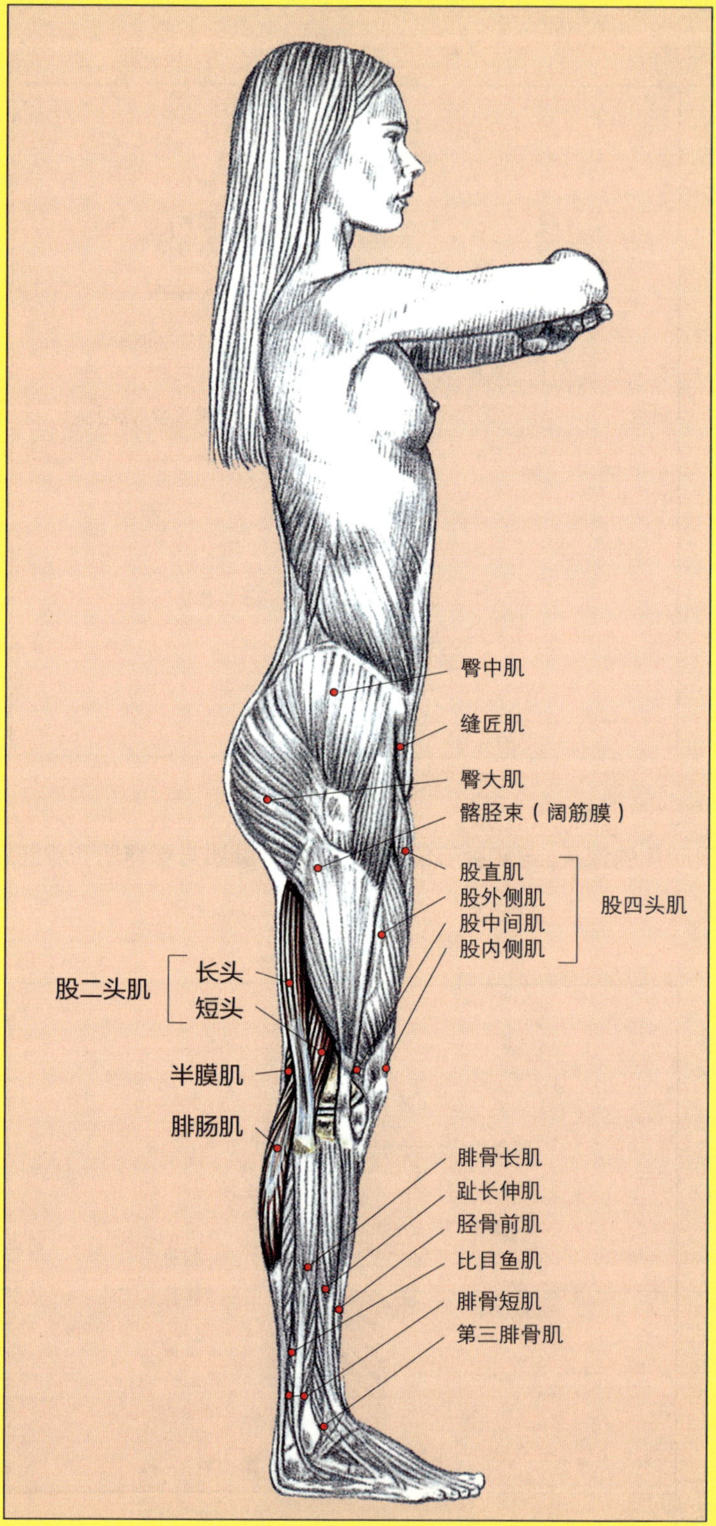
臀中肌
缝匠肌
臀大肌
髂胫束（阔筋膜）
股直肌
股外侧肌
股中间肌
股内侧肌
股四头肌
股二头肌
长头
短头
半膜肌
腓肠肌
腓骨长肌
趾长伸肌
胫骨前肌
比目鱼肌
腓骨短肌
第三腓骨肌

健身球内收肌练习 23

变化动作 卧姿练习

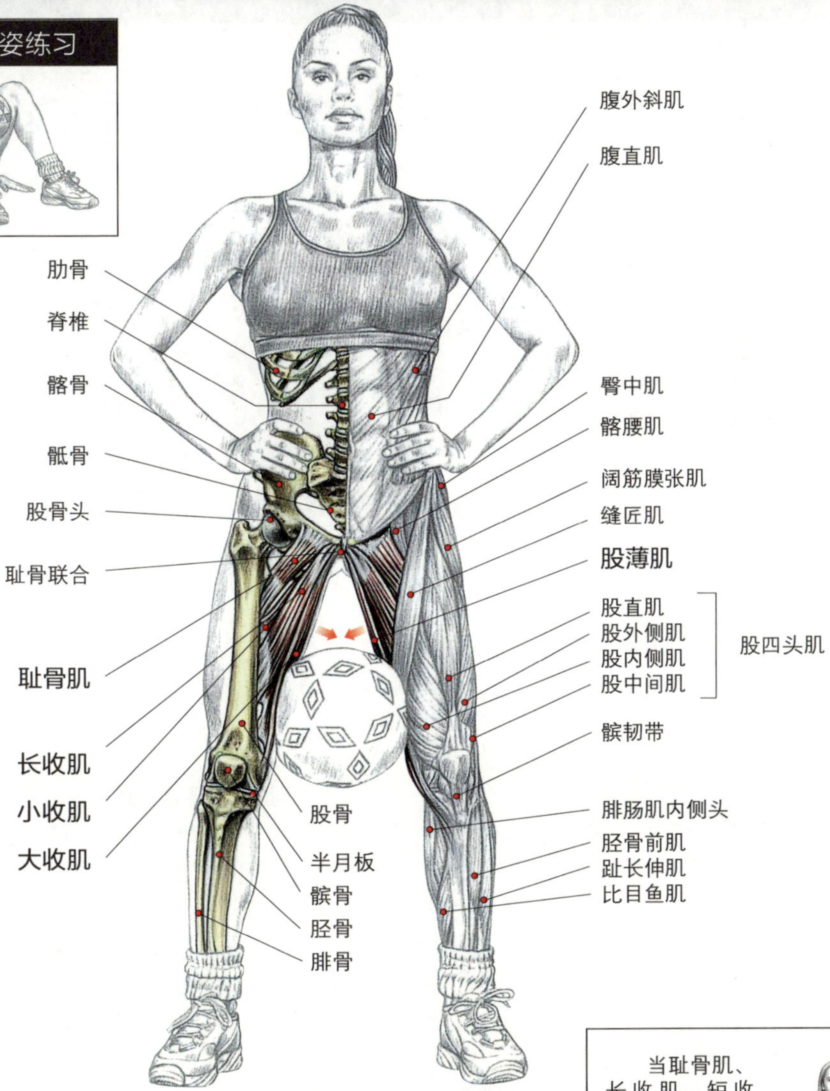

站姿，膝盖微屈，将球放在两腿间：

• 尽可能用力收紧大腿，感觉就像要将球挤爆一样；

• 保持几秒收缩，重复动作。

进行高组数练习效果最佳。也可以只做一次收缩动作并尽可能久地保持该状态。与所有无额外负荷的动作一样，持续练习直至产生灼热感，才能真正起效。

该练习锻炼整个大腿内收肌群，主要是小收肌、长收肌、短收肌、大收肌和股直肌内侧，一定程度上也锻炼耻骨肌。

注意事项

由于肌肉收缩（等长练习）过程中关节很少移动或没有移动，髋部（髋关节）不适的人群也可以进行该项练习。

当耻骨肌、长收肌、短收肌、大收肌、小收肌和股薄肌协同工作时，它们的主要作用是牵拉股骨，使其伸展、弯曲或外旋。由于这些肌肉在大腿夹紧时发挥强有力作用，古罗马人将该肌群称为“custodes virginitatis”——贞洁守护者。

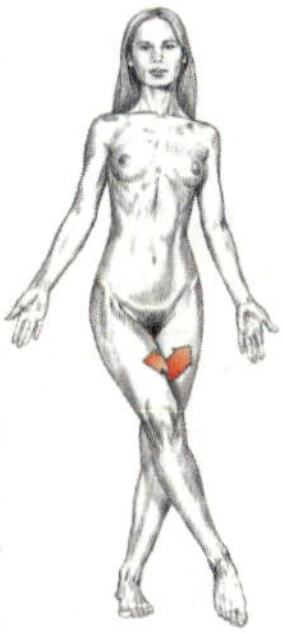

腘绳肌拉伤

深蹲时腘绳肌运动状态

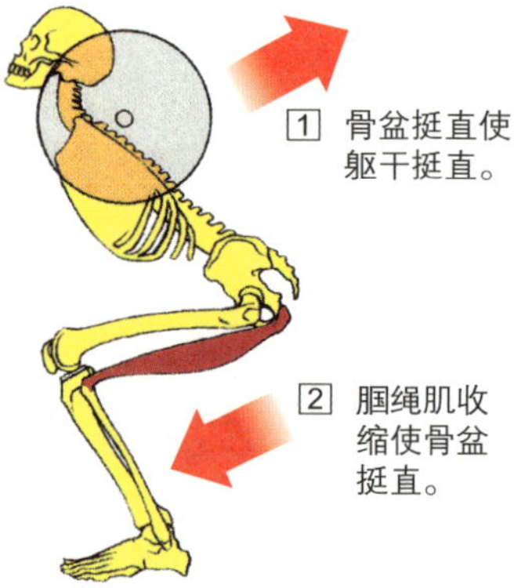

在进行深蹲时，腹肌和腰肌收缩使躯干与骨盆相连接。腘绳肌收缩使骨盆直立，同时避免躯干过度前倾。

腘绳肌

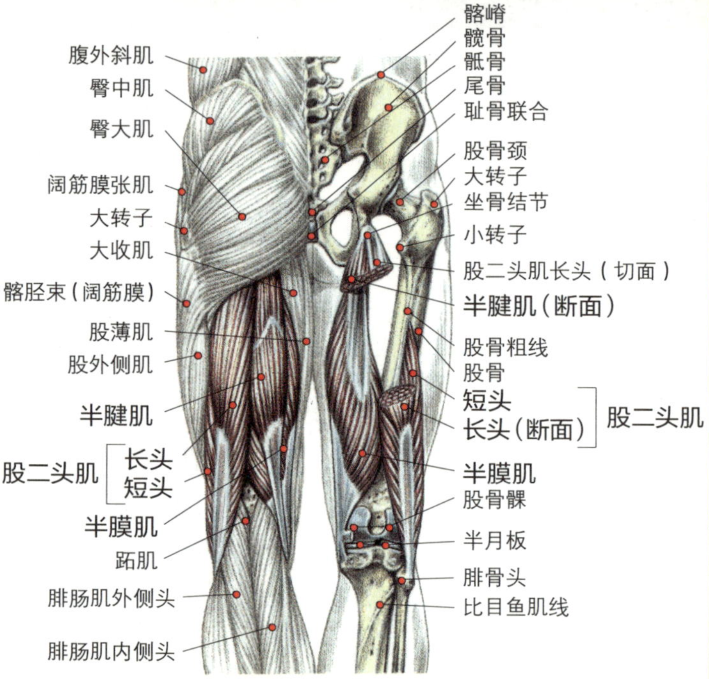

腘绳肌拉伤

在肌肉锻炼过程中，腘绳肌经常容易拉伤。最常见的原因是深蹲时躯干过度前倾。整个腘绳肌（股二头肌短头除外）处于极度拉伸状态时会强力收缩，使骨盆挺直，可能导致肌肉拉伤，通常发生于腘绳肌中上部。

使用屈腿训练机进行大负荷训练时，腿部伸直拉伸肌肉，也可能拉伤腘绳肌。

腘绳肌拉伤也可能发生在大负重器械腿弯举练习的起始阶段，此时腿部伸展肌肉处于拉伸状态。

一般情况下，腘绳肌纤维拉伤一般范围不大也不会很严重（很少出现肌肉严重撕裂或肌腱断裂），不过总是引起疼痛并引起并发症。

实际上，腘绳肌拉伤后常常留下纤维化瘢痕，造成摩擦疼痛区域，从而无法进行一些体育运动。此外，瘢痕处缺乏弹性，在剧烈运动时很容易被再次拉伤。

预防腘绳肌拉伤

为了避免腘绳肌拉伤，可以在热身运动时增加特定的拉伸或在深蹲、硬拉或大腿后侧训练中间穿插腘绳肌拉伸动作。

此外，“早安式”深蹲、直腿硬拉或半程直腿硬拉等动作可以视为保护腘绳肌的最佳肌肉练习。因为这些动作将肌肉强化与拉伸相结合。

腘绳肌拉伤之后的处理措施

为了防止肌肉拉伤后形成纤维化瘢痕，需要尽快进行康复训练。肌肉拉伤一周后，需要以柔和的大腿后侧拉伸练习来拉伸受伤肌肉，软化瘢痕组织，避免瘢痕在恢复训练后再次被撕裂。

注意事项

也可以请理疗师治疗纤维化瘢痕，他们能通过手动或仪器按摩来达到软化病变部位的目的。

早安式深蹲 24

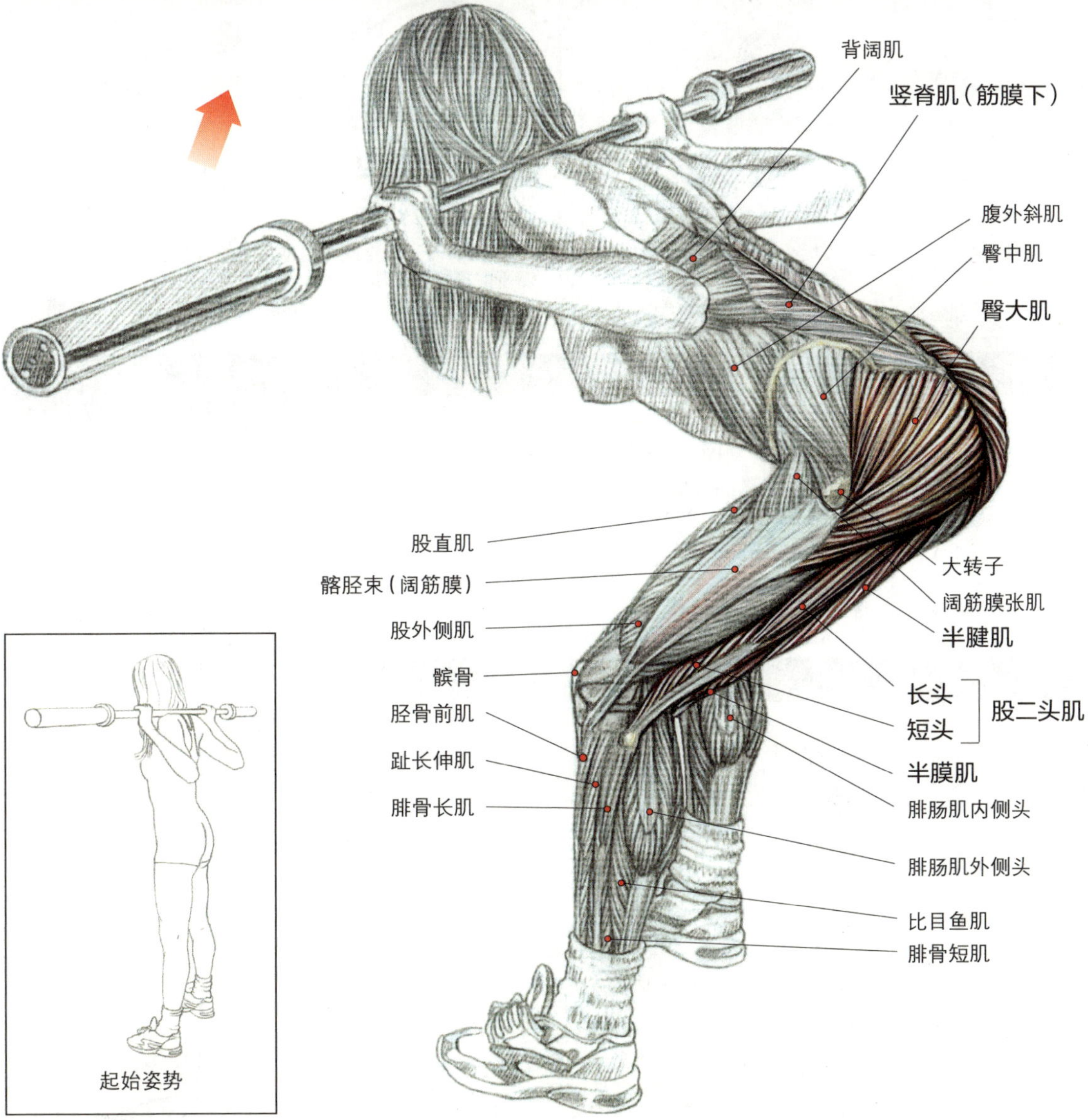

起始姿势

两脚开立，将杠铃放在斜方肌上，或略向下，放在三角肌后束上：

• 吸气，以髋关节所在直线为旋转轴，躯干前屈至水平位置，保持背部挺直；

• 回到起始姿势并呼气。

为了降低练习难度，可以微微屈膝。

该动作锻炼臀大肌和整个脊柱肌群，对腘绳肌（除了股二头肌短头，它只是小腿屈肌）锻炼作用显著。

除了弯曲膝关节外，腘绳肌的主要功能是使骨盆后倾，因躯干与骨盆由腹部和骶腰肌相连，还起挺直躯干的作用。

为了更好感受腘绳肌锻炼效果，建议不要进行重量训练。早安式深蹲的下蹲阶段有利于拉伸大腿后侧。经常练习此动作，有利于防止在使用大负荷深蹲时受伤。

早安式深蹲动作规范

早安式深蹲的两种练习方式

1 屈膝练习　　2 直腿练习

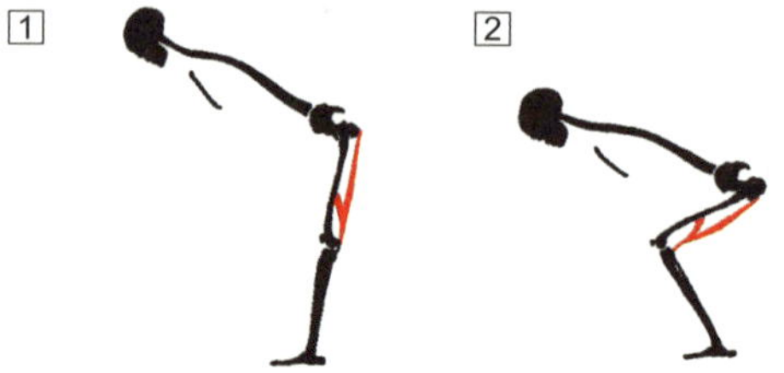

1 身体前倾时伸直双腿，使腘绳肌伸展，有助于在挺直躯干时更好感受肌肉收缩。
2 身体前倾时屈膝可以使腘绳肌放松，有助于弯曲髋。

骨盆弯曲时肌肉的固定作用

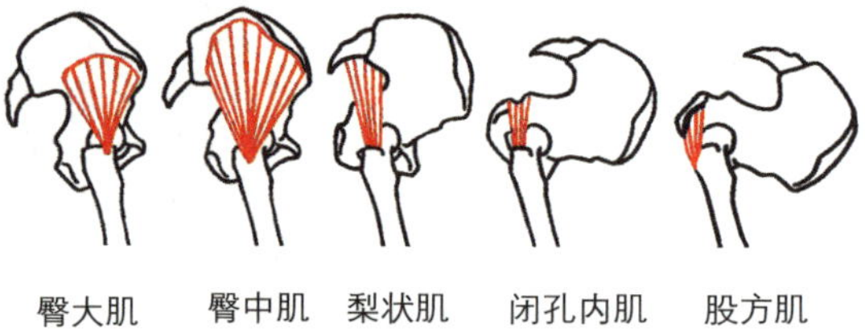

腘绳肌萎缩

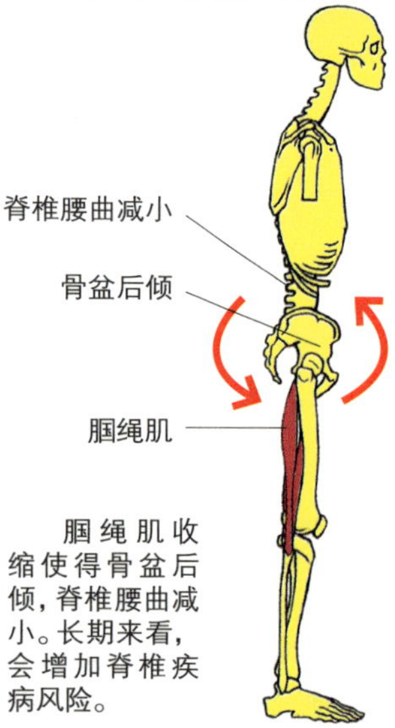

腘绳肌收缩使得骨盆后倾，脊椎腰曲减小。长期来看，会增加脊椎疾病风险。

在现代社会，每天久坐可能导致一些人出现腘绳肌萎缩。

腘绳肌这一大腿后侧肌肉萎缩会使得骨盆后倾，导致脊柱位置不佳，腰部正常曲度减小。

坐姿不良，如臀部内缩与弓背，时间久了可能引起脊椎疾病。

为了避免这种较为常见的腘绳肌萎缩情况，建议进行大腿后侧肌肉的拉伸练习，如轻负荷早安式深蹲和轻负荷直腿硬拉。另外，建议每次锻炼完腘绳肌后进行针对性拉伸。

骨盆挺直时腘绳肌和臀大肌的作用

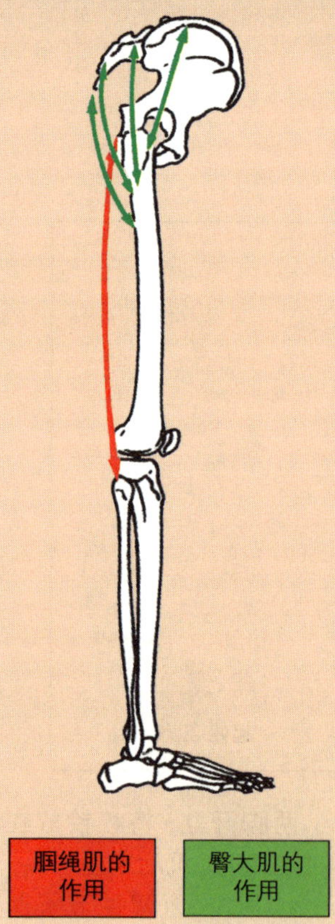

横杆早安式深蹲 25

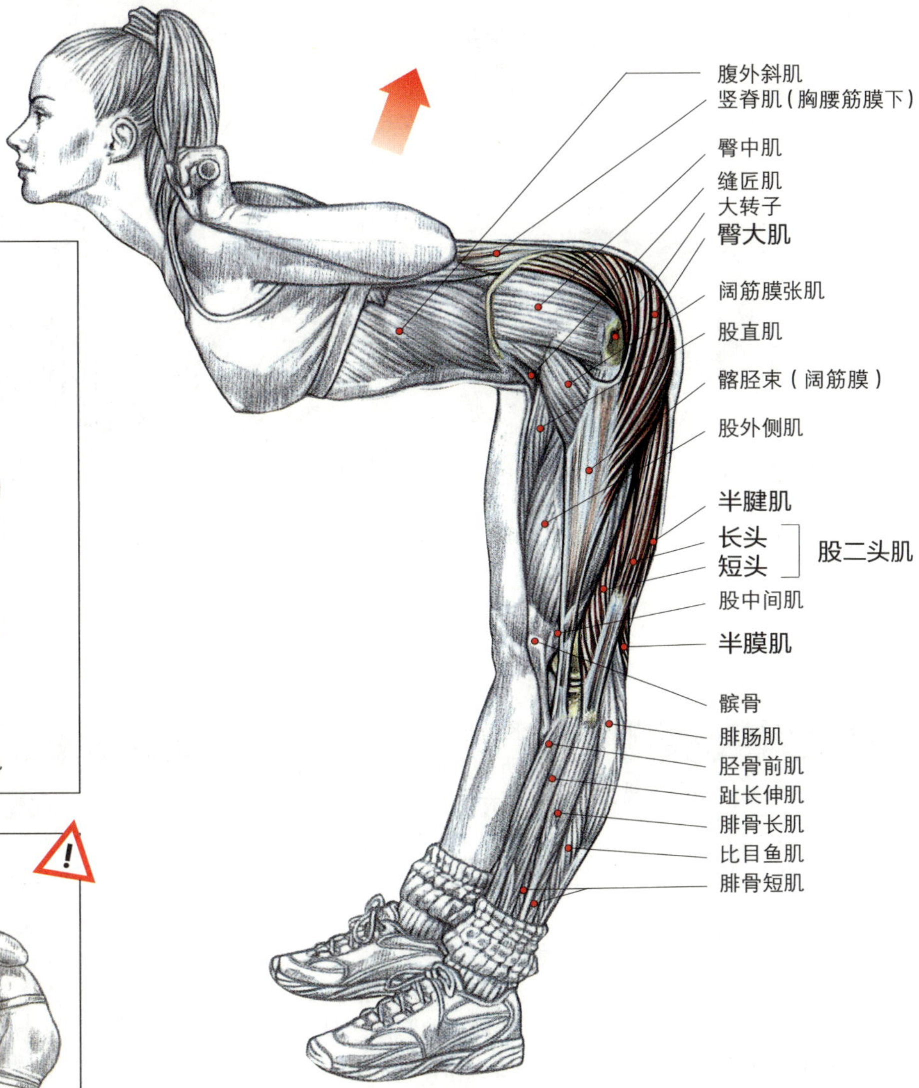

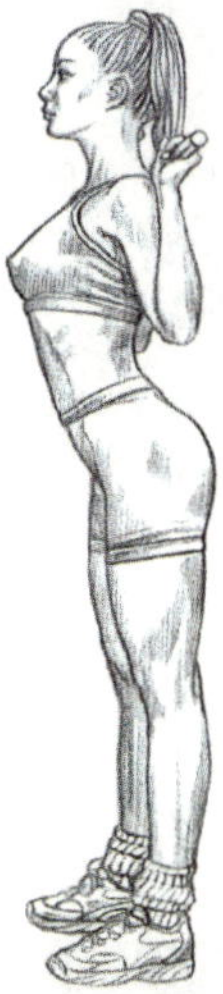
起始姿势

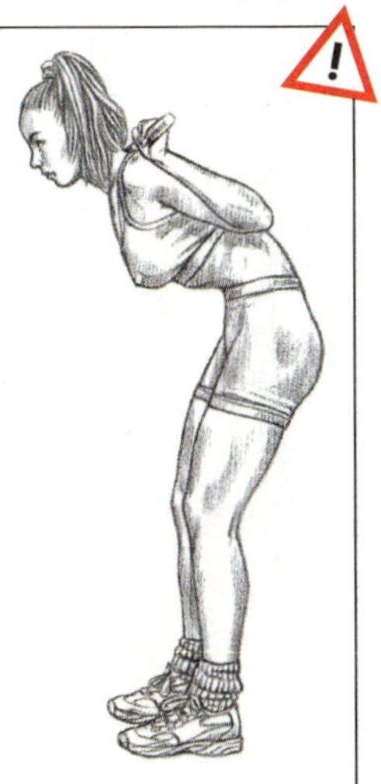
与使用杠铃练习一样，在使用横杆练习早安式深蹲时，需要注意不能拱起背部。

两脚开立，将横杆放在斜方肌上，或略向下，放在三角肌后束上：

- 吸气，以髋关节所在直线为旋转轴，躯干前屈至水平位置，保持背部挺直；
- 回到起始姿势，动作结束时收紧臀部并呼气。

该动作锻炼腘绳肌，主要是股二头肌长头、半腱肌和半膜肌。臀大肌和腰部的竖脊肌也得到锻炼。

注意事项

要注意缓慢练习该动作，将注意力集中在肌肉感受上。

该动作是绝佳的大腿后侧肌肉热身和拉伸练习。将其融入深蹲或器械腘绳肌训练中定期练习，可以避免在以重负荷进行这些训练时受伤。

26 俯卧腿弯举

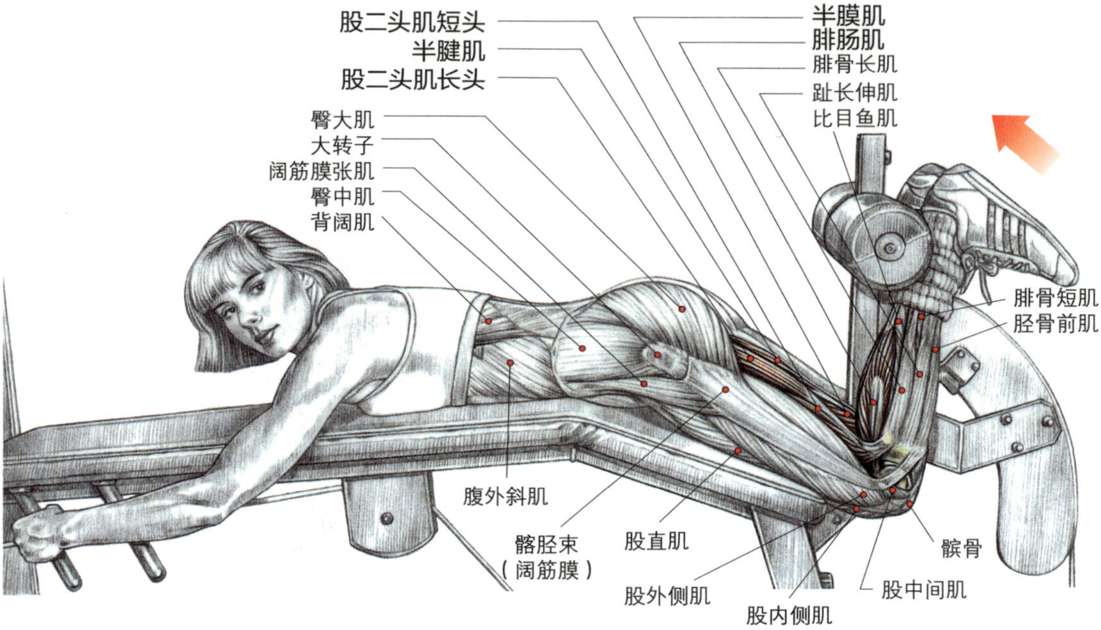

动作示意图

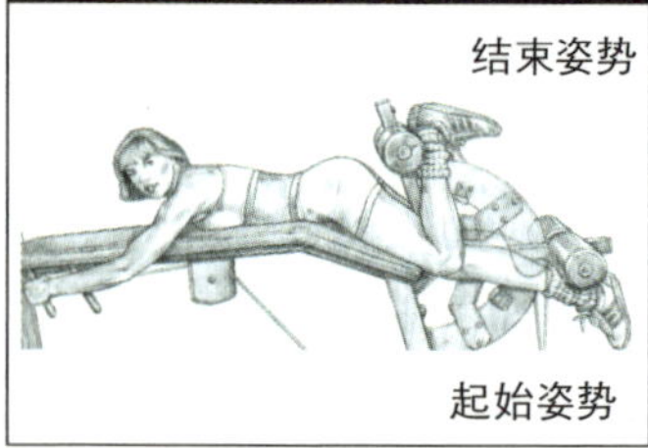

变化动作 双脚夹哑铃练习

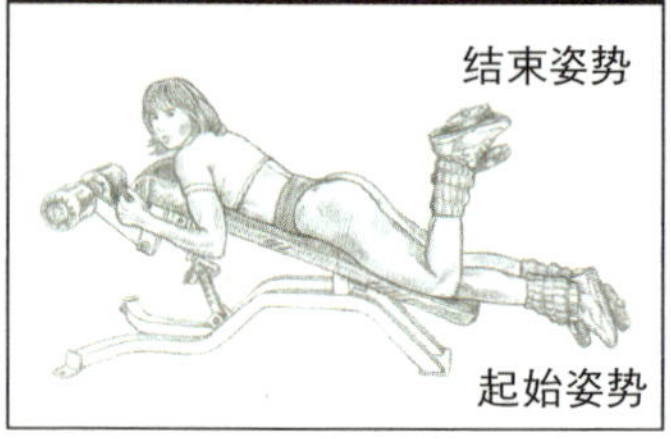

俯卧于训练机上，双手握住手柄，腿伸直，脚踝放在滚轴垫下方：

• 吸气，同时屈双腿，尽量尝试用脚跟触碰臀部；

• 动作结束时呼气，有控制地回到起始姿势。

该练习锻炼腘绳肌、腓肠肌以及深层的腘肌。从理论上说，屈腿时脚内旋可以加强对半腱肌和半膜肌的锻炼，脚外旋可以加强对股二头肌长头和短头的锻炼。但在实践中做到这一点非常困难，采用以下训练方式，专注训练腘绳肌或腓肠肌，比较容易实现：

• 双脚跖屈（绷脚尖），重点锻炼腘绳肌；

• 双脚背屈（勾脚尖），重点锻炼腓肠肌。

腘绳肌

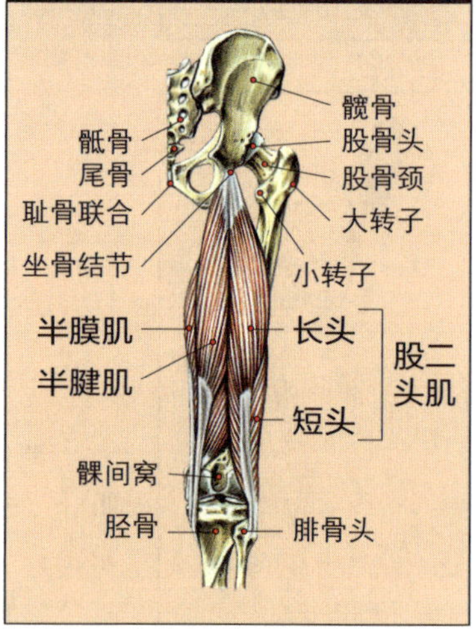

变化动作

可以交替弯曲双腿练习此动作。

站姿交替腿弯举 27

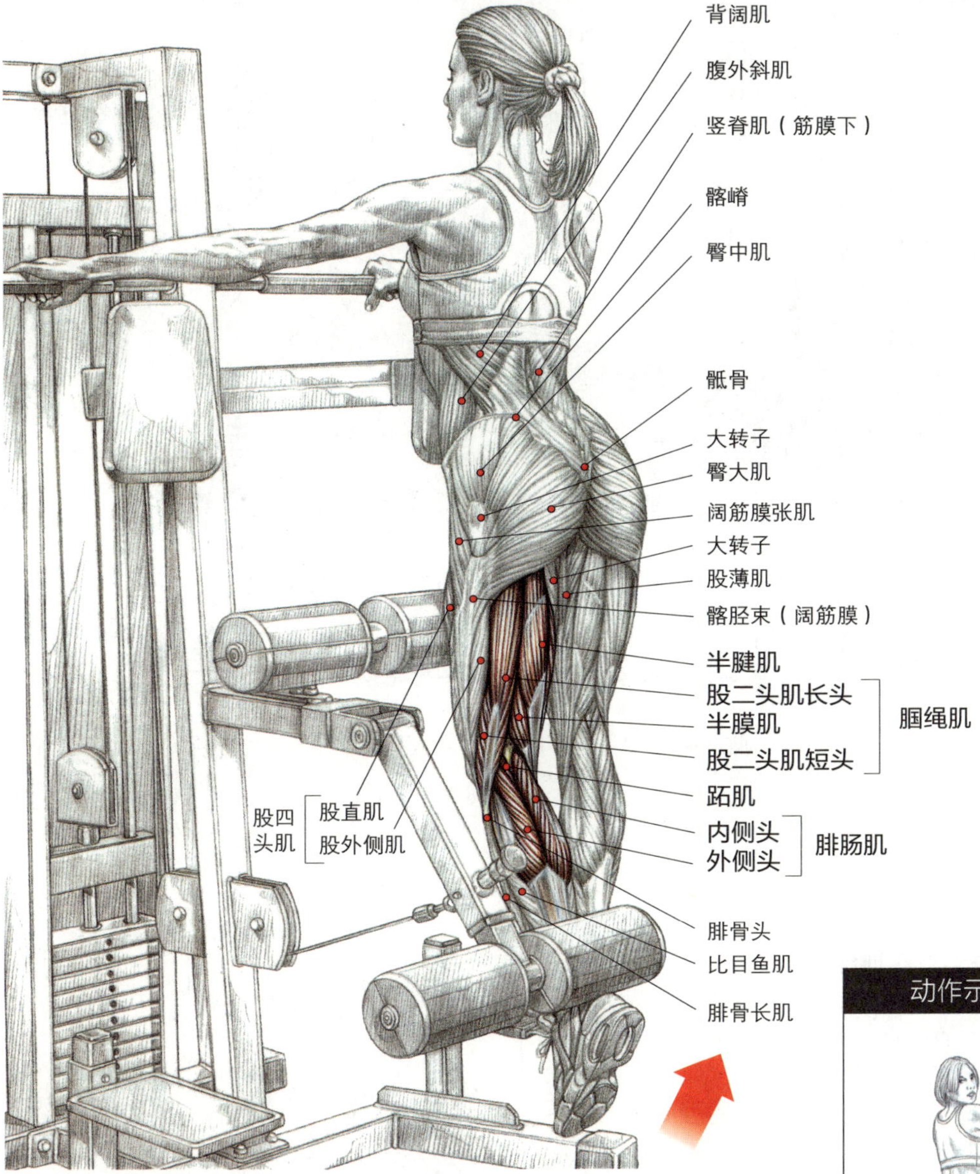

动作示意图

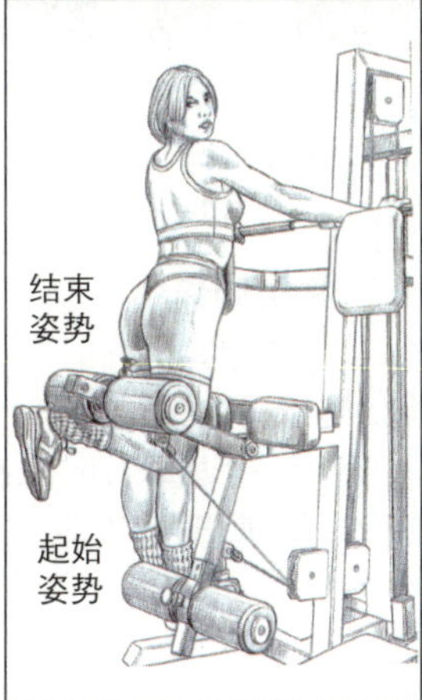

躯干紧贴靠垫站立，膝盖保持稳定，腿伸直，将脚踝放在滚轴下：

- 吸气并弯曲膝盖；
- 动作结束时呼气。

该动作锻炼腘绳肌（半腱肌、半膜肌、股二头肌短头和长头），并在一定程度上锻炼腓肠肌。为了更好锻炼腓肠肌，可以在屈膝的同时弯曲脚踝勾脚尖。如果想减少腓肠肌参与（通常训练追求的目标），可以绷脚尖。

28 坐姿腿弯举

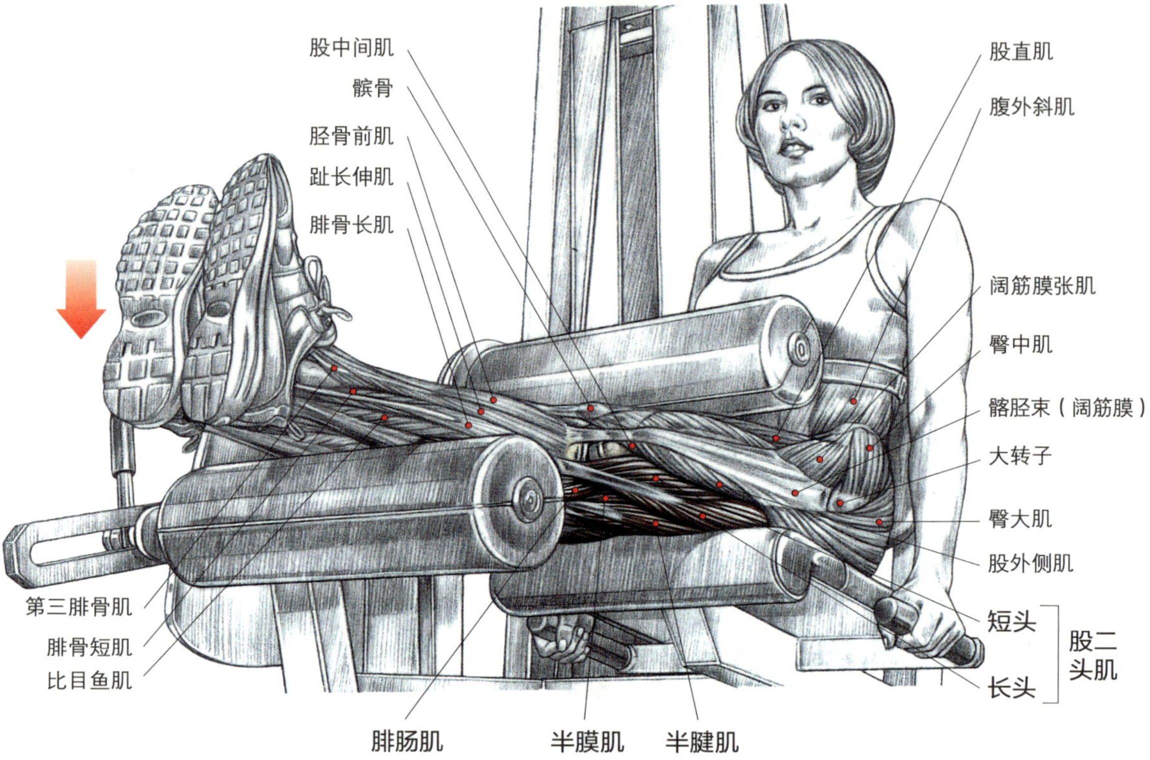

两腿伸直坐在训练机上，脚踝放在滚轴上，大腿固定在滚轴之间，双手握住手柄：

- 吸气并屈腿；
- 动作结束时呼气。

该练习锻炼腘绳肌以及深层的腘肌，一定程度上也锻炼腓肠肌。

变化动作

- 进行此练习时双脚背屈（勾脚尖），可强化对腓肠肌的锻炼。
- 进行此练习时双脚跖屈（绷脚尖），可强化对腘绳肌的锻炼。

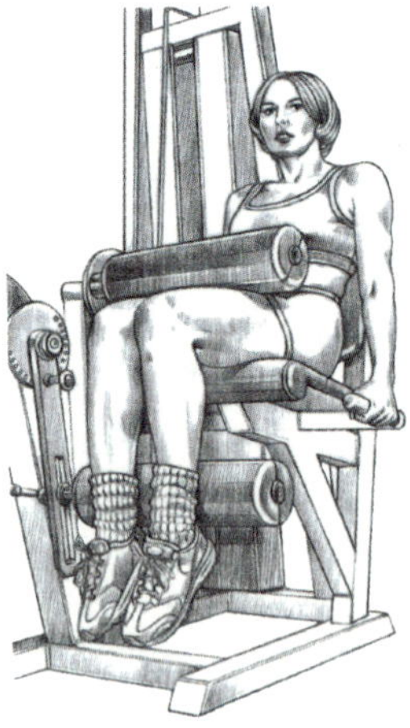

结束姿势

训练凳腿弯举 29

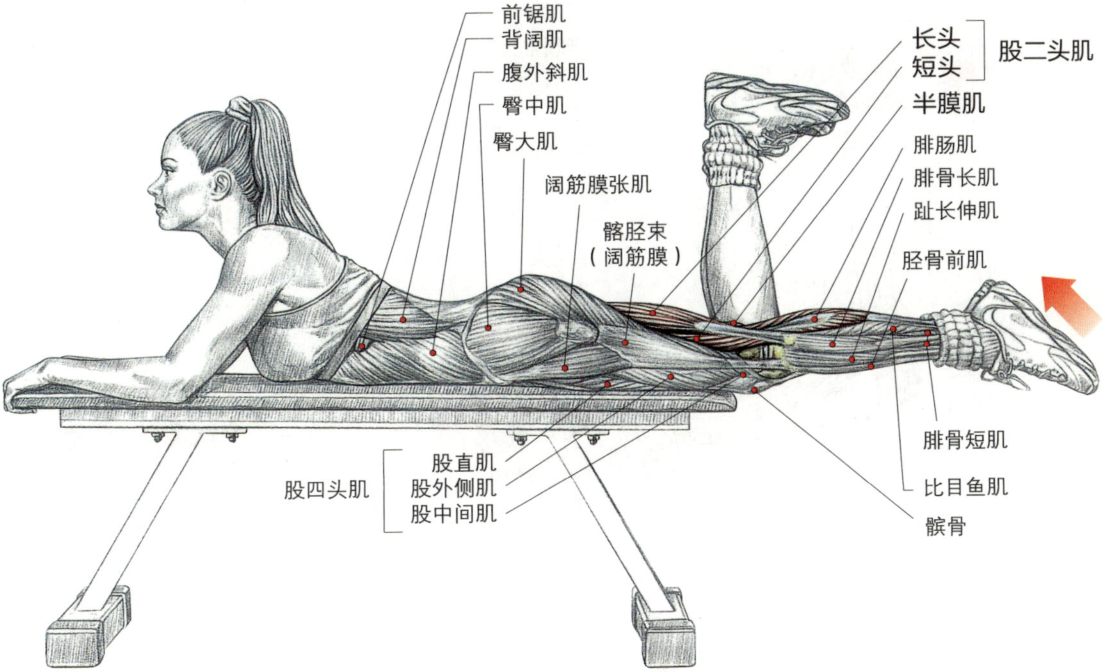

俯卧在训练凳上，仰起头部，双膝悬空，双腿伸直：

• 绷脚尖，同时屈双腿，尽量尝试用脚后跟触碰臀部；

• 回到起始姿势。

该练习锻炼整个腘绳肌群（半膜肌、半腱肌和股二头肌），以及腓肠肌。

练习时动作要缓慢，重点在于集中注意力体会腿弯曲结束后肌肉的最大收缩感。

与大多数无额外负重的练习一样，高组数练习效果最佳。

注意事项

• 弯曲大腿时，脚背屈（勾脚尖），主要锻炼腓肠肌。

• 弯曲大腿时，脚跖屈（绷脚尖），主要锻炼腘绳肌。

变式动作 脚踝夹哑铃练习

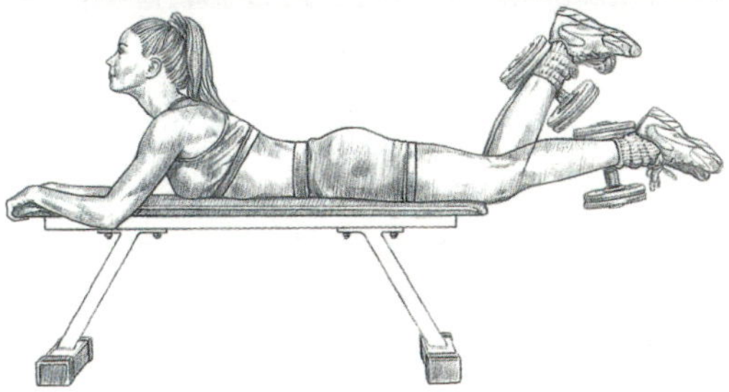

变化动作

• 为加强训练强度，可以在踝部增加负重。

• 可以在脚踝间夹哑铃来增加训练负重。

30 徒手腿弯举

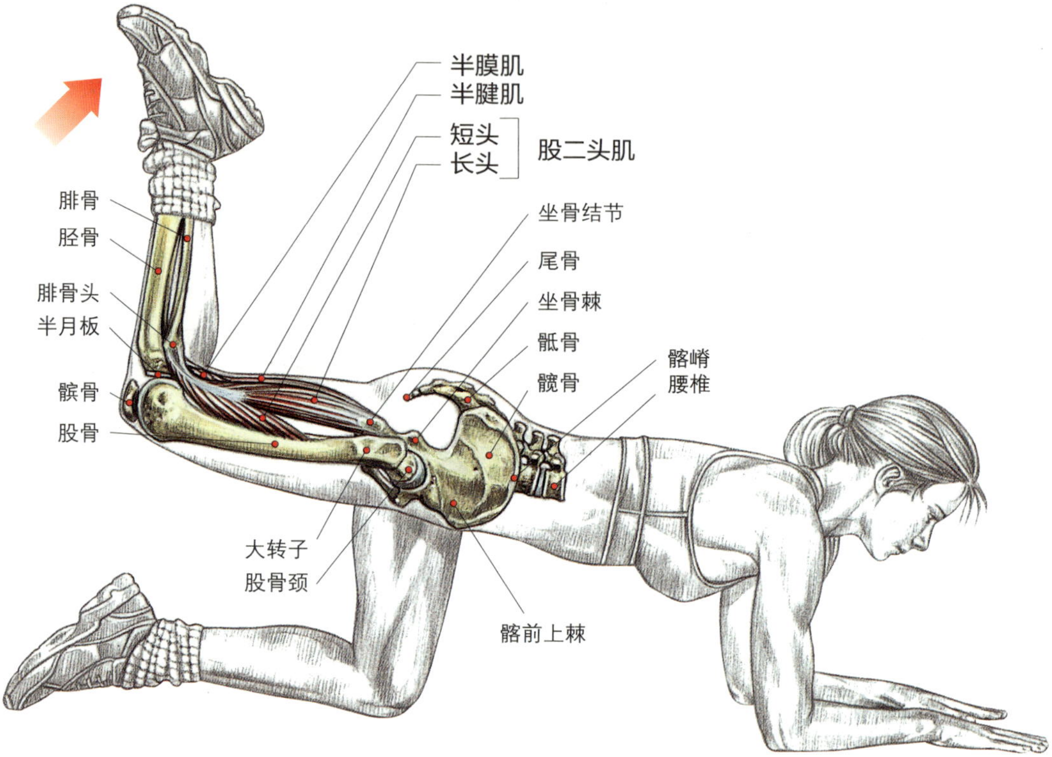

变化动作 站姿练习

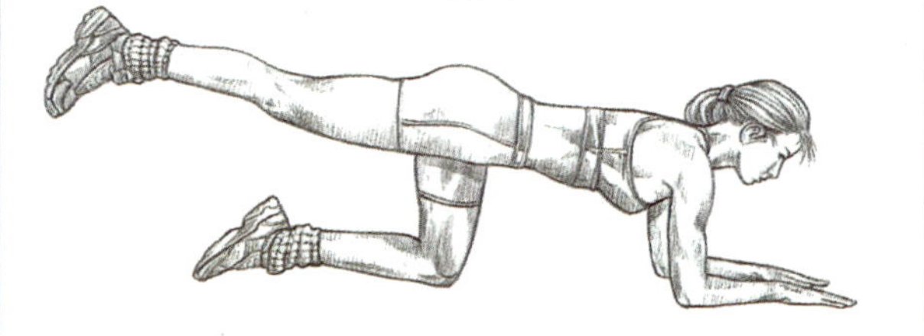

以肘部为支撑，单腿跪地，另一条腿伸直与地面水平：

- 慢慢弯曲膝盖，尝试用脚后跟触碰臀部；
- 保持腿弯曲进行2秒等长收缩，回到起始姿势并重复动作。高组数练习效果最佳。

该练习主要锻炼腘绳肌（股二头肌、半膜肌和半腱肌），也以较小强度锻炼腓肠肌和臀大肌。

变化动作

- 为加强训练强度，可以在踝部增加负重。
- 可以单腿站立练习该动作。

跪姿腿弯举 31

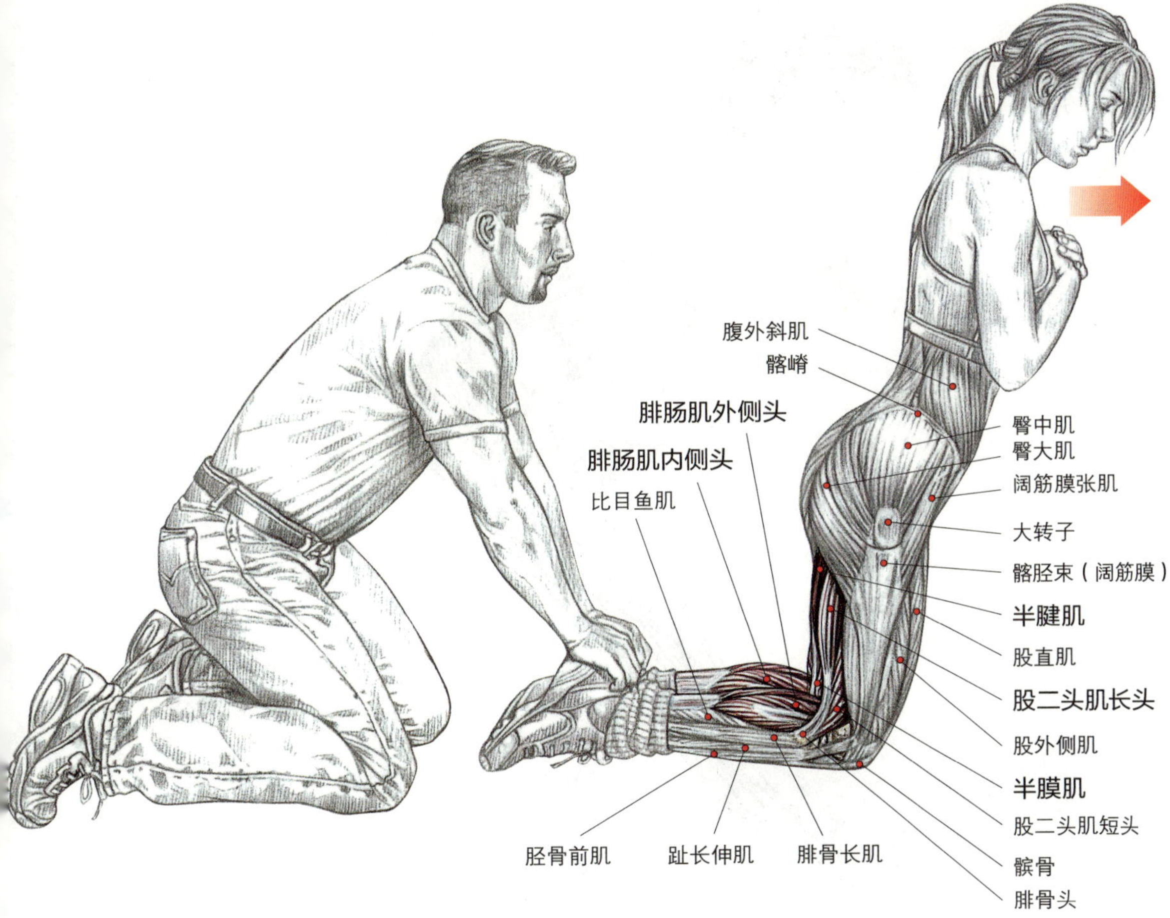

跪姿，最好跪在泡沫垫或其他软支撑物上，搭档协助抓住双脚：

• 以膝关节所在直线为转轴，身体缓慢前倾，然后回到起始姿势。

注意事项

尽管没有额外负重，该练习对腘绳肌（股二头肌、半膜肌、半腱肌）来说负担很大。

建议开始时先以小幅度练习，并事先进行木棍早安式深蹲等腘绳肌热身练习。

腿后侧拉伸

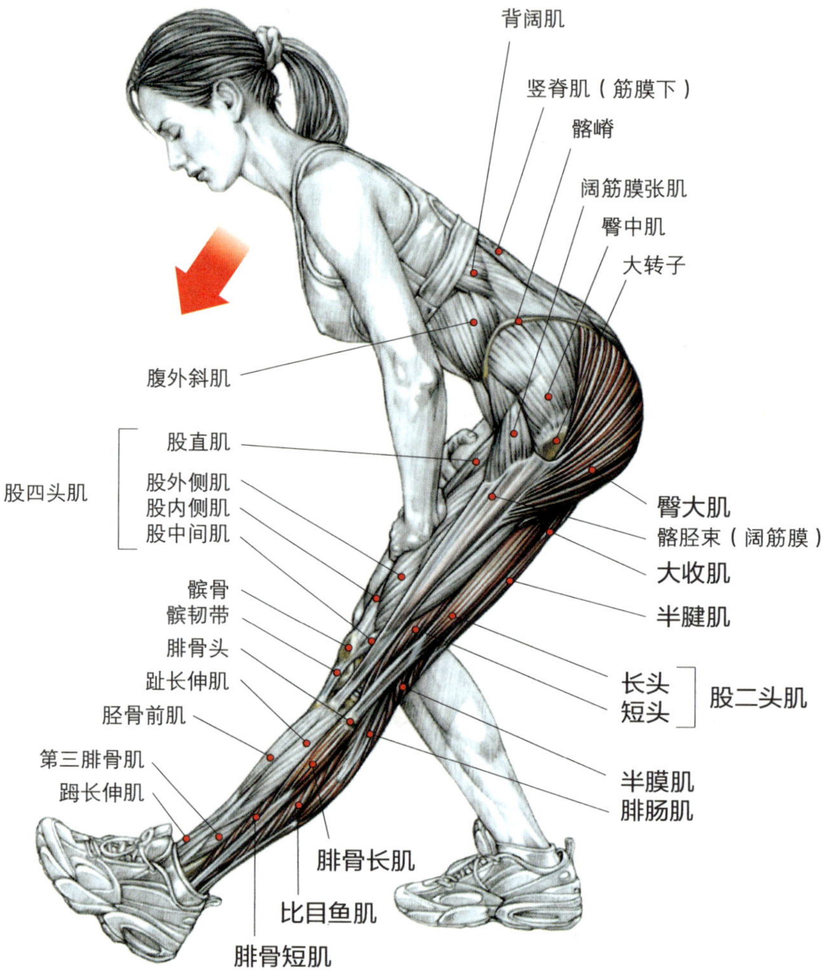

以单腿为支撑站立，膝盖微屈，另一条腿伸直，勾脚尖：

- 两手放在大腿上，背部略反弓，摆动骨盆和髋部，将上半身缓慢向前倾，关注大腿后侧拉伸；
- 保持此姿势20秒左右，缓慢回到起始姿势，然后换边练习。

在肌肉训练中，拉伸动作主要是为了平衡肌肉纤维内部的张力，减少受伤风险。

该练习主要拉伸腘绳肌、大收肌、腓肠肌和比目鱼肌。臀大肌也得到一定拉伸。

注意事项

在大负重练习时，如果肌肉内部纤维承受的张力不均匀，绷的更直的纤维可能撕裂。

因此建议在开始训练前，在热身练习之间穿插进行针对想训练肌肉的特定拉伸练习。

拉伸训练都需要轻柔地进行，以保护关节，避免韧带过度拉伸导致关节失去平衡，引起炎症疾病。

为了降低深蹲或硬拉时受伤的风险，建议在训练开始时，将该拉伸动作穿插在前几组练习之间进行。

变化动作 训练凳练习

注意躯干前倾时不要拱起背部。

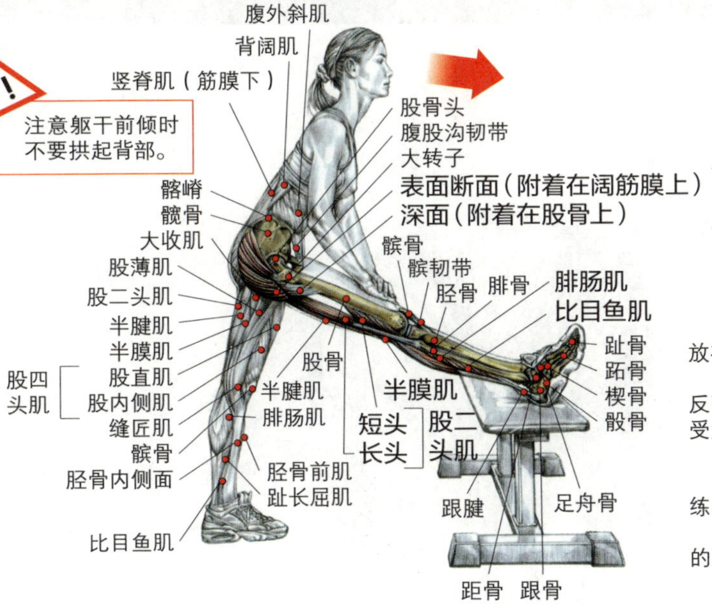

以单腿为支撑站立，另一条腿伸直放在长凳上，前脚掌上弯：

- 双手放在前伸的大腿上，背部略反弓，摆动骨盆使躯干稍向前倾，专注感受大腿后侧拉伸；
- 保持此动作20秒左右；
- 缓慢回到起始姿势然后换边练习。

为了更好拉伸腘绳肌，可以将前伸的脚跖屈（绷脚尖）来放松小腿。

骨盆向前摆动（背面图）

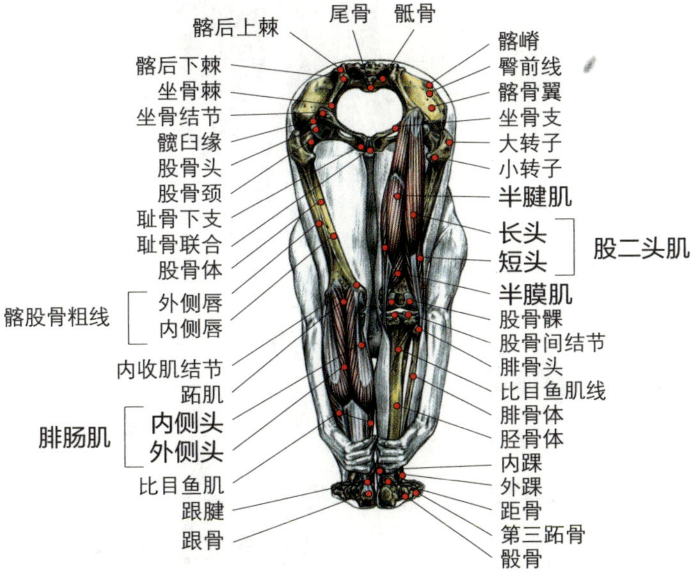

当骨盆向前摆动（前倾）时，腘绳肌得到拉伸。

体前屈

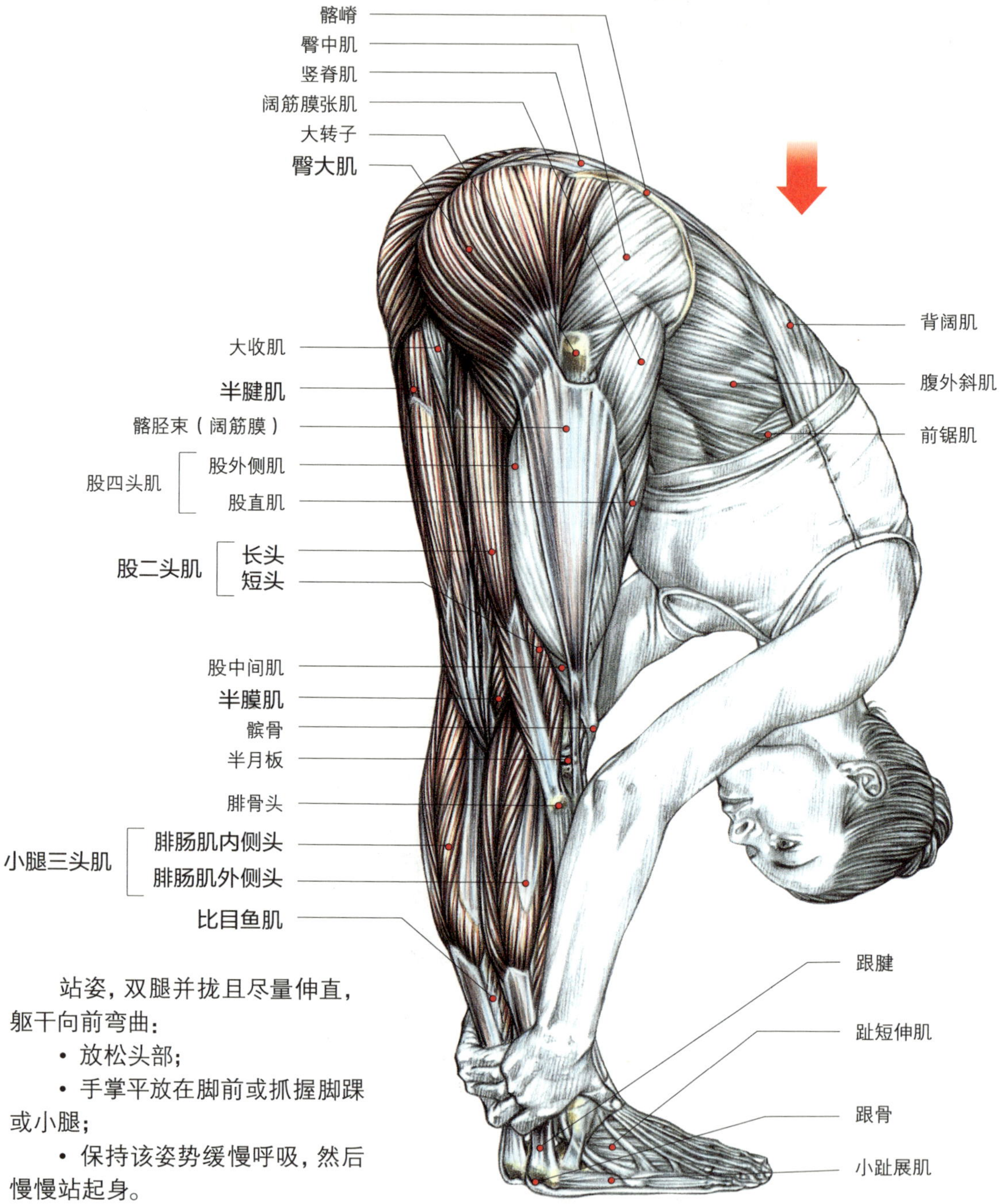

站姿，双腿并拢且尽量伸直，躯干向前弯曲：

- 放松头部；
- 手掌平放在脚前或抓握脚踝或小腿；
- 保持该姿势缓慢呼吸，然后慢慢站起身。

变化动作

也可以坐在地板上，躯干沿身体伸展方向前倾来练习该动作。

足部屈伸 32

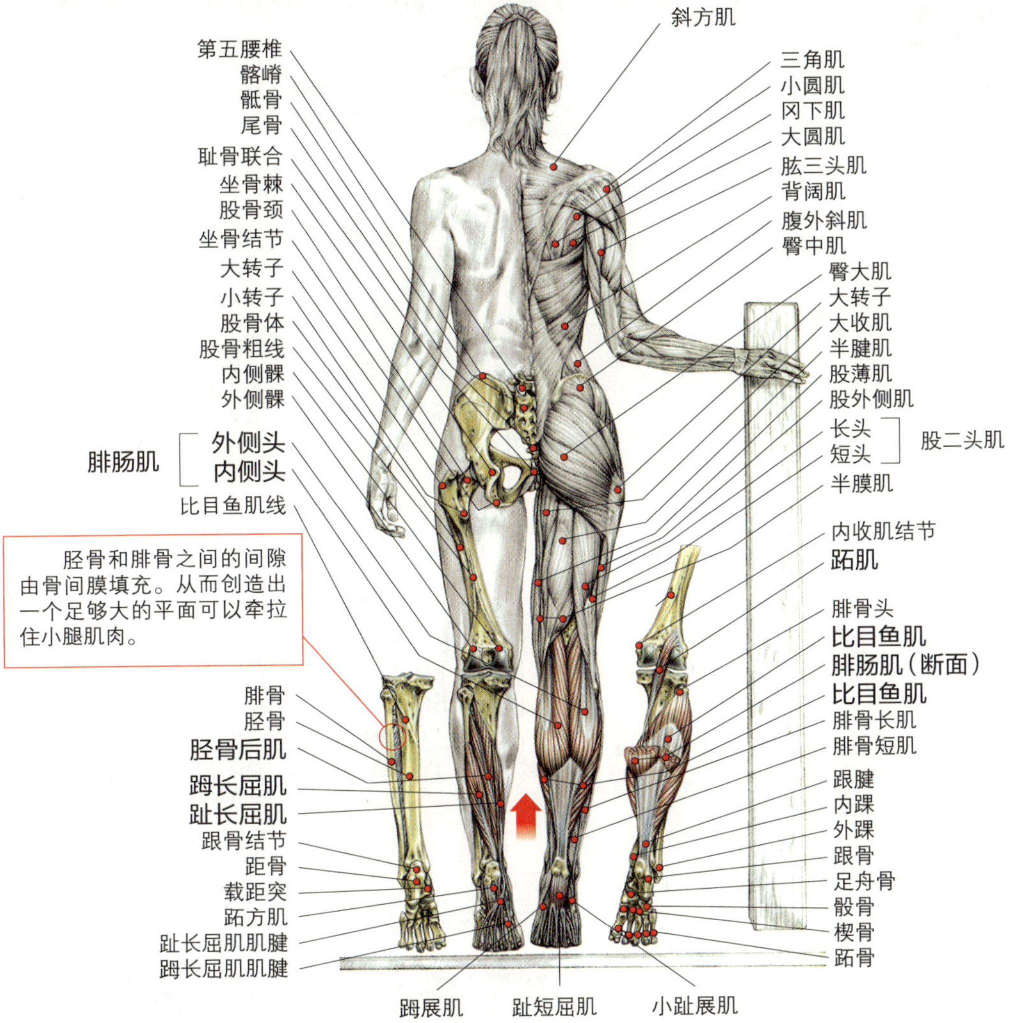

站姿，一只脚前伸一步，一只手撑着墙或扶手保持身体稳定性：

- 缓慢勾脚尖（背屈）拉伸小腿；
- 随后踮脚（跖屈），保持膝关节伸直或轻微弯曲。

高组数缓慢练习该动作，直到产生灼热感。

该动作交替拉伸和收缩肌肉，可以在小腿训练前的热身运动中加入该练习，防止受伤。或在结束训练后进行此练习，充分感受肌肉充血。该练习主要锻炼小腿三头肌，小腿三头肌由两块腓肠肌和比目鱼肌组成。也锻炼深层的踇长屈肌、胫骨后肌和趾长屈肌。

注意事项

该动作也能很好拉伸足底肌肉，如趾短屈肌和跖方肌，也可以放松足底筋膜。

动作示意图

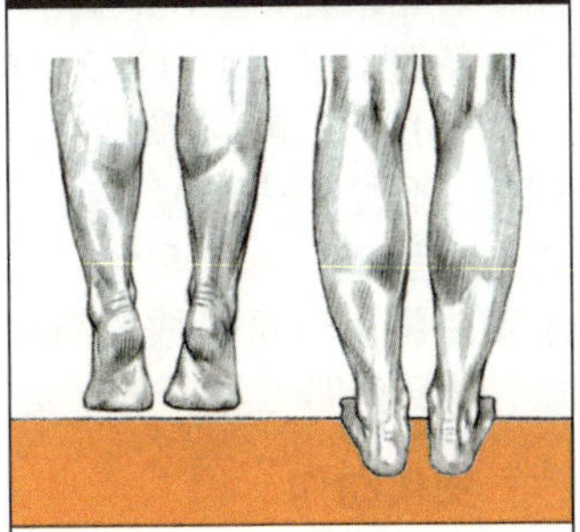

1. 跖屈　2. 背屈

33 站姿器械提踵

动作示意图

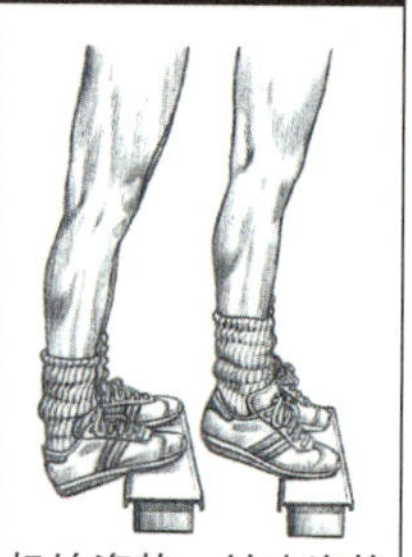

变化动作

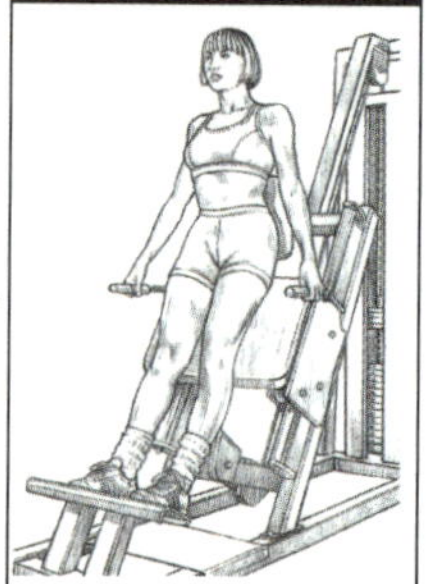

使用斜蹲机，能在避免背部过度发力的情况下锻炼小腿。

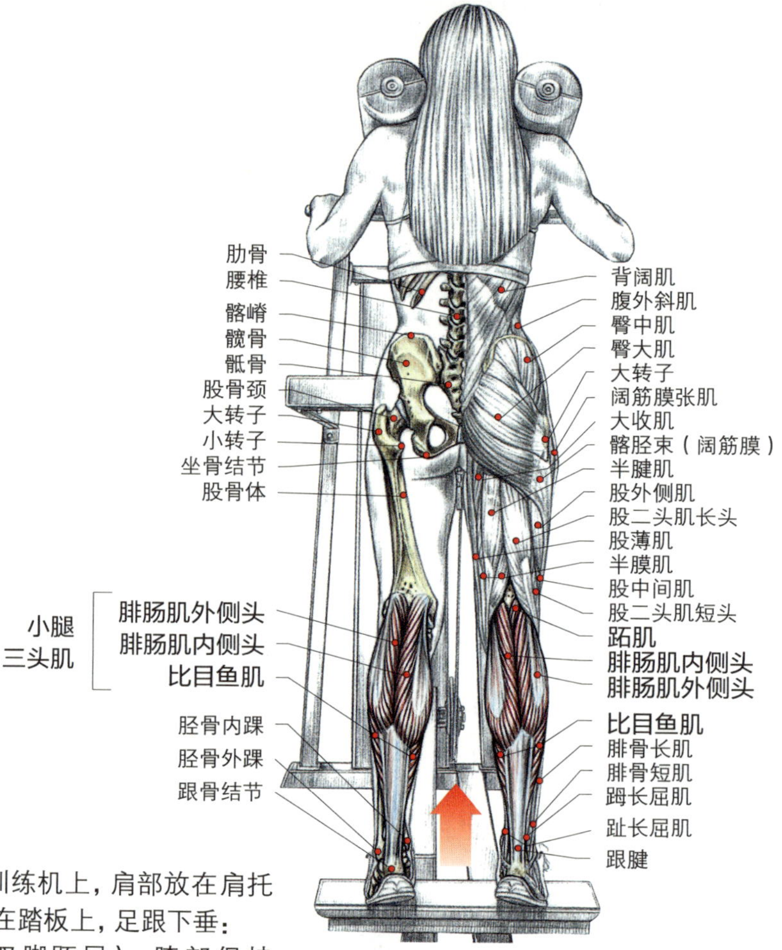

背部挺直站在训练机上，肩部放在肩托下，两脚的前脚掌站在踏板上，足跟下垂：

- 抬高脚跟（双脚跖屈），膝部保持挺直。

该动作锻炼小腿三头肌（包括比目鱼肌和腓肠肌内、外侧头）。每次重复动作时都要完全背屈来充分拉伸肌肉。

从理论上说，可以对腓肠肌内侧头（脚尖向外）和外侧头（脚尖向内）进行单独强化训练。不过在实际锻炼时很难实现，只有孤立锻炼腓肠肌和比目鱼肌比较容易实现（通过弯曲膝关节可以放松腓肠肌，将部分负荷放在比目鱼肌上）。

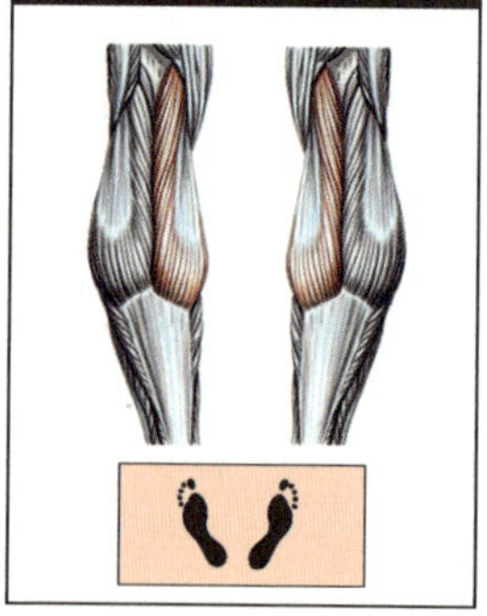

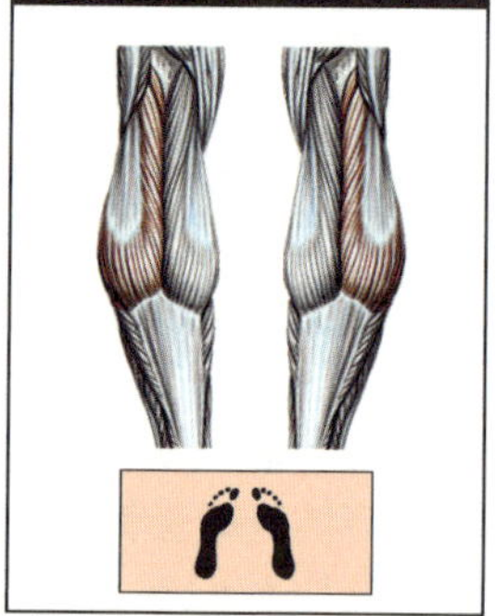

变化动作

在有支架的情况下，可以在脚下放一块楔形垫板练习；或脚下不放垫板，可以使用自由杠铃，能更好保持平衡，但这样也会减小运动幅度。

驴式提踵 34

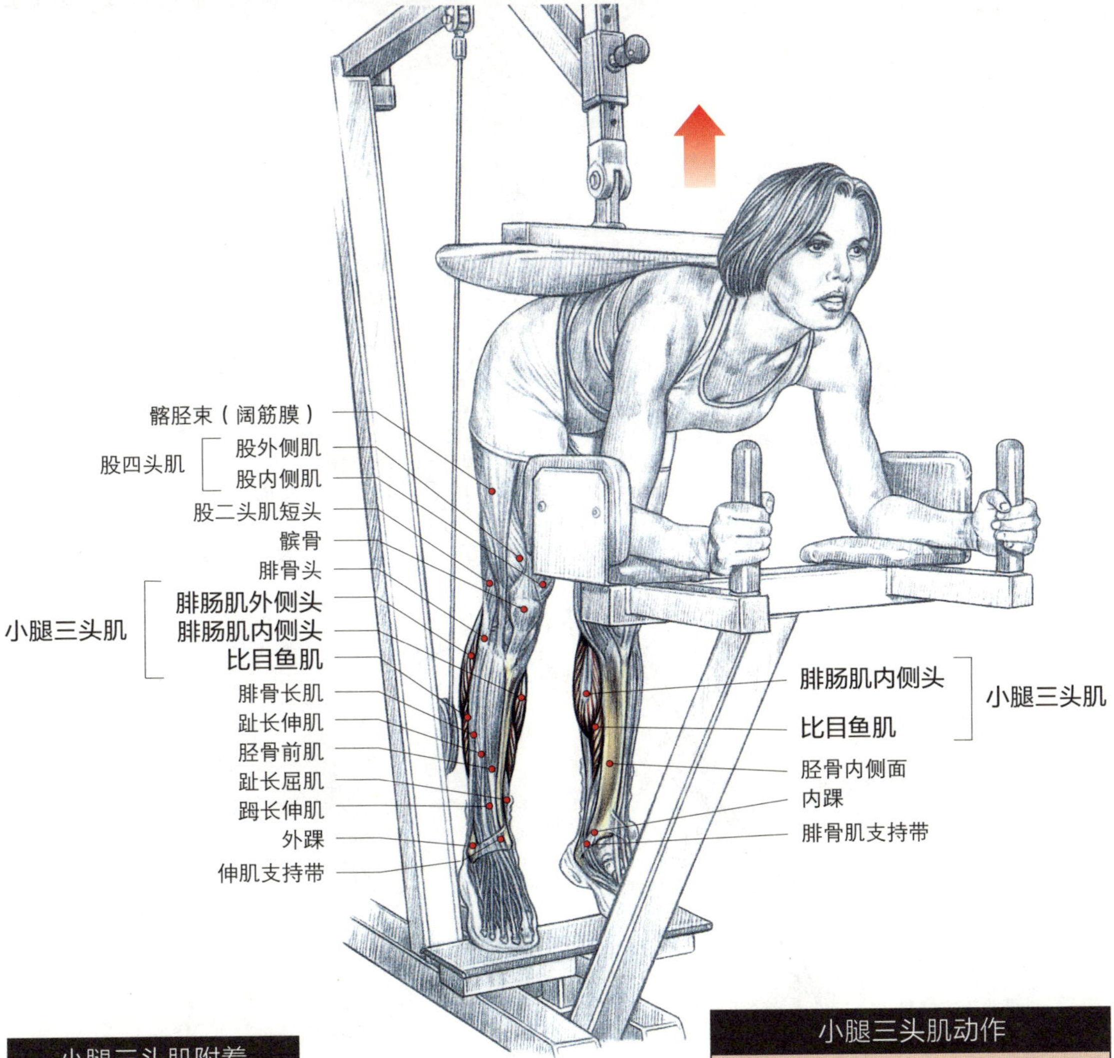

小腿三头肌附着

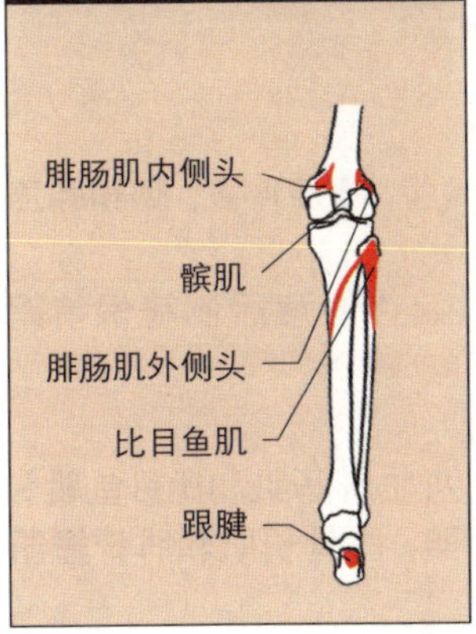

双腿伸直，双脚放在踏板上，足跟下垂。躯干前倾，前臂在前方支架上。骨盆贴在起降台下面：

- 抬起脚跟（足跖屈）。

该动作锻炼小腿三头肌，特别是腓肠肌。

小腿三头肌动作

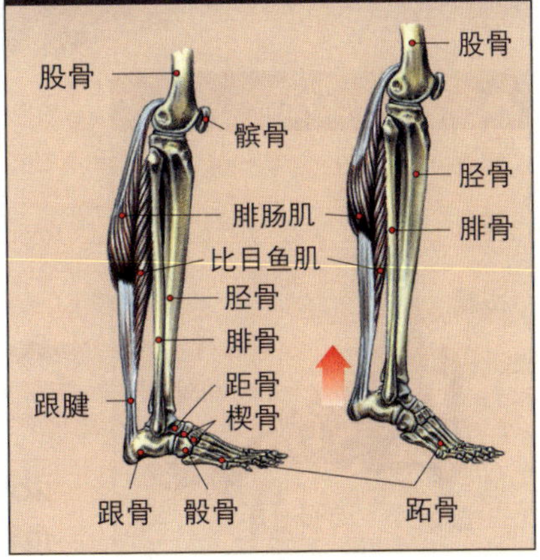

小腿拉伸

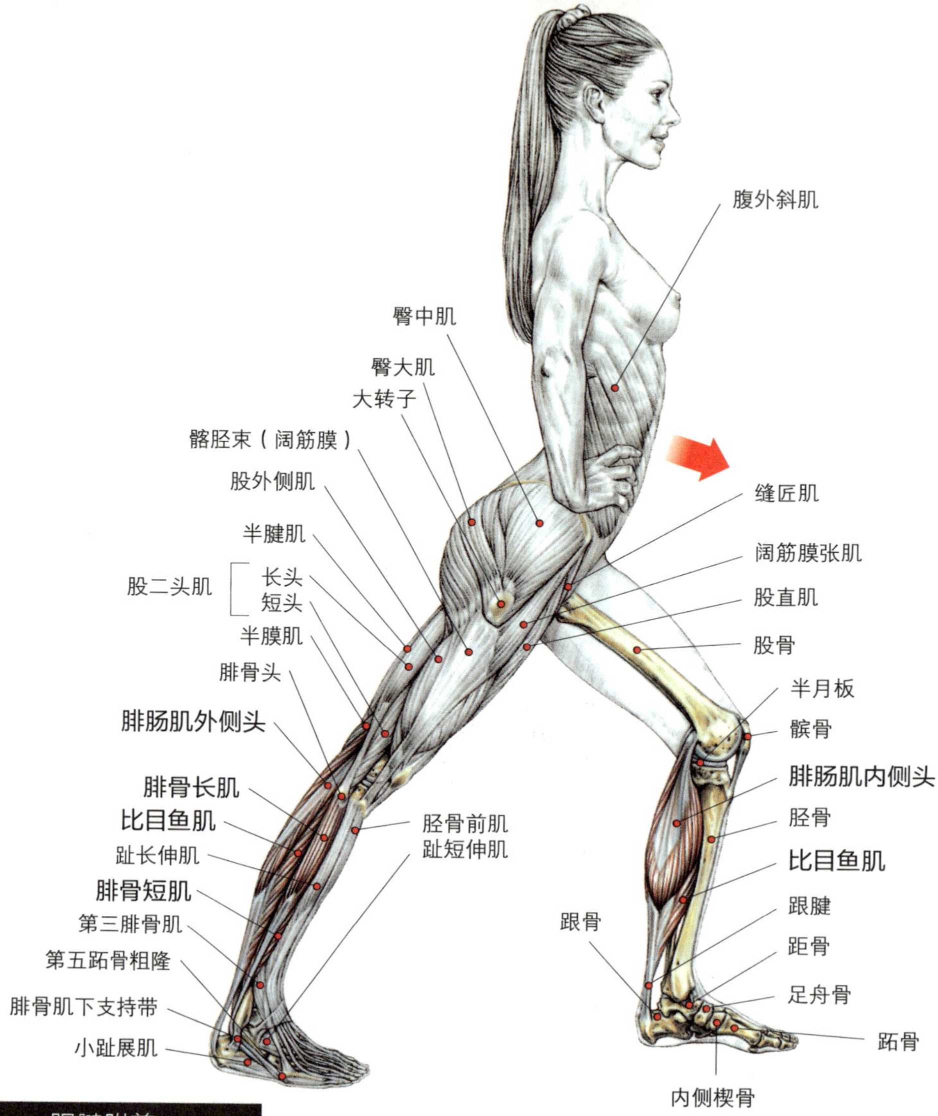

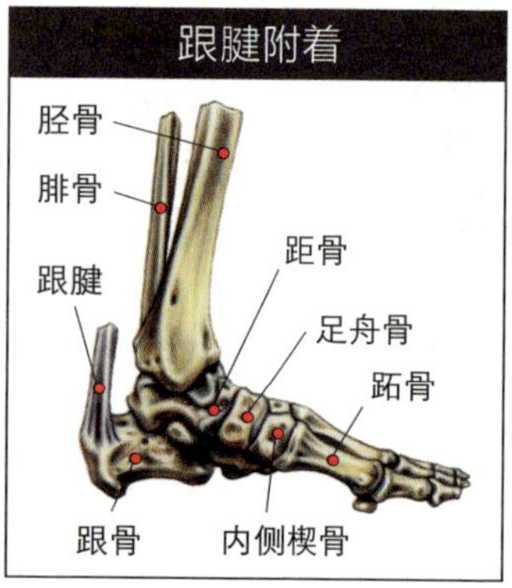

站姿，手放在髋部，一条腿向前迈一步，膝盖伸直，脚和膝盖在一条线上：

• 骨盆前倾，弯曲前伸腿的膝盖。始终注意后侧腿保持蹬直，脚跟踩地；

• 保持此姿势，感受后侧腿的拉伸。

该练习主要拉伸小腿三头肌（包括两块腓肠肌和比目鱼肌）以及位于三头肌深层的趾屈肌和胫骨后肌。腓骨长肌和腓骨短肌也得到一定锻炼。

哑铃单腿提踵 35

起始姿势

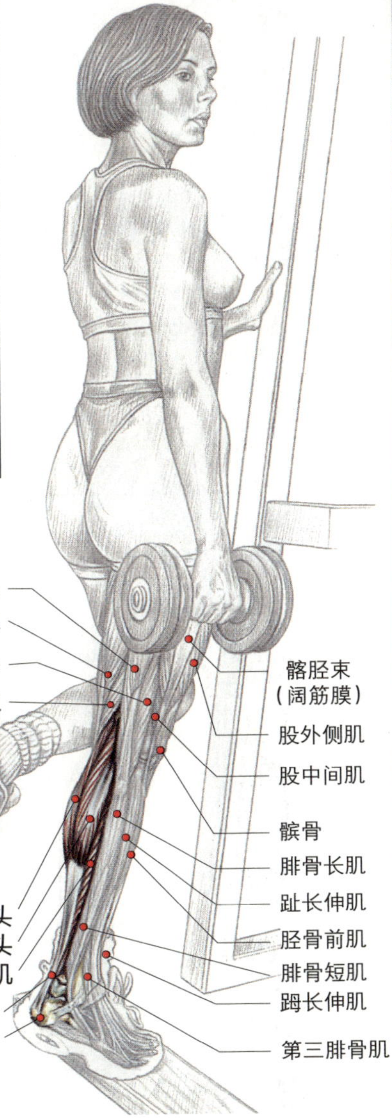

单腿站立，前脚掌站在踏板上，单手持哑铃，另一只手抓住支撑物更好保持平衡：

- 上抬足跟（足跖屈），膝关节伸直或微屈；
- 回到起始姿势。

该练习锻炼小腿三头肌（比目鱼肌和腓肠肌内侧头、外侧头）。

每次重复动作时都要完全背屈来好好拉伸小腿三头肌。通过高组数反复练习直至感觉到灼热感，训练效果最佳。

两种小腿肚类型

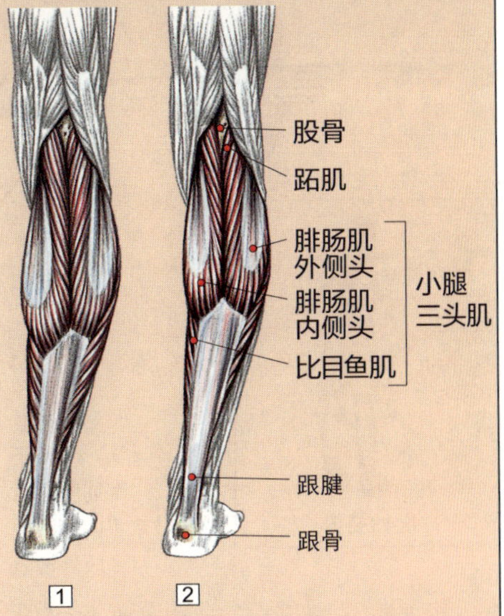

1小腿肚长：腓肠肌和比目鱼肌位置较低

2小腿肚短：腓肠肌和比目鱼肌位置高，肌腱较长

一些人的小腿三头肌不会因为锻炼而增大体积，只会增强力量。小腿肚长，也就是腓肠肌和比目鱼肌较低的人，小腿很容易通过锻炼变得发达，而小腿肚短的人群肌肉体积很难增加。

小腿三头肌

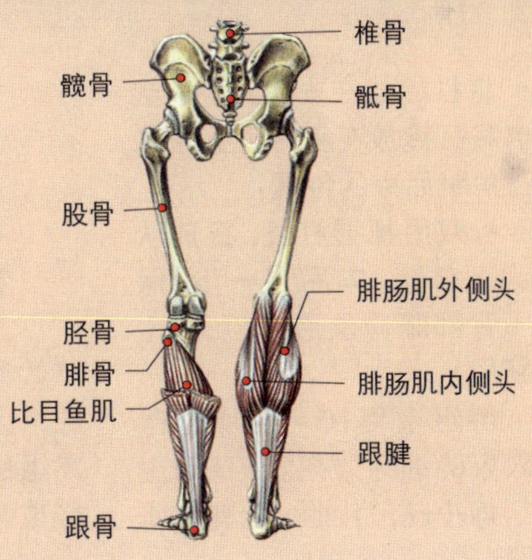

36 杠铃提踵

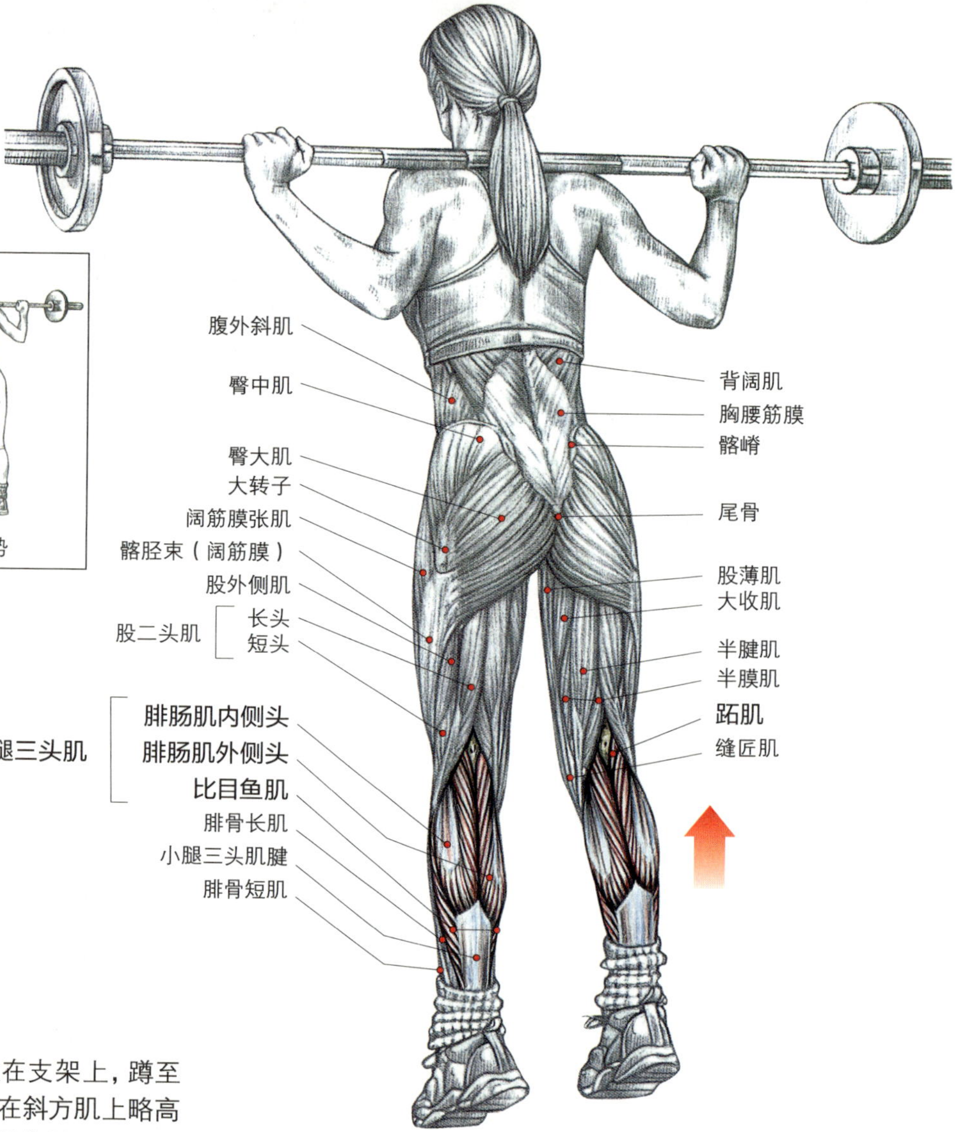

起始姿势

将杠铃放在支架上，蹲至下方将杠铃放在斜方肌上略高于三角肌后束的位置：

• 双手抓握杠铃，将其从支架上拿起，向后退一步，保持下背部略微反弓，踮脚尖（足跖屈）。

每组重复10~20次能得到较好的训练效果。该练习主要锻炼小腿三头肌，尤其是腓肠肌。

变化动作

为了更好感觉腘绳的训练效果，可以在使用额外负荷练习之后，立即做一组无负荷高组数提踵。例如，在20次器械或杠铃提踵后接着做50次无负荷提踵。

注意事项

小腿三头肌是非常有力且耐力出色的肌肉。在行走时，该肌肉每天都要上千次单独承受身体重量。因此，可以放心使用较大的负重来加强对该肌肉的训练。

坐姿杠铃提踵 37

起始姿势

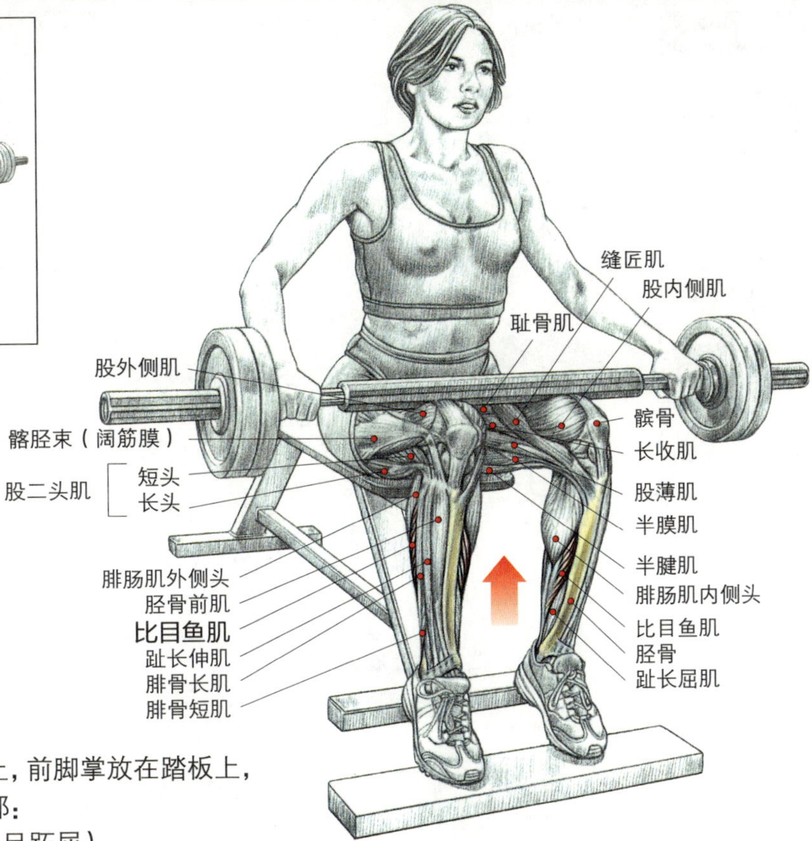

坐在训练椅上，前脚掌放在踏板上，杠铃置于大腿上部：

- 抬起脚跟（足跖屈）。

该练习主要锻炼比目鱼肌。比目鱼肌是小腿三头肌的一部分，上部附着在膝关节下，胫骨和腓骨上。下部通过跟腱附着于跟骨，其主要作用是伸展脚踝。与其他可以大负荷进行的提踵训练不同，因为做该动作时难以负重，所以不能进行大负荷训练。为了取得最佳训练效果，建议每组动作至少重复15~20次。

注意事项

建议在杠铃上套上橡胶软套或裹上布，或者将布叠放在大腿上，从而减少训练时的疼痛感。

变化动作

可以不使用额外负重，在椅子或长凳上进行此项练习。在这种情况下，需要增加动作重复次数直至肌肉产生灼热感。

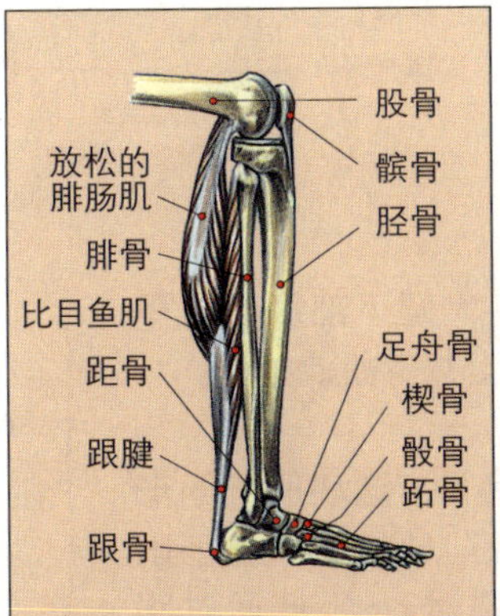

屈膝时，附着于膝关节上方的腓肠肌处于放松状态。在这种姿势下，足部伸展（足跖屈）幅度小，主要由比目鱼肌发挥作用。

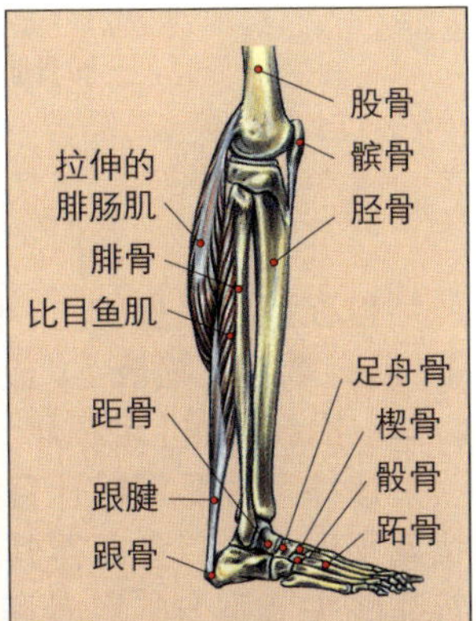

膝关节伸直时，腓肠肌处于拉伸状态。在这种姿势下，腓肠肌积极参与足部伸展（足跖屈），比目鱼肌配合完成动作。

38 坐姿器械提踵

小腿三头肌

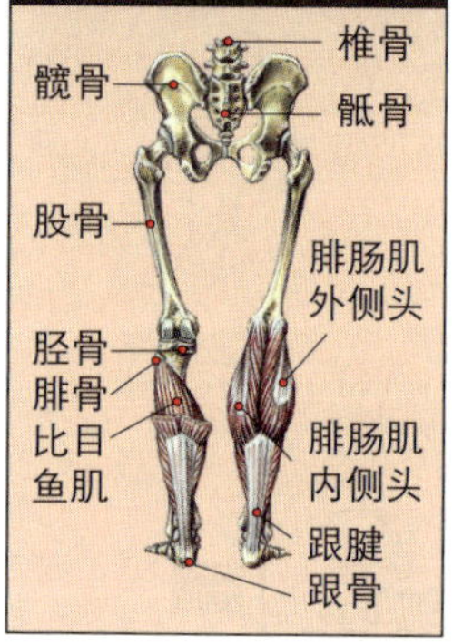

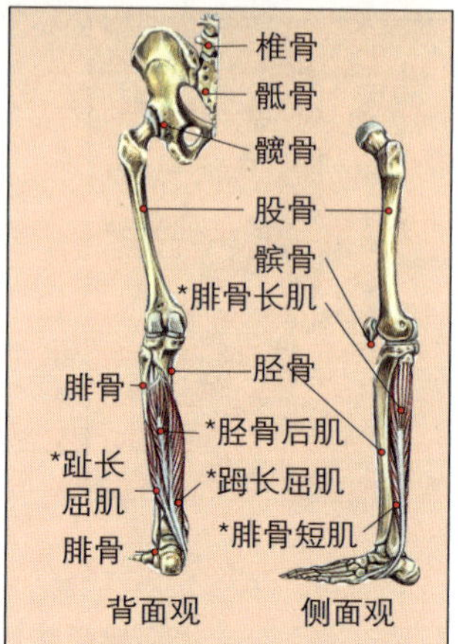

* 尽管这些肌肉的主要作用不是进行足跖屈，但都参与此运动。

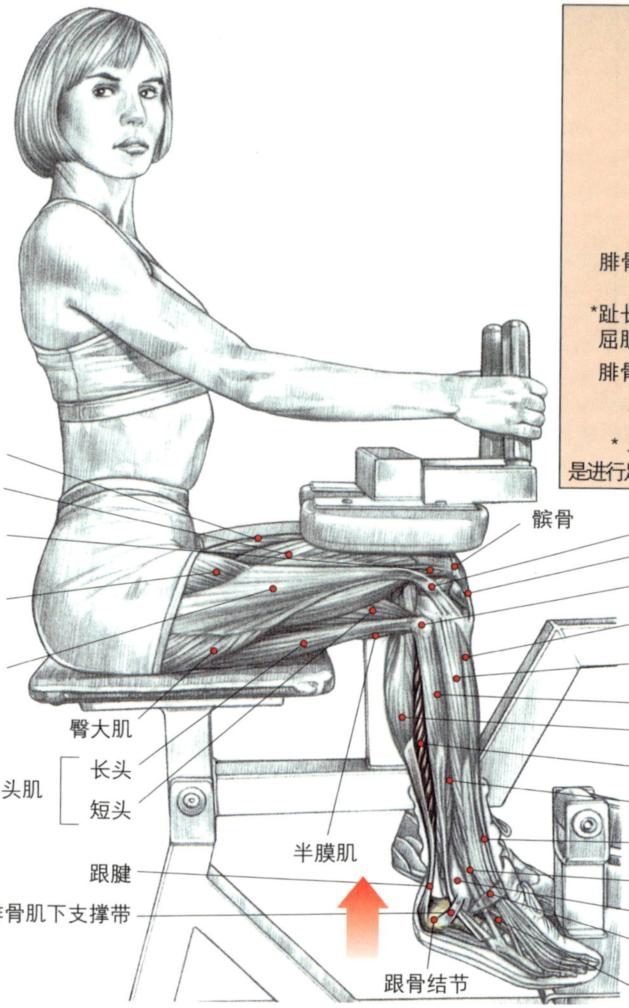

坐在训练机座椅上，将大腿下部放在垫子下，前脚掌放在踏板上，放松并弯曲踝关节：

- 抬起脚跟（足跖屈）。

该练习主要锻炼比目鱼肌，这块肌肉因形状扁平形似比目鱼而得其名。比目鱼肌上部附着在膝关节下方的胫骨和腓骨上，下部通过跟腱附着在跟骨上。其作用是伸展脚踝。膝部弯曲可以放松腓肠肌。腓肠肌上部附着于膝关节上方，下部附着于跟腱，只稍微参与足跖屈。

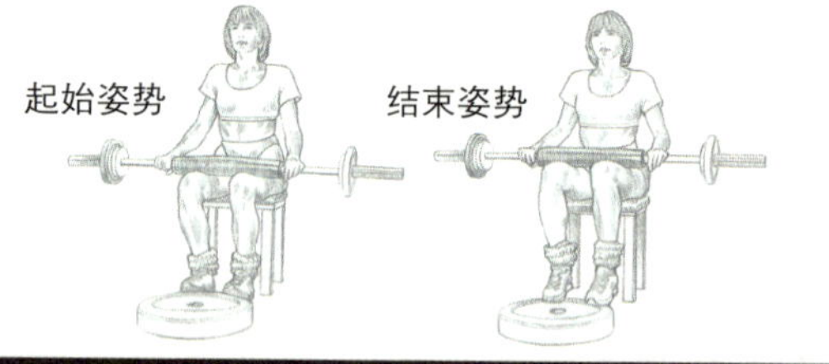

变化动作 坐姿杠铃提踵

变化动作

可以坐在长凳上进行此练习，脚下放上垫板，并将杠铃放在大腿上。

需要将杠铃用橡胶软套包裹起来或在大腿上垫上布，减少训练时的疼痛感。

03 腹部训练

腹部浅层肌肉

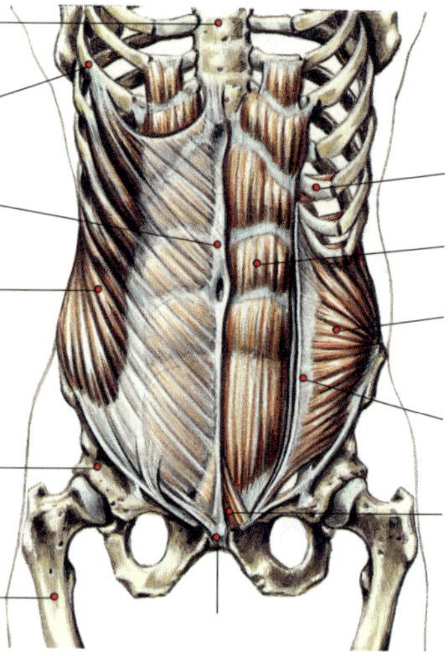

腹部深层肌肉

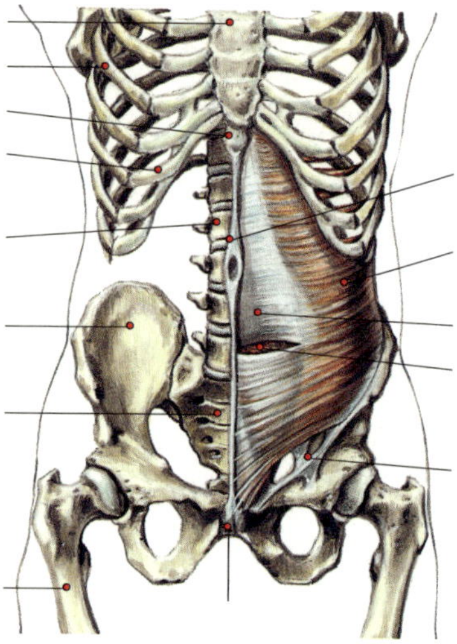

注意事项

与其他肌肉训练不同，腹部训练，尤其是针对腹直肌的锻炼，需要弯曲脊柱拱起背部进行。

如果是躺在地上进行弯曲脊柱的练习，如仰卧起坐中，椎关节的约束机制与深蹲、硬拉或其他站姿练习不同。

实际上，进行深蹲、硬拉、早安式深蹲或其他使用额外负重的站姿训练时，如果腰椎不反弓，脊柱弯曲造成的垂直压力会使得椎间盘的髓核向后，可能压迫神经，导致椎间盘突出和坐骨神经痛。

相反，在进行腹部专项训练时，由于腹直肌和腹斜肌的强力收缩，我们会忘记弓背。腰大肌作为髋部强有力的屈肌会加强腰椎反弓弧度，使得因为垂直压力而不稳定的椎间盘向前移动。

这会使得腰椎关节后侧承担额外压力，可能导致腰痛，更严重的情况下关节会因为压力和剪力而损伤。

腰大肌对腰曲的作用

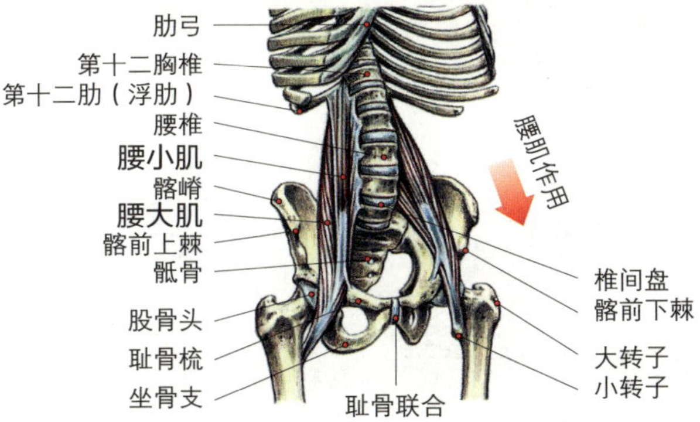

腰肌不仅是强有力的髋部屈肌，也牵拉腰椎前凸，增加腰椎弧度。

⚠ 做腹部训练时，需要注意拱起背部。

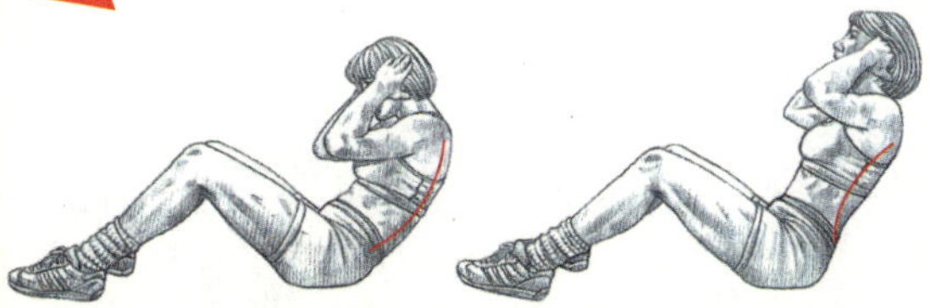

正确姿势：背部拱起　　错误姿势：背部反弓

⚠ 与大部分腹部核心训练一样，练习仰卧腿上举或斜凳腿上举动作时背部不能反弓。

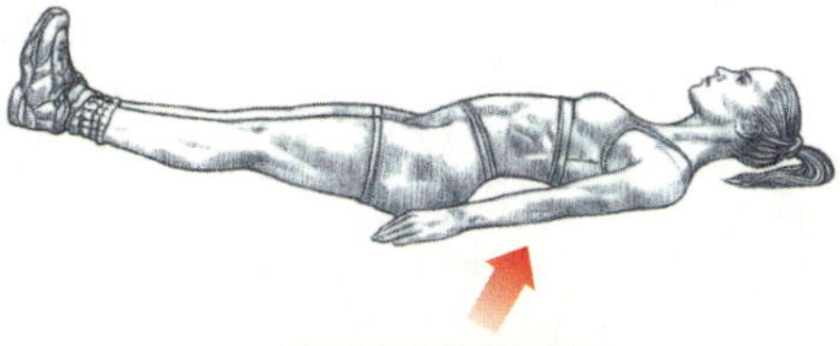

错误姿势：背部反弓

01 卷腹

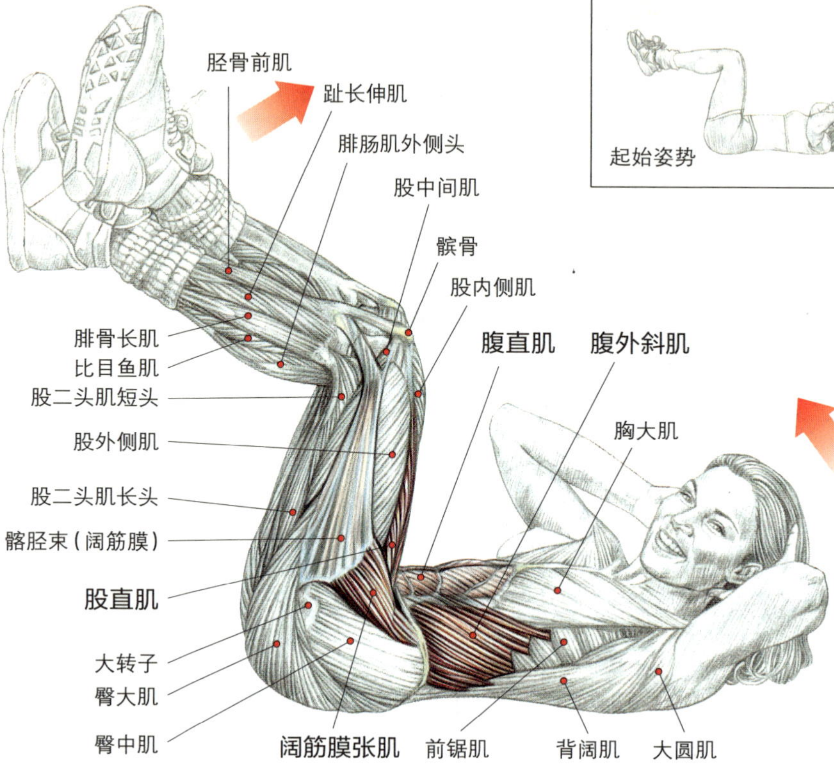

动作示意图

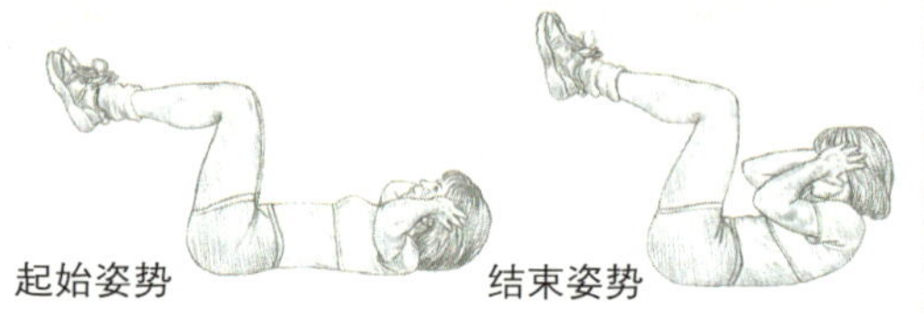

仰卧，双手放在脑后，大腿垂直于地面，屈膝：

- 吸气，双肩离地，通过弯曲脊柱将头靠近膝盖；
- 动作结束时呼气。

该动作主要锻炼腹直肌。为了加强对腹斜肌的锻炼，在弯曲脊柱时可以用右肘靠近左膝，随后用左肘靠近右膝，如此交替练习。

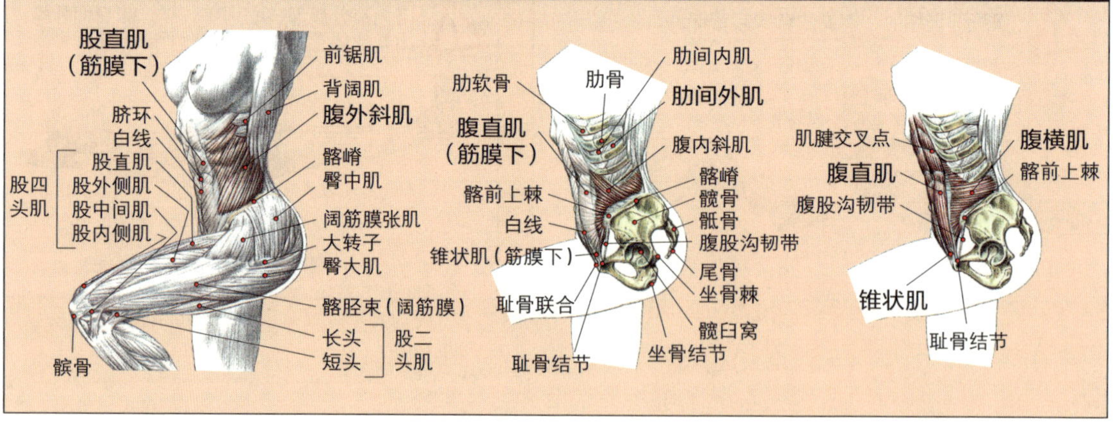

平地卷腹 02

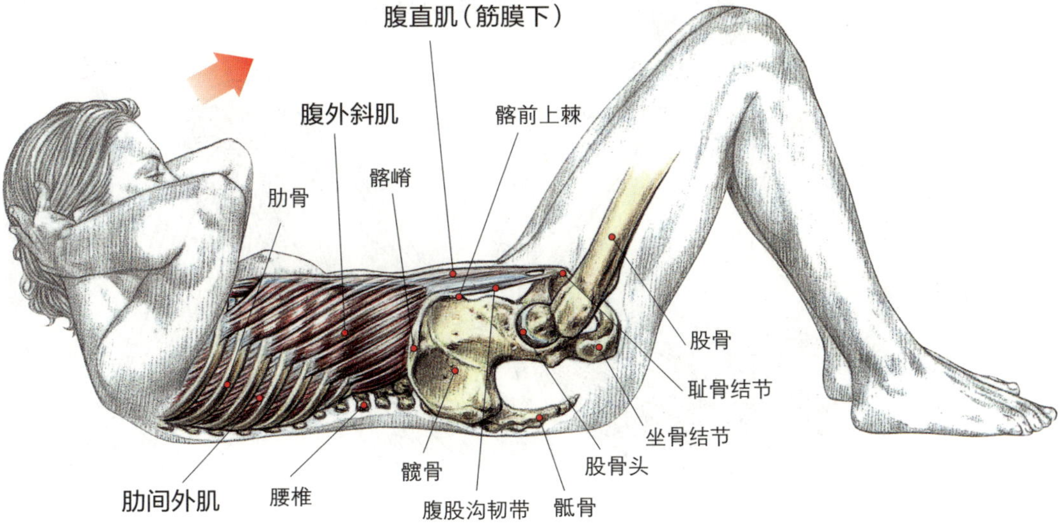

动作示意图

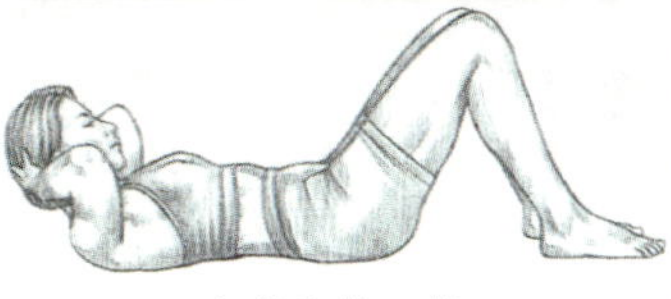
起始姿势

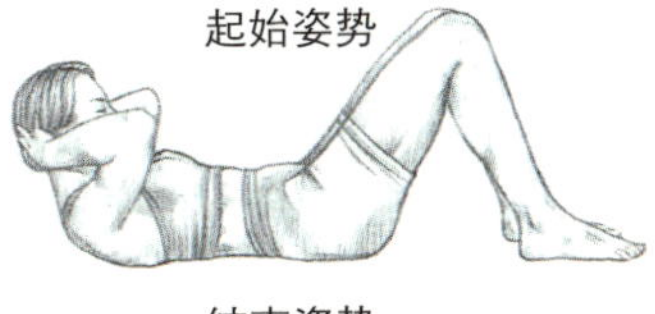
结束姿势

仰卧在地上，双手放在脑后，大腿弯曲，双脚平放在地上：

• 吸气，通过弯曲脊柱将肩膀抬离地面；

• 动作结束时呼气。

该练习能锻炼腹直肌，主要是脐上部分，其次一定程度上锻炼腹斜肌。

平地卷腹是训练腹部初始阶段很好的练习动作。即使是背部不适的人也能安全练习。也很推荐在产后用作重新收紧腹部的练习。

缓慢进行高组数练习能得到较好效果。

注意事项

在进行所有锻炼腹部肌肉的动作时，建议将下巴靠近胸部，目视腹部，这一姿势通常会激活腹直肌使其轻微收缩。

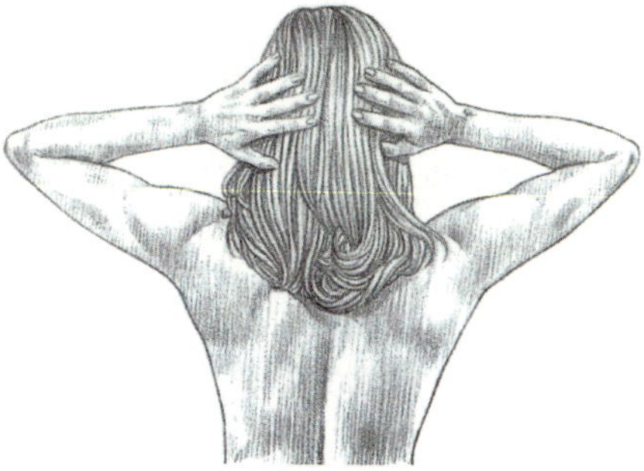
正确姿势

为了避免过度拉伸颈部，建议不要将双手交叉放在头后，而是分别放在耳朵两侧。

需要注意的是，肘部越分开，动作练习起来难度越大。反之，肘部越靠拢且越朝向前方，练习起来会越容易。

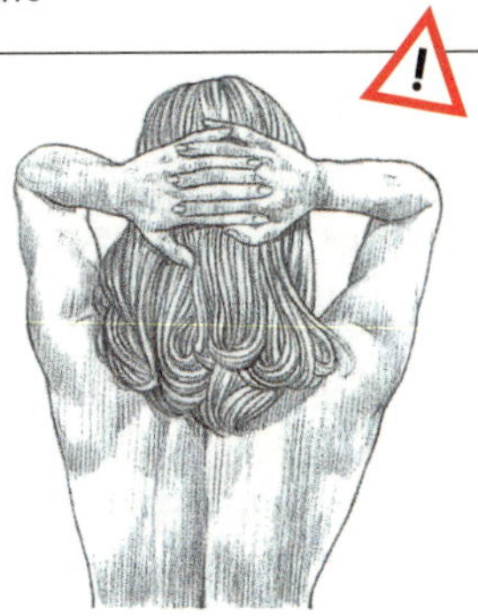
错误姿势

03 器械卷腹

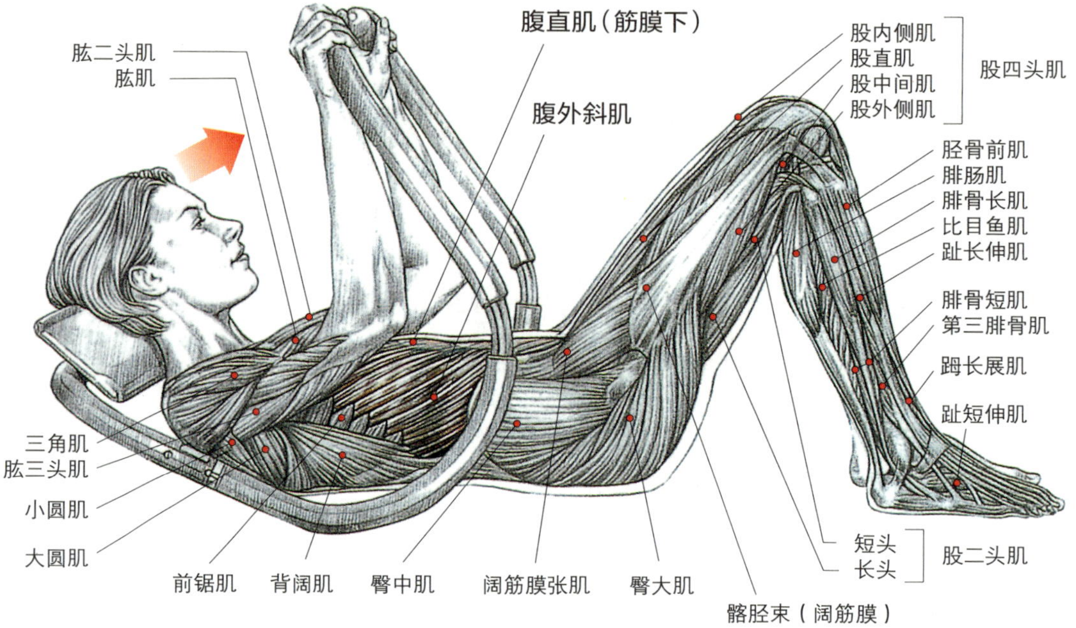

动作示意图

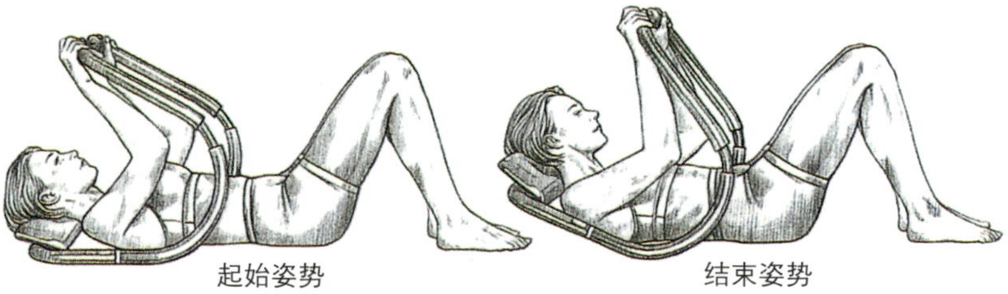

仰卧，后脑勺枕在器械头枕上，双手抓握把手上部，膝盖弯曲，脚踩地：

• 吸气，拱起脊柱将躯干尽量抬高，并始终保持头部贴着头枕，下背部贴着地面；

• 动作结束时呼气，缓慢回到起始位置，重复动作。

该练习主要锻炼腹直肌的上部，同时还刺激腹外斜肌和腹内斜肌。

以高组数练习，每组重复10~20次甚至更多可以取得很好的效果。

注意事项

这是为数不多可以让初学者立刻感受到腹肌做功的练习之一。

变化动作

双手抓握把手的位置越靠下，练习强度越大。

仰卧起坐 04

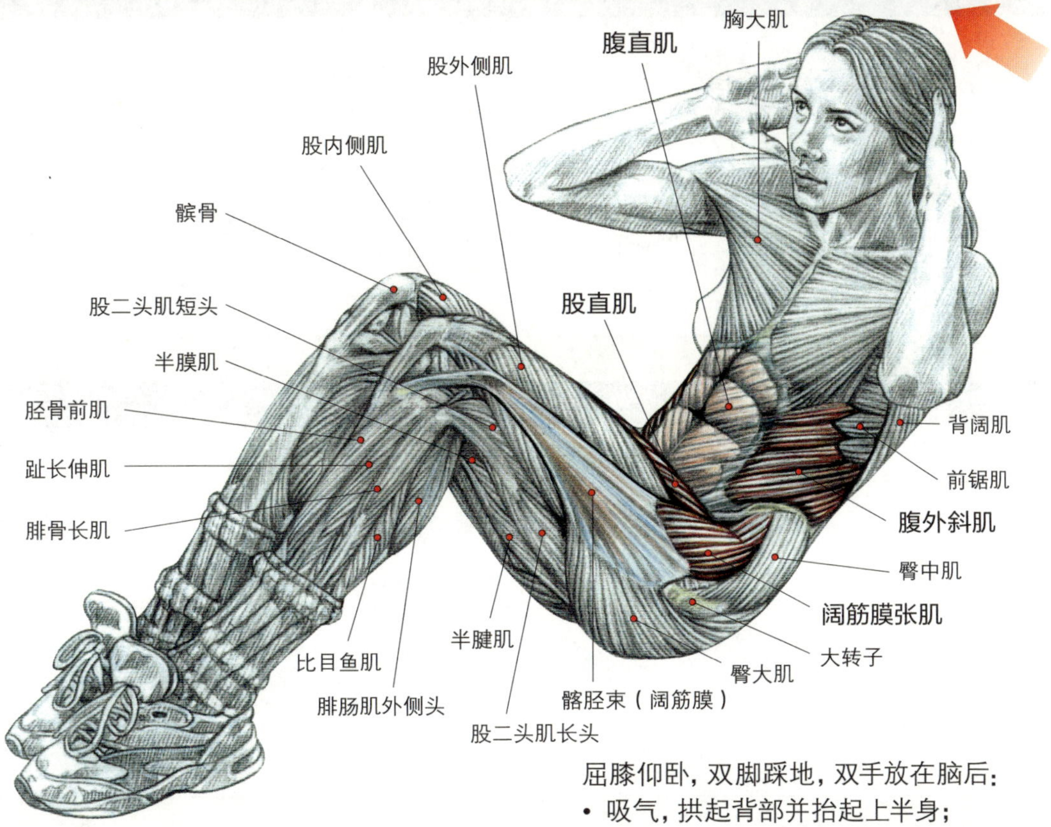

屈膝仰卧，双脚踩地，双手放在脑后：

- 吸气，拱起背部并抬起上半身；
- 动作结束时呼气。回到起始姿势，但背部不要触地；
- 重复上述动作，直至腹肌产生灼热感。

该练习主要锻炼腹直肌，也锻炼髋部屈肌以及腹斜肌。

动作示意图

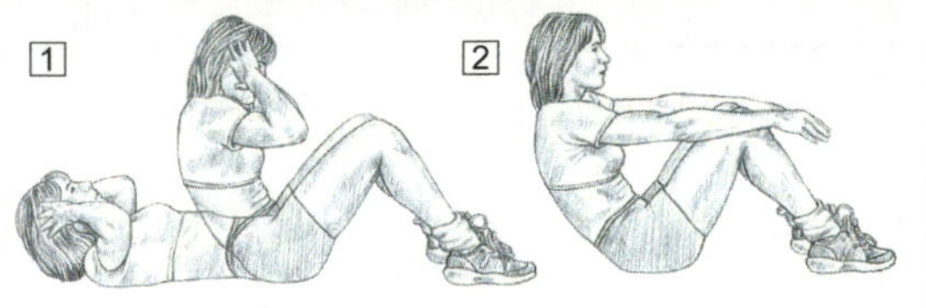

直臂练习，可以降低动作难度。

变化动作 搭档压脚练习

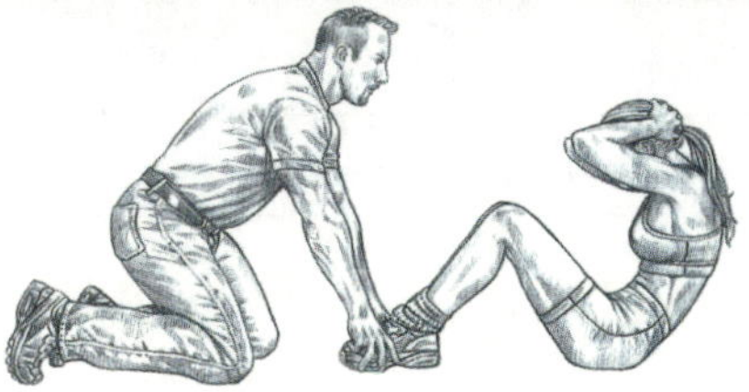

变化动作

- 为了方便训练，练习时可以请搭档固定住我们的脚。
- 双臂前伸可以使动作容易完成一些，适合初学者。
- 在斜凳上练习（详见第107页），可以增加训练强度。

注意事项

一般来说，女性上半身相对不那么发达，且腿部体积从比例上来说比男性小。因此女性比男性更容易完成仰卧起坐，在做动作时双脚也不容易离地。

仰卧起坐锻炼的肌肉

髋屈肌

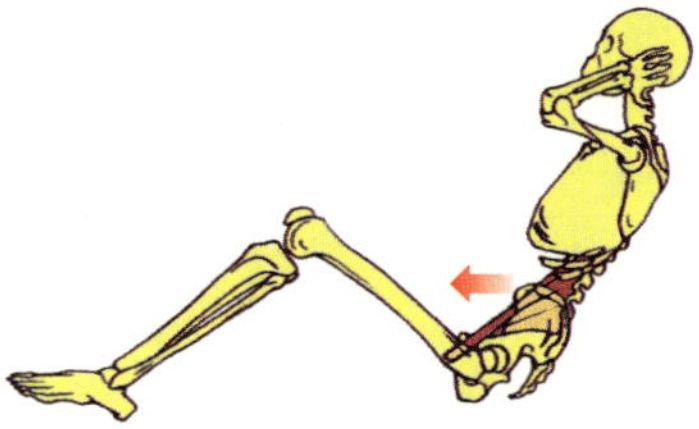

髂腰肌动作

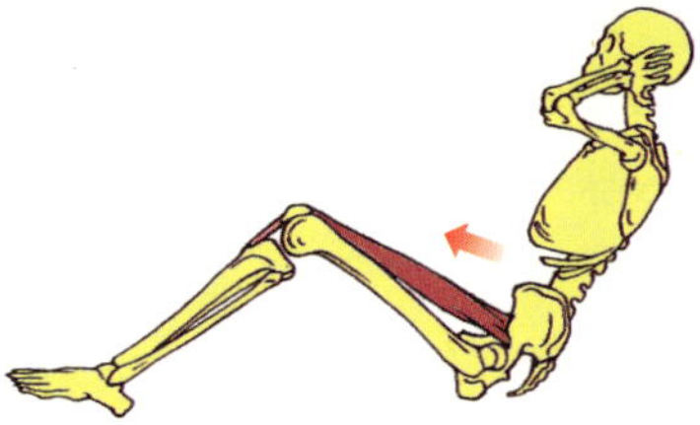

股直肌动作

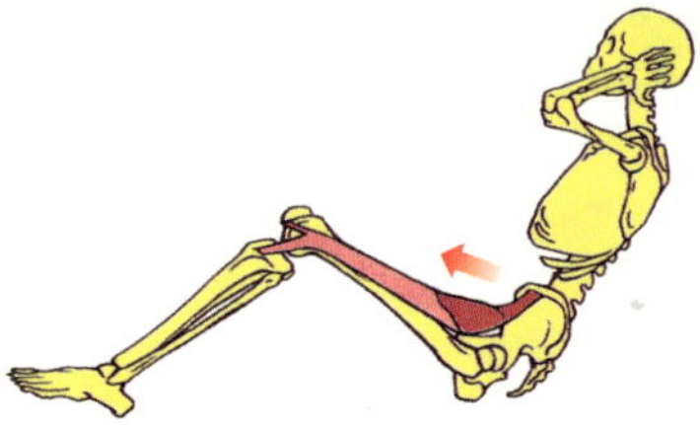

阔筋膜张肌动作

使胸骨靠近耻骨的腹部肌肉

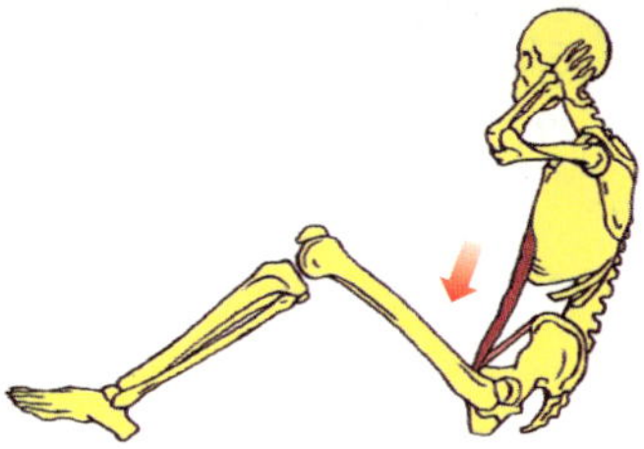

腹直肌动作

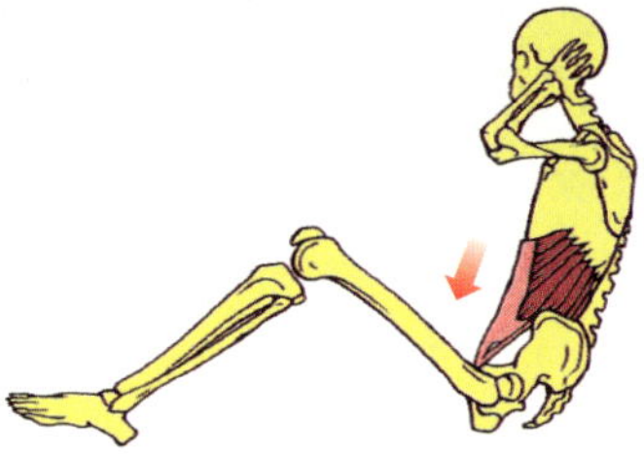

腹外斜肌动作

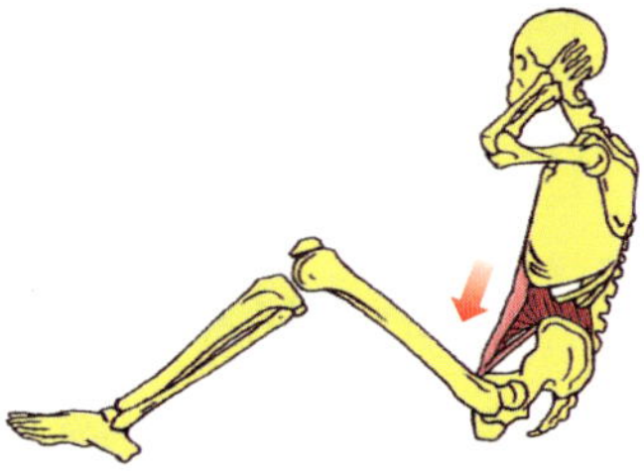

腹内斜肌动作

腹部肌肉对脊柱的作用

肌肉类型	主要肌肉	辅助肌肉
屈肌	腹直肌	腹外斜肌 腹内斜肌 髂腰肌
侧屈肌	腹外斜肌 腹内斜肌 腰方肌 竖脊肌	腹直肌
旋转肌	腹外斜肌 腹内斜肌 竖脊肌	
伸肌	竖脊肌	背阔肌

半程仰卧起坐 05

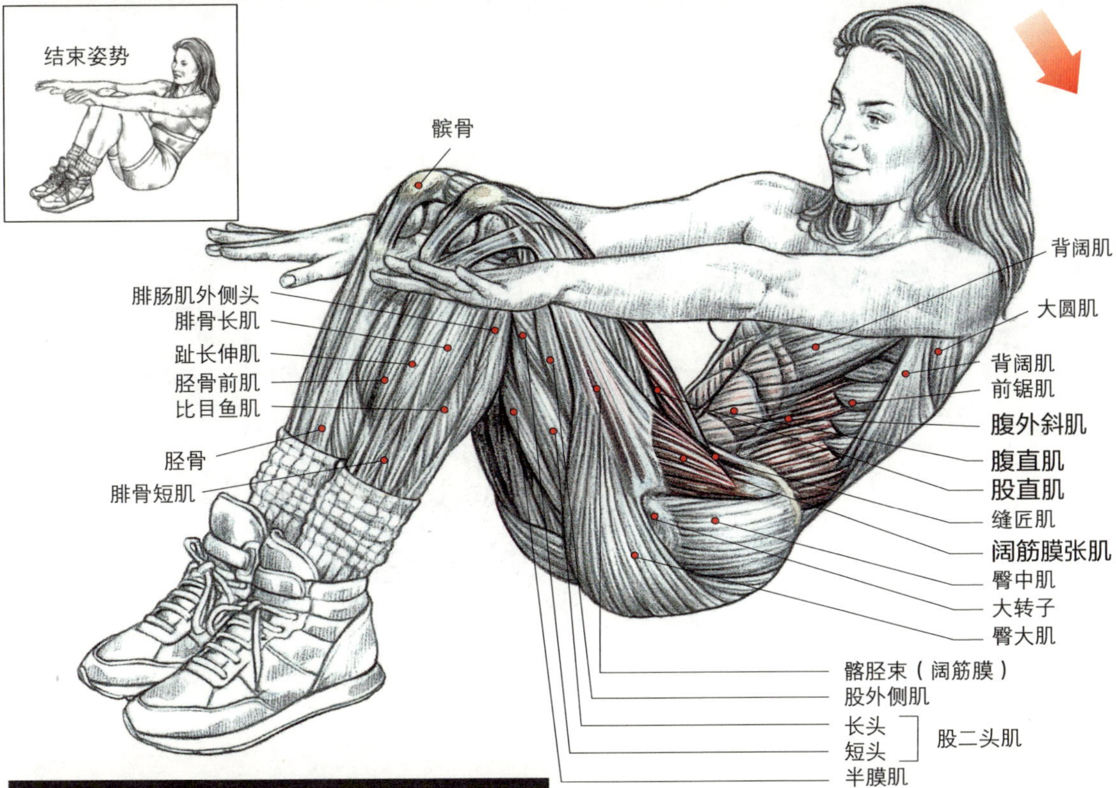

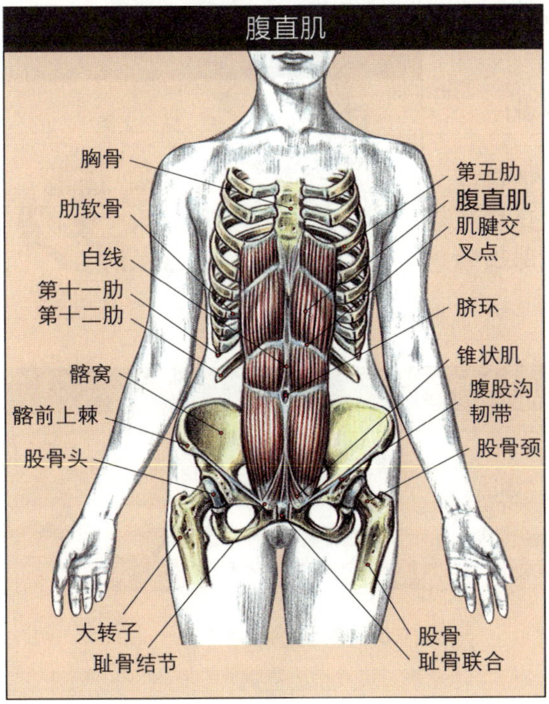

坐在地上，屈起膝盖，双脚踩地。使躯干尽可能靠近大腿，手臂前伸：

- 吸气，缓慢使躯干向地面方向下移，当躯干下降到离地面一半高度时，抬起躯干并呼气；
- 重复动作，直至腹部产生灼热感。高组数练习效果最佳。

该练习主要训练髋关节屈肌，以及腹外斜肌和腹内斜肌，主要作用集中在腹直肌上，特别是腹直肌上部。

注意事项

为了更好感受腹部核心肌群发力，整个练习过程中，需要稍稍拱起背部。

变化动作

为增加训练强度，躯干完成下移后，可以保持此姿势进行十几秒的等长收缩，再抬起躯干。

06 训练凳卷腹

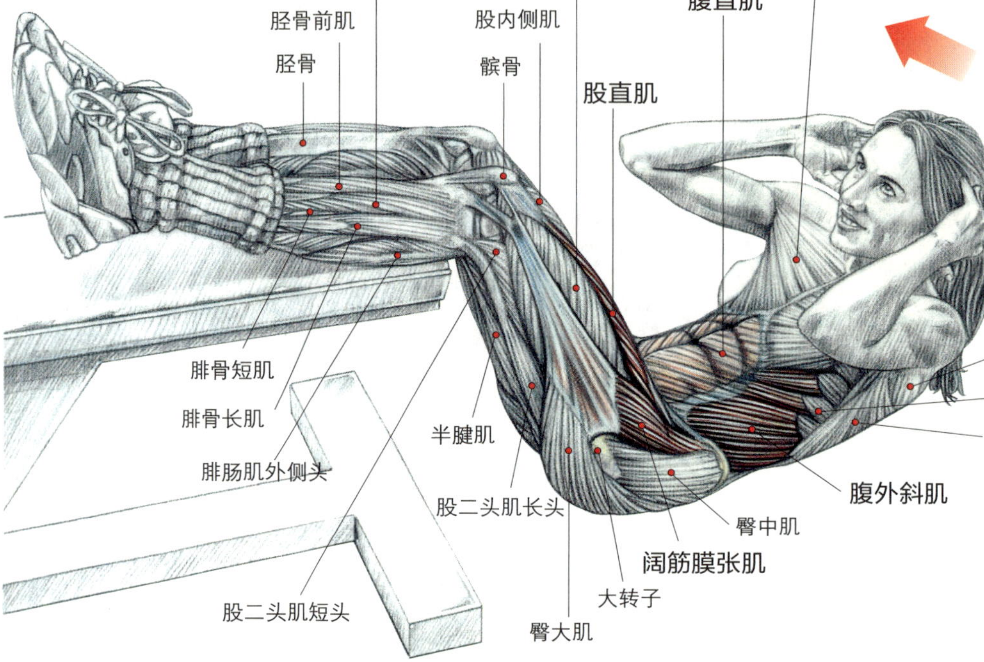

仰卧，小腿放在训练凳上，双手放在脑后：

- 吸气，拱起背部抬起肩膀，尝试让头触碰膝盖；
- 动作结束时呼气。

该练习集中锻炼腹直肌，特别是脐上部分。值得注意的是，将躯干远离训练凳会增加骨盆灵活度。这样通过髂腰肌、阔筋膜张肌和股直肌收缩可以弯曲髋部抬起躯干。

动作示意图

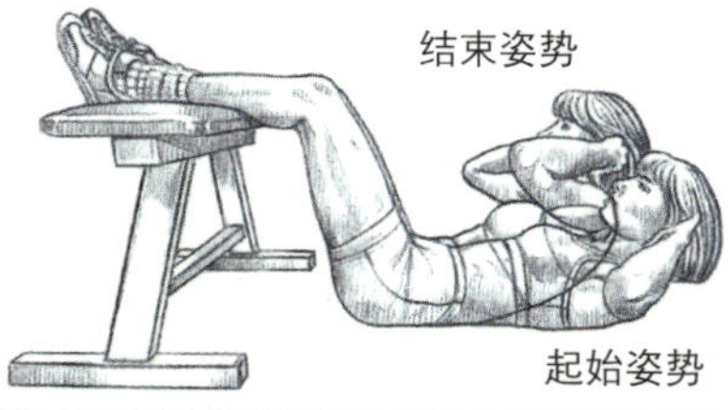

产后如何训练腹部

由于妊娠后腹部肌肉会松弛，可以通过特定练习“缩短”肌肉，并使其弹性增加。强烈推荐进行小幅卷腹练习，并始终保持弓起背部。

注意事项

为了避免过分拉伸腹部核心肌群，在腹部肌肉恢复之前，不应进行任何大幅度练习，如举腿、卷腹或地面腿屈伸等。

双脚踩地练习平地卷腹

低位腿屈伸 07

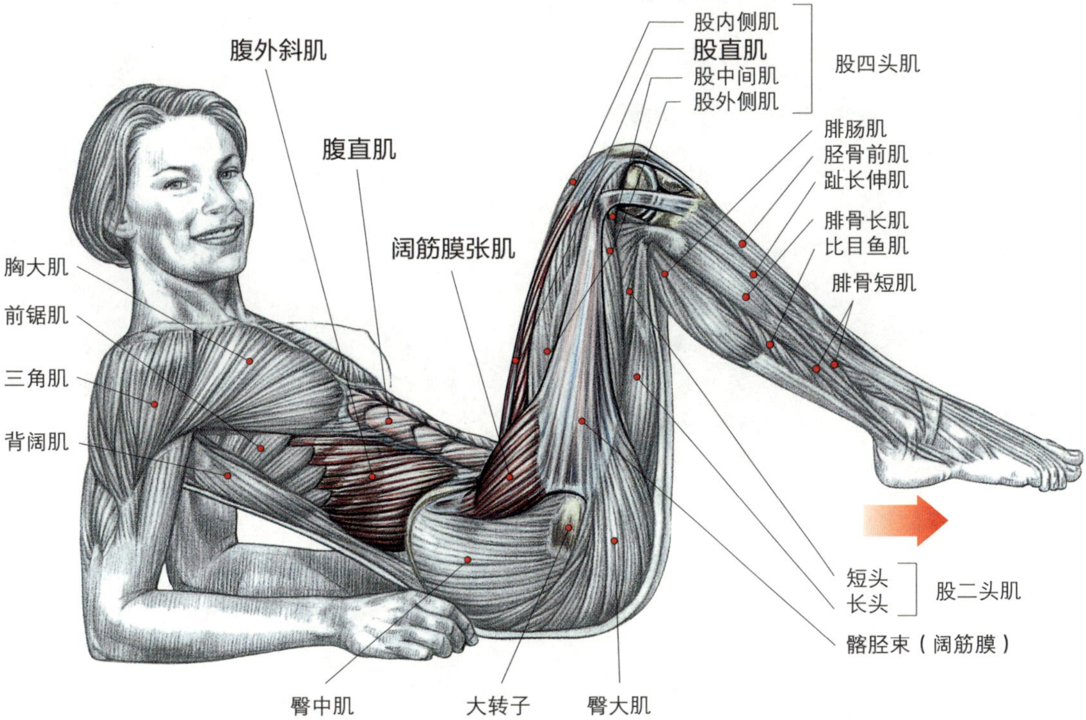

动作示意图

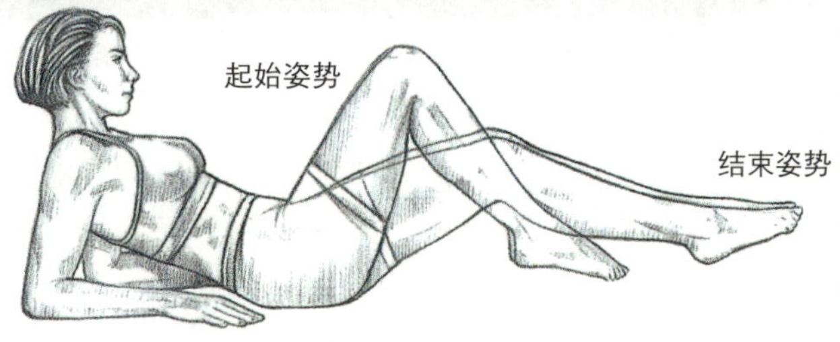

坐在地板上，肘部撑地，膝盖弯曲：

• 吸气，伸直双腿，注意脚始终不触地；

• 最大限度地收缩腹部肌肉回到起始姿势，呼气。

练习时动作要缓，不要突然发力。

为了更好感受腹部肌肉的作用并避免腰部肌肉收缩，建议在整个练习过程中稍稍拱起背部。

与所有腹部练习一样，高组数训练效果最佳。

地面腿屈伸主要锻炼腹直肌、腹外斜肌、腹内斜肌，以及髋屈肌群（阔筋膜张肌、股直肌和髂腰肌）。

注意事项

当脚部向远伸时，腹部拉伸感较强。因此，近期刚完成分娩的女性不应进行此项练习，以免过度拉伸腹部肌肉。

08 高位腿屈伸

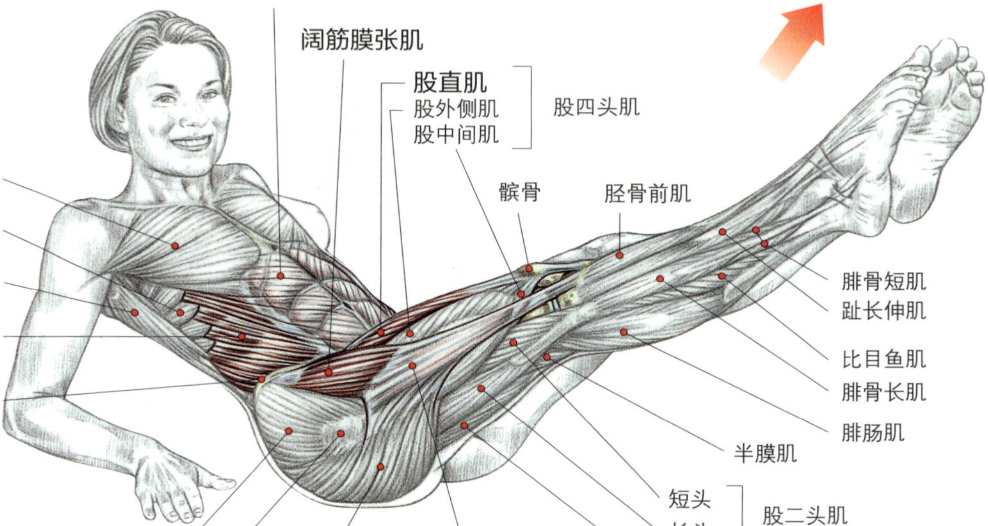

动作示意图

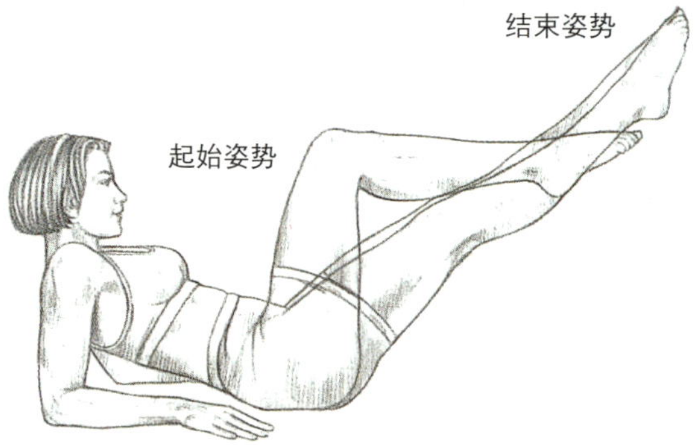

坐在地板上，肘部撑地，大腿垂直于地面，小腿与地面平行：

• 吸气，伸直双腿，保持双腿远离地面，最大限度地收缩腹部肌肉；

• 回到起始姿势，动作结束时呼气。

练习时动作要缓慢，不要突然发力。

为了更好感受腹部肌肉的作用并避免腰部肌肉收缩，建议在整个练习过程中稍稍拱起背部。

高组数练习直至产生灼热感效果最佳。

悬空仰卧起坐 09

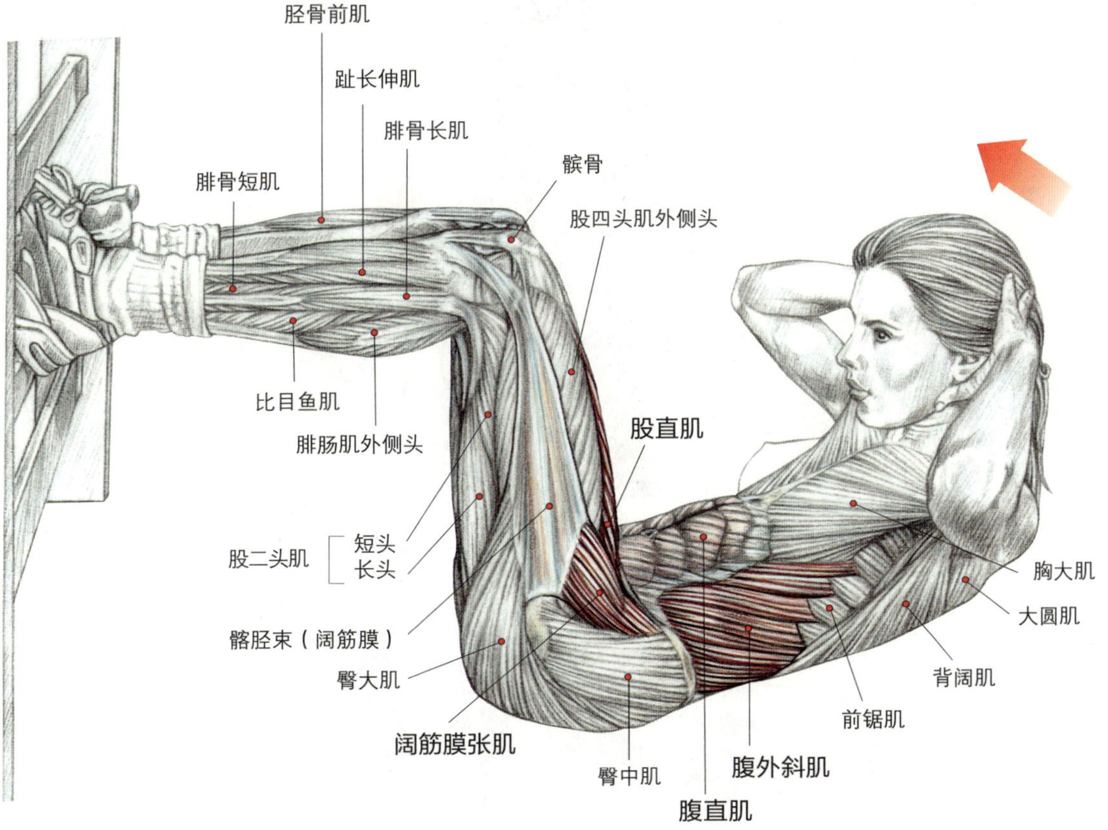

仰卧，双脚固定在绳梯格子里，大腿垂直于地面，双手置于脑后：

- 吸气，弯曲脊柱，使躯干尽量抬高；
- 动作结束时呼气。

该练习主要锻炼腹直肌，一定程度上锻炼腹外斜肌和腹内斜肌。

需要注意，放低双脚的高度并将躯干远离绳梯，可以增加骨盆活动度，增大运动幅度，从而更好锻炼髋屈肌（包括髂腰肌、股直肌和阔筋膜张肌）。

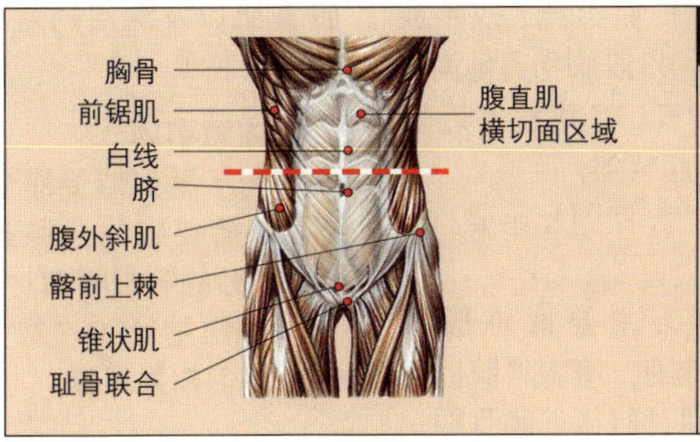

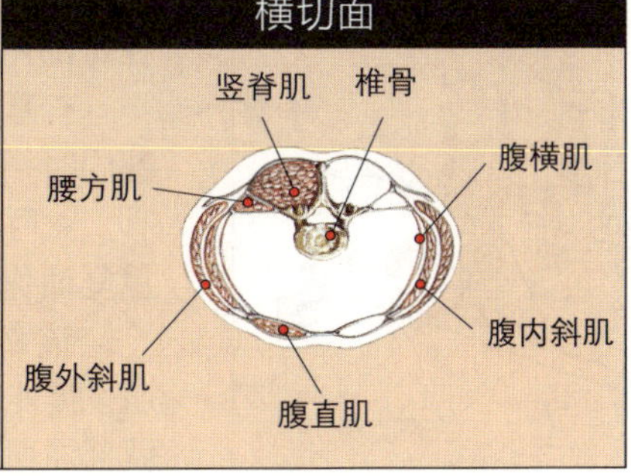

10 坐姿卷腹

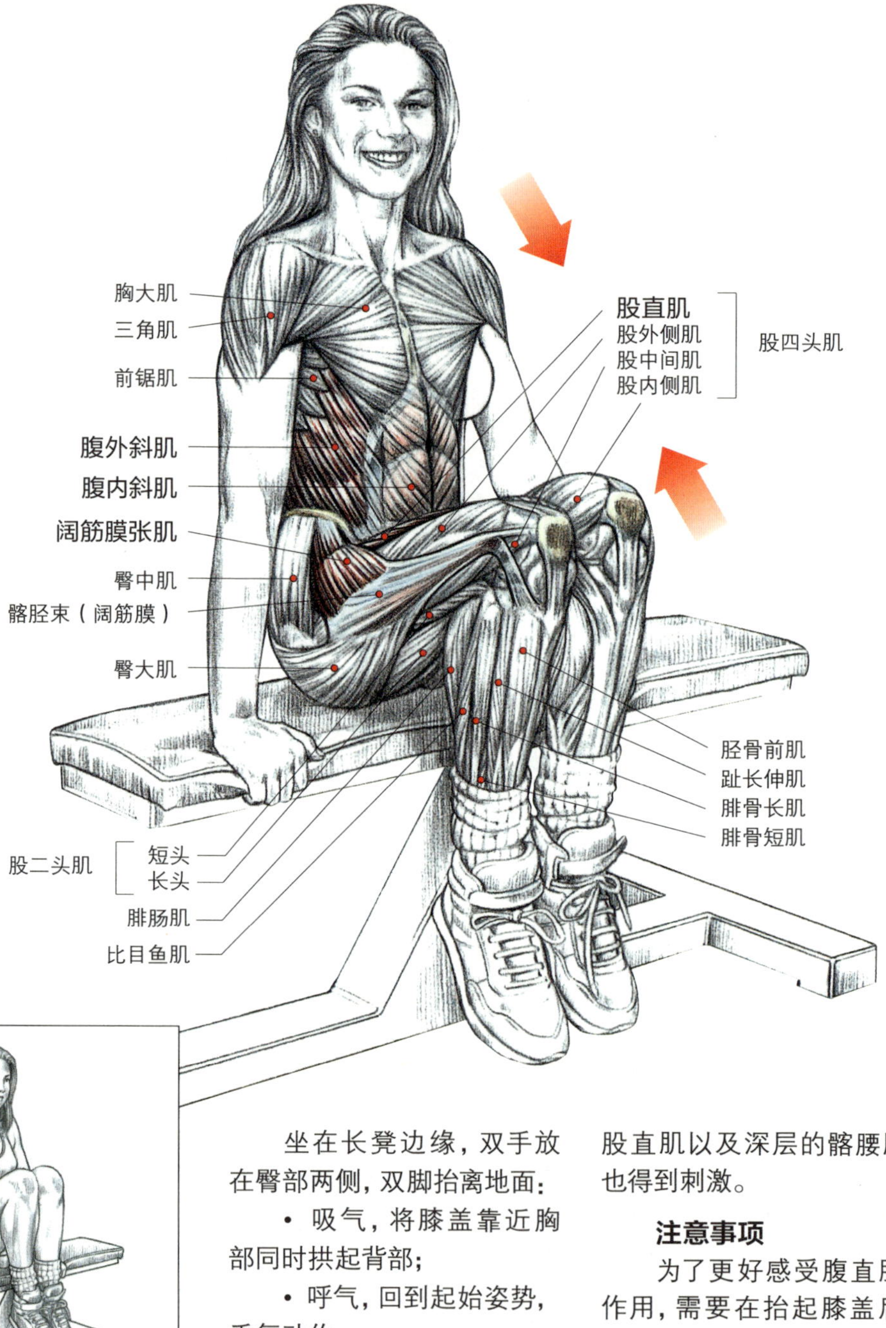

结束姿势

坐在长凳边缘，双手放在臀部两侧，双脚抬离地面：

- 吸气，将膝盖靠近胸部同时拱起背部；
- 呼气，回到起始姿势，重复动作。

该练习主要锻炼腹直肌。腹外斜肌、腹内斜肌以及髋部屈肌肌群（阔筋膜张肌、股直肌以及深层的髂腰肌）也得到刺激。

注意事项

为了更好感受腹直肌的作用，需要在抬起膝盖后保持1~2秒的等长收缩。

一组重复20次或更多次动作练习效果最佳。

斜凳仰卧起坐 11

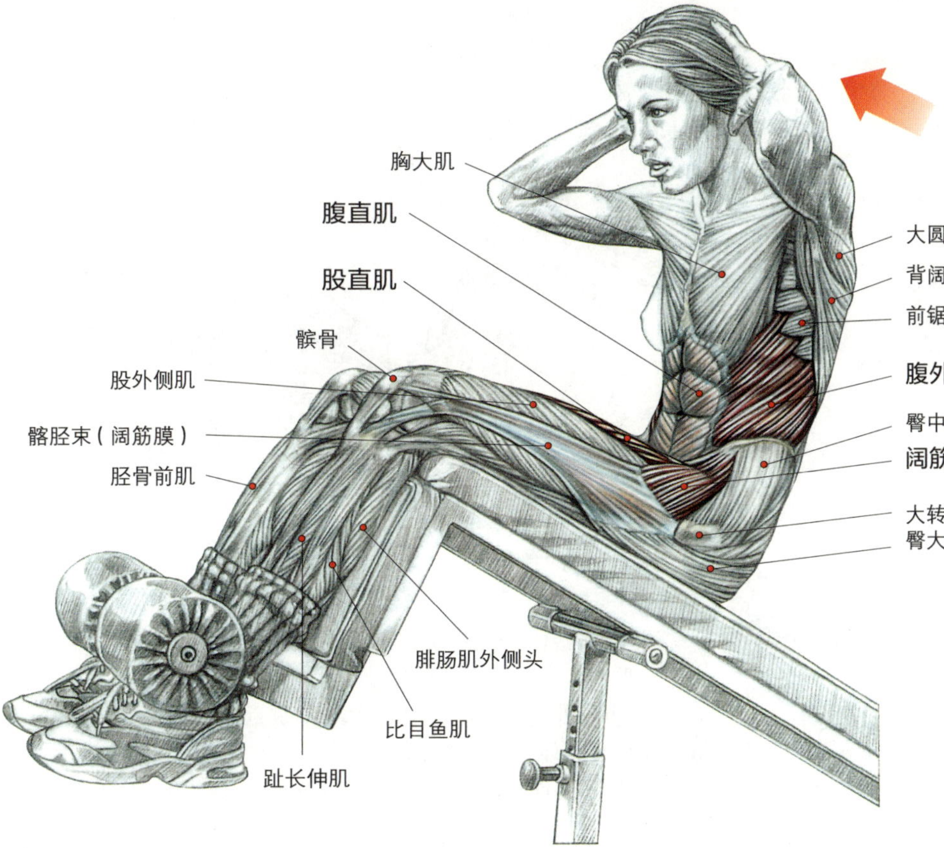

坐在斜凳上，两脚固定在海绵滚轴下，双手放在颈后：

- 吸气，躯干下斜，倾斜角度不要超过20°；
- 抬起躯干，轻微拱起背部从而更好集中锻炼腹直肌；
- 动作结束时呼气。

该动作可以锻炼整个腹部核心肌群，以及髂腰肌、阔筋膜张肌和股直肌。这三块肌肉起到使骨盆前倾或屈髋的作用。适合高组数练习。

变化动作

当挺直躯干时，旋转躯干可以使腹斜肌承担一部分发力。因此，向左转身，可加强对右侧腹外斜肌、左侧腹内斜肌和右侧腹直肌的锻炼。可以交替转身进行练习或进行单侧练习。无论采用哪种方式，主要目的都是集中感受肌肉发力。无需过度倾斜凳面。

变化动作 转体

12 斜板仰卧起坐

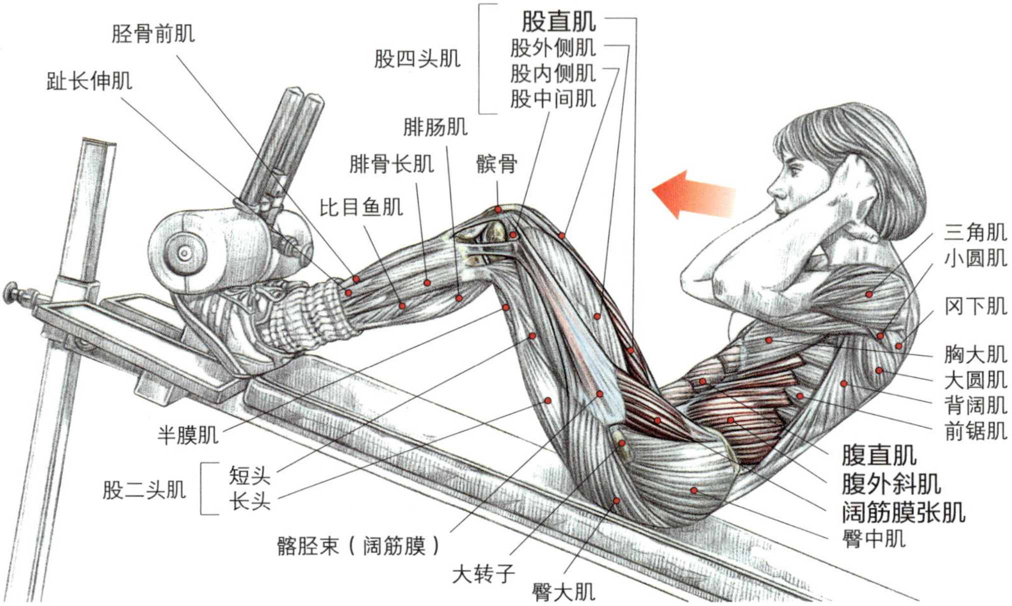

动作示意图

坐在斜板上，两脚固定在海绵滚轴下，膝盖弯曲：

- 吸气，拱起背部抬起躯干；
- 动作结束时呼气；保持背部拱起，肩膀缓慢下降靠近斜板，但不要让躯干靠着板面；
- 重复动作，直至腹部产生灼热感。

该练习主要锻炼腹部肌肉，尤其是腹直肌，整个髋屈肌群也得到强有力刺激，包括髂腰肌、阔筋膜张肌、缝匠肌和股直肌。适合高组数练习，每组重复10~20次。

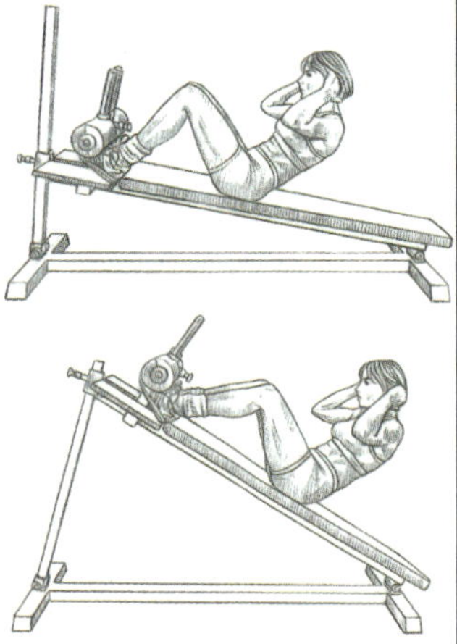

板子倾斜角度越大，动作练习难度越大。

变化动作

板子倾斜角度越大，抬起躯干所用的力量越大。

- 可以小幅度进行练习（或以较小幅度摆动躯干），也能以较大幅度练习，将躯干下降至几乎贴着板面的程度。
- 为了降低动难度，可以将手臂前伸练习。

变化动作 手臂前伸降低练习难度

训练椅悬空仰卧起坐 13

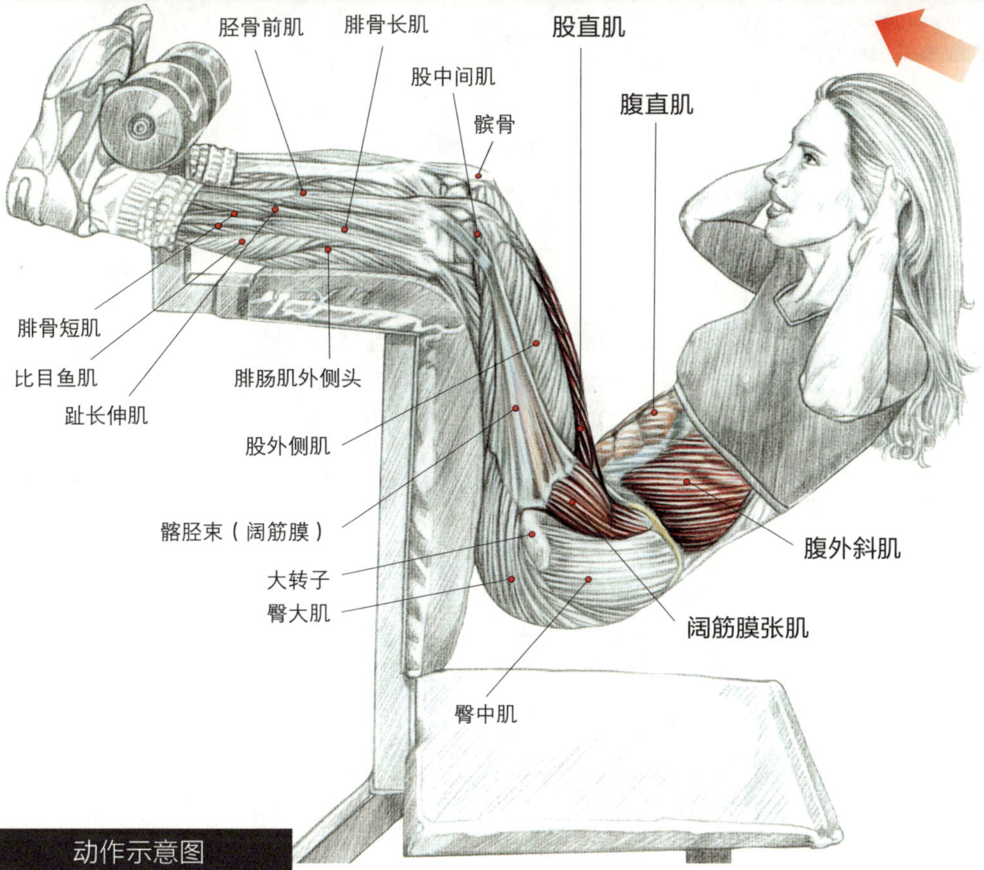

动作示意图

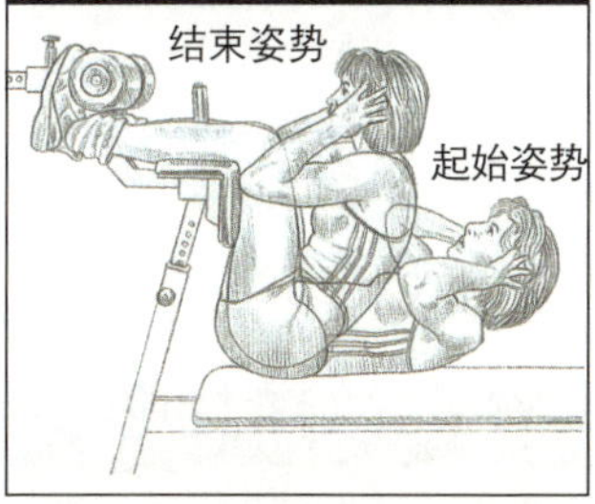

变化动作

手臂前伸降低练习难度。

两脚固定在海绵滚轴下，躯干悬空，双手放在头后：

• 吸气，抬起上半身，尽量使头触碰膝盖，始终保持脊椎弯曲；

• 结束收缩动作时呼气。

该练习非常适合锻炼腹直肌，其次也一定程度上刺激腹斜肌。需要注意的是，当骨盆前倾时，股直肌、髂腰肌以及阔筋膜张肌也会发挥较大作用。

注意事项

该动作需要练习者有较强的力量。在进行此练习前，可以先用更简单的练习增强力量。

髋屈肌

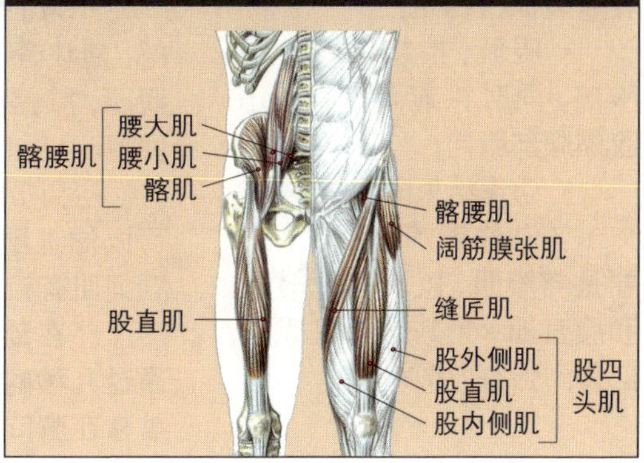

14 腹肌训练椅举腿

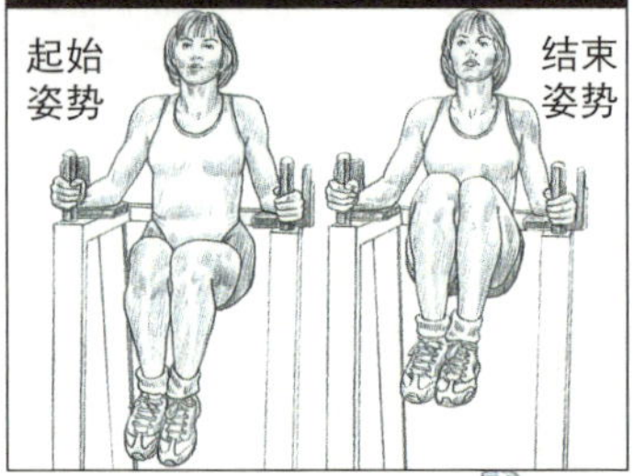

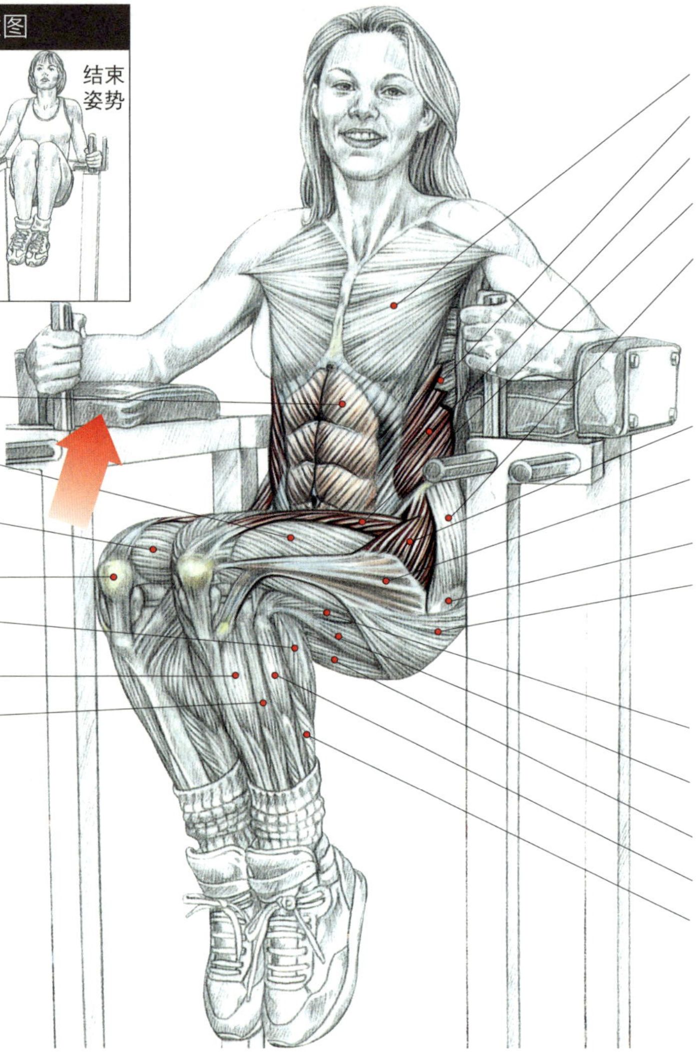

以肘部为支撑，背部贴着靠垫保持稳定：

• 吸气，抬起双膝靠近胸部，同时拱起背部，充分收缩腹部肌肉；

• 动作结束时呼气。

该动作锻炼髋屈肌，主要是髂腰肌，以及腹外斜肌和腹直肌，尤其是腹直肌下部得到强有力锻炼。

变化动作

• 为了更好集中锻炼腹部，建议通过弯曲背部小幅摆腿，膝盖始终不低于水平位置。

• 为了加强锻炼效果，可以伸直腿练习，但这要求腘绳肌有较好柔韧性。

• 在动作最后时，可以通过几秒的等长收缩保持膝盖靠在胸口的姿势。

髂腰肌动作

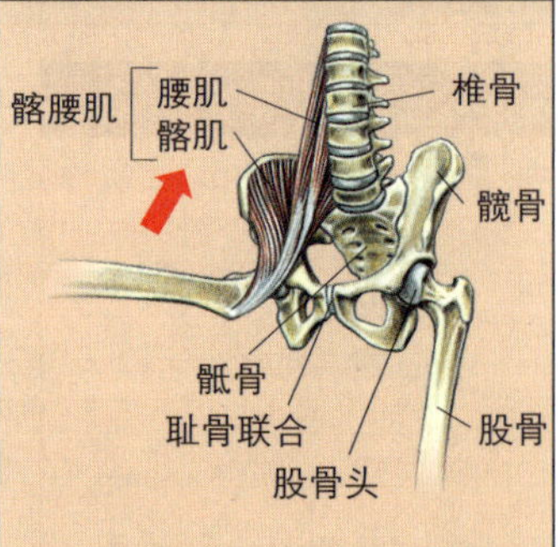

髂腰肌是髋屈肌和大腿外旋肌。

悬垂屈膝举腿 15

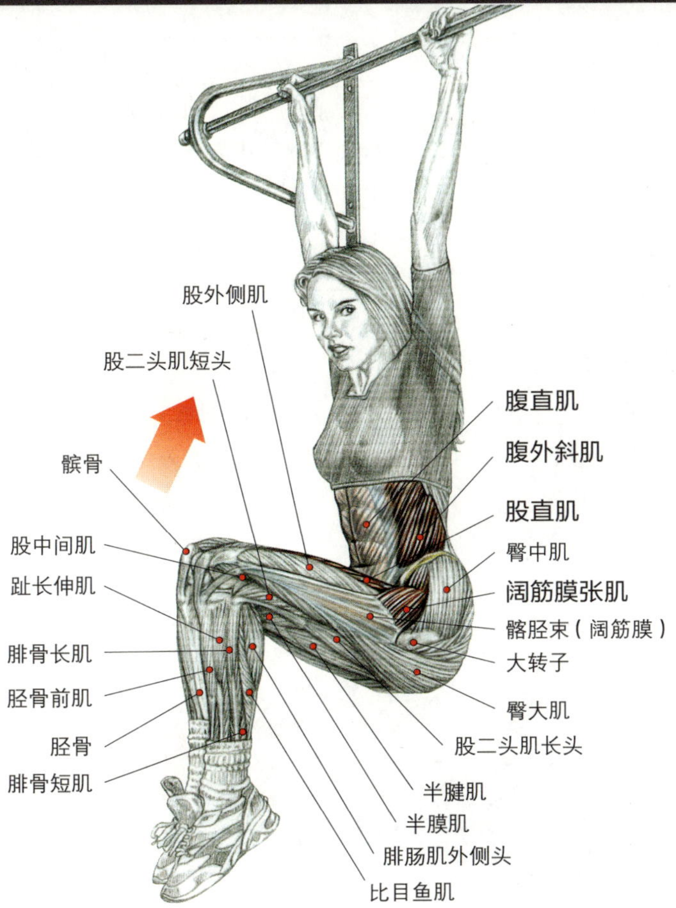

变化动作

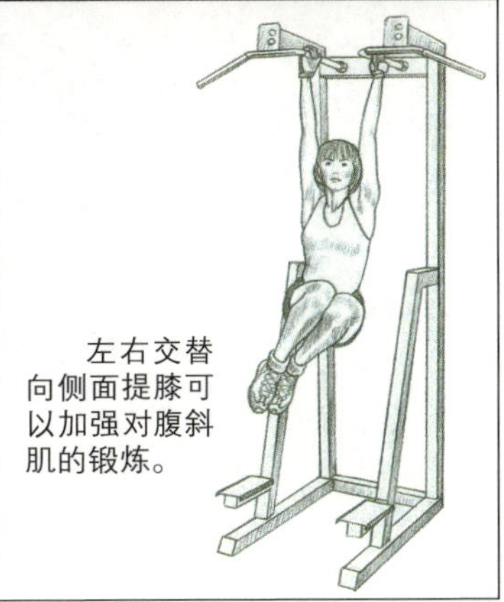

身体悬垂于单杠上：

- 吸气，通过弯曲脊柱尽可能地上提膝盖，使耻骨靠近胸骨；
- 动作结束时呼气。

该动作在向上举腿阶段，锻炼髂腰肌、股直肌和阔筋膜张肌；将耻骨靠近胸骨时，锻炼腹直肌，一定程度上也锻炼腹斜肌。

为了集中锻炼腹部核心肌肉，建议可以在保持膝盖不低于水平位的情况下小幅摆腿。

腰腹平衡

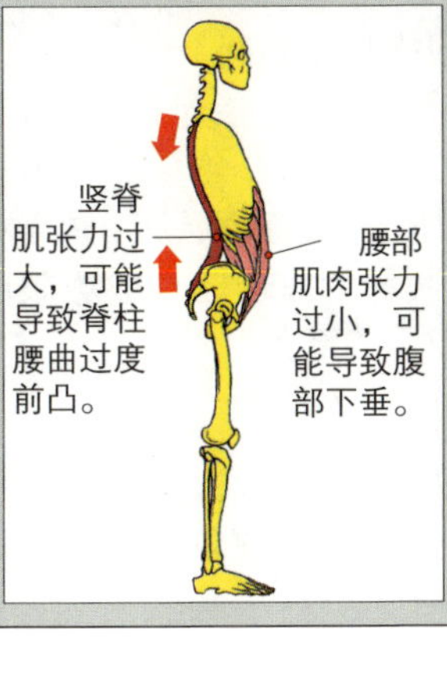

需要均等地锻炼腹部核心肌群与背部的竖脊肌。这两组肌群中任何一组缺乏张力或张力过大都可能导致不良姿势，长此以往可能引发病变。

举例说明

竖脊肌下部（髂腰肌群）张力过大，腹部张力过小，会导致腰椎过度前凸与腹部下垂。如果花时间加强腹肌锻炼，可以改善这种不良姿势。

相反，腹部肌肉张力过大，竖脊肌松弛，尤其是竖脊肌上部（胸棘肌、胸最长肌和胸髂肋肌）张力过小，会导致驼背（上背部弓起）及腰部失去曲度。可通过竖脊肌专项强化训练改善这种不良姿势。

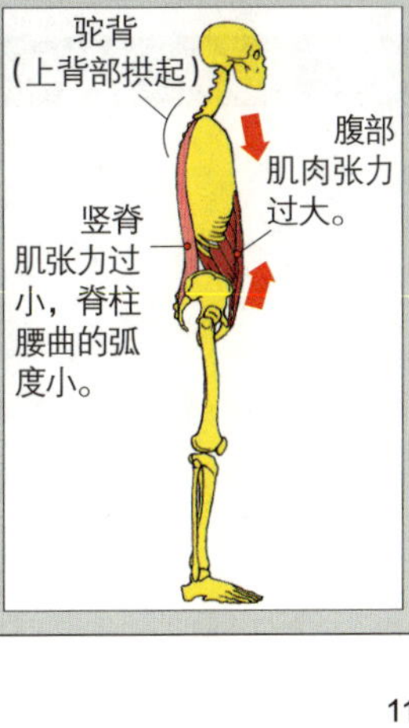

16 斜板仰卧举腿

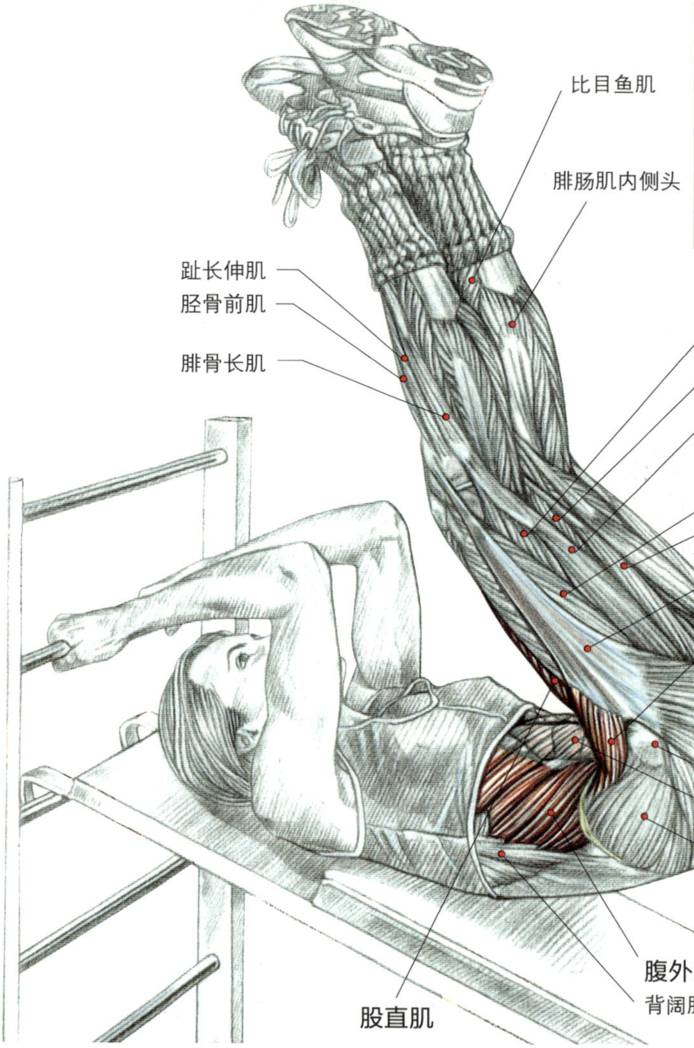

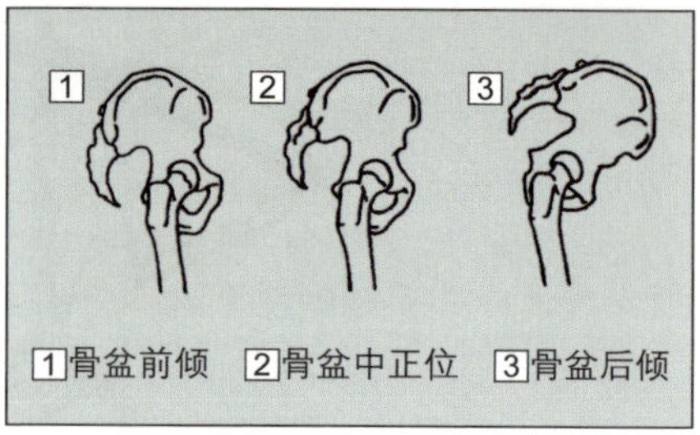

变化动作 摆腿练习

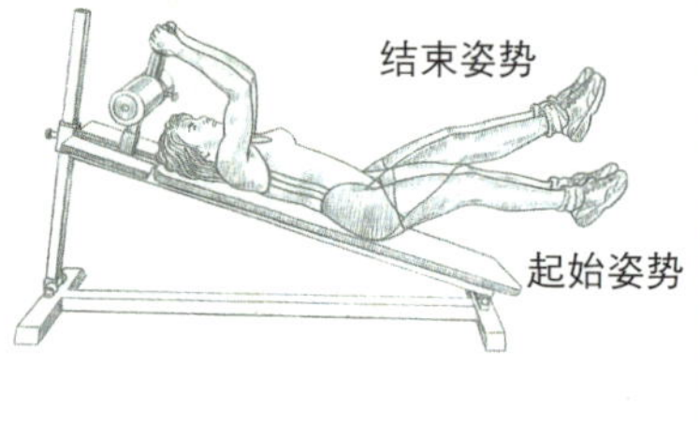

斜躺在训练凳上，双手抓握横杆或手柄：

• 两腿上举至水平位，随后弯曲脊柱抬起骨盆，试着用双膝触碰头部。

做该练习时，首先在腿上举阶段锻炼髂腰肌、阔筋膜张肌和股直肌。随后在抬起骨盆和弯曲脊柱时锻炼腹部核心肌群，尤其是腹直肌肚脐以下的部分。

注意事项

对于难以感受到下腹部发力的人群来说，这是帮助找到发力感受的绝佳练习，但有一定难度，建议初学者以较小倾斜角度练习。

反向卷腹 17

动作示意图

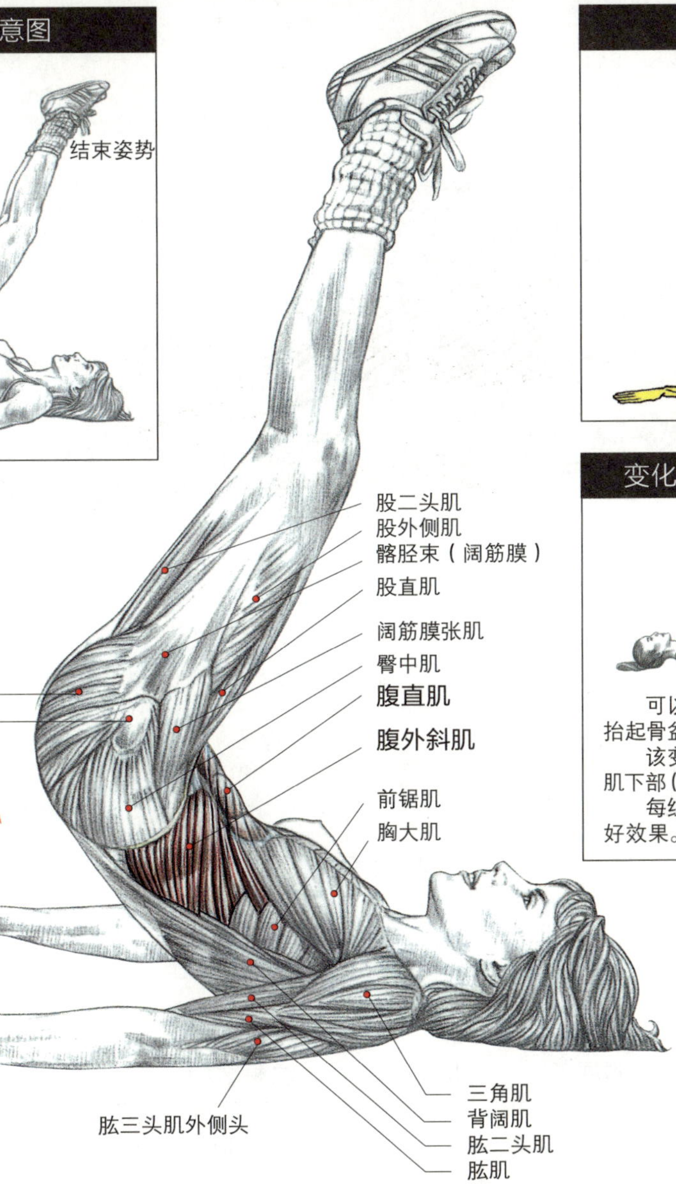

腹直肌动作

变化动作 小幅度练习

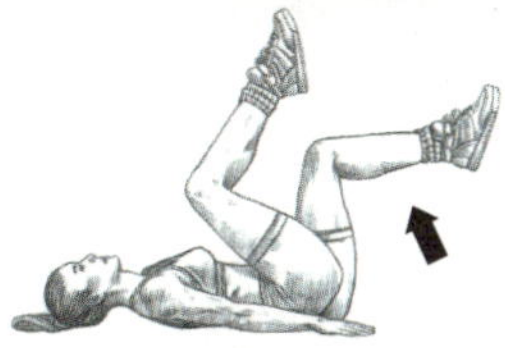

可以小幅度练习该动作，即抬起骨盆但保持背部紧贴地面。

该变化动作能集中锻炼腹直肌下部（肚脐以下部分）。

每组重复20次动作能取得良好效果。

躺在地面上，双手贴着身体两侧，大腿垂直于地面，根据腘绳肌灵活度伸展小腿：

• 吸气，尽量抬高双腿带动臀部抬离地面；

• 呼气，缓慢回到起始姿势，重复动作。

该动作主要锻炼腹直肌、腹外斜肌和腹内斜肌。

注意事项

每组重复10次动作，缓慢进行练习，集中注意力感受腹部核心肌肉收缩，能取得良好锻炼效果。

18 仰卧骨盆旋转

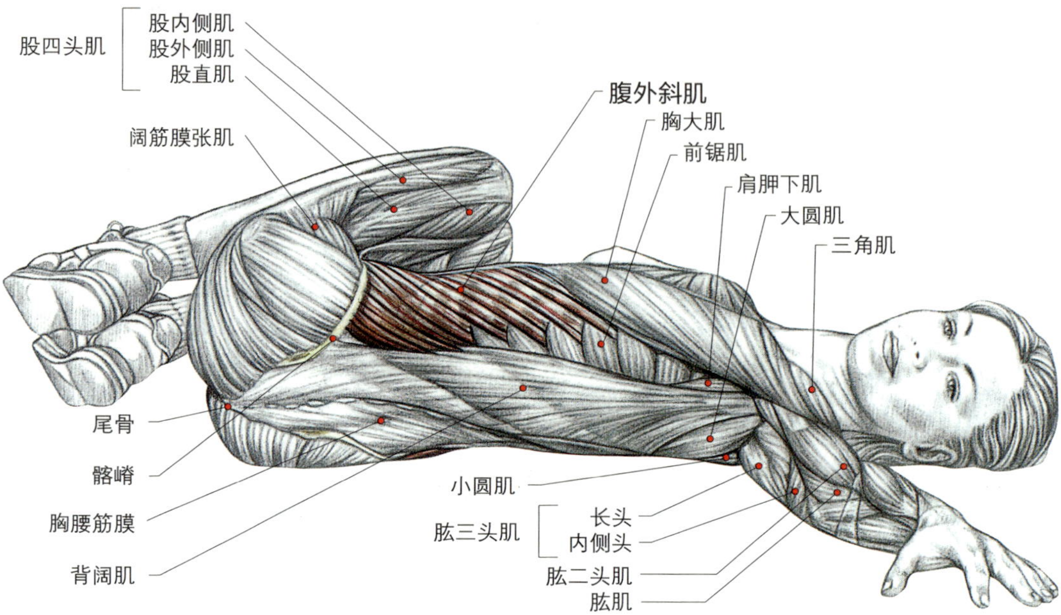

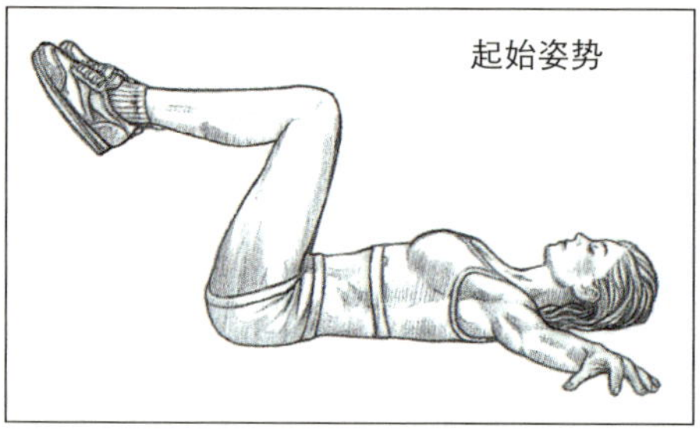

仰卧，双臂在身体两侧展开，大腿垂直于地面，膝盖弯曲：

• 吸气，膝盖缓慢倒向一边，同时呼气；

• 吸气回到起始姿势，换一边重复同样的动作。

该练习主要锻炼腹外斜肌和腹内斜肌，以及腹直肌肚脐以下部分。髋屈肌以静态方式参与动作。

以高组数练习，每组重复20~30次完整的两边旋转，动作要缓慢，训练效果最佳。

注意事项

为了正确完成动作，并在每次膝盖下降时好好拉伸腹斜肌，必须保持头部和肩膀贴地。

变化动作

• 大腿后侧较为灵活的人群，可以通过伸直腿练习加大训练强度。

• 为了进一步拉伸腹斜肌，建议在每次旋转骨盆时向另一侧转头。例如，当膝盖倒向左侧时，向右转头。可以将该变化动作视为腹斜肌和腰部的拉伸动作。

仰卧交叉卷腹 19

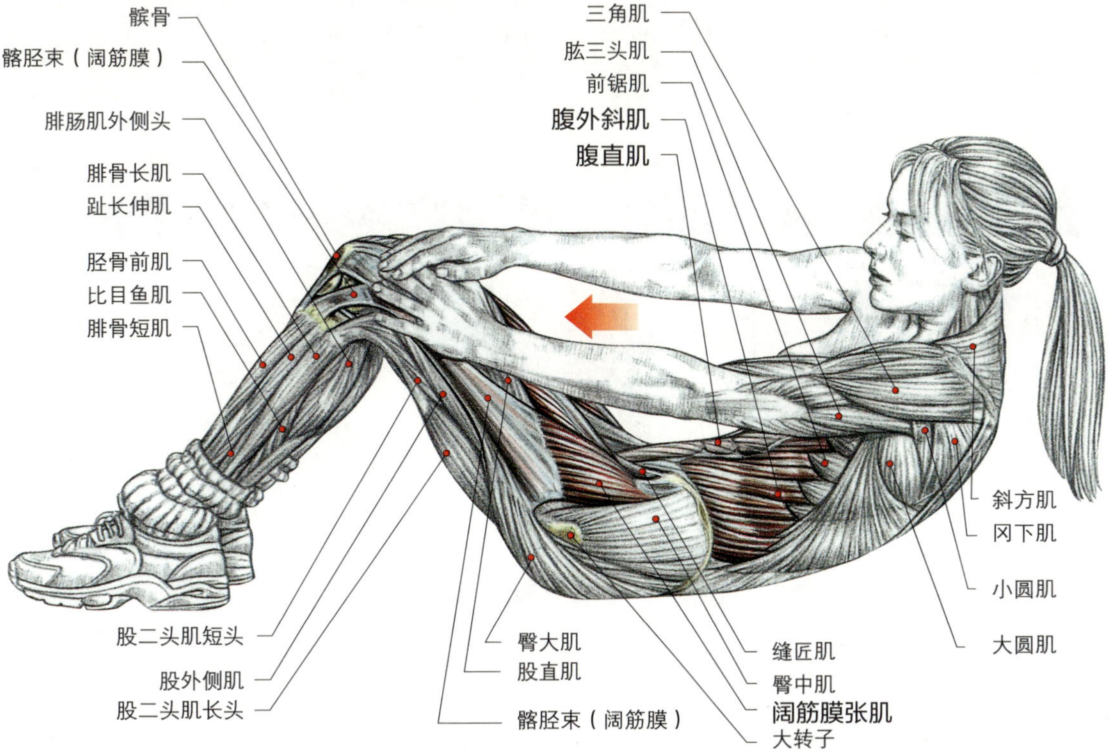

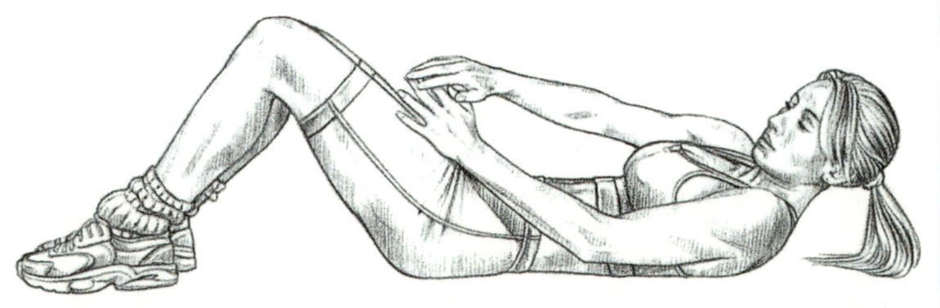

起始姿势

仰卧，膝盖弯曲，双脚踩低，两臂平行于地面伸直，放在身体一侧：

- 吸气，拱起背部，抬起肩膀，并稍稍扭转躯干，用手触摸一侧膝盖；
- 动作结束时呼气；
- 回到起始姿势，但背部不要触地；
- 换到另一边重复动作，如此交替重复练习直到产生灼热感。

该练习主要锻炼腹外斜肌、腹内斜肌以及腹直肌。股直肌、髂腰肌和阔筋膜张肌也得到锻炼，但由于髋部灵活性较低，锻炼幅度较小。

如何识别不同类型的腹部

通常我们认为平坦的腹部以及较薄的脂肪层是腹部结实的标志。但有些腹部结实的人还有着较厚的皮下脂肪，想要减少腹部脂肪层厚度只能通过均衡饮食和规律的体育锻炼。

与之相反，一些没有多余脂肪，身材纤细的人也会因为肌肉缺乏张力和腹肌松弛而腹部凸出。这类人群需要通过针对腹壁肌肉的专项练习来重新平衡体态。

不同类型的腹壁剖面示意图

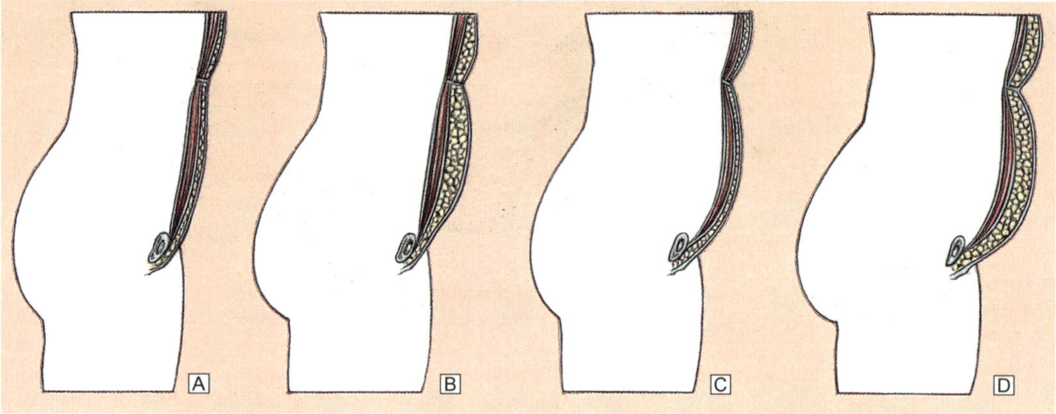

A. 正常腹壁，肌肉组织结实。

B. 正常腹壁，肌肉组织结实，皮下脂肪过多，显得腹部下垂*。

C. 腹壁由于缺乏肌肉张力下垂，没有过多脂肪。

D. 腹壁由于缺乏肌肉张力下垂，且脂肪过多。

* 下垂：器官向下移动，通常因为支撑它的结构松弛导致。当腹壁缺乏张力时，就不能继续支撑内脏，腹部塌陷形成一个容纳肠段的口袋。

空中蹬车 20

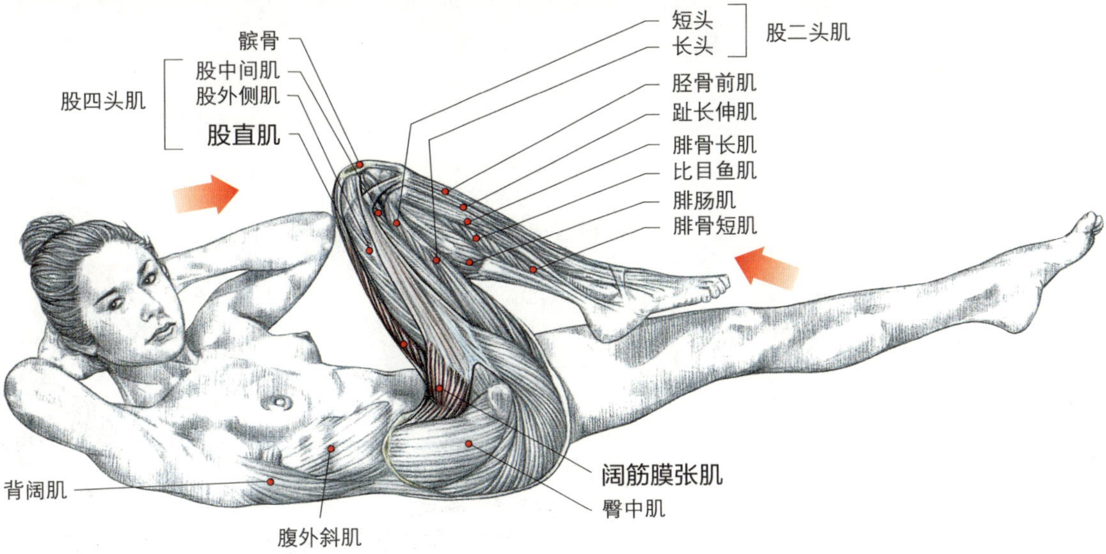

仰卧，双手置于颈后：

• 尝试用一侧的手肘触碰另一侧的膝盖，随后换边，交替动作。

为了正确完成动作，每次将肘部靠近膝盖时，需要注意弯曲脊柱抬起肩膀，且腿伸直时注意脚不要触地。

以高组数练习，寻找腹部灼热的感觉。

该练习主要锻炼腹外斜肌、腹内斜肌、腹直肌，屈髋时，也锻炼股直肌、阔筋膜张肌、缝匠肌以及深层的髂腰肌。

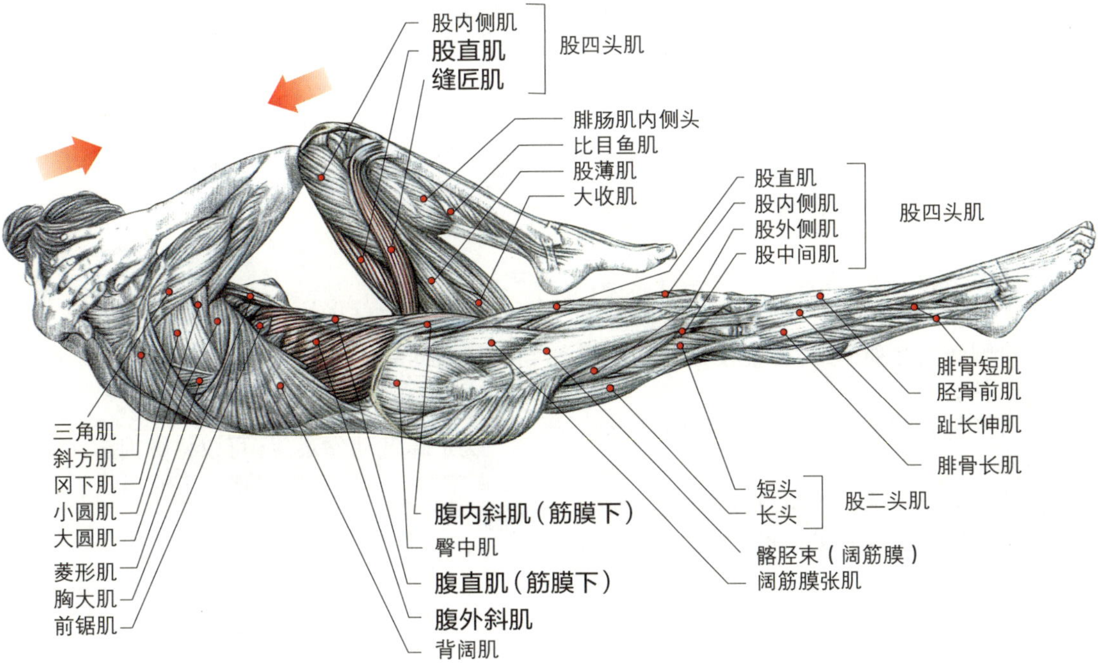

21 侧卧卷腹

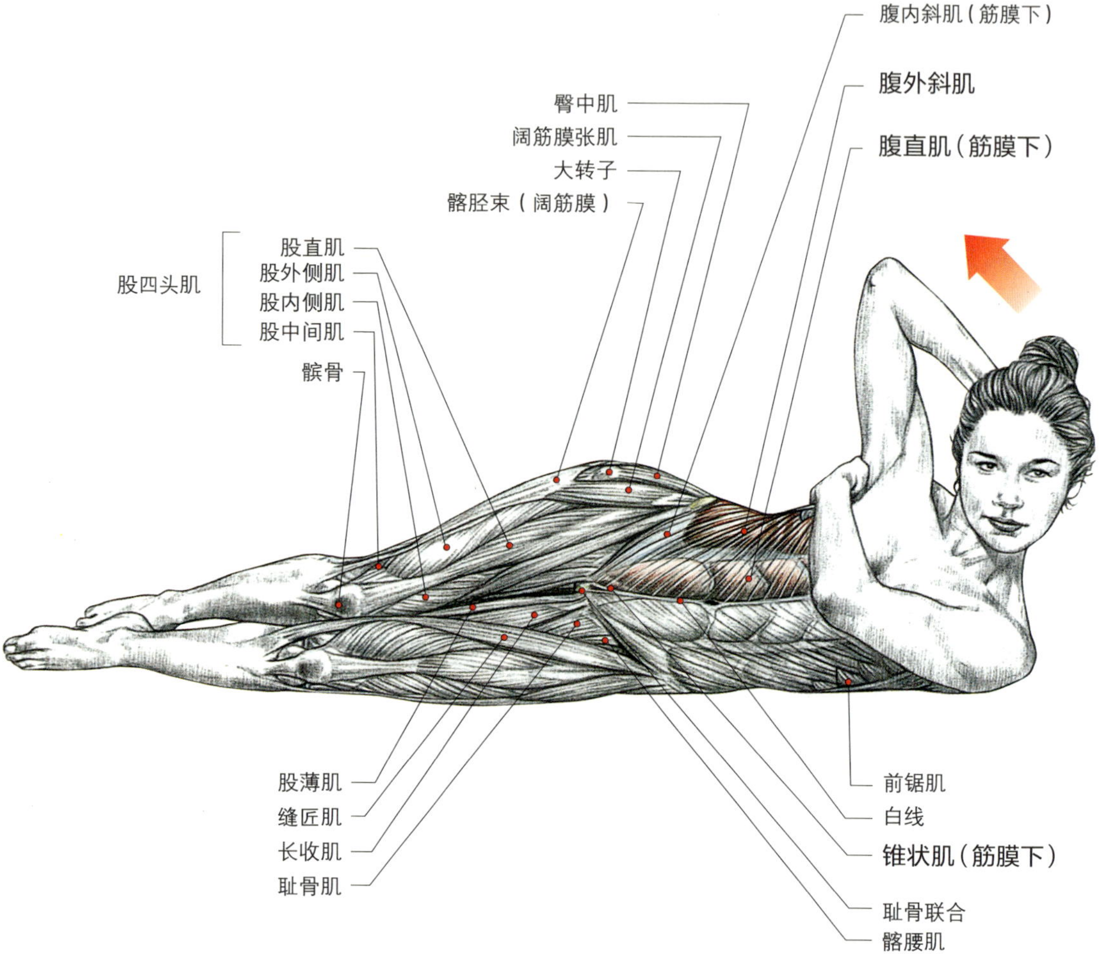

侧卧在地板上，腿伸直，一只手放在头后，另一只手支撑在肋部：

• 向侧面抬起躯干，尽量能使贴着地的肩膀离地十多厘米；

• 回到起始位置时，肩膀不要触地，然后重复动作。

该练习主要锻炼弯曲侧的腹外斜肌、腹内斜肌、腹直肌以及腰方肌，同时对竖脊肌也有一定锻炼作用。

缓慢进行动作，以高组数练习，两边交替，尝试寻找肌肉灼热感。

变化动作

为了降低动作难度，可以将脚固定在器械下，在室内运动时固定在绳梯下或请搭档按住双脚。

绳索卷腹 22

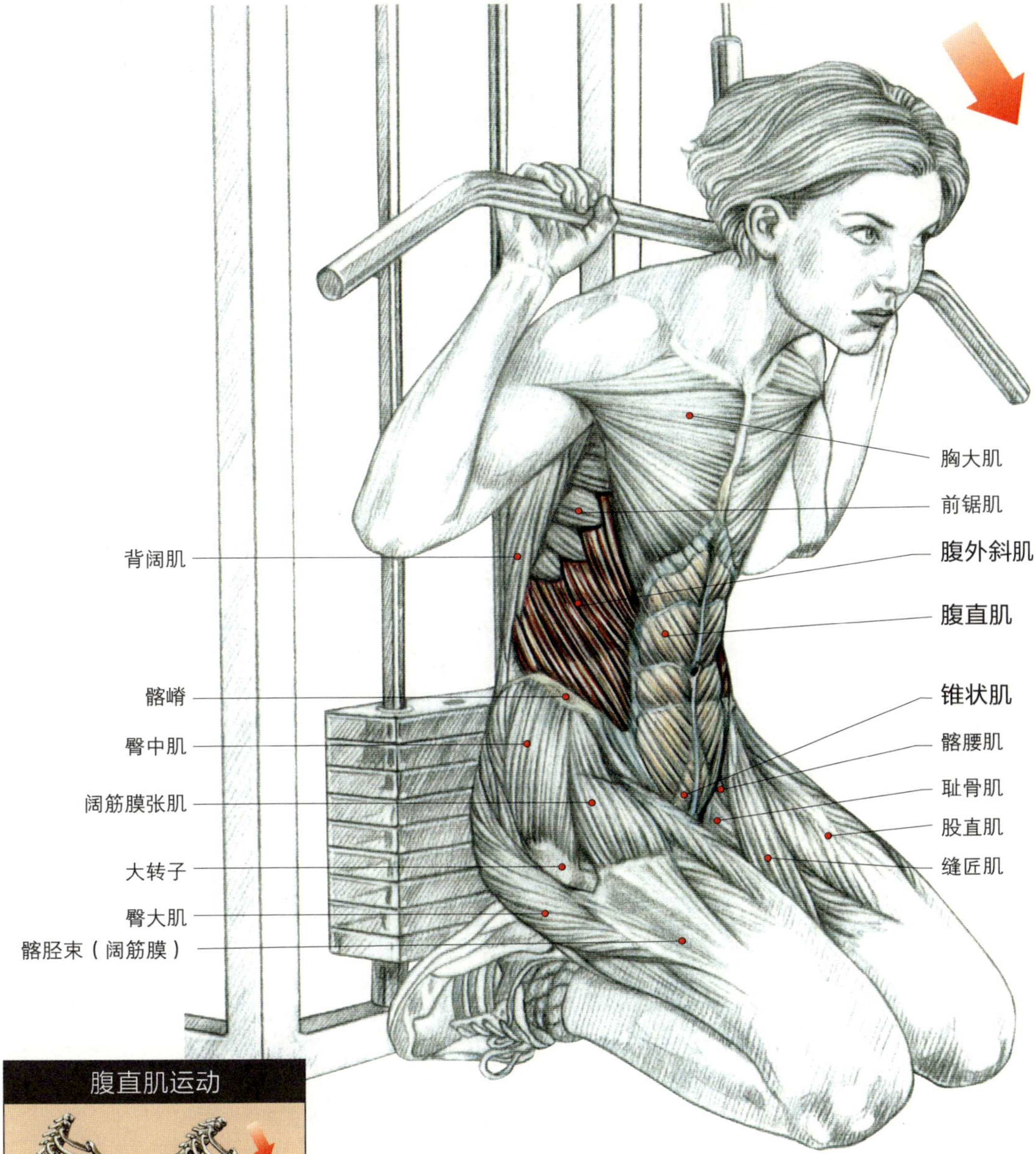

腹直肌运动

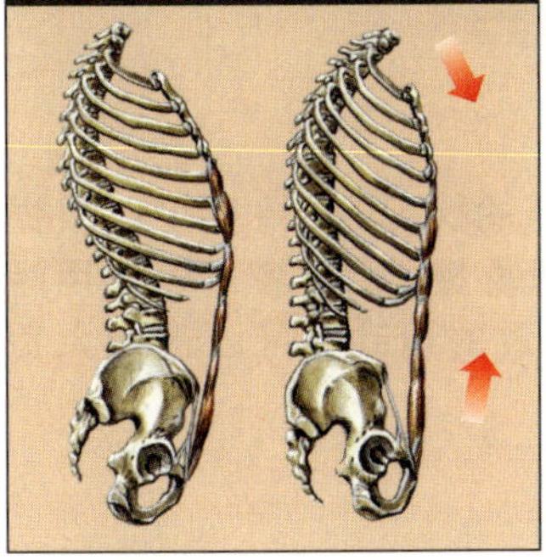

跪姿，双手握住拉杆置于颈后：

- 吸气，弯曲脊柱，使胸骨尽量靠近耻骨；
- 动作结束时呼气。

进行该项练习时不要用大负重，重点是集中注意力，更好感觉腹部核心，主要是腹直肌发力。

23 器械卷腹

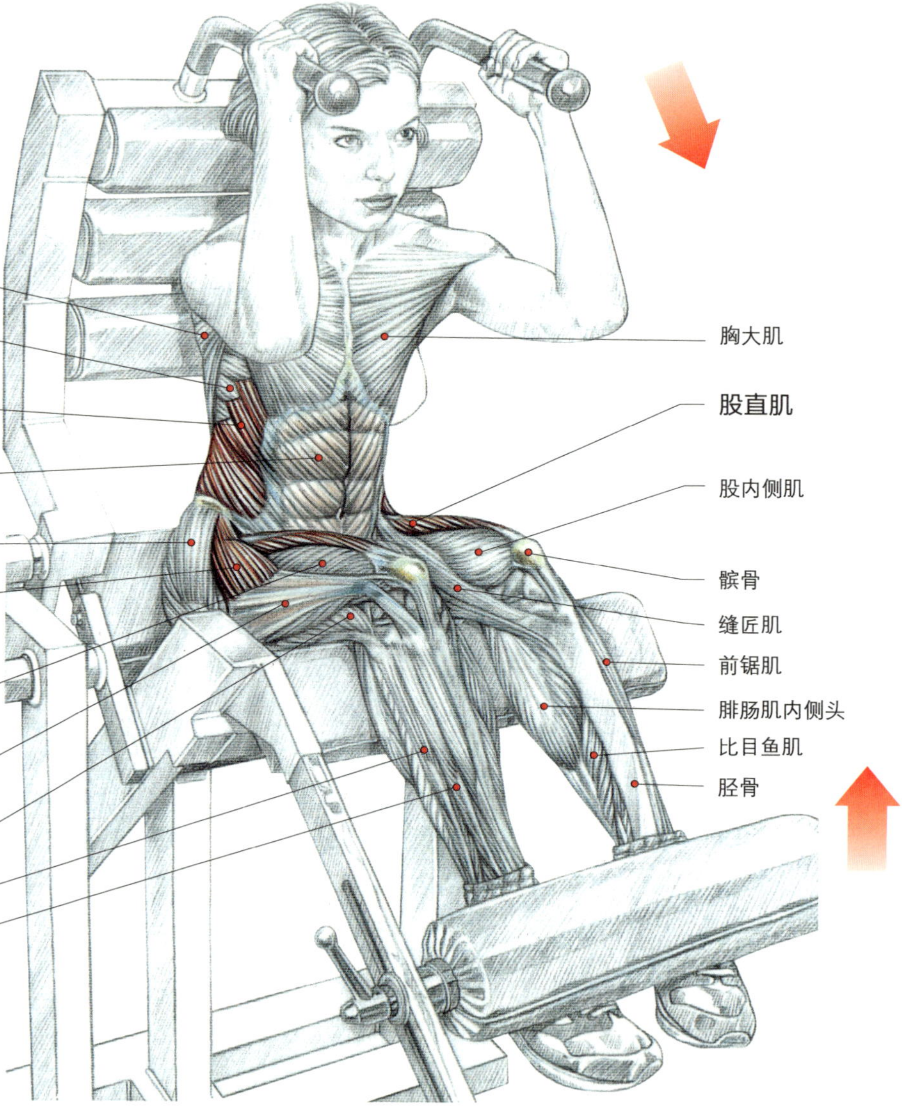

坐在器械上，双手紧握手柄，两脚固定在海绵轴下：

- 吸气，弯曲脊柱，使胸骨尽量靠近耻骨；
- 动作结束时呼气。

这是一项绝佳的练习，训练者可以根据自身情况调整负荷重量。初学者可以使用轻负重练习，训练有素的运动员可以进行大负重练习。

罗马椅体侧屈 24

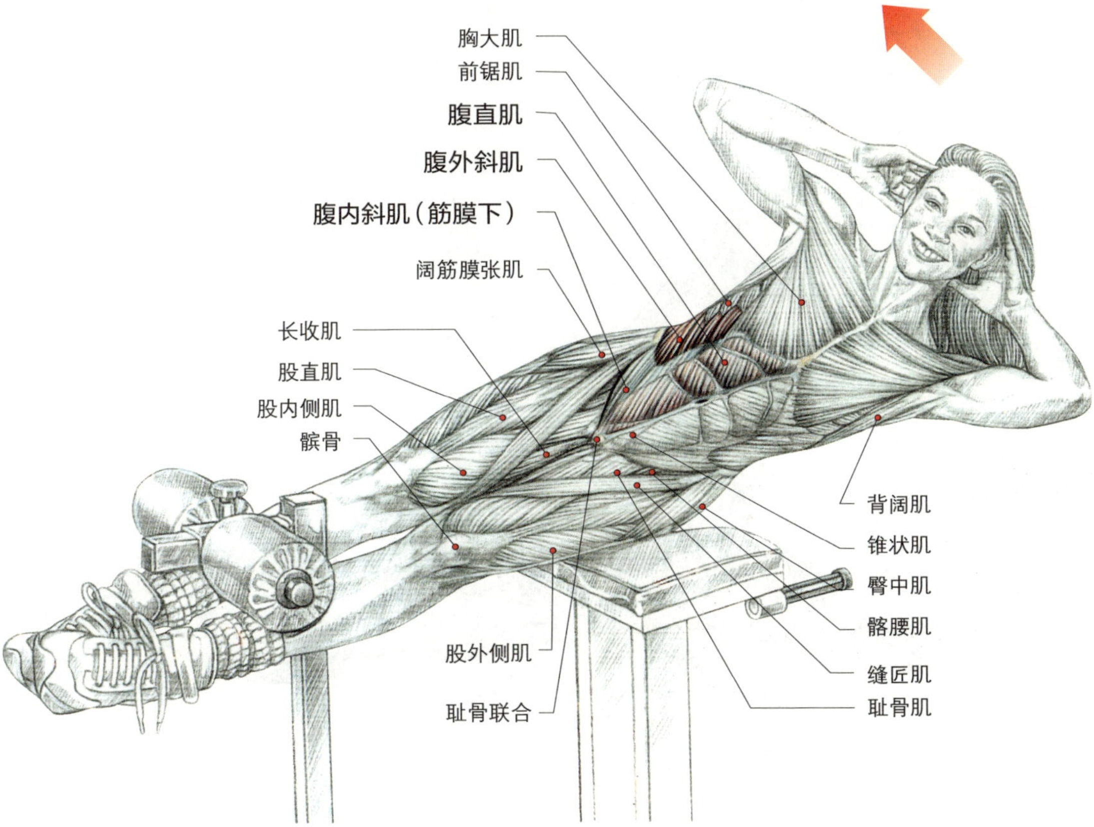

侧卧于罗马椅上，髋部贴着椅面，躯干悬空，双手放在脑后或胸前，双脚置于海绵固定轴下：

- 向侧面抬起躯干。

该动作主要锻炼身体弯曲侧的腹斜肌和腹直肌。为了避免躯干下降到低于水平位，另一侧的腹直肌通过等长收缩也得到一定锻炼。

需要注意，不太舒服的姿势可能使练习比较困难，如果椅垫不够柔软，可能会使髋部感到疼痛。

注意事项

弯曲躯干时，腰方肌持续得到刺激。

25 器械侧卧卷腹

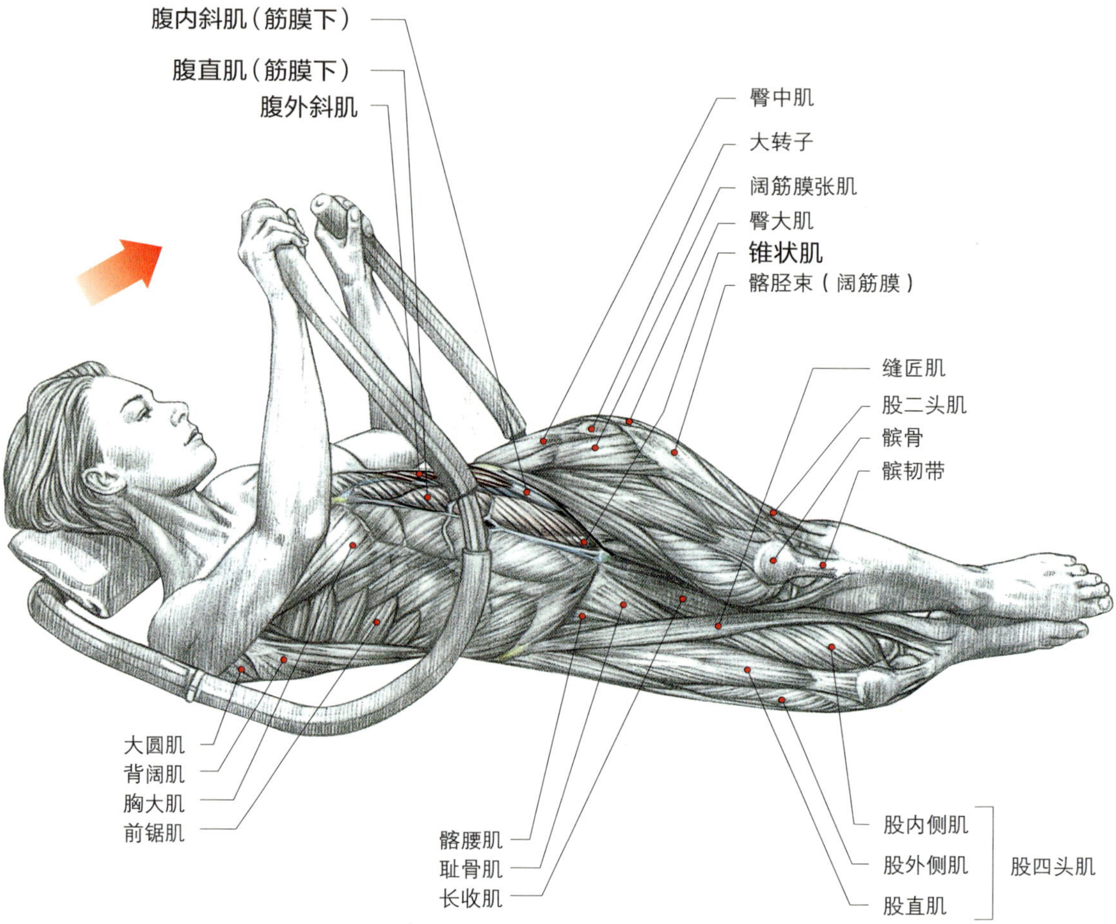

侧卧，大腿微微合拢，膝盖弯曲，双手握住手柄上部，头放在头枕上：

- 吸气，向侧面抬起躯干；
- 动作结束时呼气，缓慢回到起始位置并重复动作。

该动作主要锻炼弯曲侧的腹内斜肌和腹外斜肌，一定程度上也锻炼腹直肌。

低位拉力器体侧屈 26

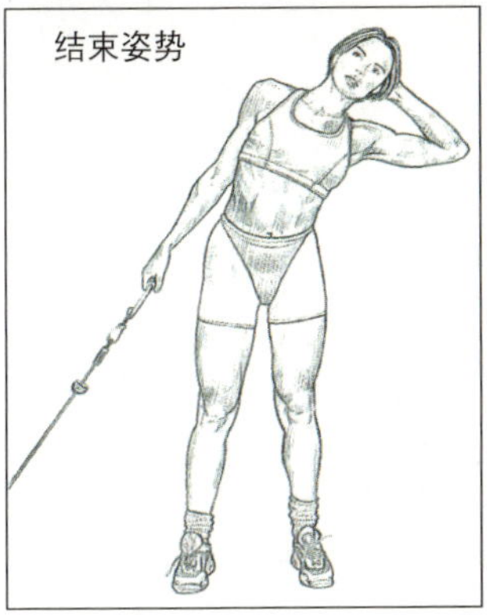

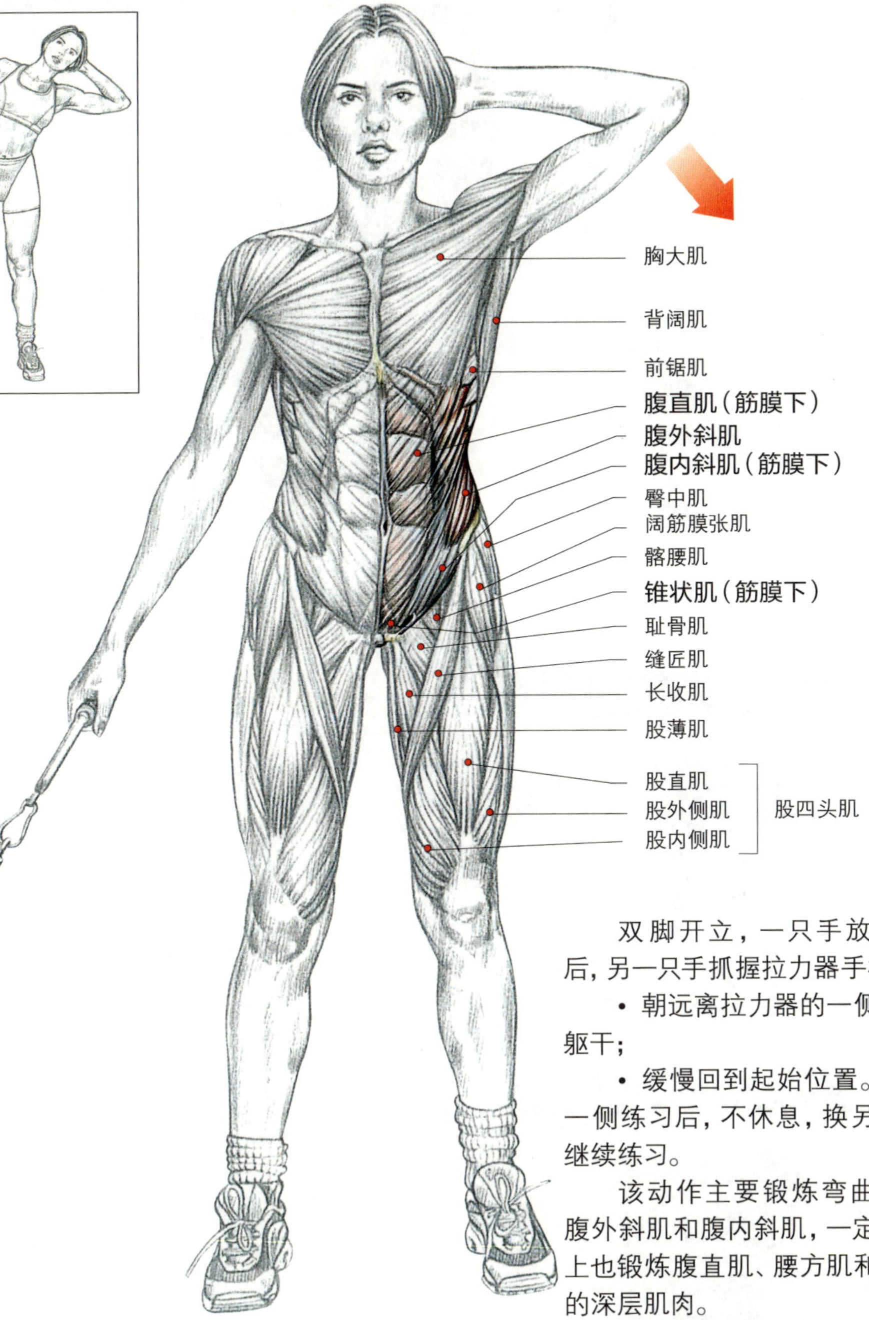

双脚开立，一只手放在头后，另一只手抓握拉力器手柄：

- 朝远离拉力器的一侧弯曲躯干；
- 缓慢回到起始位置。完成一侧练习后，不休息，换另一侧继续练习。

该动作主要锻炼弯曲侧的腹外斜肌和腹内斜肌，一定程度上也锻炼腹直肌、腰方肌和背部的深层肌肉。

与哑铃体侧屈（详见第125页）相比，使用低位拉力器能更轻松地以更大负重练习，从而更好感受腹斜肌的作用。

27 高位下拉器体侧屈

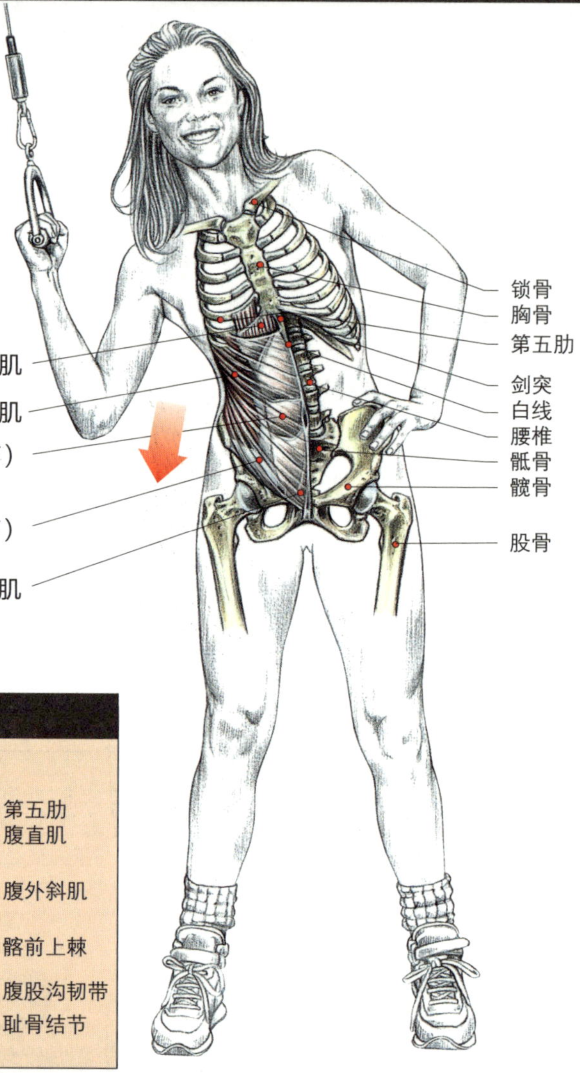

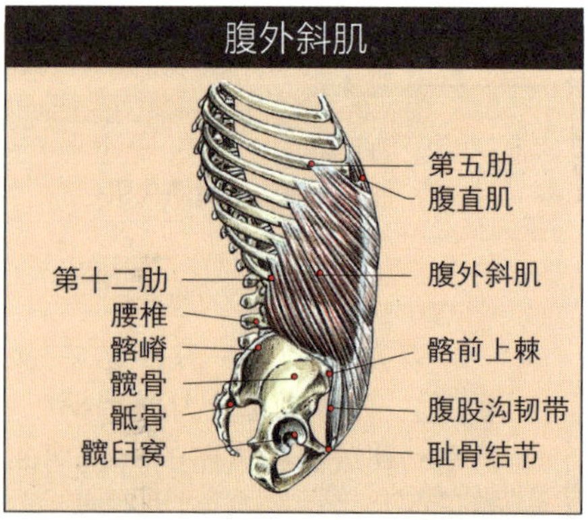

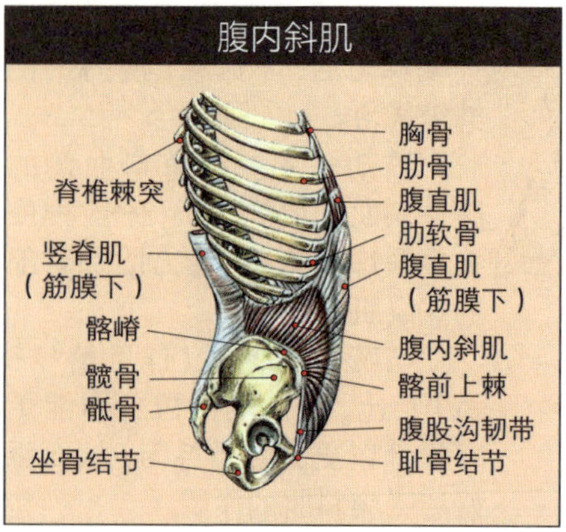

双脚开立，两脚间距略比肩宽，一只手抓握下拉器手柄，另一只手放在腰间：

- 向靠近手柄侧弯曲躯干，回到起始姿势。

该练习主要锻炼弯曲侧的腹外斜肌和腹内斜肌，同时一定程度上锻炼腹直肌、背部深层肌肉以及腰方肌。

为了达到最佳效果，建议以高组数两边交替练习，中间不休息；或增加负重，以较低组数练习。

变化动作

可以将抓握手柄侧的肩膀前倾，从而在进行侧屈时略微扭转躯干。

哑铃体侧屈 28

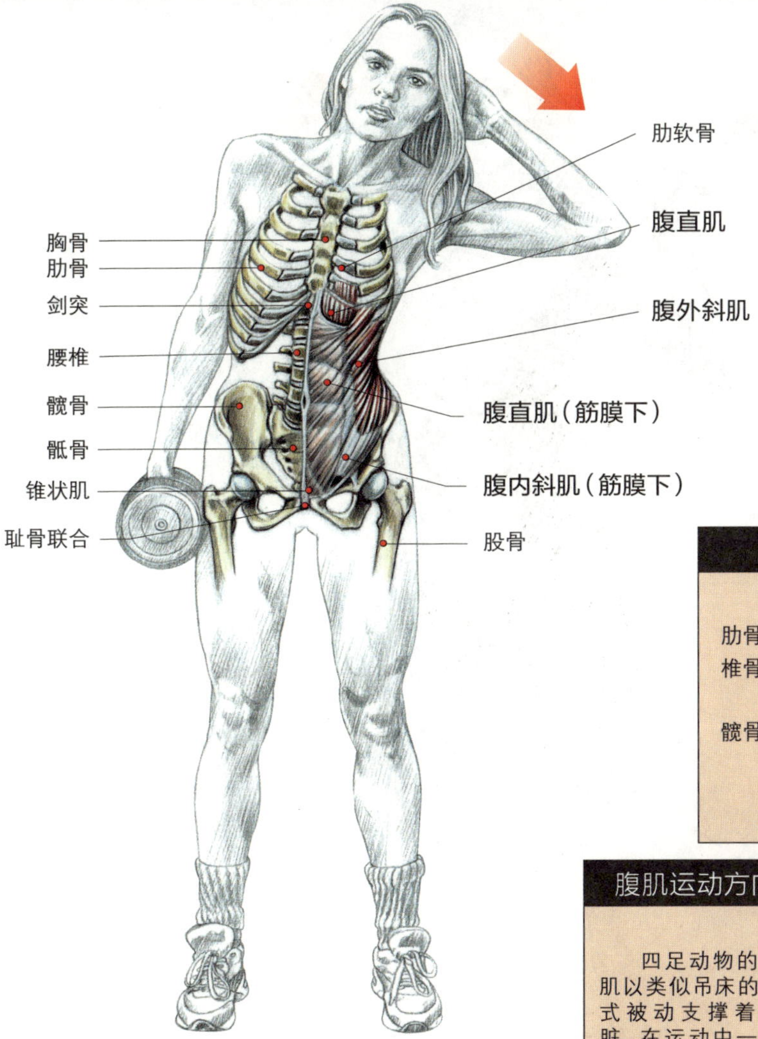

两脚开立，一只手放在脑后，另一只手抓握哑铃：

• 向持哑铃侧相反方向弯曲躯干；

• 回到起始姿势，或躯干顺势屈向另一侧。左右手交替持哑铃训练，中间不要停歇。

该练习主要锻炼身体弯曲侧的腹斜肌，一定程度上也锻炼腹直肌、背部深层肌肉和腰方肌。

腰方肌

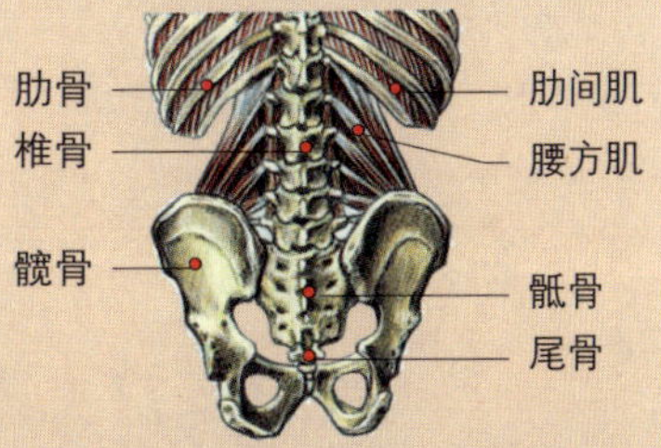

腹肌运动方向和内脏固定系统示意图

四足动物的腹肌以类似吊床的方式被动支撑着内脏，在运动中一般不太起积极作用。而人类在向两足行走进化的过程中，腹肌得到了极大加强。在垂直的姿势下，将盆骨与躯干紧密连接，从而防止躯干在行走或奔跑时过度摇摆。腹肌成为了强有力的固定肌，能主动裹住内脏。

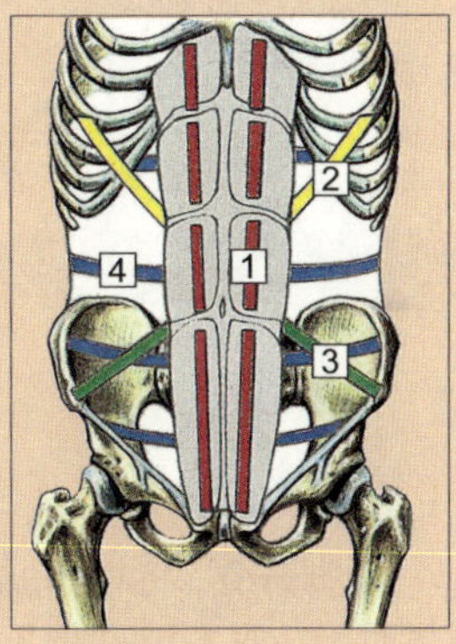

1. 腹直肌
2. 腹外斜肌
3. 腹内斜肌
4. 腹横肌

29 横杆转体

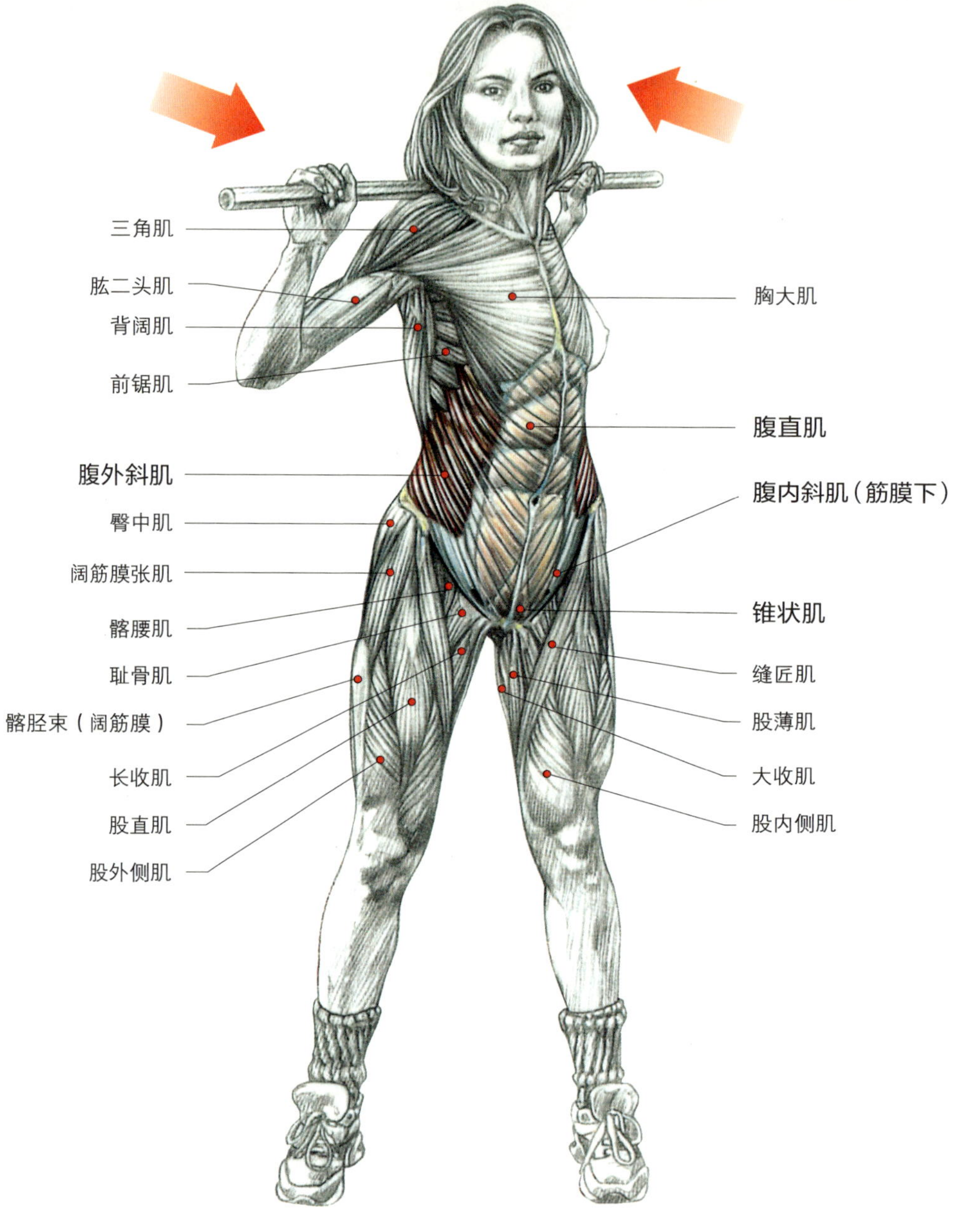

双脚开立，将横杆放在三角肌后束上方的斜方肌上。双手持杆但不要太用力压杆：

• 向一侧旋转躯干，随后向反方向旋转，通过臀部的等长收缩保持髋部稳定不动。

当右肩向前时，该练习锻炼右侧腹外斜肌、左侧腹内斜肌，一定程度上也锻炼腹直肌、腰方形肌，以及左侧的脊柱伸肌。

为了增加训练强度，可以稍微拱起背部。坐在训练椅上练习的变化动作，可以固定骨盆并专注于训练腹部肌肉。

每次练习持续数分钟可以取得最佳效果。

坐姿横杆转体 30

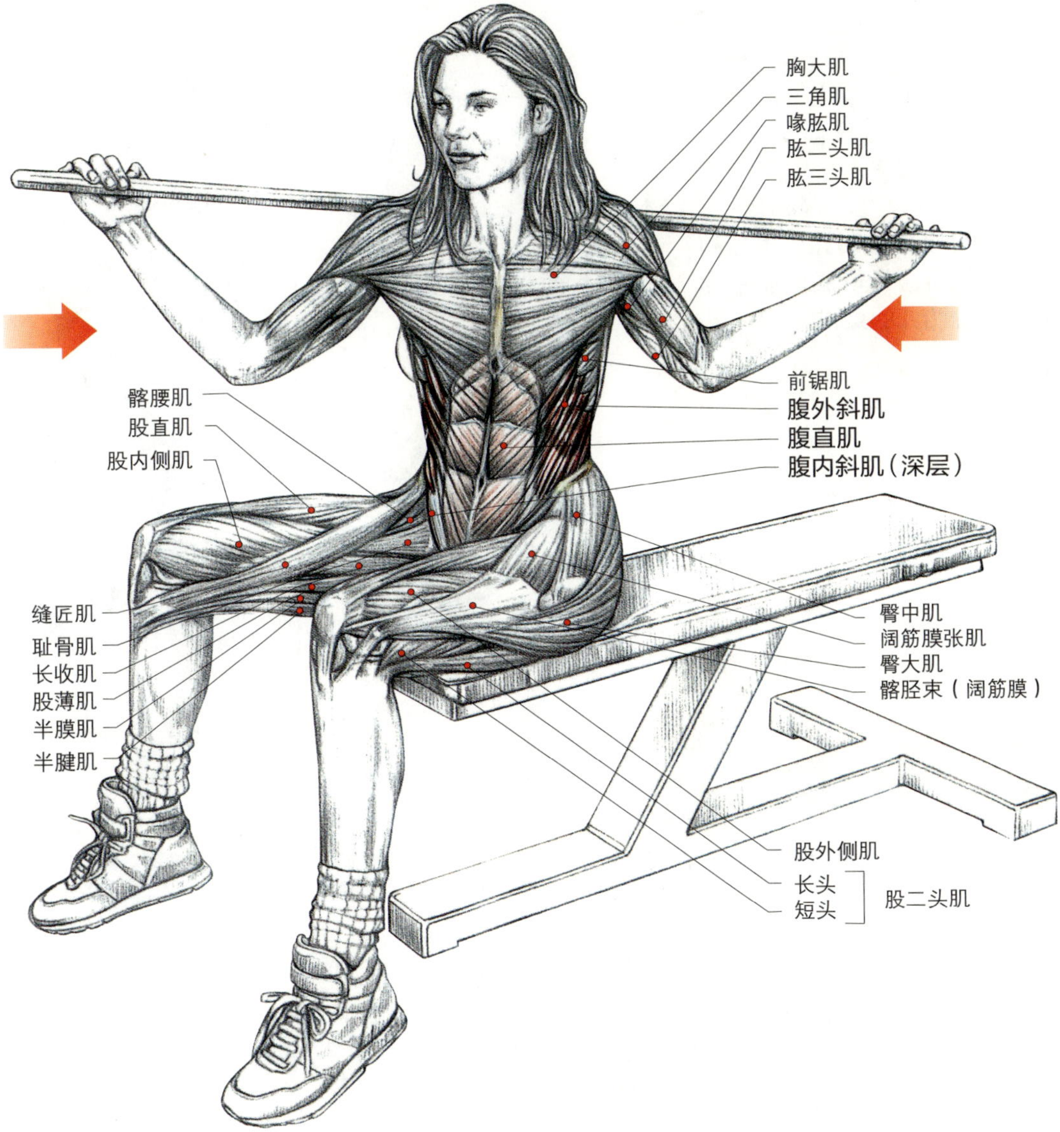

坐在训练椅上，将横杆放在三角肌后束上方的斜方肌上，双手持杆：

- 向一侧旋转躯干，随后向反方向旋转。

当右肩向前时，该练习锻炼右侧腹外斜肌、位于深层的左侧腹内斜肌，一定程度上也锻炼腹直肌、腰方形肌，以及左侧的脊柱伸肌。为了增加训练强度，可以稍微拱起背部。

每次练习持续数分钟可以取得最佳效果。

在同一组训练中，我们可以交替缓慢转体和快速转体。

例如：100次缓慢转体，随后立刻接上50次快速转体。

骨盆倾斜

与男性相比，女性普遍骨盆会稍向前倾斜，导致女性臀部更“突出”，耻骨在大腿间更“下陷”，显得下腹部轻微隆起。不同于女性典型的“小肚子”，男性骨盆前倾幅度较小，腹肌壁通常较直。

在怀孕时，女性特殊的骨盆姿势可以避免胎儿过度压迫内脏，因为这能使腹部肌群承担一部分胎儿的重量。

女性与男性骨盆倾斜程度对比

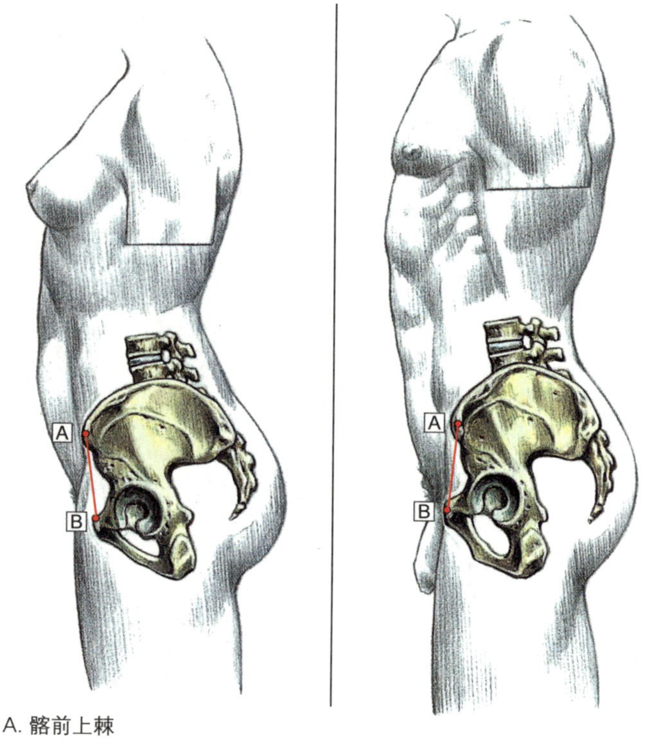

A. 髂前上棘
B. 耻骨结节

孕妇腹部中线切面

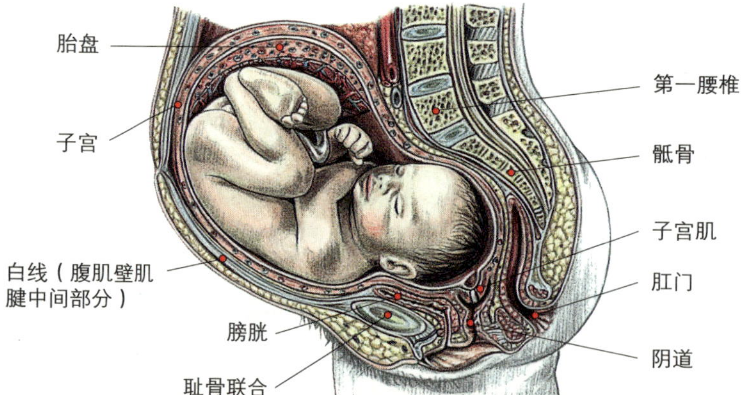

女性骨盆前倾的姿势能使腹部核心肌群像“吊床”一样承担胎儿的一部分重量。

坐姿器械转体 31

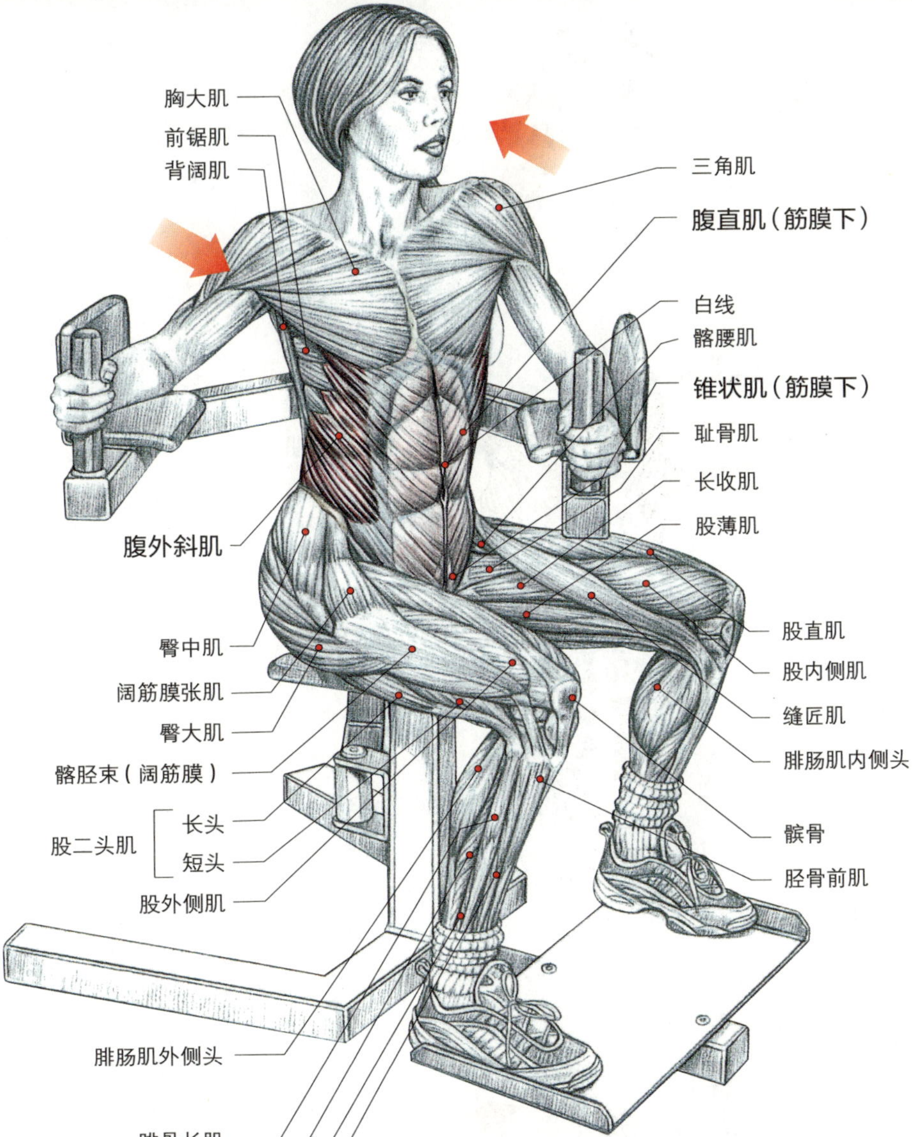

坐在器械上，双手抓握手柄，双脚和小臂保持固定：

• 向一侧转动躯干，随后转向另一侧。

右侧肩向前时，该练习锻炼右侧腹外斜肌，位于深层的左侧腹内斜肌，一定程度上也锻炼腹直肌、腰方肌以及左侧的脊柱伸肌。

像所有的转体练习一样，进行该练习时动作要有控制，避免突然发力。

每组练习数分钟，直至肌肉产生灼热感，锻炼效果最佳。

32 站姿器械转体

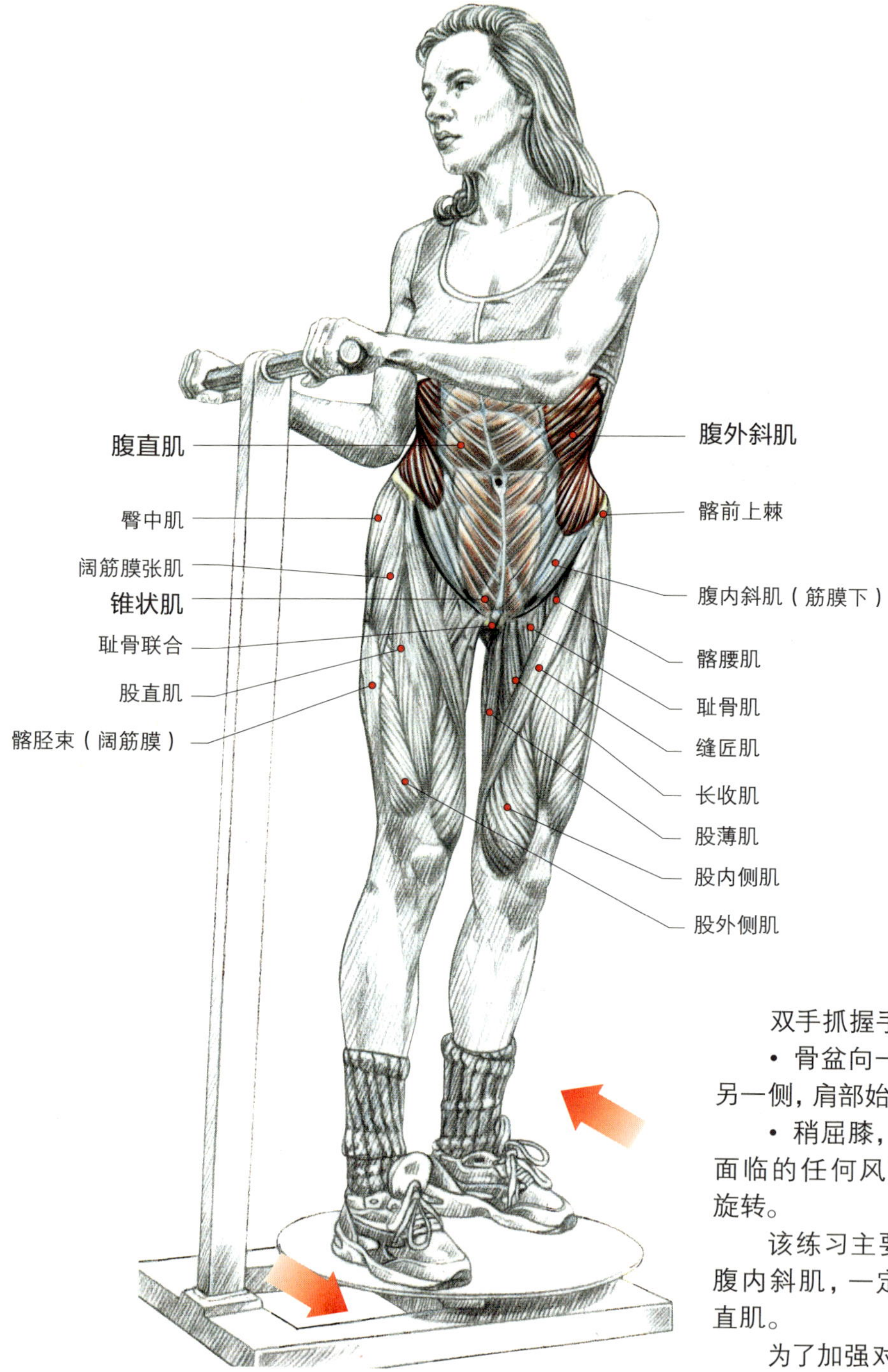

双手抓握手柄，站在转盘上：

• 骨盆向一侧旋转，然后转向另一侧，肩部始终保持固定不动；

• 稍屈膝，避免韧带拉伸可能面临的任何风险，有控制地进行旋转。

该练习主要锻炼腹外斜肌和腹内斜肌，一定程度上也锻炼腹直肌。

为了加强对腹斜肌的拉伸，可稍拱起背部。

高组数训练效果最佳。

跪姿腹式呼吸 33

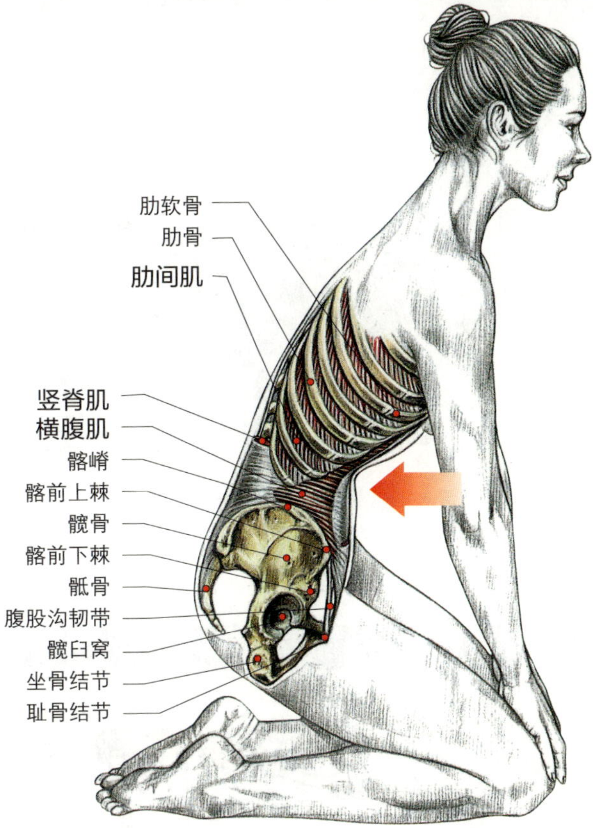

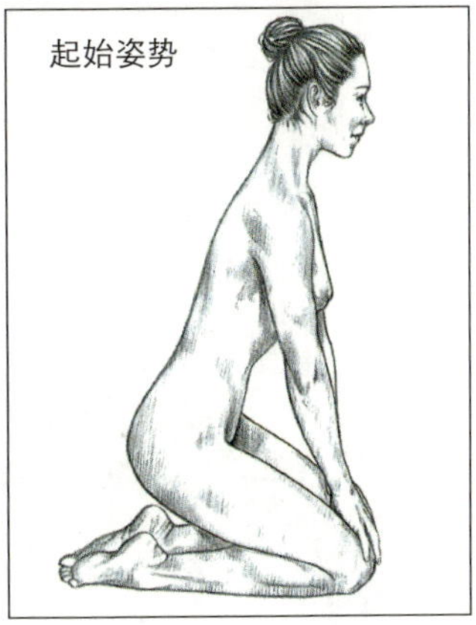

跪姿，臀部稍抬离脚跟，双臂伸直，双手撑在大腿上，背部稍拱起：

- 吸气，屏住呼吸，尝试最大限度地收腹；
- 呼气并回到起始姿势。

该练习主要锻炼腹部最深层的腹横肌，其环形和横向纤维在收缩时缩小腹部区域直径。

腹横肌常常会因为妊娠而松弛，推荐产后练习该动作，增加肌肉弹性。

注意事项

腹横肌的收缩难以感知，因此建议将注意力集中于肌肉感受，而不是锻炼强度上。

变化动作

可以用四肢触地，背部轻微拱起的姿势锻炼腹横肌。和跪姿训练一样，练习时吸气、屏住呼吸，收腹并呼气回到起始姿势。

腹部深层肌肉

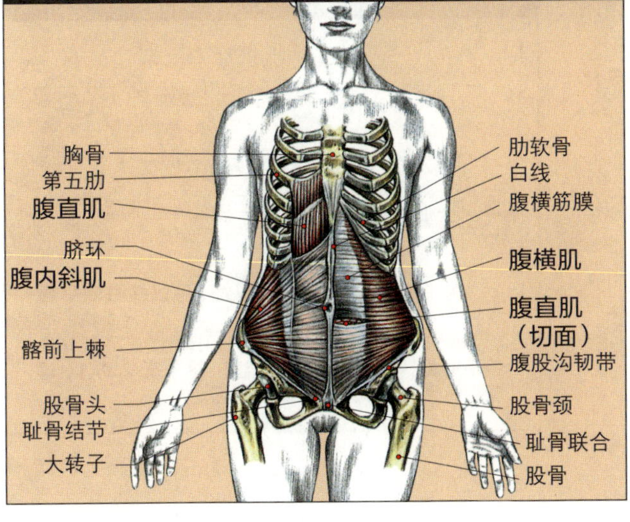

变化动作 四肢触地

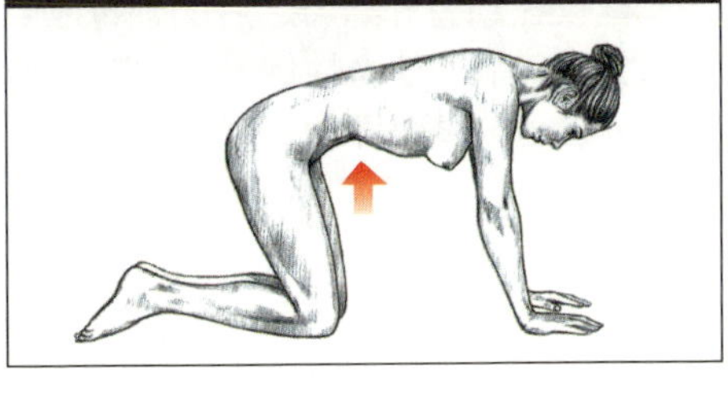

34 平板支撑

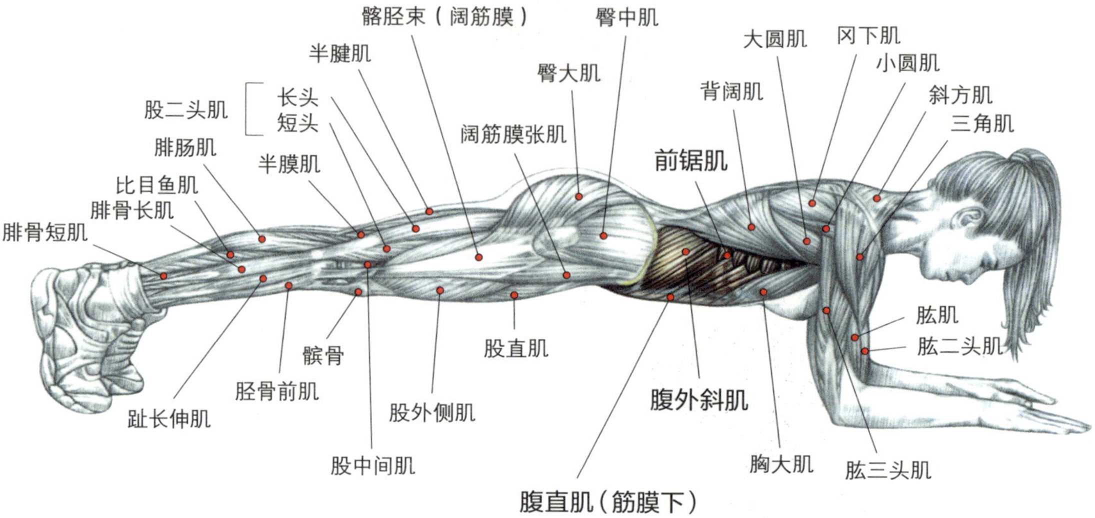

双手撑地，以肘部和脚尖支撑，身体尽可能伸直，尽量避免背部反弓。

保持该姿势10~30秒，正常呼吸。头部始终面朝地面，避免颈部过度发力。

该动作主要锻炼腹直肌、腹外斜肌和腹内斜肌。

练习时，前锯肌也受到强烈刺激，以保持肩胛骨贴着胸廓。

注意事项

平板支撑是一项静力性（或称等长）练习，即肌肉收缩不会导致任何关节活动。

建议在动力性练习之后的训练项目中加入平板支撑动作。动力性练习会引起关节活动，如仰卧起坐或卷腹等。

前锯肌的作用

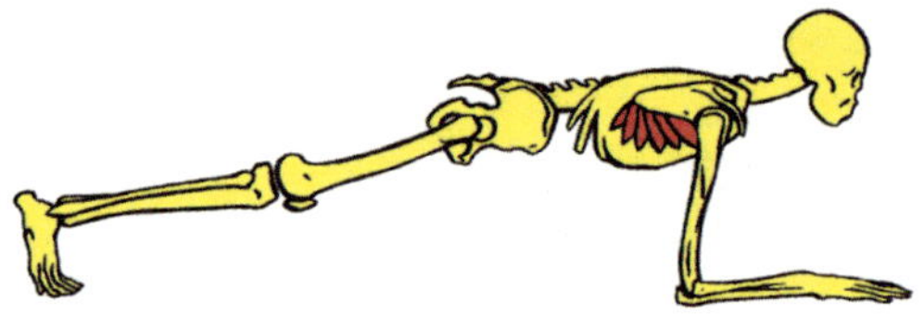

前锯肌受到强烈刺激，以保持肩胛骨贴着胸廓。

变化动作 侧平板支撑

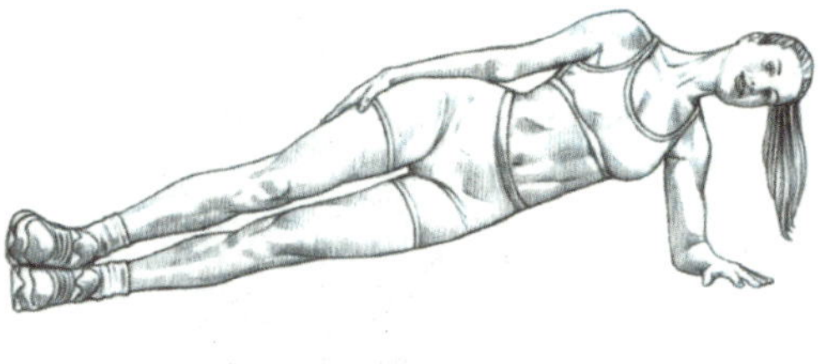

为了加强对腹斜肌的锻炼，可以练习侧平板支撑。

也可以进行轻量的动力性训练，缓慢降低骨盆但不触地，随后回到起始姿势。这一变化动作，建议每组重复10次动作，缓慢练习。

腹部拉伸

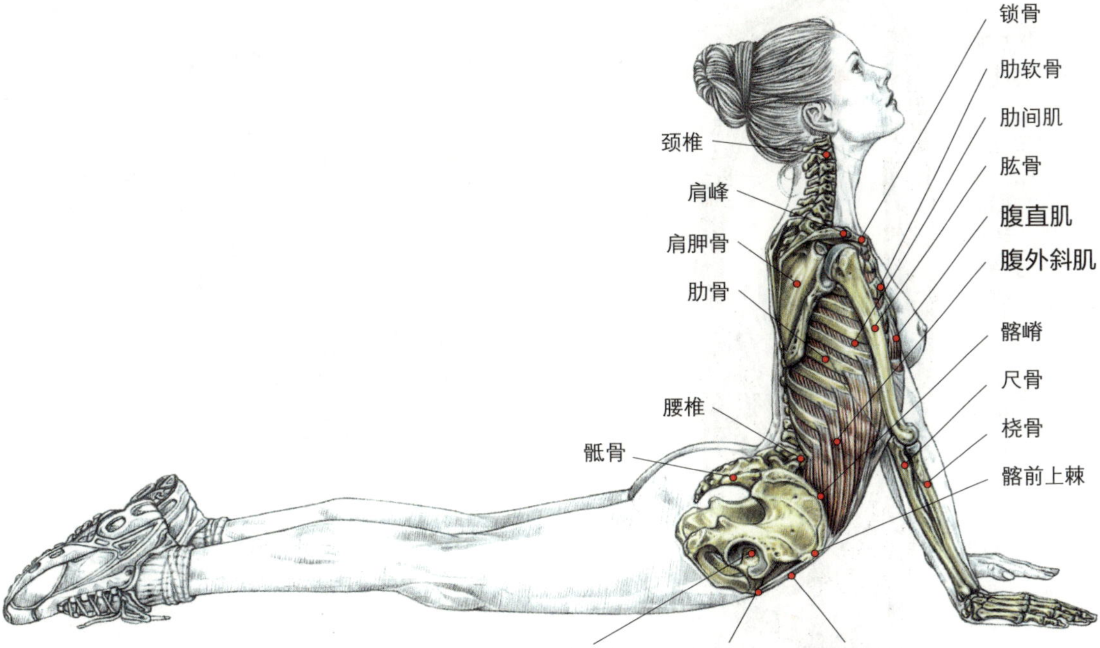

俯卧在地上，以双手为支撑伸直手臂：

• 缓慢伸直躯干，头轻微向后仰；

• 保持此姿势一会儿，轻柔地呼吸，感受腹肌前部的拉伸。避免过度反弓背部。

注意事项

患有腰椎疾病的情况下，应避免进行腹部拉伸。

变化动作

也可以将手撑在训练椅上，双脚放在地上练习腹部拉伸，或仰卧在健身球上练习。

上半身整体拉伸

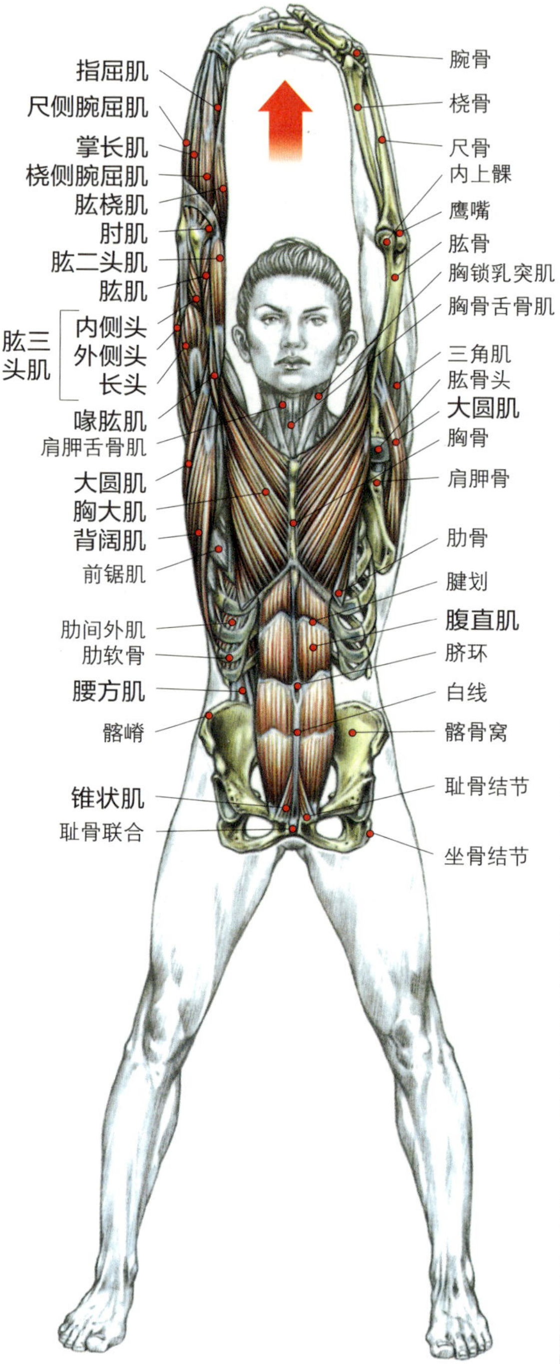

双脚开立，间距与骨盆同宽，背部挺直：

- 双臂向上伸展，双手合并，手指交叉，掌心向上；
- 吸气，鼓起胸膛并拉伸肋间肌，尽量朝上推手，保持背部和头部挺直；
- 缓慢呼气并放松，然后重复动作。

该上半身整体拉伸练习尤其能拉伸肋间肌、腹直肌、背阔肌，大圆肌和肱三头肌长头部分。

向侧面倾斜躯干时，能加强对腹外斜肌、腹内斜肌、腰方肌和竖脊肌下部和中部肌肉的拉伸。

注意事项

在高强度的腿举、深蹲或大负重硬拉后，胸廓和脊椎受到压缩。练习该拉伸动作可以很好地放松肌肉，恢复平静。

变化动作 体侧屈

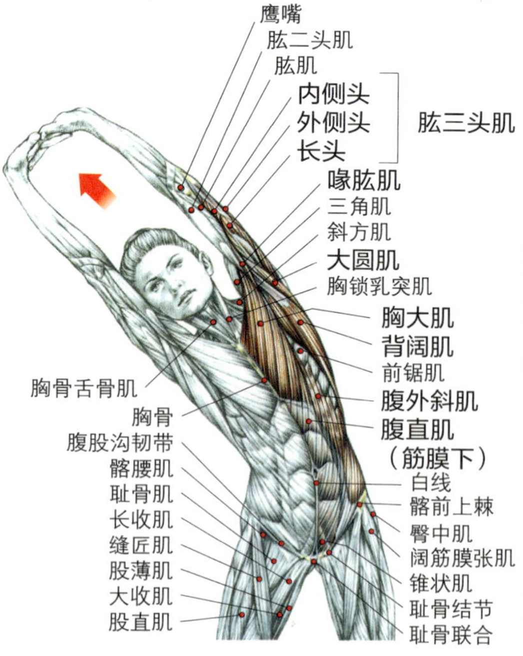

04 背部、斜方肌和颈部训练

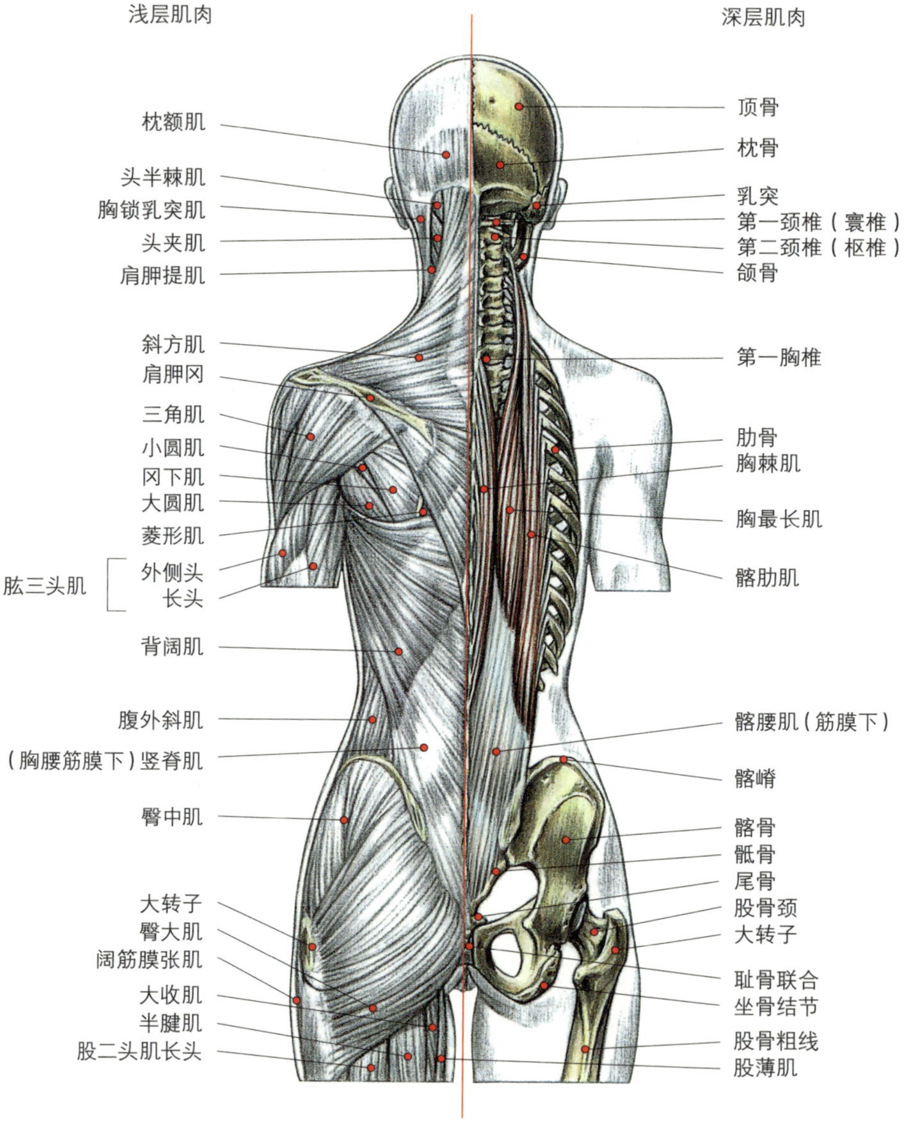
浅层肌肉
深层肌肉
枕额肌
头半棘肌
胸锁乳突肌
头夹肌
肩胛提肌
斜方肌
肩胛冈
三角肌
小圆肌
冈下肌
大圆肌
菱形肌
肱三头肌
外侧头
长头
背阔肌
腹外斜肌
（胸腰筋膜下）竖脊肌
臀中肌
大转子
臀大肌
阔筋膜张肌
大收肌
半腱肌
股二头肌长头
顶骨
枕骨
乳突
第一颈椎（寰椎）
第二颈椎（枢椎）
颌骨
第一胸椎
肋骨
胸棘肌
胸最长肌
髂肋肌
髂腰肌（筋膜下）
髂嵴
髂骨
骶骨
尾骨
股骨颈
大转子
耻骨联合
坐骨结节
股骨粗线
股薄肌

俯卧小燕飞 01

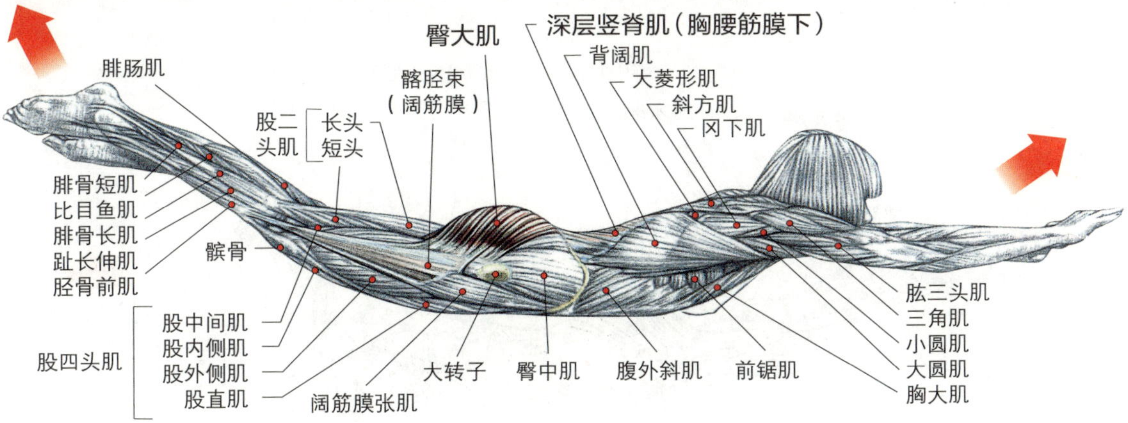

起始姿势

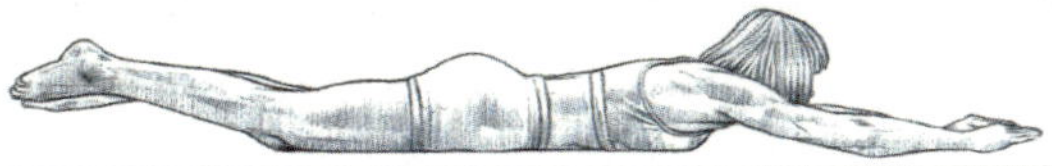

俯卧在地上，抬起头看向前方，伸直四肢并稍稍抬离地面：

- 伸展躯干并尝试同时尽量抬高手臂和双腿；
- 保持几秒的等长收缩，回到起始姿势。

缓慢练习，每组重复10~15次动作效果最佳。

在缺少训练器械的情况下，该练习可以很好地锻炼整个竖脊肌，尤其是腰部部分。

臀大肌和颈部肌肉（颈夹肌、半棘肌、斜方肌上束或锁骨部）也得到一定锻炼。

变化动作 摆臂练习

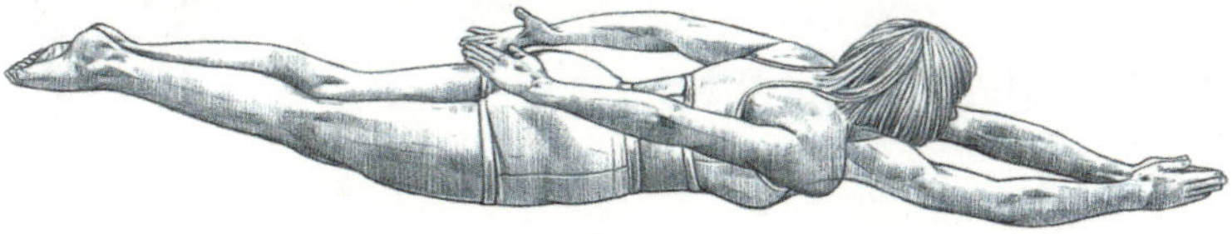

俯卧在地上，抬起头看向前方，背部稍稍反弓。伸直四肢，离地几厘米，双手合十。

尝试让手在背部合十，回到起始姿势，注意手和脚始终不触地。

每组重复10~15次动作能取得较好效果。

与小燕飞一样，该练习锻炼整个竖脊肌。当手臂在背后靠拢时，菱形肌以及斜方肌中束和下束也得到锻炼。

注意事项

该练习需要大幅摆动手臂，患有肩胛骨、肱骨病痛的人群，即单侧或两侧肩膀不适的人不应练习此动作。

02 俯卧伸臂后伸腿

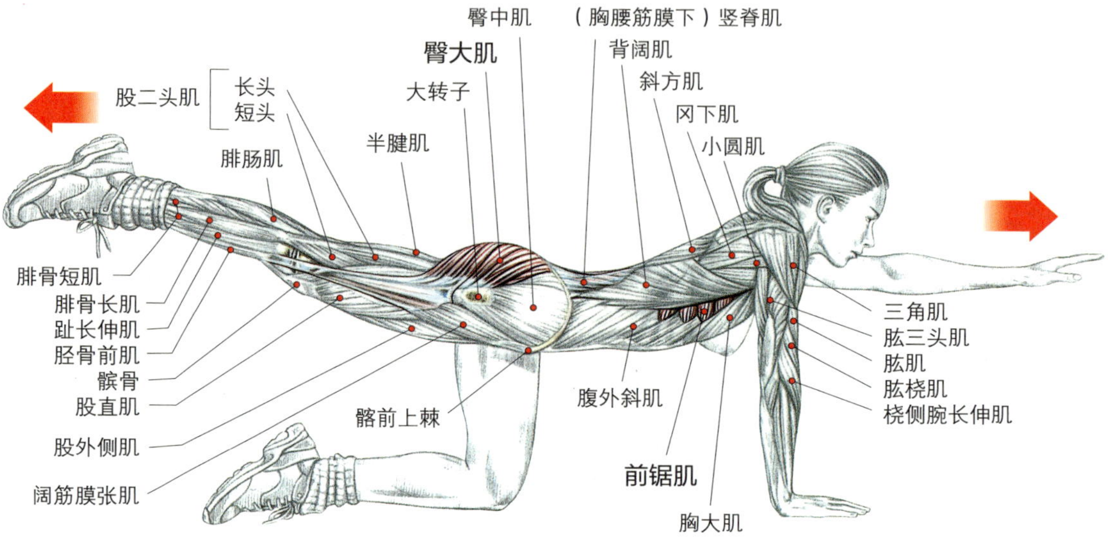

左膝跪地，右手撑地：

• 吸气，缓慢抬起右腿和左臂，尽量保持背部挺直，结束抬臂和抬腿后呼气；

• 保持该姿势10~20秒，缓慢呼吸，然后回到起始姿势；

• 换边重复动作。

该练习锻炼臀大肌、腰方肌、整个竖脊肌（沿着脊椎分布的深层肌肉）。当手臂抬起时也锻炼三角肌。

需要注意，撑地手臂一侧的前锯肌也得到刺激，以保持肩胛骨稳定。

变化动作

练习时也可以不间断地交替换边抬起四肢。

女性臀部和腰部的形态学标志

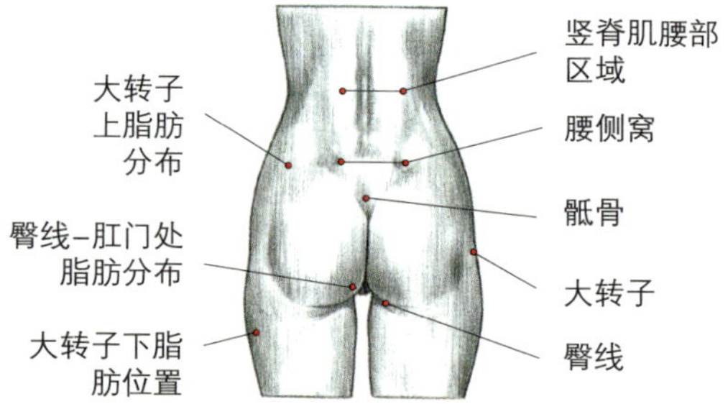

罗马椅挺身 03

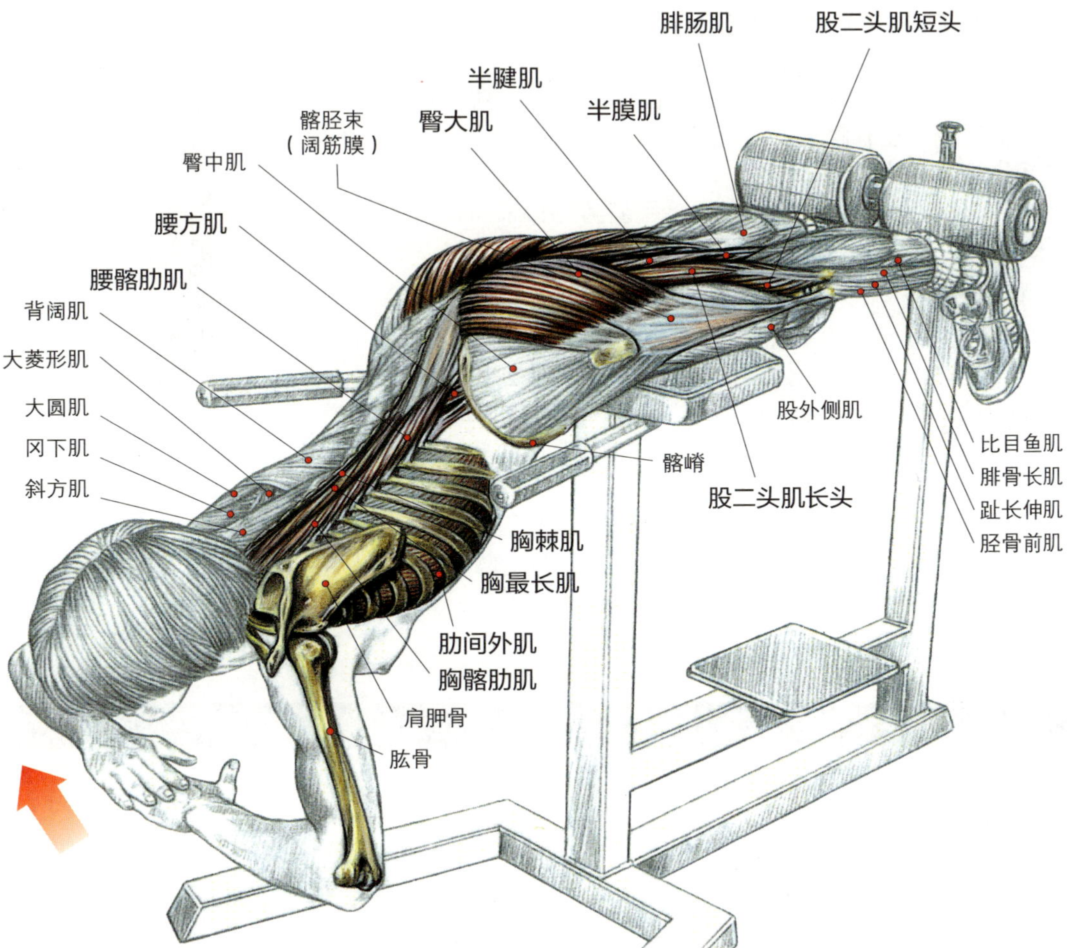

俯卧在训练椅上，固定脚踝，以髋关节所在直线为弯曲轴，耻骨超出凳面：

• 躯干弯曲，抬起头做伸展，直至躯干与地面平行，随后做一个超伸动作，强调腰曲。最后一步需要谨慎进行，注意保护腰部。

动作示意图

该练习主要锻炼整个竖脊肌（髋肌、最长肌、胸棘肌、夹肌和头半棘肌）和腰方肌，一定程度上也锻炼臀大肌、腘绳肌（除了股二头肌短头部分）。

此外，完全弯曲躯干能很好放松整个髂腰肌。

保持骨盆在训练椅上不动，使旋转轴向身体前侧移动，使力量集中在髂腰肌上，但由于动作幅度减小，杠杆力量加强，锻炼强度降低。

可以在结束伸展时，保持躯干水平姿势几秒来强化肌肉集中发力。

变化动作

• 建议初学者使用斜凳，可以更舒适地练习该动作。

• 将横杆放在肩膀上练习挺身动作，可以使上背部保持不动，从而集中锻炼竖脊肌下部。

• 使用专项训练器械可以集中锻炼脊柱肌肉的髂腰肌群（详见第148页）。

• 为了增加强度，练习时可以在胸部或颈后固定一块数公斤重的铁片。

背部竖脊肌示意图

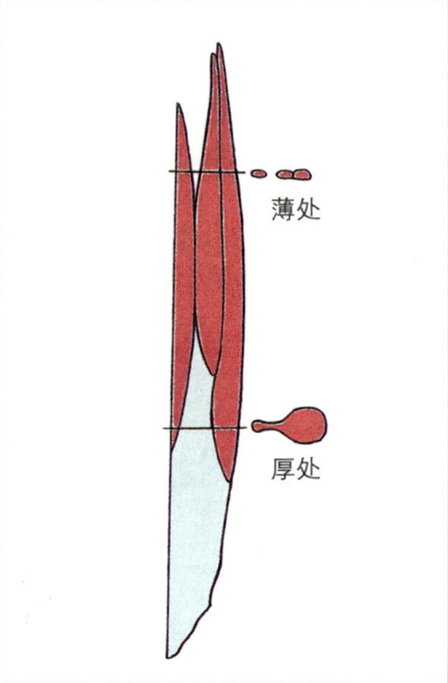

变化动作 将横杆置于肩上练习

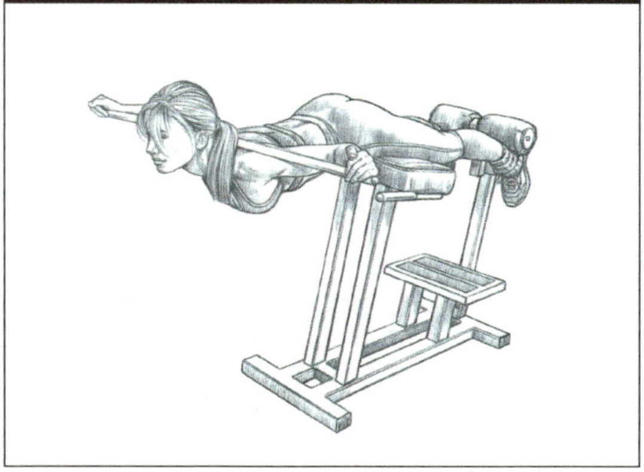

变化动作 斜凳练习

硬拉 04

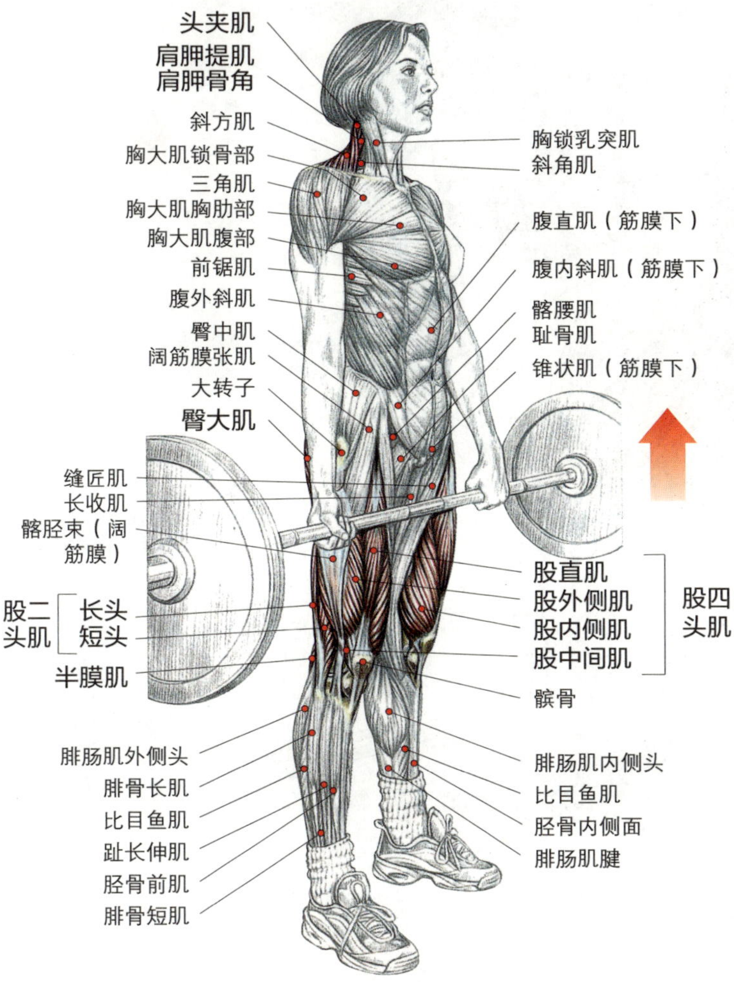

动作示意图

正反手握杠姿势　经典握杠姿势

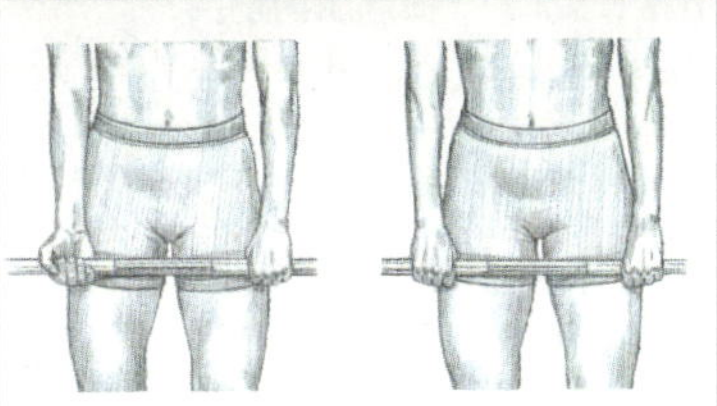

通过限制滚动，正反手握杠可以举起更重的负荷。

面向杠铃，两脚开立，背部保持稳定并略微反弓：

• 弯曲膝盖使大腿基本平行于地面，具体姿势根据脚踝柔韧度和个人身体形态有所调整（例如：股骨短手臂短，大腿位于水平线；股骨长手臂长，大腿会略高于水平线）；

• 伸直手臂，正手握杠，握距略比肩膀宽（或采用正反手握杆，即一只手正握，一只手反握，可以防止杠铃滚动，有助于承受更大的重量）；

• 吸气，屏住呼吸，收紧腹部和腰部肌肉，伸直腿拉起杠铃，使其沿着胫骨滑动；

• 当杠铃抬至膝盖位置时，完全挺直躯干，并伸展下肢；

• 动作结束时呼气。保持身体伸展2秒，然后放下杠铃，保持腹部和腰部肌肉收缩。

整个运动过程中，绝不能拱起背部。该练习可以锻炼全身肌肉，对于发展骶腰肌群和斜方肌非常有效；臀部肌肉和股四头肌也得到充分锻炼。

05 直腿硬拉

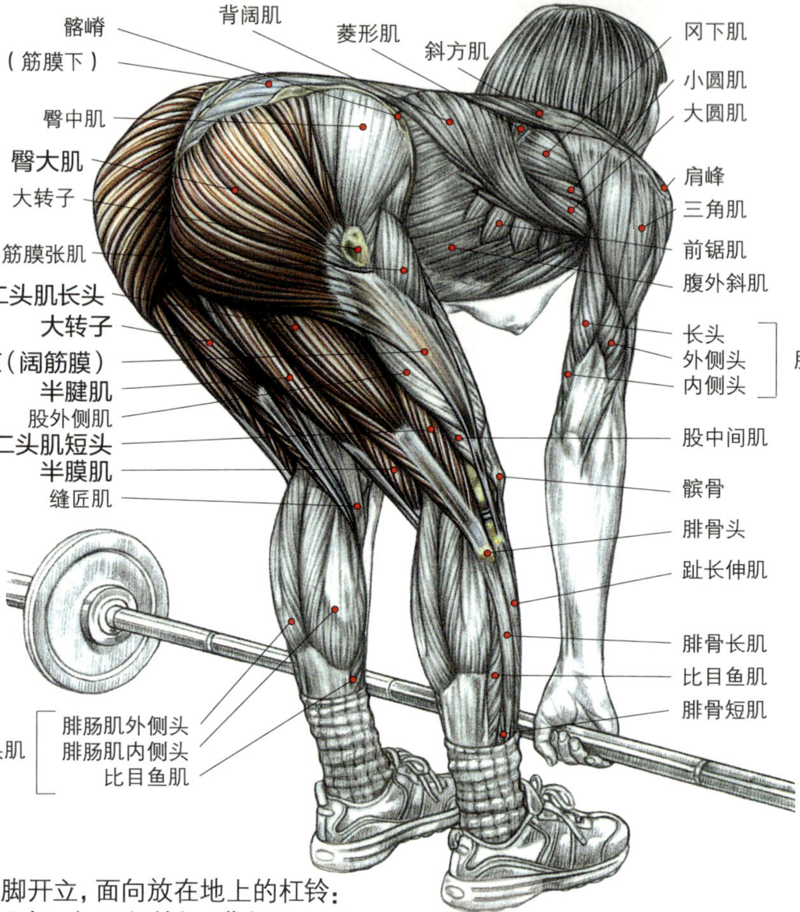

动作示意图

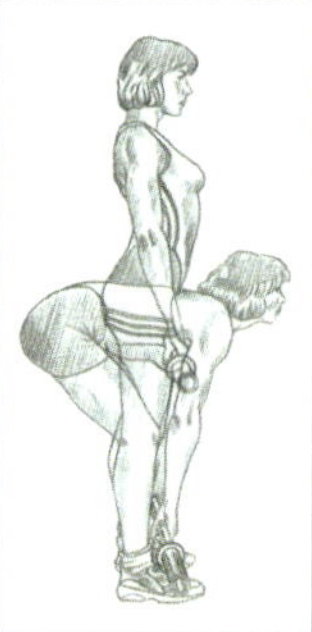

两脚开立，面向放在地上的杠铃：

• 吸气，躯干向前倾，背部反弓，如果可以的话尽量保持腿伸直；

• 正手握杠，保持双臂放松，用髋部带动躯干挺直，背部始终保持固定不动；

• 动作结束时呼气，回到起始姿势，但不要放下杠铃，重复动作。

为了避免任何受伤风险，练习时需注意始终不能拱起背部。

该练习锻炼位于脊柱两侧深层的肌肉，其主要作用是保持脊柱竖直。骨盆前后摆动挺起躯干时，臀大肌和腘绳肌（股二头肌短头除外）起主要作用。当躯干弯曲时，直腿硬拉可以拉伸大腿后侧。为了增加训练强度，可以站在比杠铃更高的位置。

注意事项

使用轻负荷练习，直腿硬拉可以作为腘绳肌的拉伸运动。使用的负荷越重，臀大肌发力就越多代替腘绳肌来竖直骨盆。

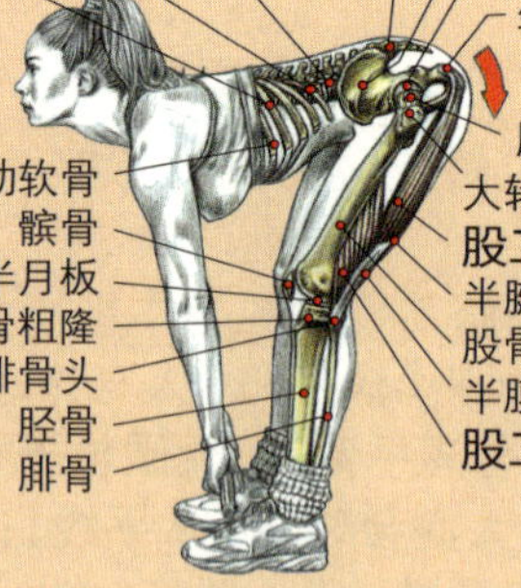

除了股二头肌短头，腘绳肌也积极参与骨盆后倾。

硬拉的正确练习方式

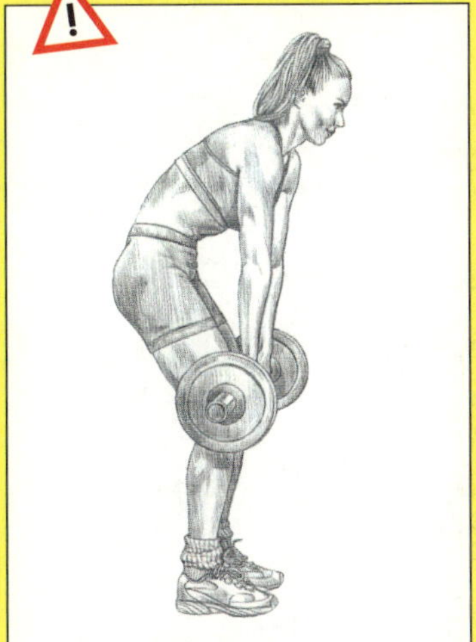

为了避免任何受伤风险，练习时需注意始终不能拱起背部。

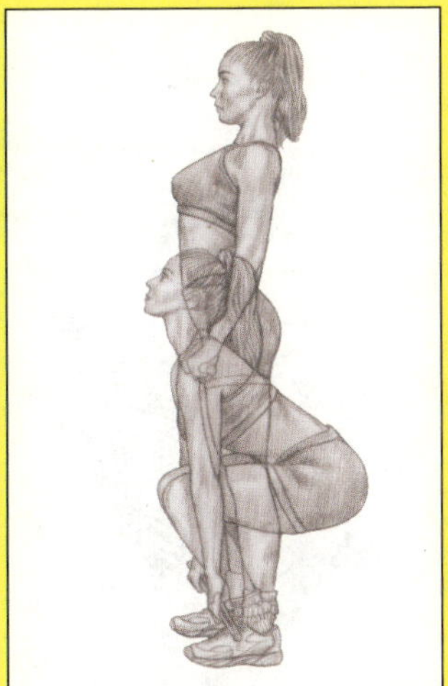

以窄步距练习，动作幅度更大。

以宽步距练习，动作幅度减小。

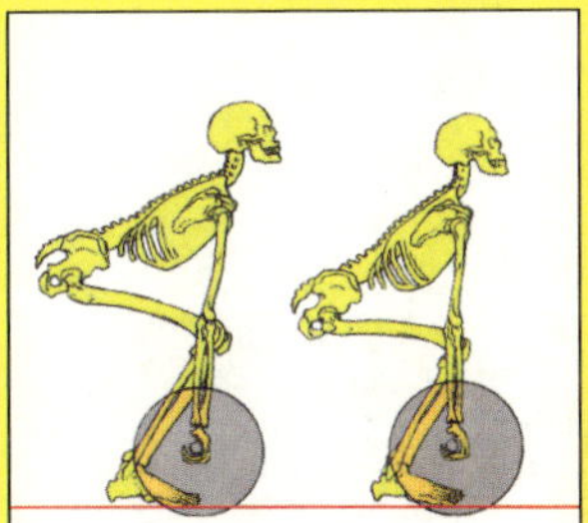

相较于四肢较短（右图）的身体结构，四肢较长（左图）的身体结构使得躯干更向前倾。

竖起骨盆时腘绳肌和臀大肌的动作

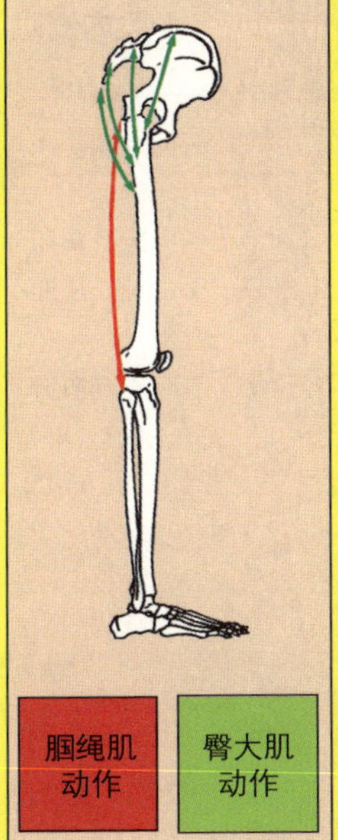

硬拉时锻炼的肌肉

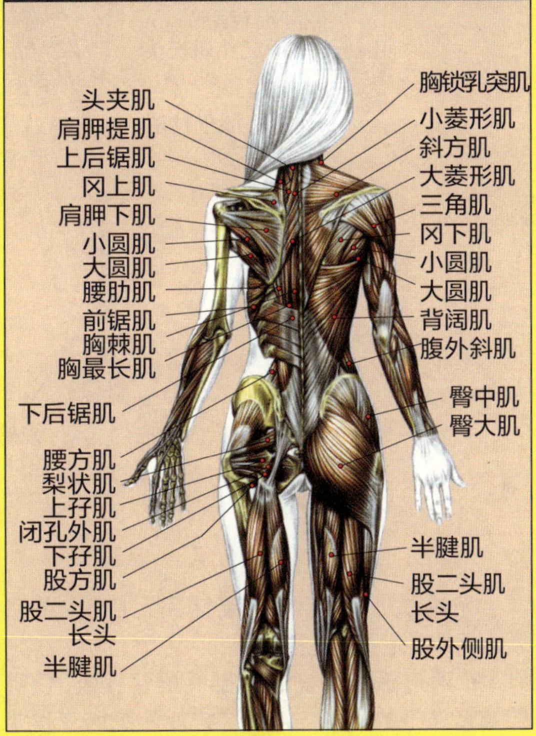

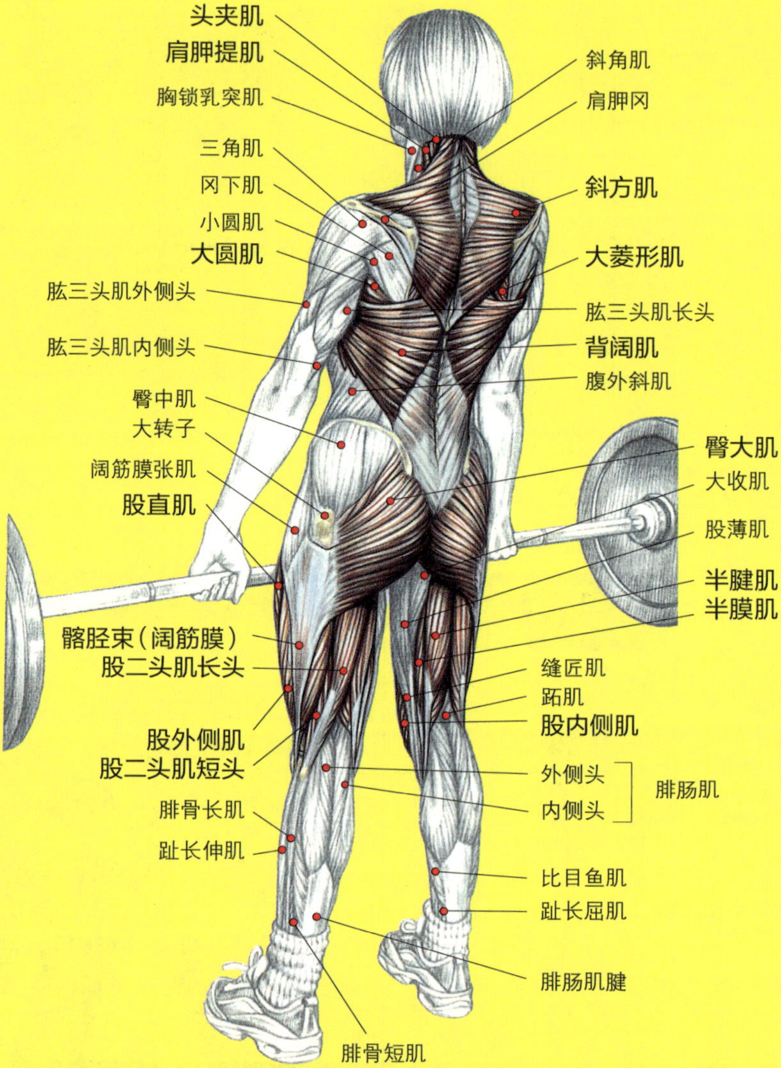

无论是什么练习，只要使用大负重，就必须进行“锁定”动作：

• 通过深呼吸挺起胸部并屏住呼吸，使肺部像充满气的气球一样，这样能使胸腔变得坚硬，防止躯干前倾。

• 通过收紧整个腹部肌肉，使腹部变得坚硬，同时增加腹腔内压力，从而防止躯干向前倒。

• 最后，通过收缩腰部肌肉弯曲下背部，使脊柱下部处于伸展状态。

这三个动作同时进行，称为“锁定”，其作用是避免拱起背部，或脊柱弯曲。在大负重下，这样的姿势很容易引起椎间盘突出。

腰痛

腰痛是最常见的腰部疼痛现象。

通常情况下不严重，腰痛大多由于脊柱旁背部深层的小肌肉痉挛引起，这些肌肉主要连接脊椎的骨突。

如果在脊椎旋转或伸展时控制不佳，其中一条小肌肉受到过度拉伸或轻微撕裂，它会自动收缩，同时会导致相邻小肌肉以及相对表层的竖脊肌收缩。背部因僵硬而疼痛，但这种痉挛也会限制可能导致深层小肌肉撕裂或加剧撕裂的动作。

背部深层小肌肉示意图

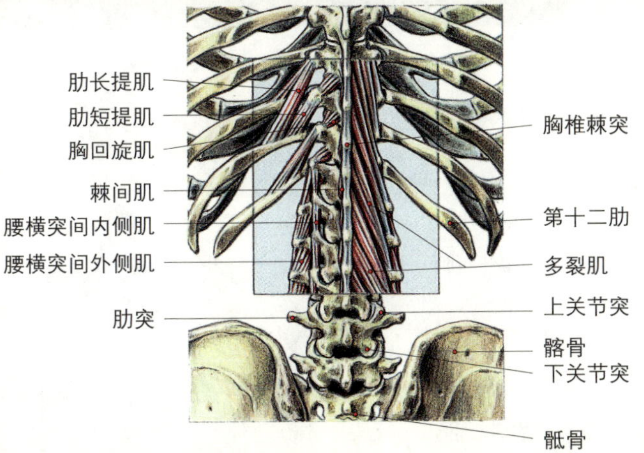

背部部分肌肉的整体收缩通常随着深层小肌肉撕裂的愈合而消失。但哪怕痊愈后腰痛也可能持续下去，背部的局部肌肉收缩可能持续几周，部分人群甚至可能持续几年。

注意事项

尽管本身并不严重，但腰痛，即背部肌肉的疼痛性收缩，可能伴随更为严重的脊椎病变，如椎间盘突出、脊柱旁肌肉和韧带的撕裂，或者骨折等。

需要反弓背部吗？

对于没有脊椎疾病的人来说，背部反弓练习没有什么风险。在一些动作，如深蹲（第41页）和硬拉（第141页）中，脊柱有拱起的倾向，此时反弓背部可以预防受伤。

但对部分人群来说，练习时反弓背部可能非常危险：

• 对患有先天性椎骨滑脱症（椎弓缺乏粘连）的个体来说，腰椎向后伸展可能导致椎体滑动位移，这可能严重压迫神经元（导致坐骨神经痛）。

• 对还未结束生长的人群，或由于上了年纪骨质疏松的人群来说，伸展腰椎可能导致椎弓裂开而引发椎骨滑脱，该椎骨可能会滑动并严重压迫神经元（导致坐骨神经痛）。

腰椎横截面

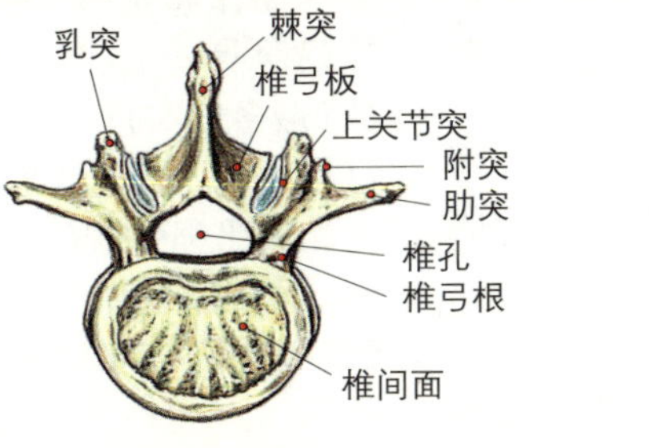

椎骨滑脱

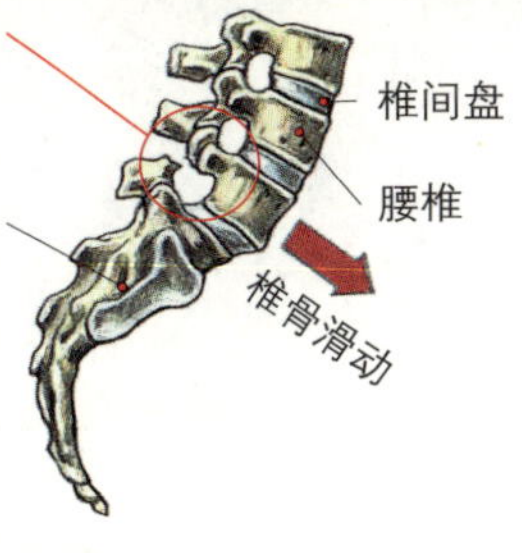

椎骨滑脱（椎弓断裂）时，椎骨会向前滑动，压迫神经元，从而引发坐骨神经痛。

06 相扑硬拉

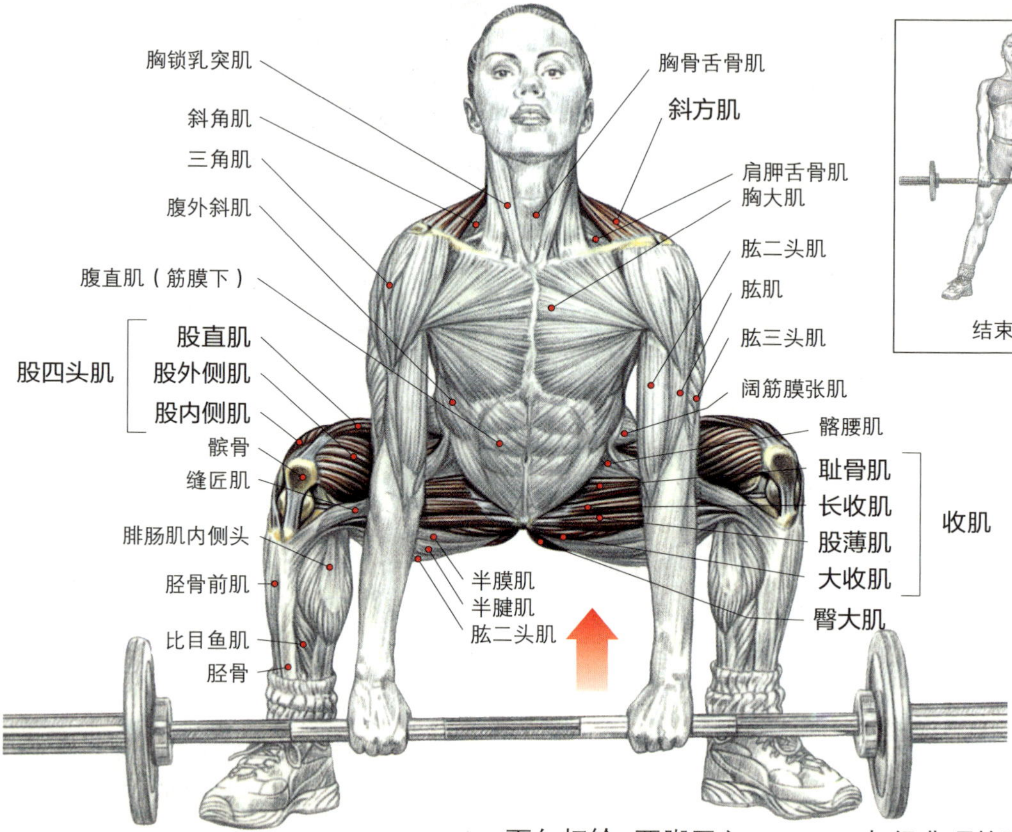

结束姿势

相扑硬拉时锻炼的深层肌肉

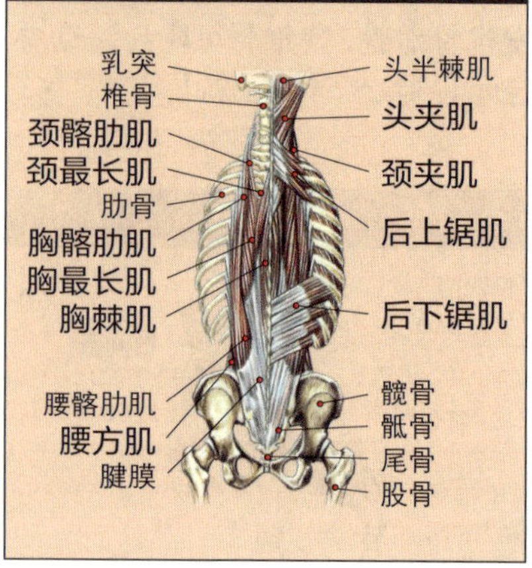

面向杠铃，两脚开立，脚尖向外，与膝盖在同一直线上：

- 屈膝，使大腿与地面水平；两臂伸直，正手握杠，握距与肩同宽（或采用正反手握杆，即一只手正握，一只手反握，可以防止杠铃滚动，有助于承受更大的重量）；
- 吸气，屏住呼吸，背部稍反弓，收紧腹部核心肌群，挺起上半身时腿蹬直，肩部向后拉；
- 动作结束时呼气；屏住呼吸将杠铃放回地面上，注意不要拱起背部。

与经典硬拉不同，该练习强化对股四头肌和大腿收肌群的锻炼。由于动作开始时上半身前倾幅度更小，该动作减弱对背部的锻炼。

注意事项

动作起始时，注意将杠铃沿胫骨向上提起，以高组数（最多10次）轻负重练习，可以很好通过锻炼大腿肌肉和臀肌强化腰部。

不过，使用大负重训练时要非常小心，避免损伤髋关节、大腿收肌和腰骶连接。这些区域在练习时受到刺激较大。

不同类型硬拉锻炼的肌肉

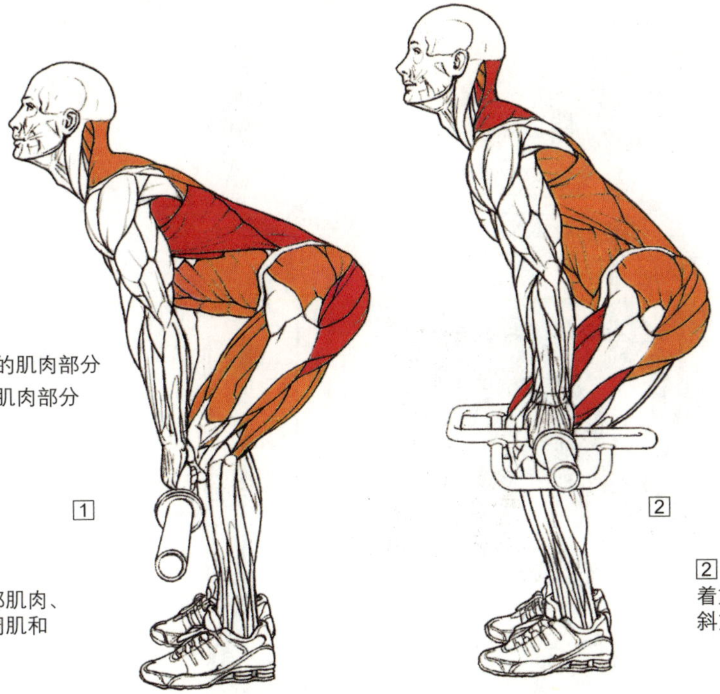

■ 受强刺激的肌肉部分

■ 受刺激的肌肉部分

1 经典硬拉：
着重锻炼腰部肌肉、
臀大肌、背阔肌和
大圆肌

2 六角杠铃硬拉：
着重锻炼股四头肌和
斜方肌上部

不同类型硬拉练习时上半身前倾程度

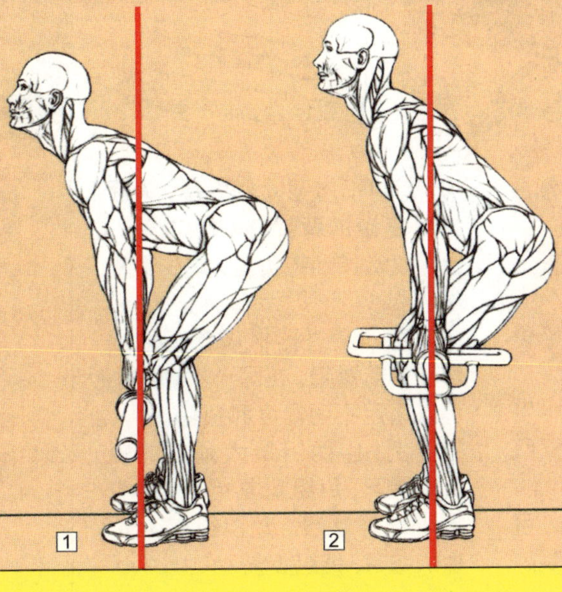

1 经典硬拉：杠铃在膝前，上半身大幅前倾。
2 六角杠铃硬拉：杠铃中轴线穿过膝盖正中，上半身小幅前倾。

07 背屈伸

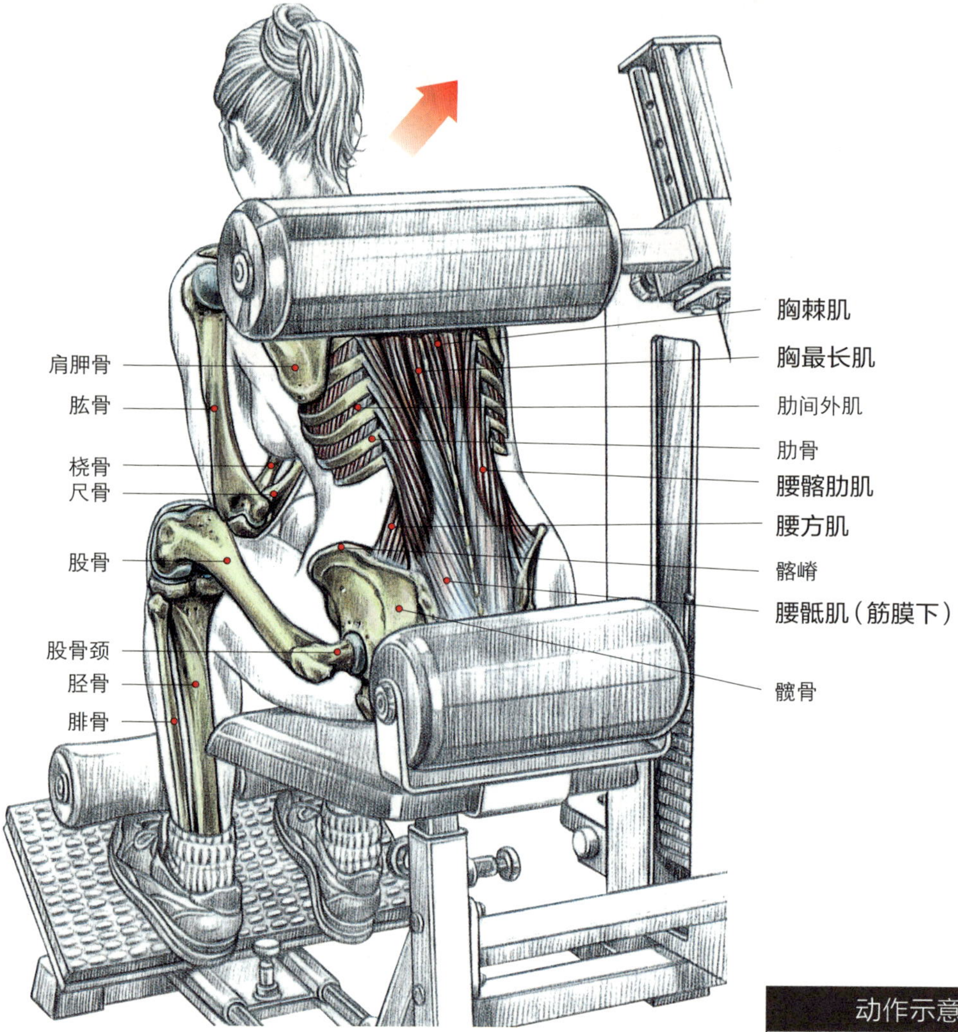

坐在训练椅上，躯干前倾，背垫位于肩胛骨高度：

• 吸气并最大限度挺直上半身；

• 呼气并缓缓回到起始位置，重复练习。

该动作通过下背部集中发力锻炼竖脊肌，尤其是竖脊肌的腰骶肌群。

该练习非常适合初学者，可以进行每组10~20次的反复练习，有利于增强背部力量，为后续更复杂的背部练习做准备。也可以增加训练负重，减少重复次数。

可以通过器械调整运动幅度和负荷重量，在同一次训练中可以采用不同幅度和负荷。

例如：两组最大幅度的轻负重练习，每组重复15次，接着减小动作幅度，做两组较大负重的练习，每组重复7次。

动作示意图

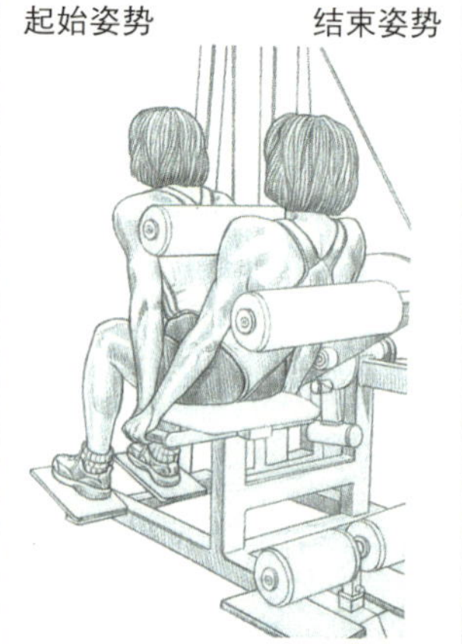

俯身哑铃划船 08

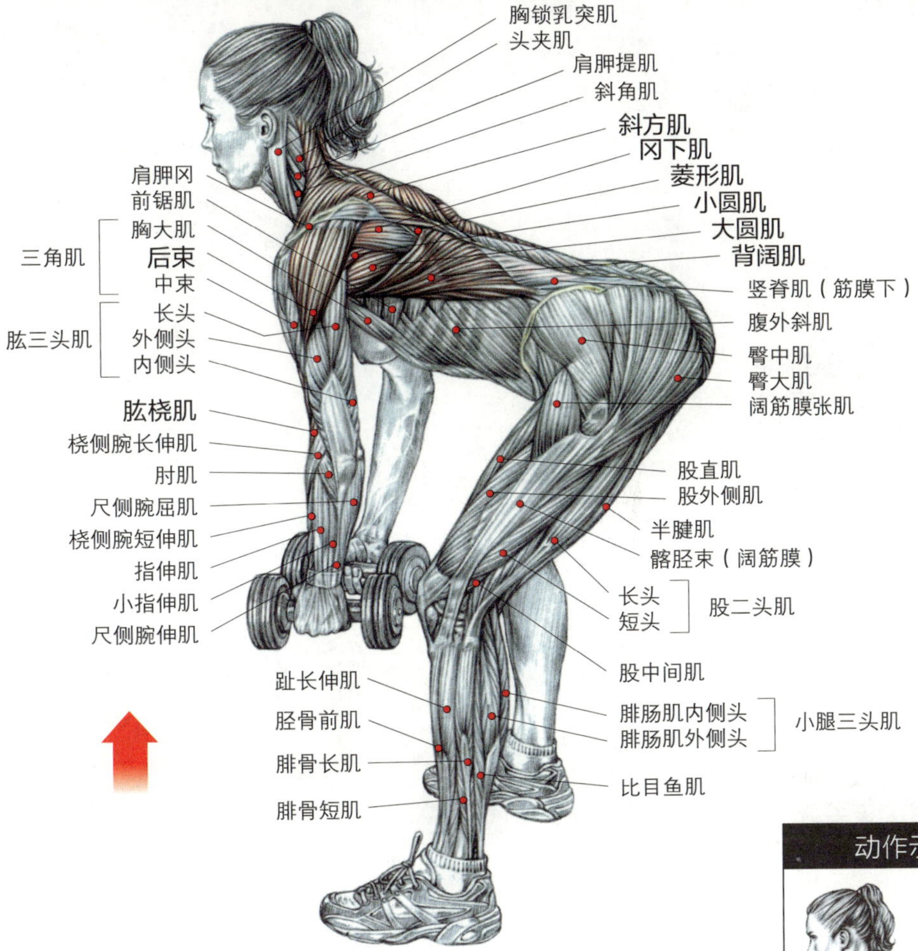

双膝微曲站立，躯干前倾45° 左右。背部挺直，手臂放松垂于身体两侧，两手半内旋各持一哑铃：

• 吸气，屏住呼吸，腹部核心肌肉等长收缩。尽量抬高哑铃，同时肘部尽可能贴近身体；动作结束时收紧肩胛骨；

• 回到起始姿势并呼气。

该练习锻炼背阔肌、大圆肌、三角肌后束和臂屈肌（肱二头肌、肱肌、肱桡肌）。肩胛骨相互靠近时锻炼菱形肌和斜方肌。

在等长收缩时，上半身前倾的姿势能锻炼脊柱肌肉。

变化动作

改变上半身倾斜程度，可以着重锻炼背部不同部位：

• 上半身竖直：重点锻炼斜方肌上部；

• 上半身几乎水平：重点锻炼背部肌肉、大圆肌、菱形肌和斜方肌中部和下部。

动作示意图

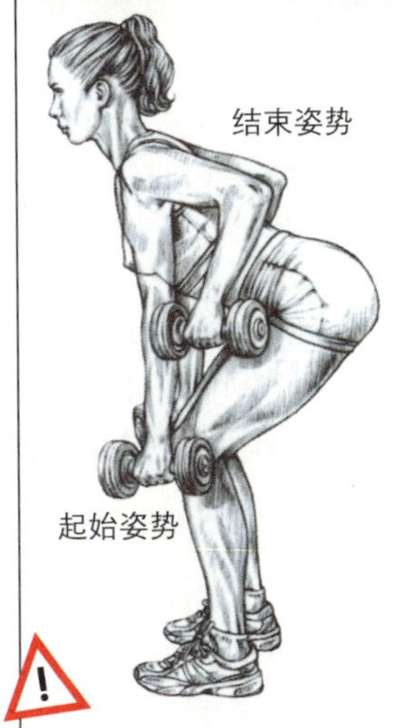

为减小受伤风险，做该动作时绝不能拱起背部。

注意颈部姿势

上肢神经系统示意图

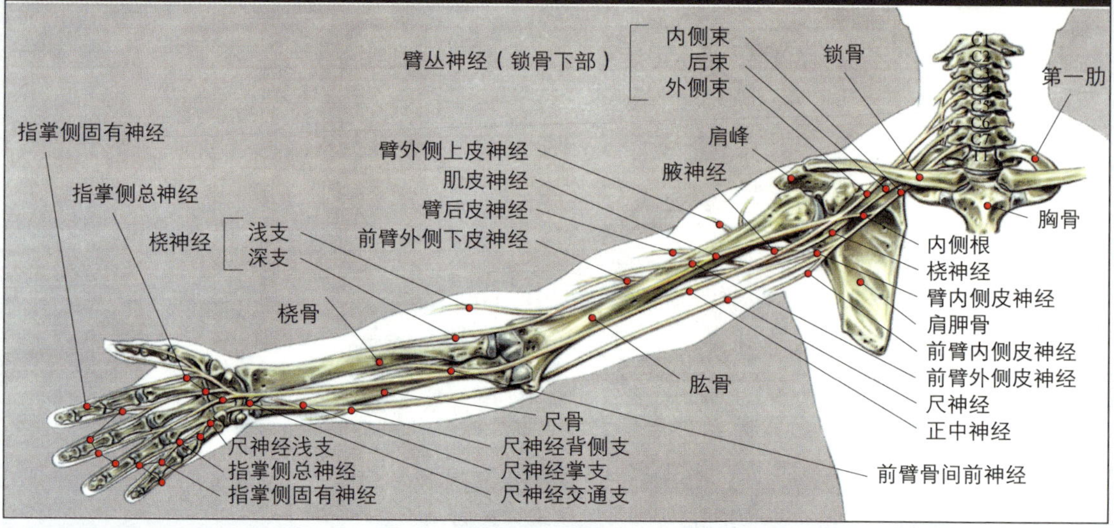

在肌肉训练中，如果进行某些练习时颈部姿势不良，一些易患病人群可能会感到神经特别不适且无力。主要表现为伴有刺痛的手臂麻木，有时还会局部失去知觉。

在做深蹲（详见第41页）和硬拉（详见第141页）时，颈部处于伸展状态，头部或多或少会向后倾斜。该姿势可能引发颈部深层肌肉的痉挛和收缩，导致穿过颈椎的脊柱神经受到压迫。

压迫神经可能引起神经痛。第四、五、六、七、八颈椎和第一胸椎的臂丛神经最容易受到影响。为了确定穿过脊柱的哪一神经或哪些神经受损，可以根据图表，从麻木刺痛区域的神经出发一直朝颈椎方向查看。

在深蹲和硬拉练习时，保持脖子伸直向前看。一旦出现神经疼痛，需要停止所有会使头部后倾并拉伸颈部的练习。

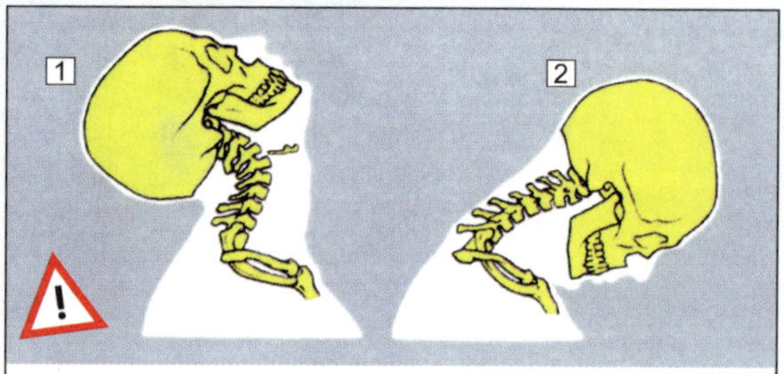

1 颈部伸展：进行臂屈伸、反向飞鸟、深蹲和硬拉动作时，该姿势比较危险。
2 颈部前倾，下巴冲着胸部：容易颈神经疼痛人群在进行臂屈伸和反向飞鸟练习时推荐采用此姿势。

三角肌、斜方肌和颈部拉伸

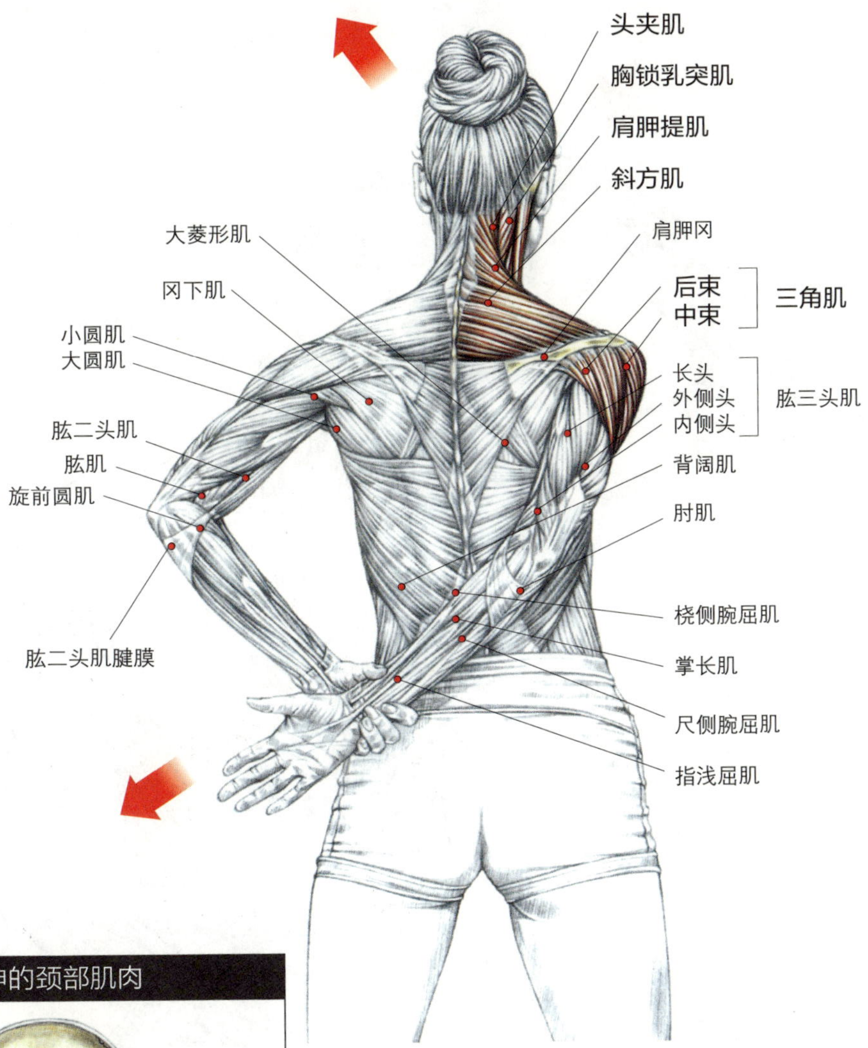

拉伸的颈部肌肉

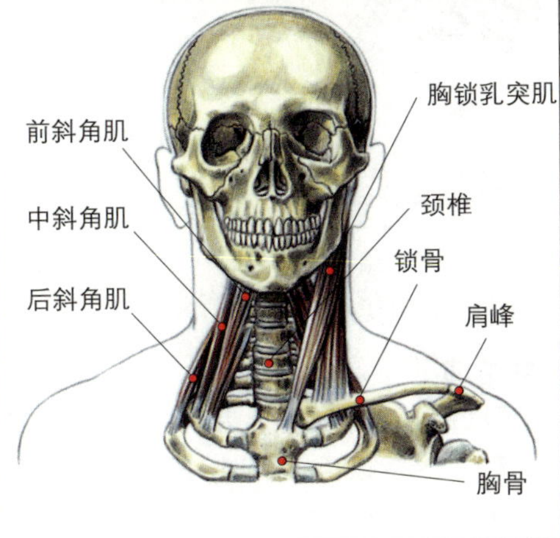

两腿开立，背部挺直，一只手放在背后，另一只手抓住该手手腕，慢慢向外和向下拉动手臂，感受三角肌（主要是三角肌下部和中部肌肉束）和斜方肌的拉伸。

变化动作

为了更好感受颈部拉伸，在做该练习时可以将头向拉伸肩膀的反方向缓缓倾斜。

这样能拉伸颈椎周围深层和复杂的肌肉以及斜角肌和胸锁乳突肌。

斜方肌和颈部拉伸

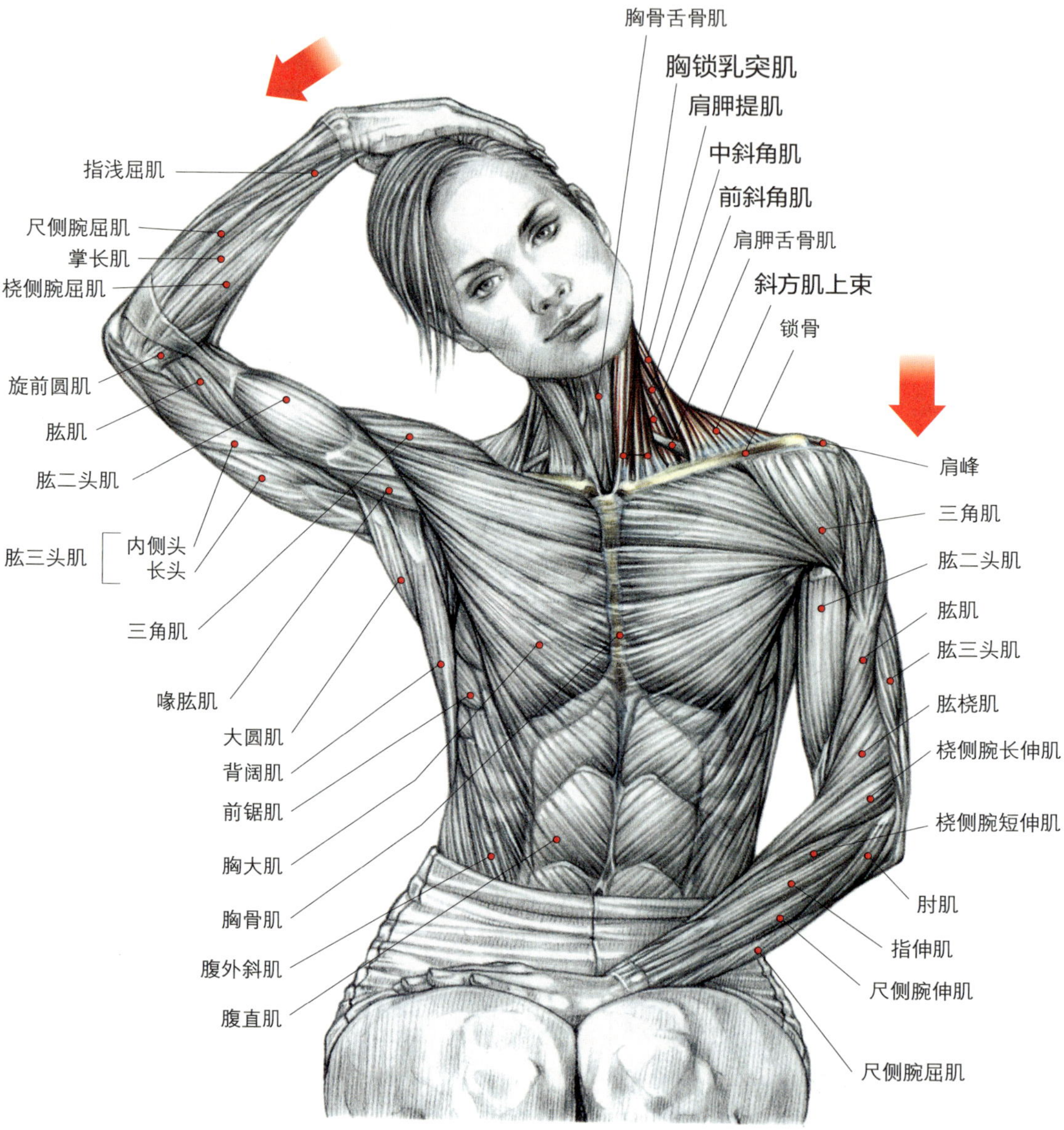

一只手放在头上，慢慢拉动头顶，使其向侧面倾斜。

该练习可以拉伸胸锁乳突肌、整个斜角肌群、斜方肌上束、头夹肌、颈夹肌，以及位于深层的半棘肌和脊柱小肌肉，如颈最长肌、头前直肌、头侧直肌和头长肌等。

注意事项

为了更好感受斜方肌上束的拉伸，建议在拉伸的同时沉肩。做该练习时，要注意循序渐进，始终谨慎地拉动头部。

05 肩部和胸部训练

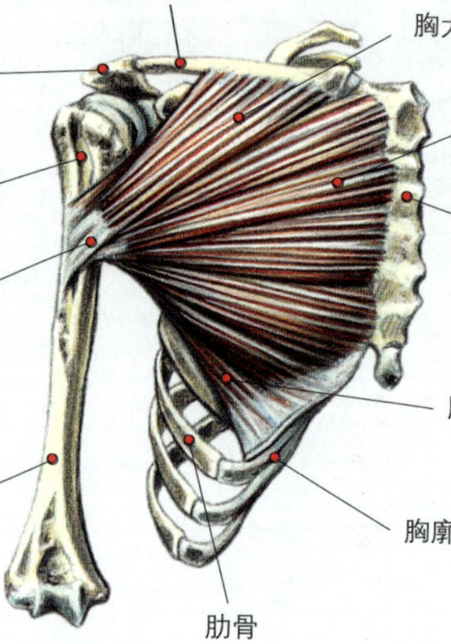
锁骨
胸大肌锁骨部
肩峰
胸大肌胸肋部
结节间沟
胸骨
胸大肌肌腱
胸大肌腹部
肱骨
胸廓肋软骨缘
肋骨

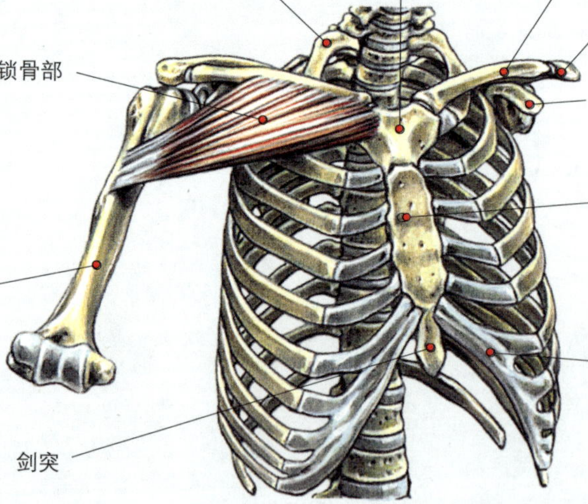
胸骨柄
锁骨
肋骨
肩峰
胸大肌锁骨部
喙突
胸骨体
肱骨
肋软骨
剑突

挺直肩膀的重要性

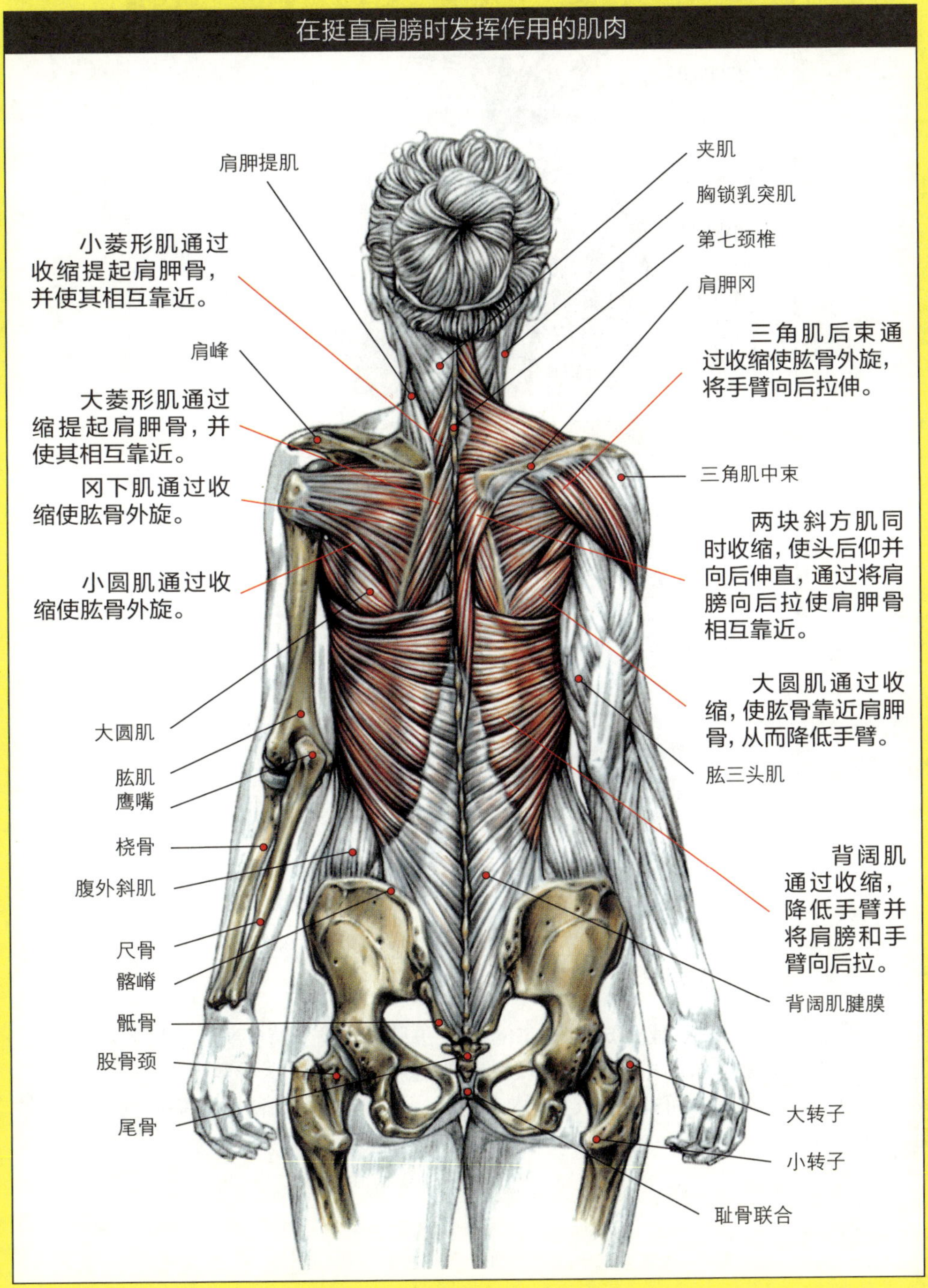
在挺直肩膀时发挥作用的肌肉
肩胛提肌
小菱形肌通过收缩提起肩胛骨，并使其相互靠近。
肩峰
大菱形肌通过缩提起肩胛骨，并使其相互靠近。
冈下肌通过收缩使肱骨外旋。
小圆肌通过收缩使肱骨外旋。
大圆肌
肱肌
鹰嘴
桡骨
腹外斜肌
尺骨
髂嵴
骶骨
股骨颈
尾骨
夹肌
胸锁乳突肌
第七颈椎
肩胛冈
三角肌后束通过收缩使肱骨外旋，将手臂向后拉伸。
三角肌中束
两块斜方肌同时收缩，使头后仰并向后伸直，通过将肩膀向后拉使肩胛骨相互靠近。
大圆肌通过收缩，使肱骨靠近肩胛骨，从而降低手臂。
肱三头肌
背阔肌通过收缩，降低手臂并将肩膀和手臂向后拉。
背阔肌腱膜
大转子
小转子
耻骨联合

肩部肌肉侧面图

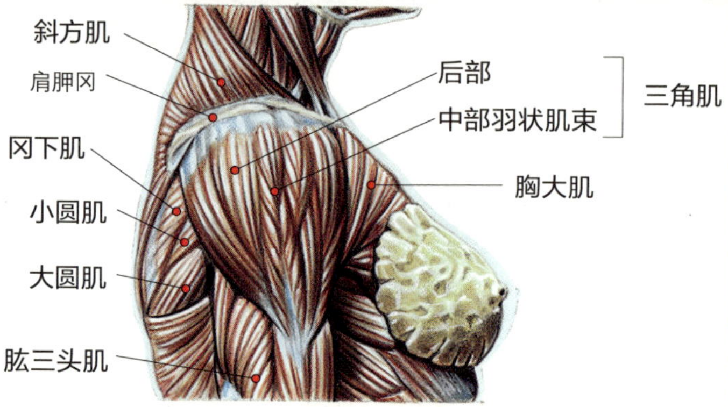

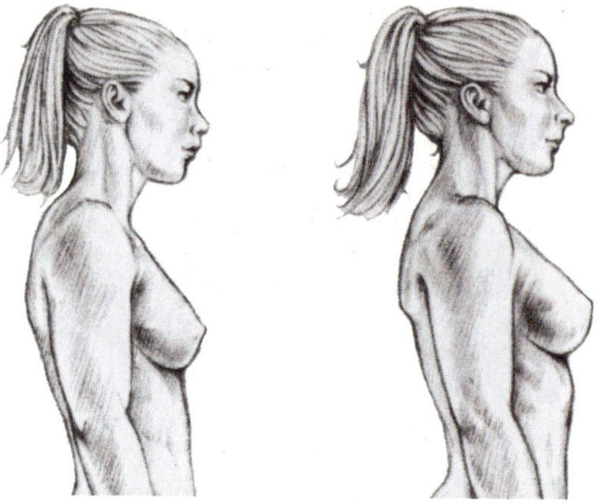

大部分久坐不动的女性三角肌会前倾（左图）。锻炼肩部肌肉可以改善姿势（右图）并预防背部疼痛。

现代社会中，因为久坐最常形成的体态问题就是驼背（或上背部拱起）且肩膀向前内扣。这类体态问题通常是由靠拢肩胛骨的肌肉以及手臂外旋肌肉张力减退导致的。在肌肉训练中，胸部训练或是过度的卧推练习也可能导致这类体态问题。不管是何种情况，都需要通过专项练习，重新平衡体态挺直肩膀。

器械飞鸟夹胸 01

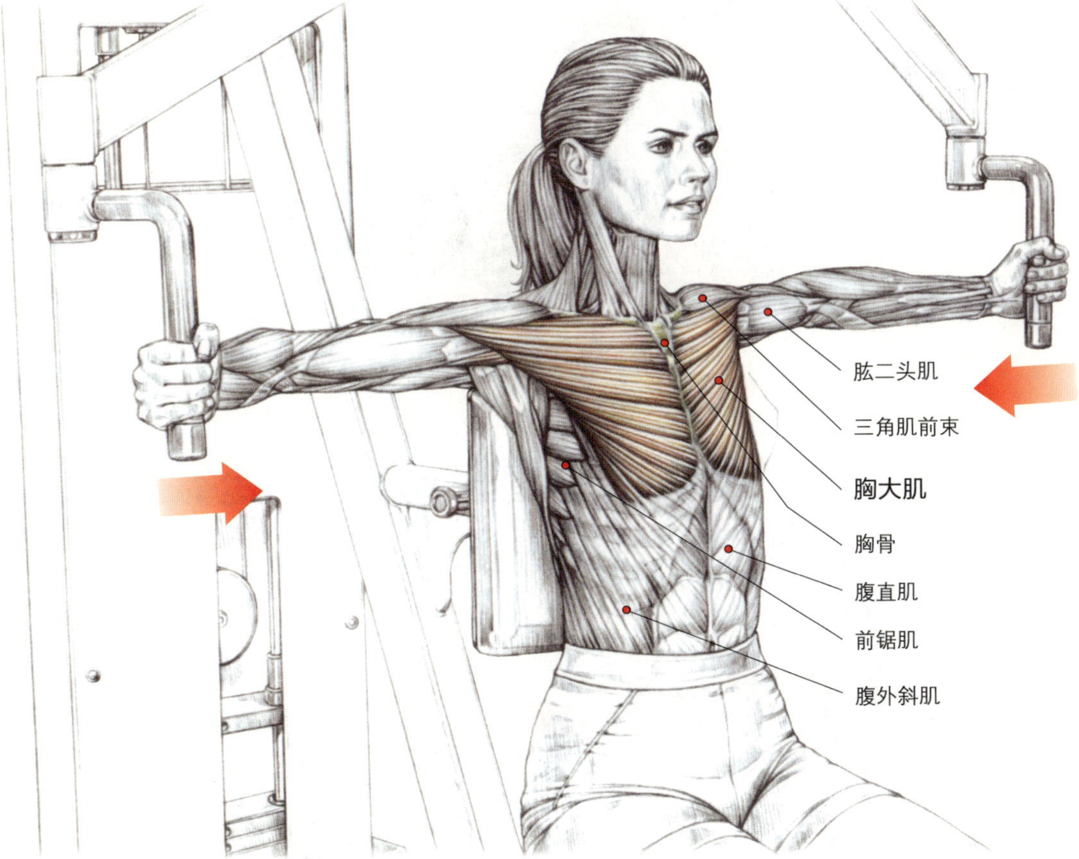

动作示意图

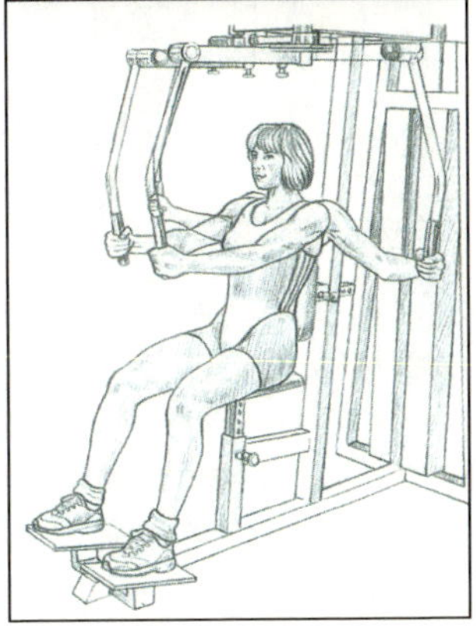

坐在器械上，双臂水平张开，肘部略弯曲，双手各抓握一手柄：

- 吸气并使双臂尽量靠拢；
- 动作结束时呼气；
- 保持1秒的等长收缩，逐步回到起始姿势，重复动作。

该练习拉伸并锻炼胸大肌。两臂相互靠拢时，能集中锻炼胸大肌胸骨部。该练习也能发展三角肌前束、喙肱肌和肱二头肌短头。

每组重复8~10次动作，缓慢练习该动作。

推荐初学者进行此项训练，可以通过该练习获得足够的力量以便继续进行更复杂的训练。

02 上斜卧推

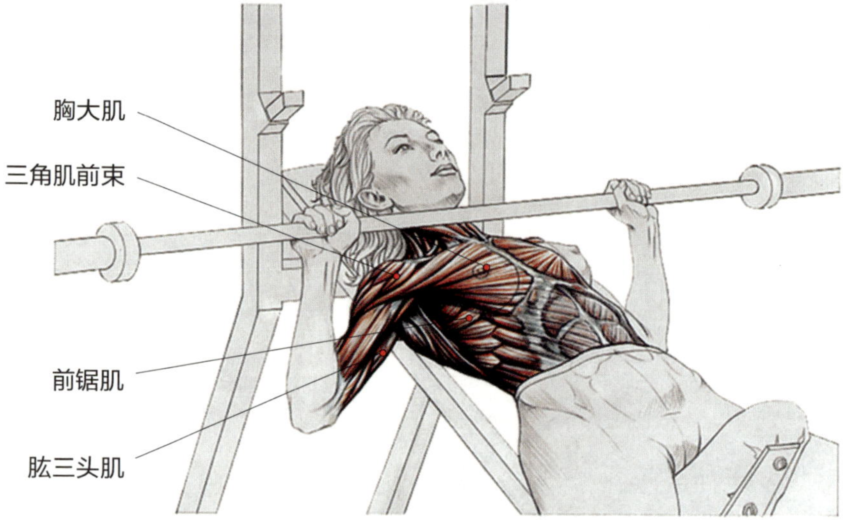

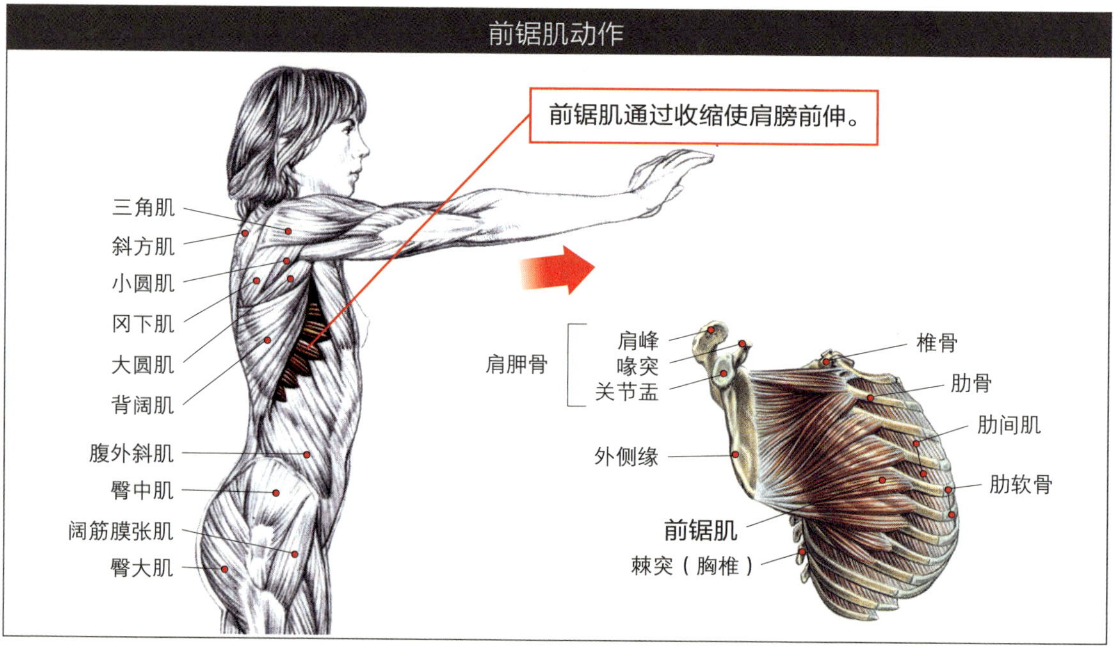

坐在向上倾斜45°~60°的训练椅上，正手抓握杠铃，握距略大于肩宽：

- 吸气，将杠铃降至胸骨位置；
- 向上推举哑铃，动作结束时呼气。

该练习锻炼胸大肌（尤其是锁骨部）、三角肌前束、肱三头肌、前锯肌和小圆肌。

该练习也可以借助杠铃支架完成。

注意事项

要走出误区，上斜卧推并不能让乳房变得更结实，也不能防止乳房下垂。乳房由包裹着乳腺的脂肪组成，由结缔组织支撑，位于胸大肌表面。

上半身拉伸

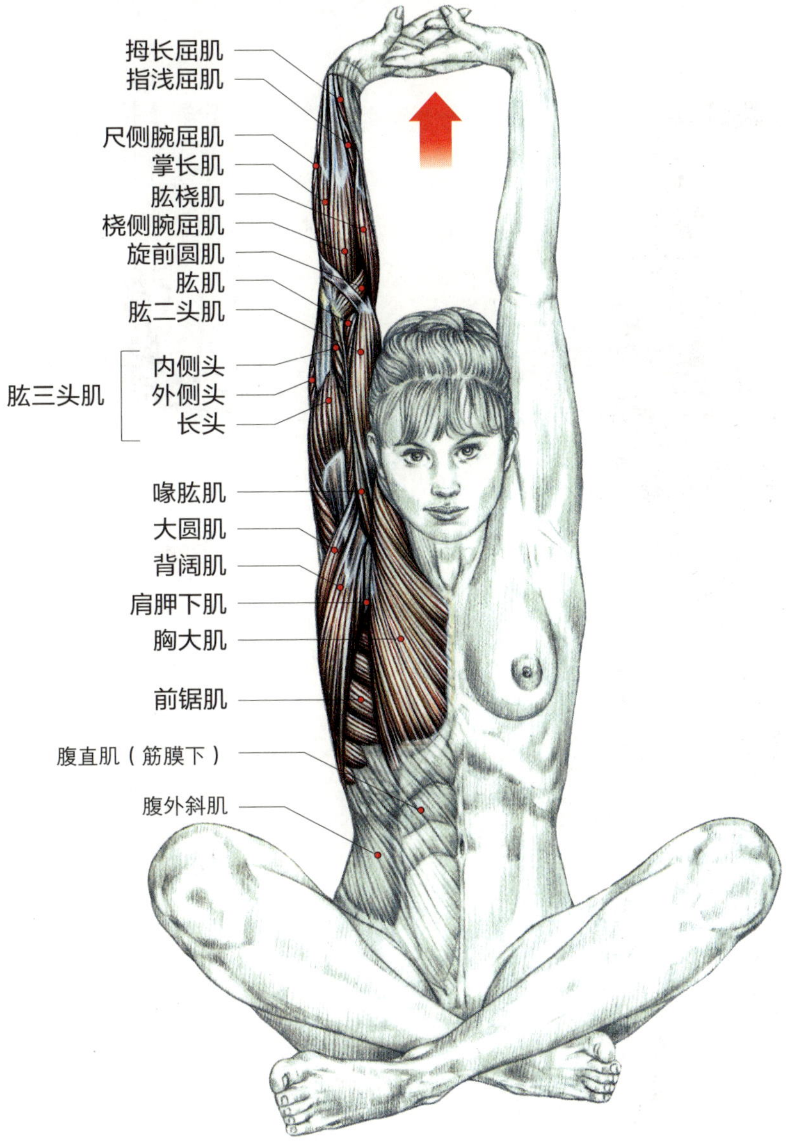

盘腿坐，伸展脊柱，双手交叉放在头顶，掌心向上：

• 吸气时伸直手臂，收紧腹部肌肉挺直脊柱；

• 保持该姿势约20秒，深呼吸，然后在呼气时放松。

该动作可以拉伸腰部、臂部、肩部和胸部所有肌肉。

变化动作

• 可以站着进行该拉伸练习。

• 躯干向侧面倾斜，随后换边，可以加强对前锯肌的拉伸，与手臂弯曲侧相反一侧的腹外斜肌也得到拉伸。

胸大肌拉伸

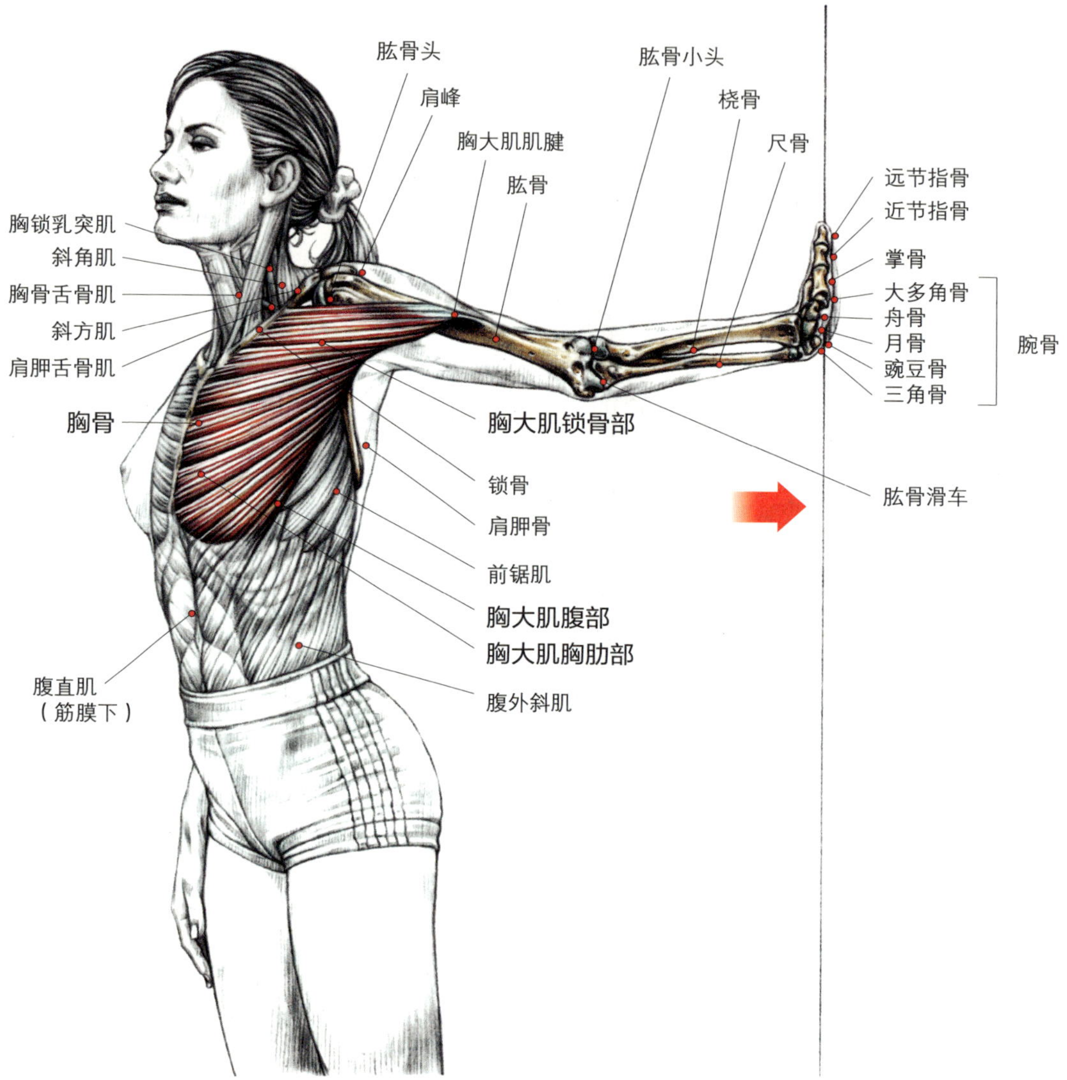

站姿，伸展手臂，一只手抓住支撑物，慢慢将躯干朝与支撑物相反方向旋转。

该练习主要锻炼胸大肌、三角肌前束以及肱二头肌。

变化动作

建议将手放在不同高度，逐步拉伸胸大肌所有肌束。

直立宽握距划船 03

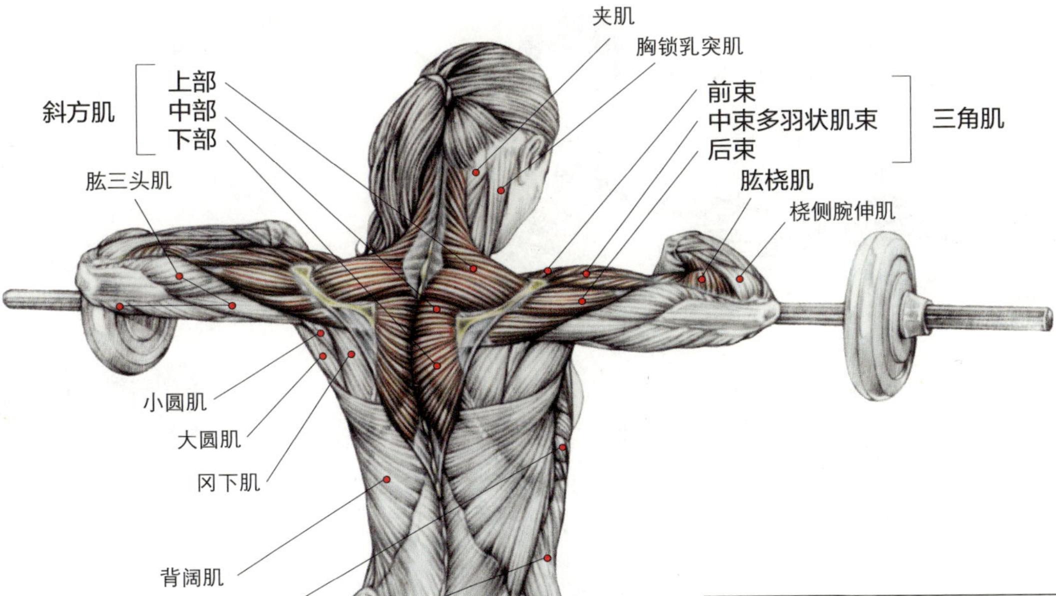

两脚开立，背部挺直，正手握杠放在大腿上，握距略大于肩宽：

- 吸气并顺着身体向上拉杠至下巴高度，肘部尽量抬高；
- 呼气并有控制地下降杠铃，不要有任何晃动；
- 结束发力时呼气。

该练习主要锻炼整个三角肌、斜方肌、肱二头肌以及前臂肌群、臀肌、骶腰肌和腹肌。

这是一个非常综合的基础练习。

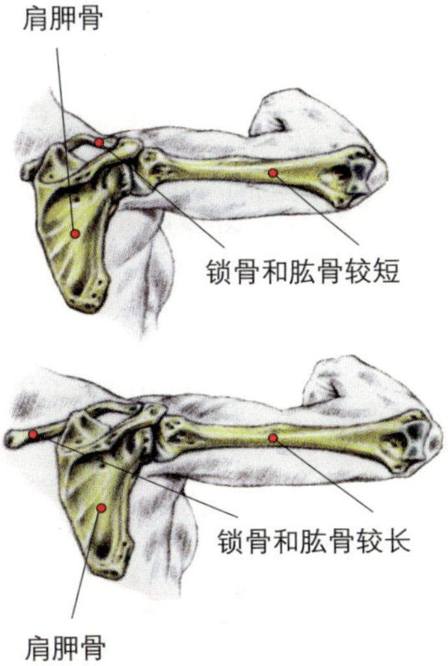

在肌肉训练中，杠杆的形状和大小对个人能举起多大负荷重量有重大影响。在直立飞鸟练习中，肱骨越长、锁骨越宽，就越难增加负重练习。短锁骨、短肱骨的身体结构最适合进行负重直立飞鸟练习。

04 站姿哑铃侧平举

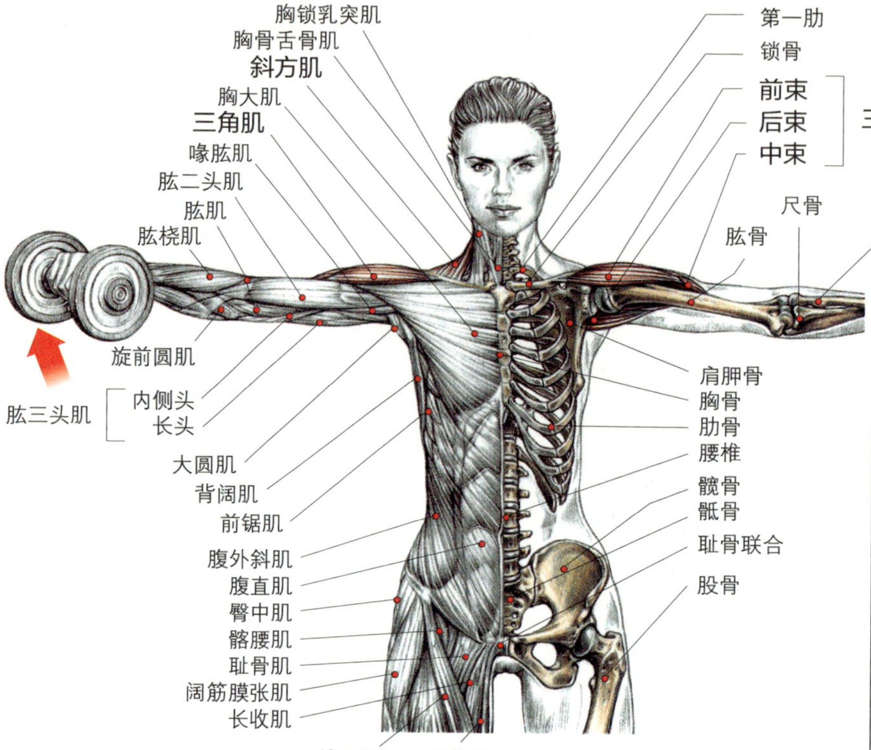

变化动作 前平举

冈上肌动作

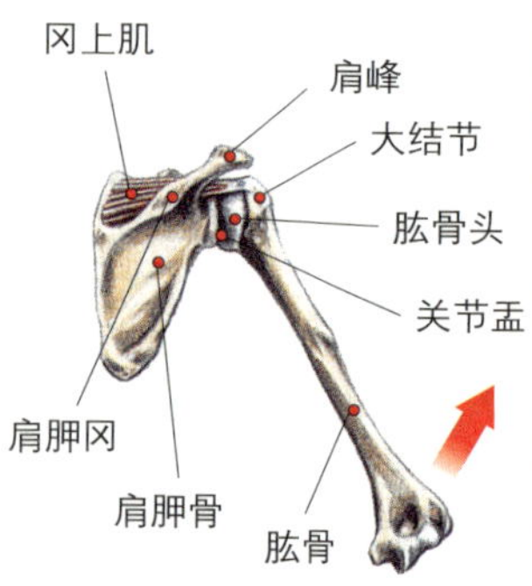

作为三角肌的协同肌，冈上肌在侧平举时发挥作用，且有助于保持肱骨头紧贴肩胛骨关节盂。

双脚开立，背部挺直，手臂贴在身侧，双手各持一哑铃：

- 双臂侧举至水平位置，肘部略微弯曲；
- 回到起始姿势。

该练习主要锻炼三角肌，尤其是三角肌中束。

三角肌中束由许多附着在肱骨上的羽状肌组成，起到承担较重负荷以及在空间各面精确移动物体的作用。因此可以根据该肌肉特点采取不同的起始姿势（手在臀后、手在体侧或手在体前），这样能够锻炼三角肌中束全部的肌肉纤维。

考虑到个体身体结构的差异（锁骨长短、肩峰覆盖面大小、三角肌于肱骨附着处高低）需要找到合适自身结构的锻炼角度。需注意侧平举也锻炼位于深层、肉眼不可见的冈上肌。冈上肌位于肩胛骨冈上窝内，附着于肱骨大结节上。可以将手臂抬得比水平位置更高来锻炼斜方肌上部。如果不超过水平高度，可以孤立练习三角肌外侧。

练习时负荷不宜过重，每组重复10~25次动作并变化锻炼角度，不要停顿太长时间，直至产生灼热感，锻炼效果最佳。为了增加锻炼强度，每次重复动作前，可以通过等长收缩，保持手臂侧平举的姿势几秒。

三角肌前束拉伸

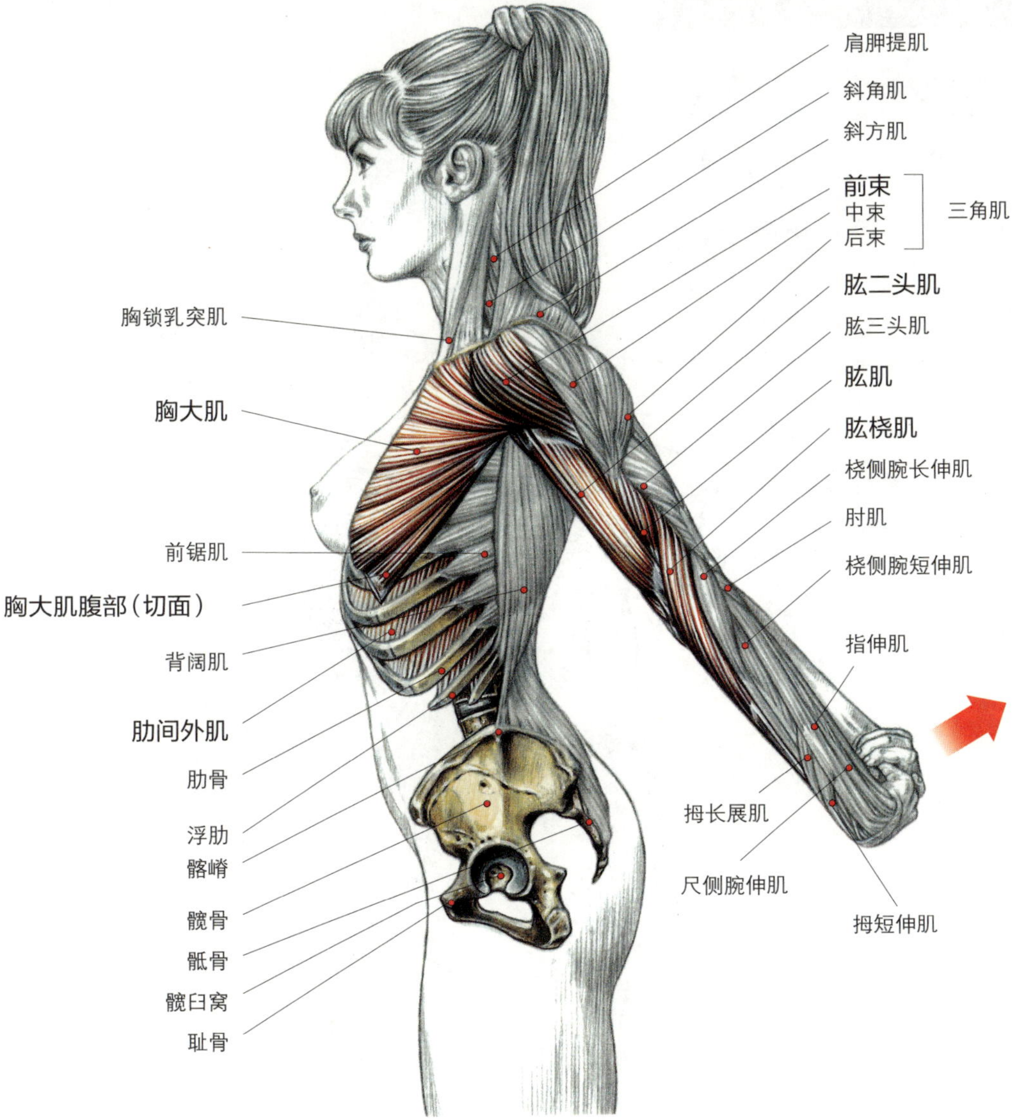

双脚开立，两脚间距与肩同宽，十指交叉，手臂在背后伸直：

• 尽量向后推手，随后挺起胸膛，下巴回收，缓慢抬起手臂；

• 保持该姿势十几秒。

该练习主要拉伸三角肌前束、胸大肌以及肱二头肌。肱肌、肱桡肌和所有腕伸肌也得到锻炼。

肩部拉伸

拉伸肘部的两种方式

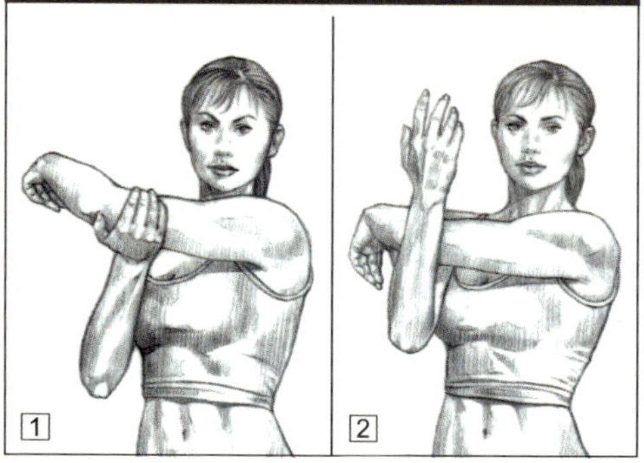

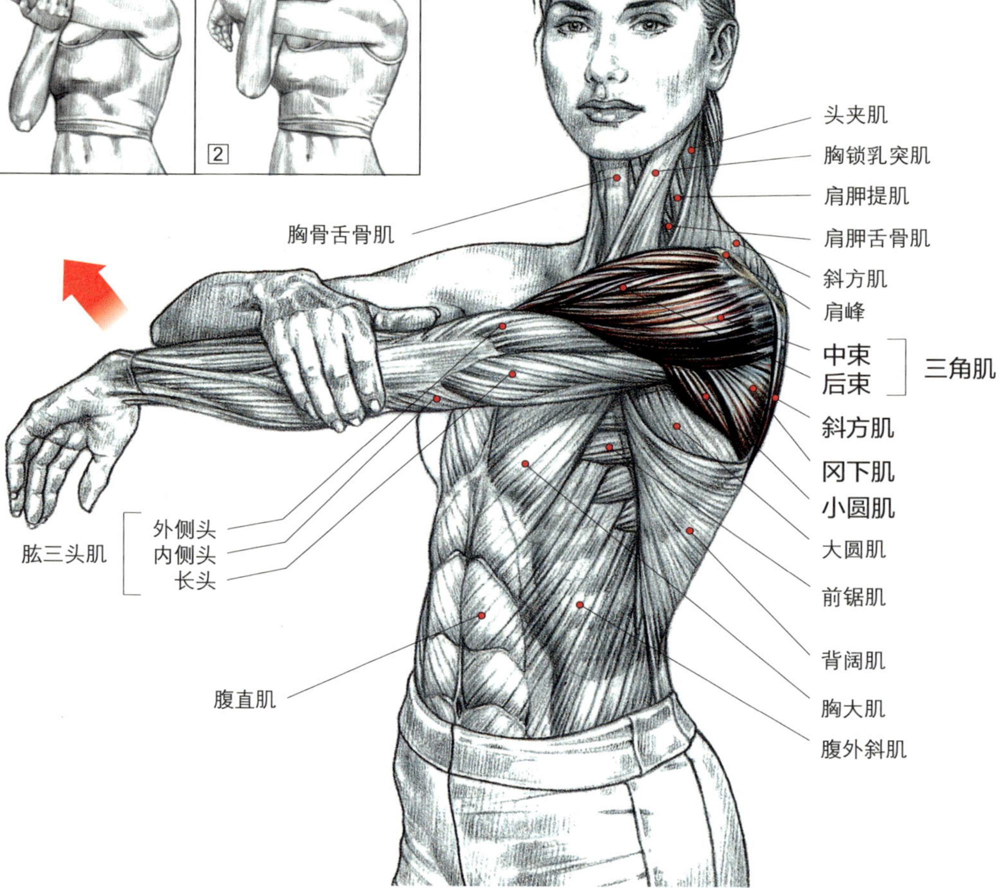

站姿，头部挺直，手臂与地面平行：

• 用另一只手抓住手肘并拉伸手臂，使手肘缓慢靠近另一侧肩膀；

• 保持该姿势10~20秒，好好感受拉伸。

该练习主要锻炼三角肌中束和后束，还能锻炼小圆肌和冈下肌。

这两块小肌肉是肱骨外旋肌，很容易发生挛缩，可能导致肩膀功能性失衡（如肱二头肌长头肌腱在肱骨肱二头肌沟里过度摩擦），可能引起炎症类疾病。

斜方肌中部和下部以及大菱形肌也得到一定锻炼。

变化动作

拉伸时，固定手肘的手臂可以超出手肘。

06 臂部训练

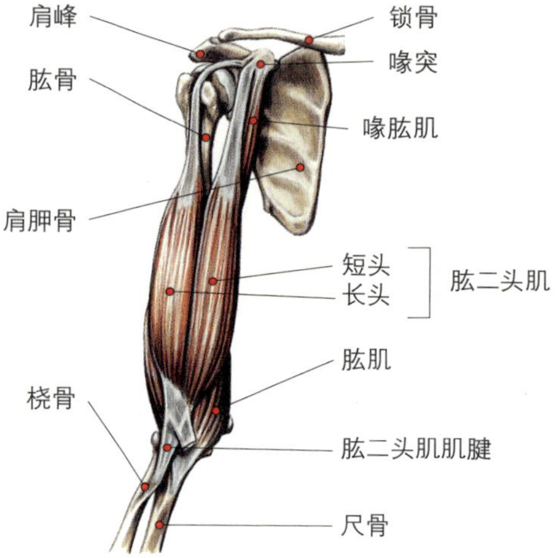
肩峰
锁骨
喙突
肱骨
喙肱肌
肩胛骨
短头
长头
肱二头肌
肱肌
桡骨
肱二头肌肌腱
尺骨

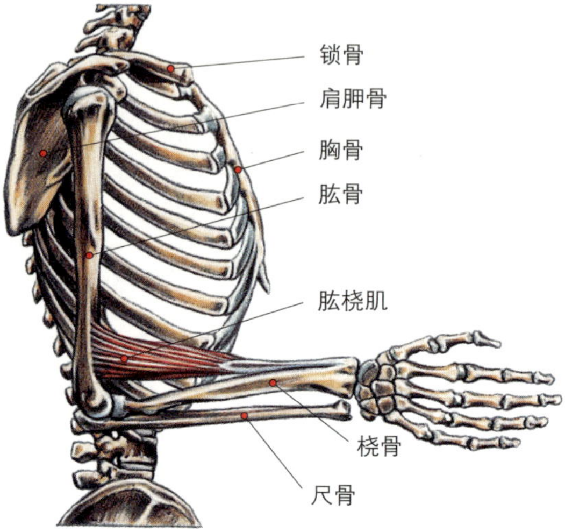
锁骨
肩胛骨
胸骨
肱骨
肱桡肌
桡骨
尺骨

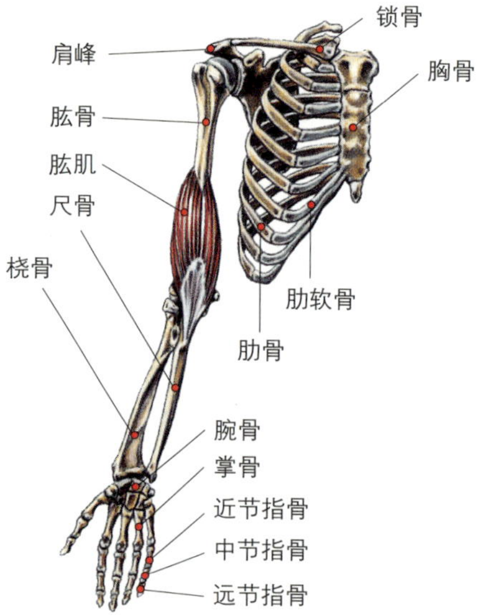
锁骨
肩峰
胸骨
肱骨
肱肌
尺骨
桡骨
肋软骨
肋骨
腕骨
掌骨
近节指骨
中节指骨
远节指骨

交替哑铃弯举 01

哑铃弯举的三种方式

1

主要锻炼肱二头肌和肱肌

2

高强度锻炼肱桡肌

3

重点锻炼肱二头肌

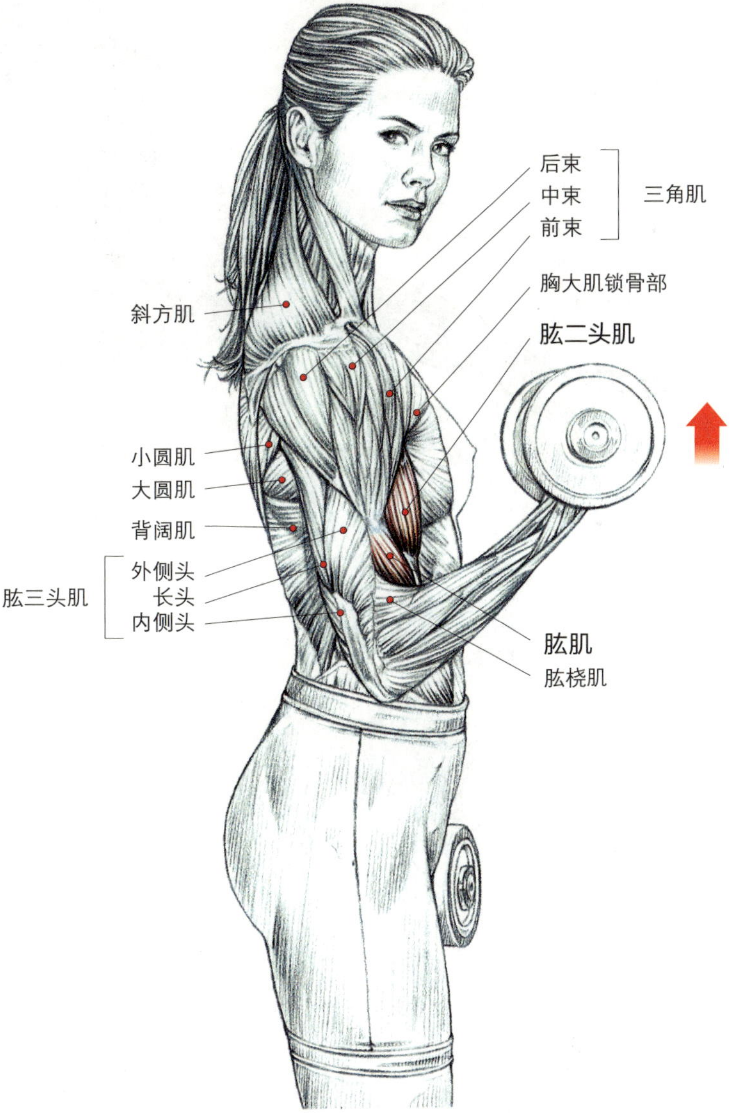

站姿，双手以半旋前位各持一哑铃：

• 吸气，弯曲前臂，当前臂弯举至水平位时向外旋转手腕；

• 肘部贴在身侧，保持1~2秒的等长收缩，随后缓慢放下手臂，但不要完全伸直；

• 动作结束时呼气，换一侧手臂重复动作。

该动作锻炼肱二头肌、肱桡肌（长旋后肌）和肱肌。

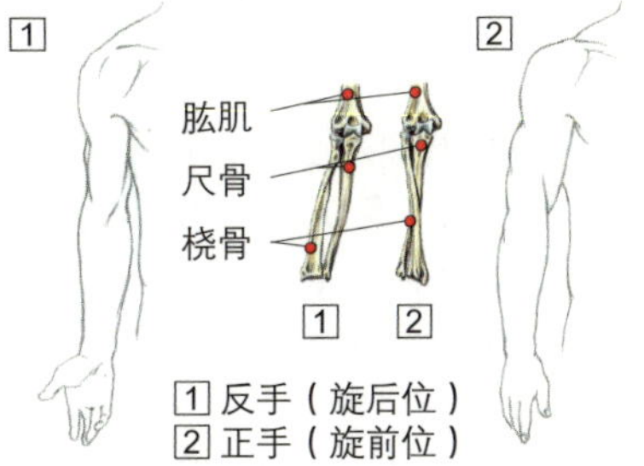

02 俯身哑铃交替臂屈伸

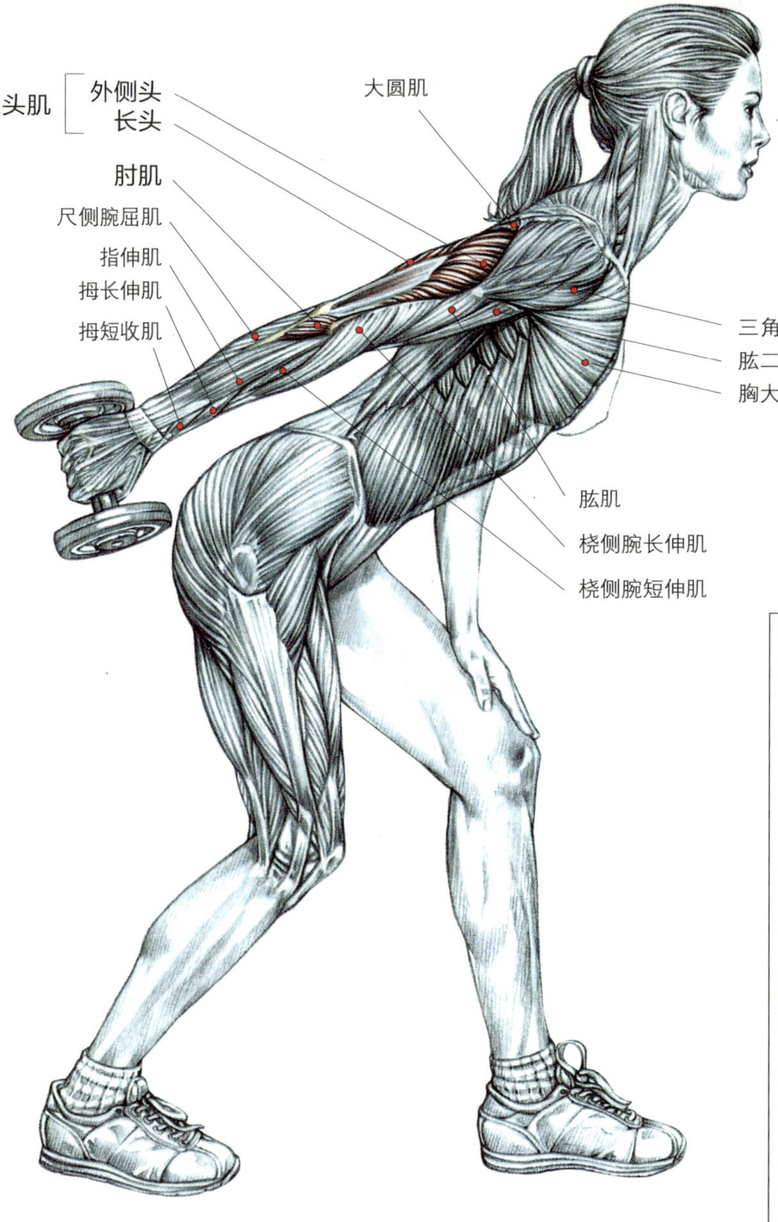

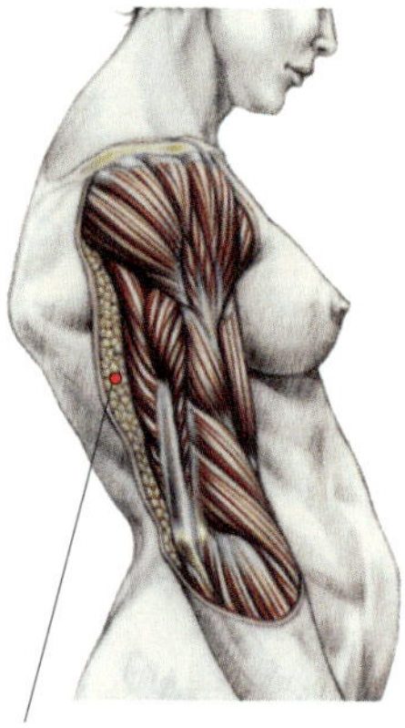

手臂后内侧脂肪区域

手臂后内侧经常覆盖着相对较厚的脂肪层，通常女性这部分脂肪会更发达。

该脂肪区域不仅有提供能量的作用，也保护了手臂内侧和上部的神经和表层动脉。

尽管饮食管理是最好的减脂方式，不过高组数练习该动作，锻炼肱三头肌直至产生灼热感依然能够有针对性地减少手臂后侧脂肪。

两腿略弯曲站立，上半身前倾，保持背部挺直，持杠铃的手臂平行于地面，贴在身侧，弯曲肘部：

- 吸气并伸直前臂；
- 动作结束时呼气。

该动作是使整个肱三头肌充血的绝佳练习。

为了达到更好效果，可以进行高组数练习，直至产生灼热感。

曲柄杠铃弯举 03

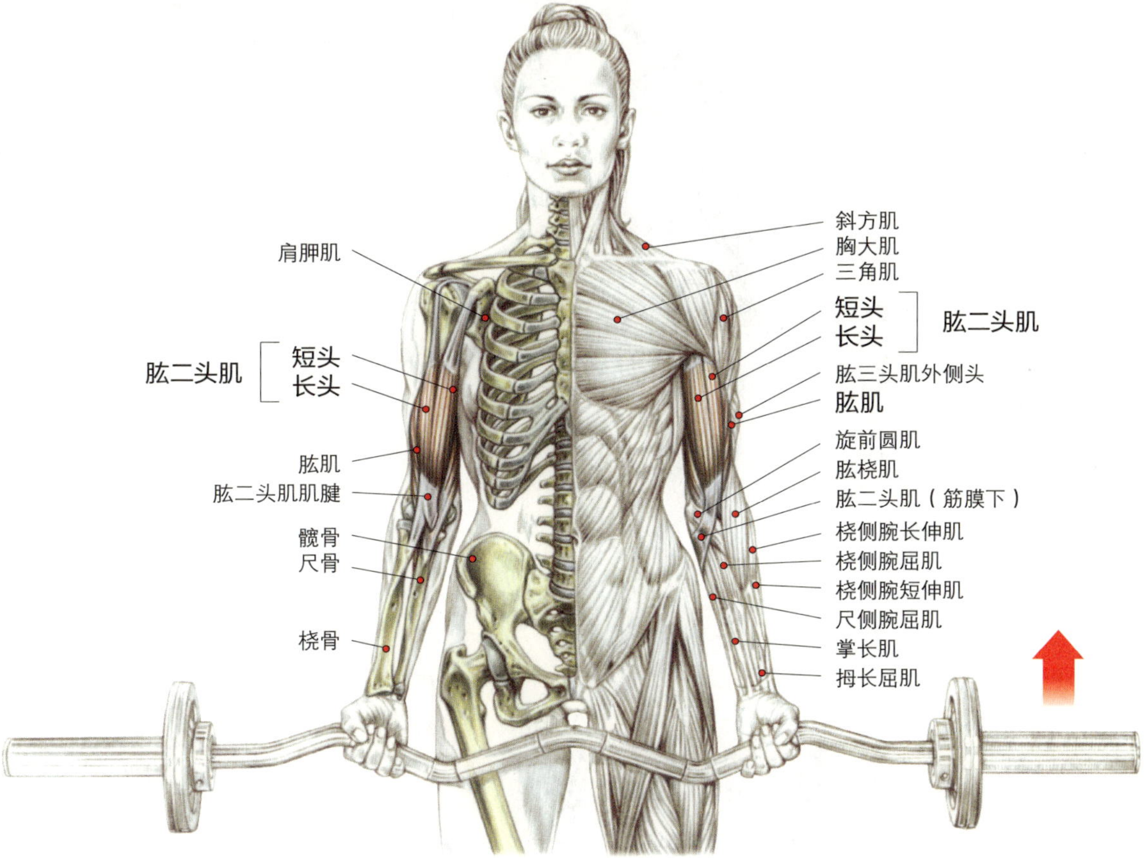

站姿，背部挺直，正手抓握杠铃：

• 吸气，随后弯曲前臂，注意通过臀部、腹部和脊柱肌肉的等长收缩，避免躯干摆动；

• 动作结束时呼气。

该练习主要锻炼肱二头肌和肱肌，一定程度上也锻炼肱桡肌、旋前圆肌、全部腕屈肌和指屈肌。

变化动作

手臂结束弯曲时抬肘，可以增加肱二头肌收缩，刺激三角肌前束。

也可以背部贴墙，严格进行弯举练习，并始终保持肩胛骨不离开墙面。

变化动作 直杆杠铃练习

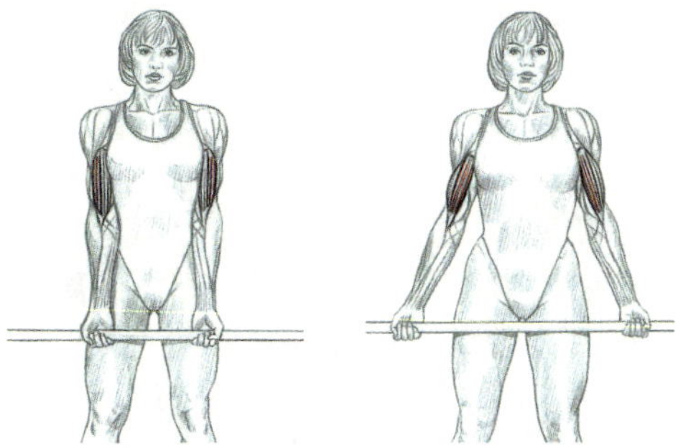

窄握
主要锻炼肱二头肌长头

宽握
主要锻炼肱二头肌短头

04 肱三头肌高位下拉

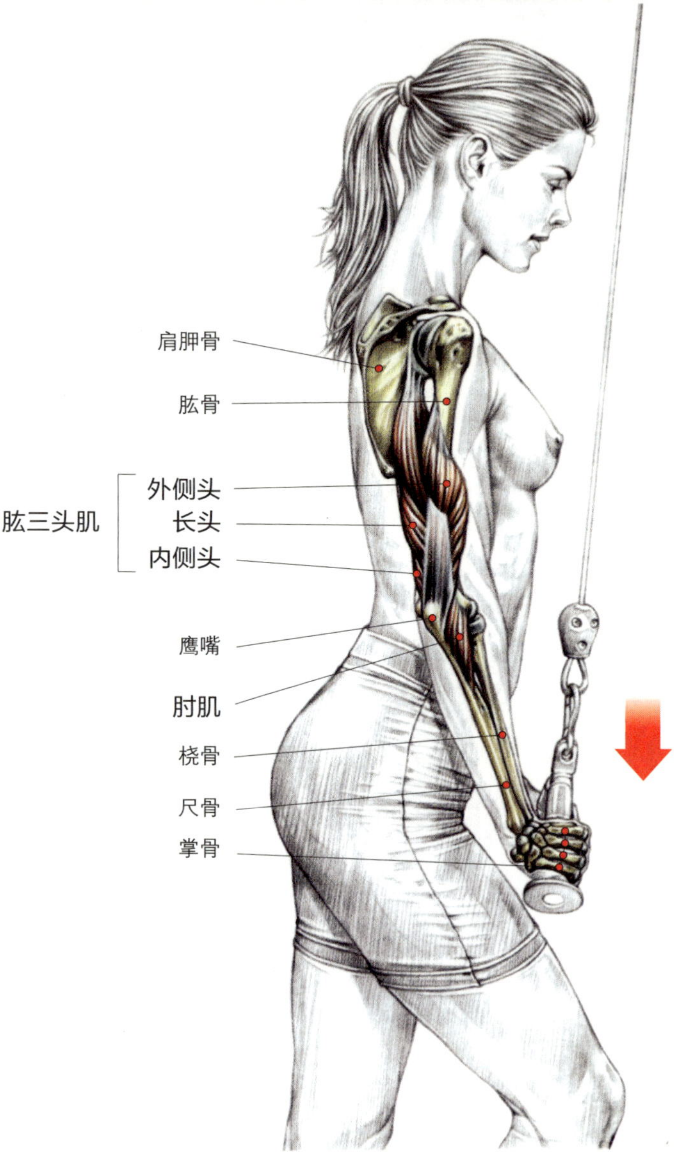

面朝器械站立，正手抓握拉力器手柄，肘部贴在身侧：

- 吸气并伸展前臂，注意肘部不要离开身侧；
- 结束伸展时呼气，回到起始姿势。

该练习孤立训练肱三头肌和肘肌。

使用较大负重锻炼时，为了使身体更稳定，建议躯干前倾。该动作非常容易练习，适合初学者用来增加力量，以便后续进行更复杂的练习。

高组数、轻负重练习，直至肌肉产生灼热感，效果最佳。

变化动作 坐姿拉力器练习

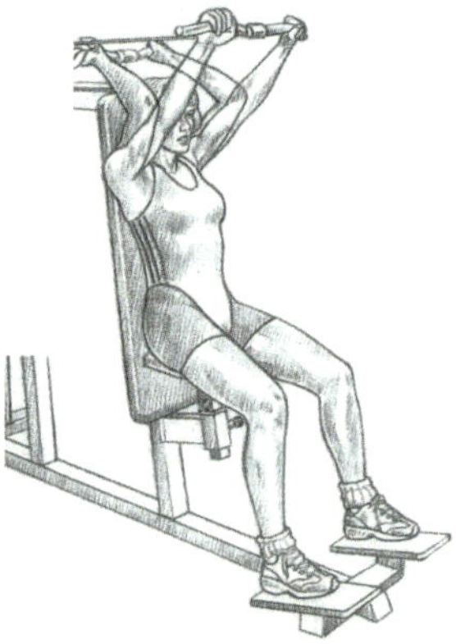

使用坐姿拉力器练习肱三头肌，能更轻松地实现自由杆练习动作，能更好集中锻炼肱三头肌长头。

肱三头肌低位上拉 05

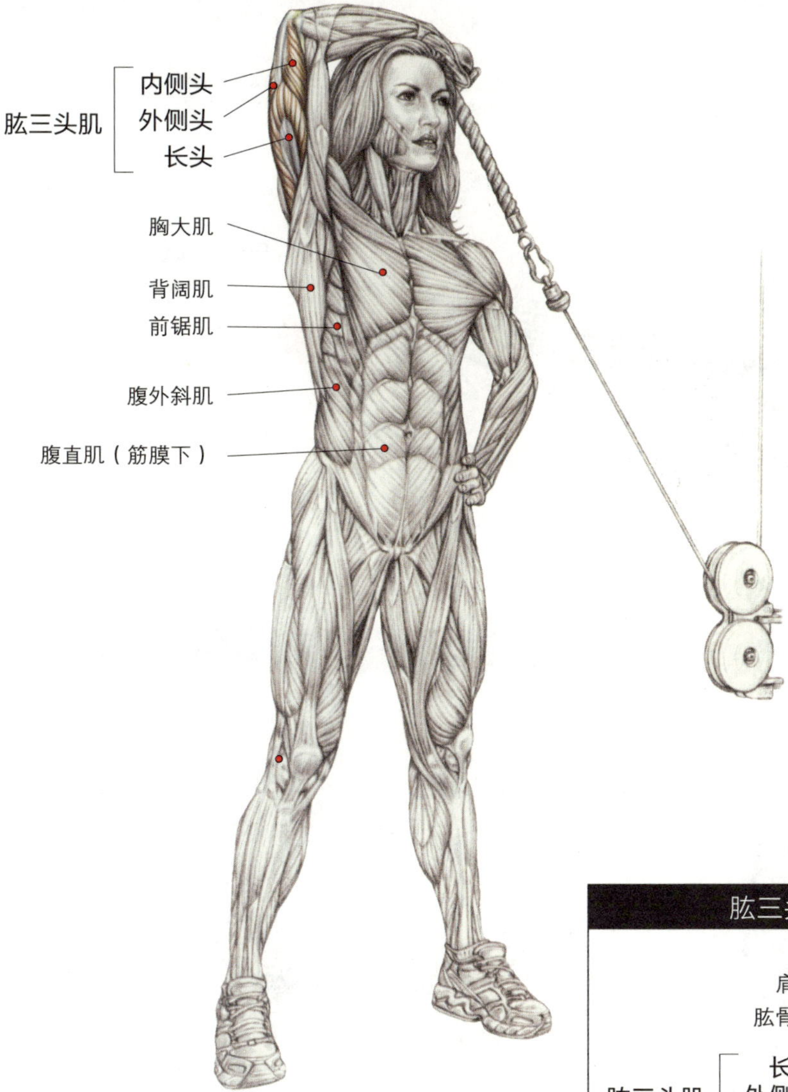

肱三头肌的三个肌头

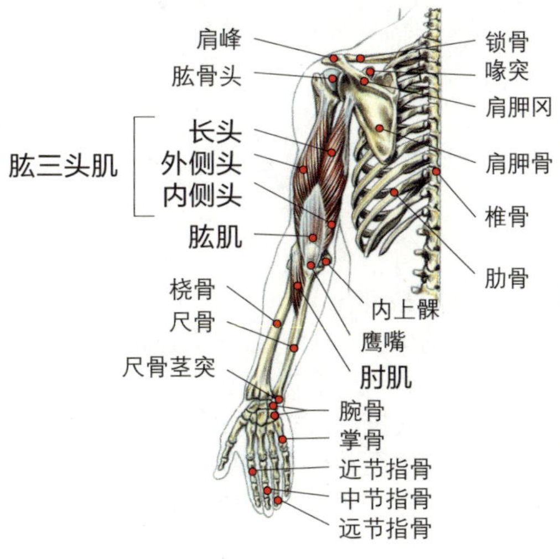

站在器械旁，离器械较远一侧的手反手抓握手柄，另一只手放在髋部加强稳定性：

- 吸气并伸展前臂；
- 结束伸展时呼气，回到起始姿势。

该练习可以孤立训练单侧肱三头肌，完成一组练习后换边。

前臂肌肉拉伸

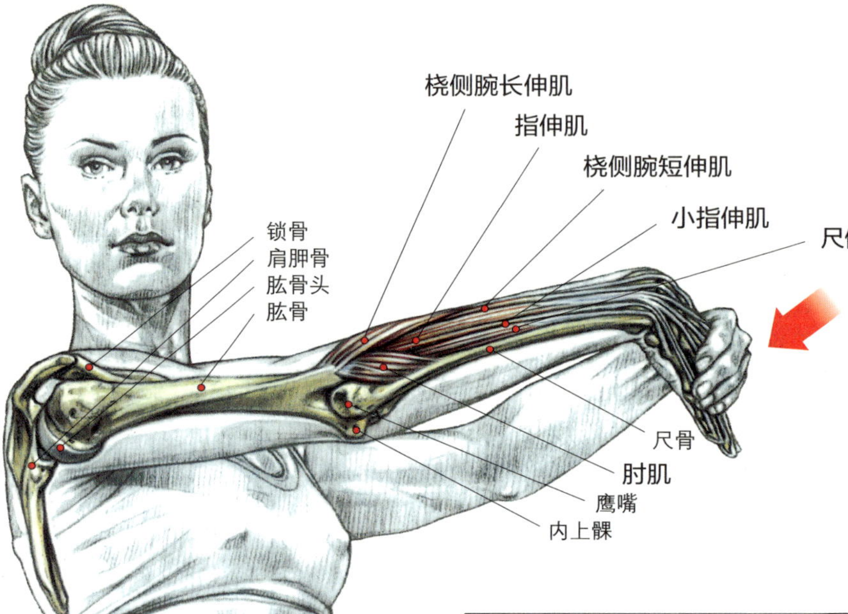

腕伸肌拉伸

手臂前伸，基本伸直，（掌心朝内）弯曲手腕，另一只手抓住手掌，缓慢将其向小臂方向拉动，同时伸展手肘。

该练习主要拉伸桡侧腕长伸肌、桡侧腕短伸肌、指伸肌、小指伸肌、尺侧腕伸肌和肘肌。

腕屈肌拉伸

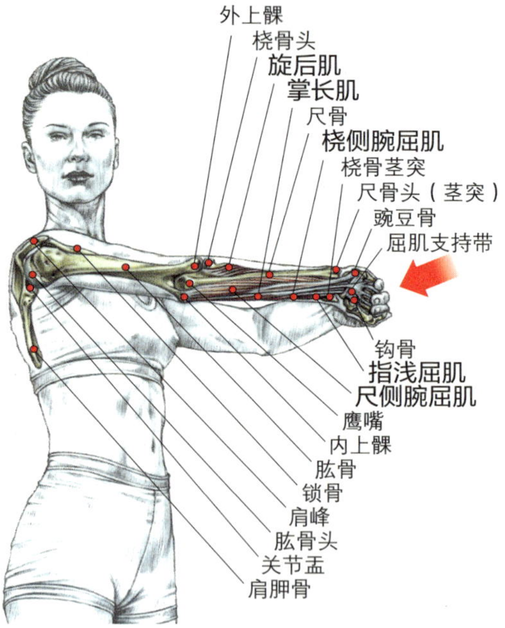

手臂前伸，掌心朝外，另一只手抓住手掌。缓慢拉动手掌，使得手背向地面方向移动，并将手掌向外推。

该练习主要拉伸掌长肌、桡侧腕屈肌、尺侧腕屈肌、指浅屈肌、指深屈肌和旋后肌。

肱三头肌拉伸

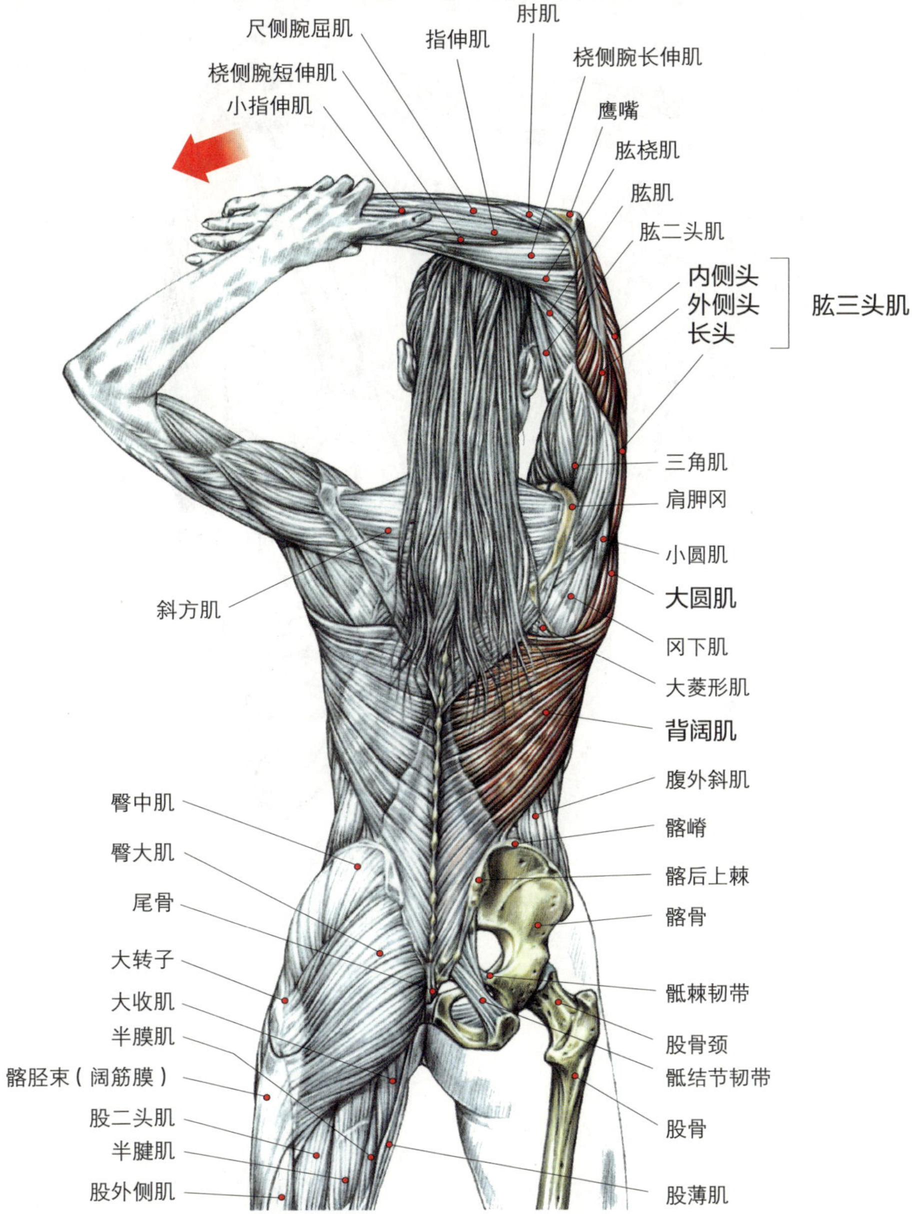

站姿或坐姿，背部挺直，手臂垂直贴在头后，肘部弯曲呈90°：

• 用另一只手抓住手腕，尝试缓慢将肘部拉动至头后；

• 保持几秒的拉伸，深呼吸。

该练习主要拉伸肱三头肌，大圆肌和背阔肌。

变化动作

为了加强对肱三头肌的拉伸，可以弯曲手肘练习该动作，另一只手拉动肘部，缓慢将手臂拉动至头后方。

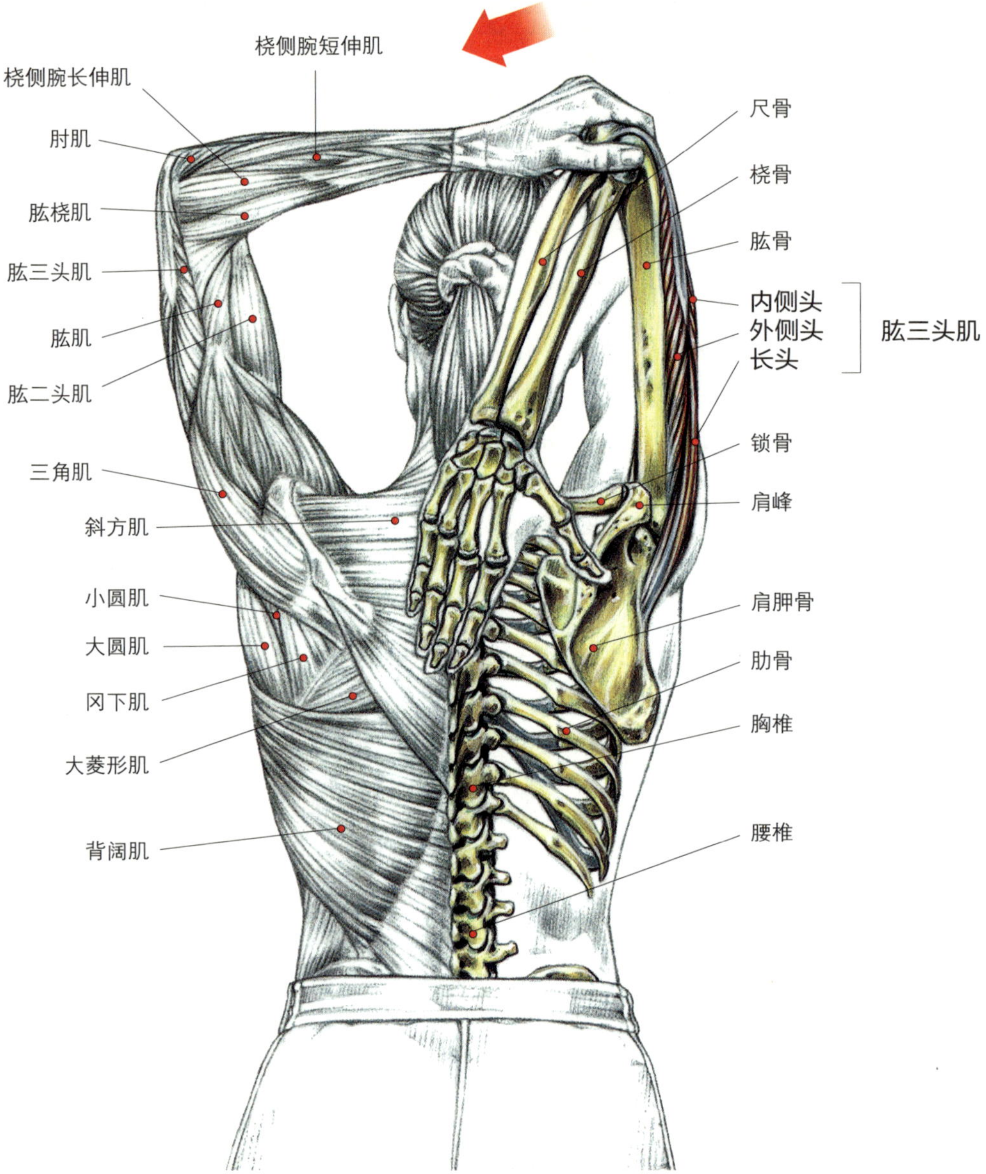

站姿或坐姿，背部挺直，前臂弯曲，手掌触碰上背部：

• 用另一只手抓住肘部，尝试缓慢将其拉动至头后。

该动作拉伸大圆肌、肱三头肌（尤其是长头），一定程度上也拉伸背阔肌。

注意事项

以大负重训练肱三头肌时，可能会出现肌肉拉伤。这些肱三头肌拉伸练习对预防拉伤来说非常重要。

变化动作

除了肘部，也可以选择抓住手拉伸。为了强化拉伸，可以将抬起的手臂贴着墙来练习。

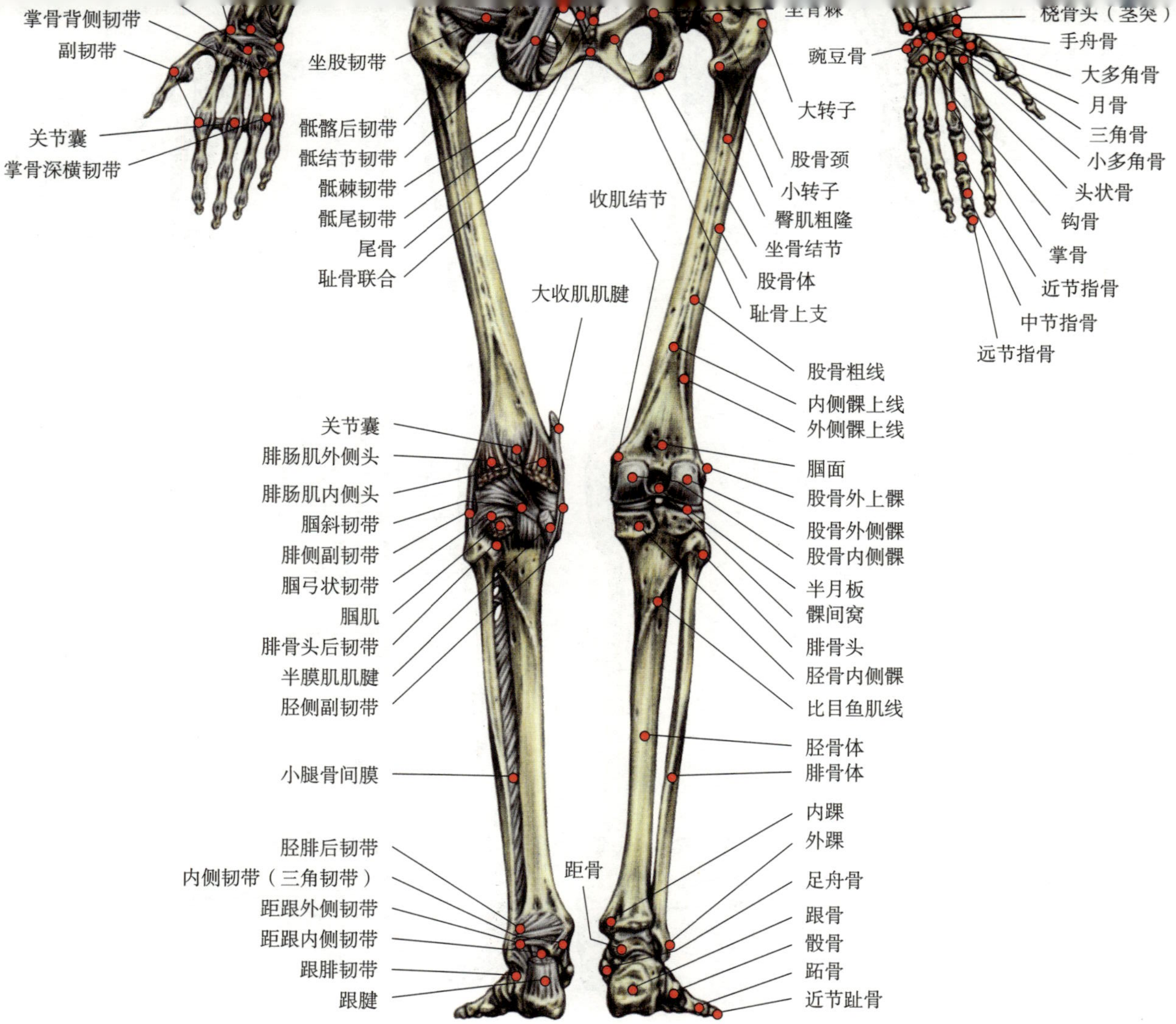

掌骨背侧韧带
副韧带
关节囊
掌骨深横韧带
坐股韧带
骶髂后韧带
骶结节韧带
骶棘韧带
骶尾韧带
尾骨
耻骨联合
大收肌肌腱
收肌结节
关节囊
腓肠肌外侧头
腓肠肌内侧头
腘斜韧带
腓侧副韧带
腘弓状韧带
腘肌
腓骨头后韧带
半膜肌肌腱
胫侧副韧带
小腿骨间膜
胫腓后韧带
内侧韧带（三角韧带）
距跟外侧韧带
距跟内侧韧带
跟腓韧带
跟腱
距骨
豌豆骨
大转子
股骨颈
小转子
臀肌粗隆
坐骨结节
股骨体
耻骨上支
股骨粗线
内侧髁上线
外侧髁上线
腘面
股骨外上髁
股骨外侧髁
股骨内侧髁
半月板
髁间窝
腓骨头
胫骨内侧髁
比目鱼肌线
胫骨体
腓骨体
内踝
外踝
足舟骨
跟骨
骰骨
跖骨
近节趾骨
手舟骨
大多角骨
月骨
三角骨
小多角骨
头状骨
钩骨
掌骨
近节指骨
中节指骨
远节指骨

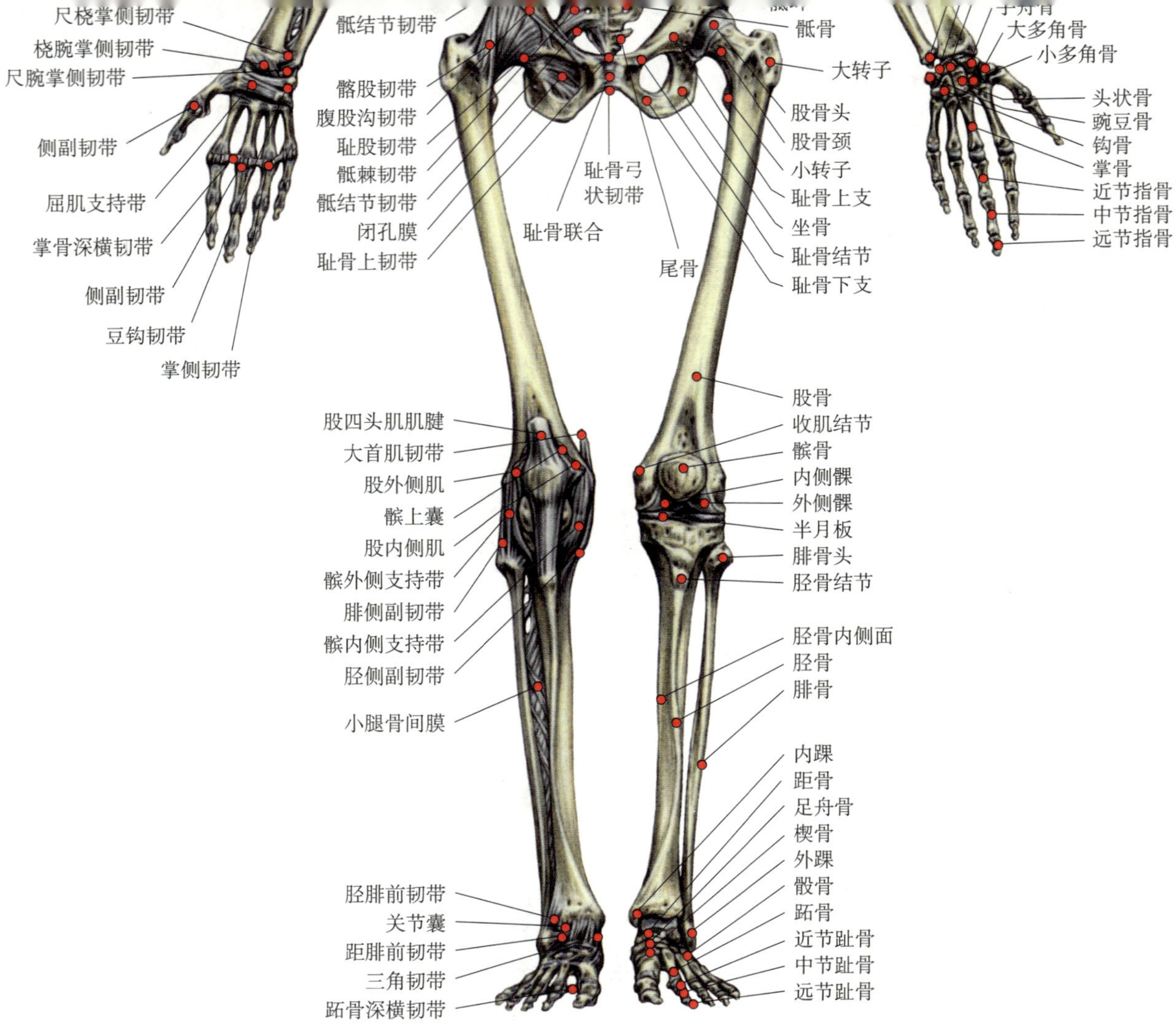
尺桡掌侧韧带
桡腕掌侧韧带
尺腕掌侧韧带
侧副韧带
屈肌支持带
掌骨深横韧带
侧副韧带
豆钩韧带
掌侧韧带
骶结节韧带
髂股韧带
腹股沟韧带
耻股韧带
骶棘韧带
骶结节韧带
闭孔膜
耻骨上韧带
耻骨弓
状韧带
耻骨联合
尾骨
骶骨
大转子
股骨头
股骨颈
小转子
耻骨上支
坐骨
耻骨结节
耻骨下支
大多角骨
小多角骨
头状骨
豌豆骨
钩骨
掌骨
近节指骨
中节指骨
远节指骨
股四头肌肌腱
大首肌韧带
股外侧肌
髌上囊
股内侧肌
髌外侧支持带
腓侧副韧带
髌内侧支持带
胫侧副韧带
小腿骨间膜
股骨
收肌结节
髌骨
内侧髁
外侧髁
半月板
腓骨头
胫骨结节
胫骨内侧面
胫骨
腓骨
内踝
距骨
足舟骨
楔骨
外踝
骰骨
跖骨
近节趾骨
中节趾骨
远节趾骨
胫腓前韧带
关节囊
距腓前韧带
三角韧带
跖骨深横韧带

人体骨架（正面图）

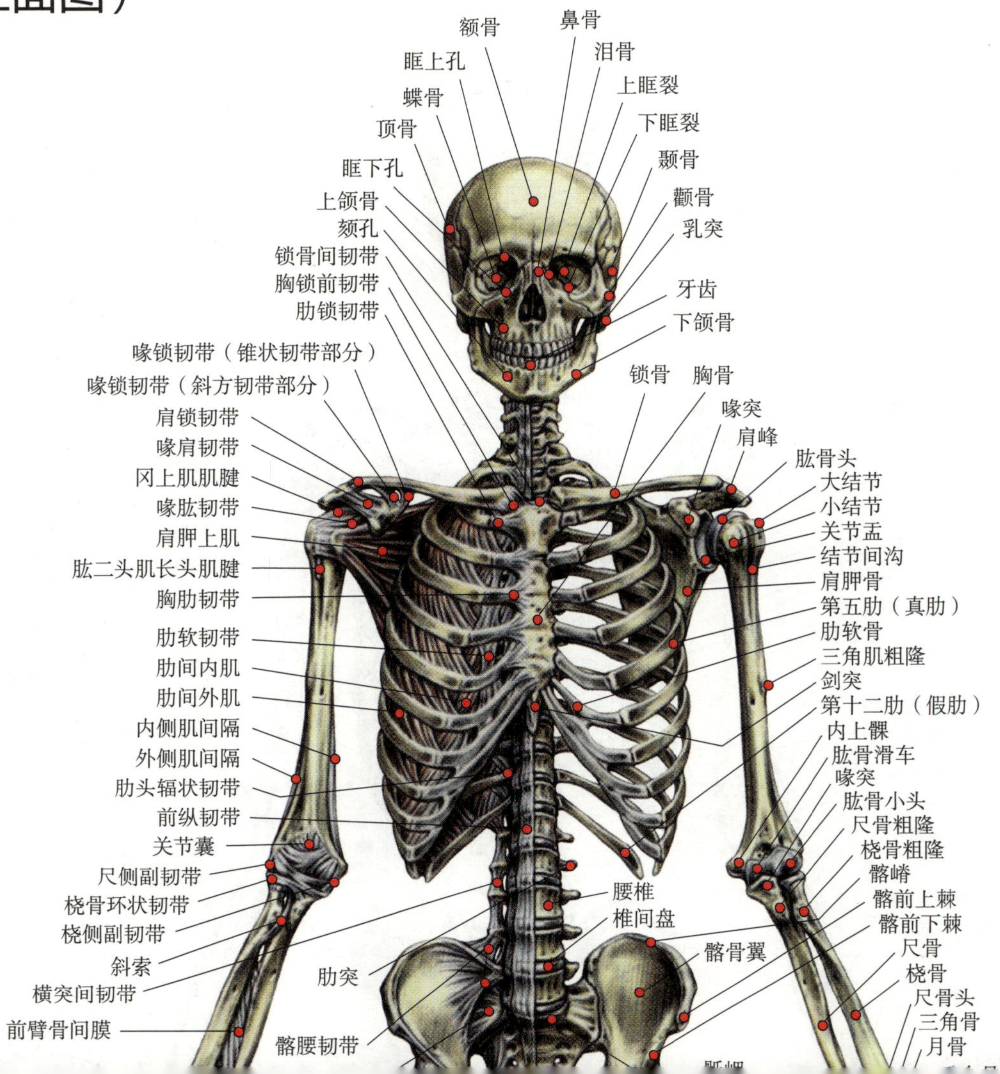
额骨
鼻骨
泪骨
眶上孔
上眶裂
蝶骨
下眶裂
顶骨
颞骨
眶下孔
颧骨
上颌骨
乳突
颏孔
锁骨间韧带
牙齿
胸锁前韧带
下颌骨
肋锁韧带
喙锁韧带（锥状韧带部分）
喙锁韧带（斜方韧带部分）
锁骨
胸骨
喙突
肩峰
肩锁韧带
喙肩韧带
冈上肌肌腱
喙肱韧带
肩胛上肌
肱二头肌长头肌腱
胸肋韧带
肋软韧带
肋间内肌
肋间外肌
内侧肌间隔
外侧肌间隔
肋头辐状韧带
前纵韧带
关节囊
尺侧副韧带
桡骨环状韧带
桡侧副韧带
斜索
横突间韧带
前臂骨间膜
肱骨头
大结节
小结节
关节盂
结节间沟
肩胛骨
第五肋（真肋）
肋软骨
三角肌粗隆
剑突
第十二肋（假肋）
内上髁
肱骨滑车
喙突
肱骨小头
尺骨粗隆
桡骨粗隆
髂嵴
髂前上棘
髂前下棘
尺骨
桡骨
尺骨头
三角骨
月骨
腰椎
椎间盘
髂骨翼
肋突
髂腰韧带

人体骨架（背面图）

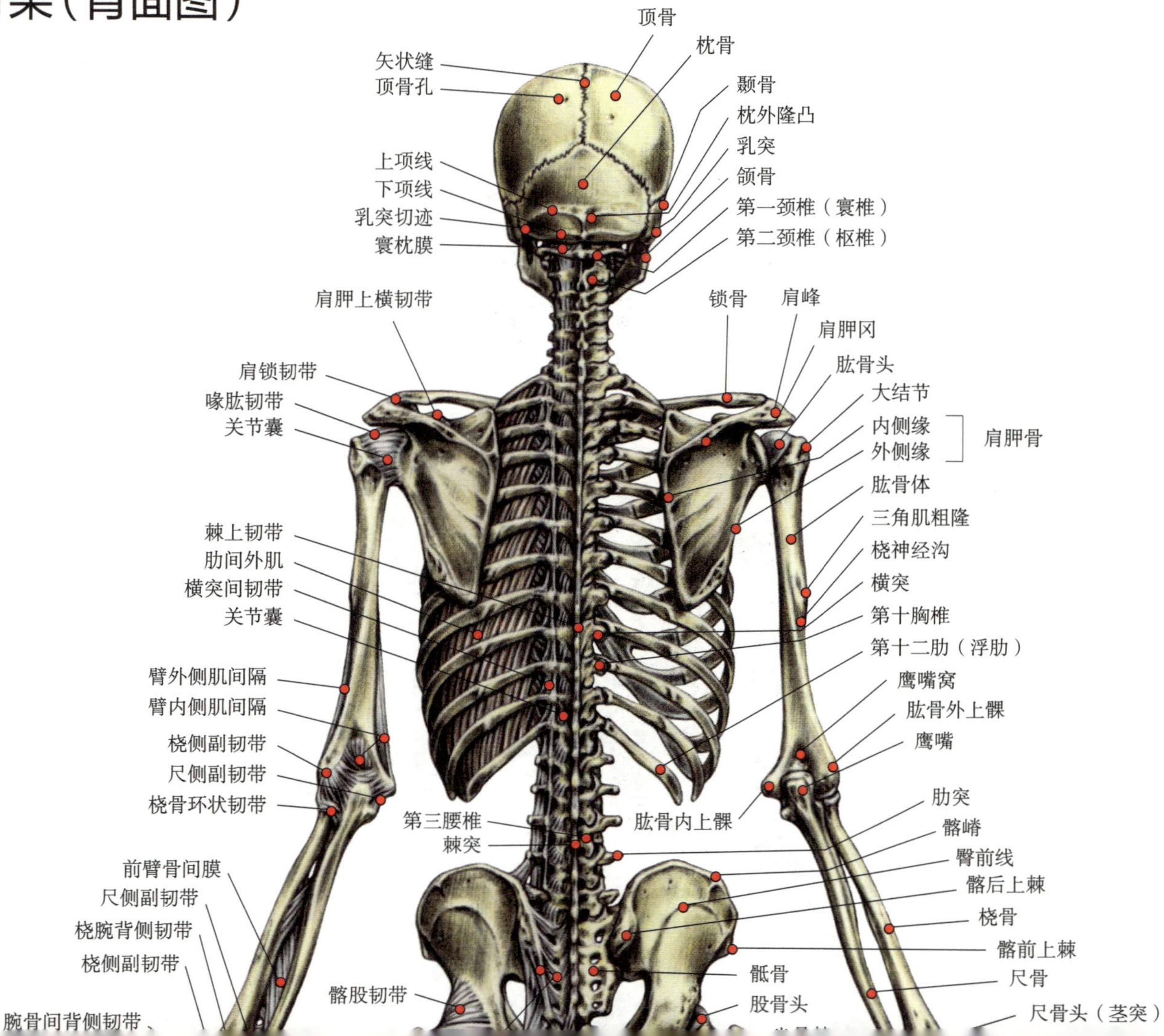

顶骨
枕骨
矢状缝
顶骨孔
颞骨
枕外隆凸
乳突
颌骨
上项线
下项线
乳突切迹
寰枕膜
第一颈椎（寰椎）
第二颈椎（枢椎）
肩胛上横韧带
锁骨
肩峰
肩胛冈
肩锁韧带
喙肱韧带
关节囊
肱骨头
大结节
内侧缘
外侧缘
肩胛骨
肱骨体
三角肌粗隆
棘上韧带
肋间外肌
横突间韧带
关节囊
桡神经沟
横突
第十胸椎
第十二肋（浮肋）
臂外侧肌间隔
臂内侧肌间隔
鹰嘴窝
肱骨外上髁
鹰嘴
桡侧副韧带
尺侧副韧带
桡骨环状韧带
第三腰椎
棘突
肱骨内上髁
肋突
髂嵴
臀前线
髂后上棘
前臂骨间膜
尺侧副韧带
桡腕背侧韧带
桡侧副韧带
腕骨间背侧韧带
髂股韧带
桡骨
髂前上棘
骶骨
尺骨
股骨头
尺骨头（茎突）